Cultura hispánica
Temas para hablar y escribir

Cultura hispánica

Temas para hablar y escribir

AURELIO M. ESPINOSA, JR.
STANFORD UNIVERSITY

RICHARD L. FRANKLIN
UNIVERSITY OF MINNESOTA

KLAUS A. MUELLER
UNIVERSITY OF CALIFORNIA, BERKELEY

D. C. HEATH AND COMPANY
Lexington, Massachusetts   Toronto   London

Cover drawing by JEANETTE P. SLOAN

Prefacio

CULTURA HISPÁNICA: Temas para hablar y escribir es la edición revisada de *Cultura, conversación y repaso.* Se ha preparado este texto para ser empleado en el curso de español de los semestres cuarto y quinto de universidad. Se destina, pues, a estudiantes que hayan completado el curso de segundo año y que tengan un buen conocimiento de los elementos básicos del idioma. Al terminar el libro los estudiantes tendrán la preparación necesaria para continuar sus estudios de español en los cursos avanzados.

Como indica el título, esta obra intenta satisfacer las múltiples condiciones que se exigen en los textos destinados al nivel indicado. Hoy día todos creemos que el español debe ser la lengua de la clase. Con este texto el estudiante podrá hacer todas sus tareas en español, desde la preparación inicial (*Presentación*) hasta el repaso final (*Verificación y repaso*). Para que el estudiante no emplee su tiempo resolviendo dificultades, se han incluido un vocabulario español-inglés y algunas notas en inglés, pero, en general, habrá pocas ocasiones en que necesite traducir palabras y frases del español al inglés.

Para la enseñanza de la gramática se emplean los nuevos métodos audiolinguales que han resultado tan eficaces en la instrucción de idiomas, es decir, la repetición y variación abundante de frases modelo.

Se ha combinado con el estudio gramatical el estudio de la cultura del mundo hispánico. Selecciones de interés cultural forman el núcleo de las lecciones. Con las selecciones como base, se presenta un repaso práctico e intensivo de la estructura gramatical por medio de ejercicios de muchas clases, tanto orales como escritos. Por una parte las selecciones proporcionan al estudiante un rico caudal de materiales muy variados—biográficos, históricos, sociales, económicos, geográficos y literarios—sobre la vida y cultura de los países hispanohablantes; y por otra, las preguntas, diálogos y ejercicios orales y escritos, basados sobre las selecciones, se combinan para poner al alcance del estudiante un dominio notable del idioma. Para asegurar esto último, se han preparado: 1) un nuevo programa de cintas, por medio de las cuales el estudiante podrá perfeccionarse en la expresión oral, y 2) un manual de composición, que le ayudará a perfeccionarse en la lengua escrita y a desarrollar un estilo propio.

No será necesario añadir que el profesor ha de ayudar en la labor del estudiante, dándole las instrucciones necesarias para la preparación de los diversos ejercicios y tareas.

Acknowledgments

The authors wish to thank the publishers, authors, and holders of copyright for their permission to publish the articles and selections used in this book.

Editorial Labor, Barcelona, for the selections from *Geografía de España* by L. Martín Echeverría.

D. Francisco Hernández-Pinzón Jiménez for permission to publish from Juan Ramón Jiménez' works: selections from *Platero y yo*, *Segunda antolojía poética*, and "Álamo Blanco" from *Belleza*.

Herederos de D. Pío Baroja for permission to publish from Baroja's *Fantasías vascas*, "Aire de balada".

D. Ramón Menéndez Pidal for selections from *Los españoles en la historia y en la literatura*.

Patronato Nacional del Turismo de España for the selections from *España* by F. J. Sánchez Cantón.

Ediciones RIALP, S. A., Madrid, for the selection from *Historia de la música española contemporánea* by Federico Sopeña.

Revista de Occidente, Madrid, for the selections from *España invertebrada* by José Ortega y Gasset.

D. Manuel Fuentes Irurozqui for the selections from *Panorama actual de la economía española en tres lecciones*, Consejo Superior de las Cámaras oficiales de Comercio, industria y navegación de España, 1963.

D. Camilo José Cela for the selection "Timoteo el incomprendido", from *Novelas Cortas*.

Herederos de García Lorca for permission to publish from Federico García Lorca's works: "Romance sonámbulo" from *Romancero gitano*, and "La guitarra" from *Poema del cante jondo*, Aguilar, 1962.

D. Richard Pattee, for permission to publish a selection from *Introducción a la civilización hispanoamericana*.

Fondo de Cultura Económica, México for the selections from *Los de abajo* by Mariano Azuela.

Editorial Minerva, Ltd., Bogotá, for the selections from *La vorágine* by José Eustasio Rivera.

Fondo de Cultura Económica, México, for the selections "El carácter del mexicano" from *El ensayo mexicano moderno* by José E. Iturriaga, *ed.* José Luis Martínez.

D. Flavio Herrera for the selections "La epopeya del café" from *La tempestad*.

D. José I. Vasconcelos for permission to publish the selections from *La raza cósmica* and *Indología* by José Vasconcelos.

We also wish to express our sincere appreciation to Mr. Val Hempel, Executive Editor, and to Miss Josefa Busó, Senior Editor, of the Modern Language Department of D. C. Heath and Company, for their encouragement and valuable assistance during the preparation of the book.

Aurelio M. Espinosa, Jr.
Richard L. Franklin
Klaus A. Mueller

Contents

RECORDINGS FOR ESPINOSA, FRANKLIN, AND MUELLER
CULTURA HISPÁNICA: TEMAS PARA HABLAR Y ESCRIBIR
TAPES
NUMBER OF REELS: 8 7″ double track
SPEED: $3\frac{3}{4}$ ips.
RUNNING TIME: 8 hours (approximately)

COMPOSITION WORKBOOK: 240 pages

TEACHER'S MANUAL AND KEY: 54 pages

Typical dresses, Lagartera, Spain
   Courtesy, Spanish National Tourist Bureau; photo by Christopher Young
Basque harbor of Orio with Pyrenees in background
   Photo by Robert Rapelye

(Insert between pages 206–207)

View of the upper part of the main altar of "La Iglesia de la Compañía," Quito, Ecuador
   Courtesy, The California Institute of International Studies; photo by Juan B. Rael
The "Plaza de la Independencia," Quito, Ecuador
   Courtesy, The California Institute of International Studies; photo by Juan B. Rael
Exterior of the Church of San Francisco, Quito, Ecuador
   Courtesy, The California Institute of International Studies; photo by Juan B. Rael
Mural, Central University, Quito, Ecuador, by the artist OSVALDO GUAYASAMÍN
   Courtesy, D. J. Forbert, Texaco
Artisan prepares the design for a tapestry
   Courtesy, José Garrido, Creole Petroleum Corporation
Artisans work on the cloth already stamped
   Courtesy, José Garrido, Creole Petroleum Corporation
The work is finished
   Courtesy, José Garrido, Creole Petroleum Corporation
Students of the University of Chile (*right and left*)
   Photos by Paul Conklin
Mechanized agriculture, Argentina
   Photo by Paul Conklin
Interior of the Church of San Agustín, Colombia
   Courtesy, The California Institute of International Studies; photo by Juan B. Rael
House of the writer Garcilaso de la Vega el Inca, in Cuzco, Peru
   Courtesy, The California Institute of International Studies; photo by Juan B. Rael
Flock of llamas
   Courtesy, The California Institute of International Studies; photo by Juan B. Rael
View of the market at Huancayo, Peru
   Courtesy, The California Institute of International Studies; photo by Juan B. Rael
Typical street, Cuzco, Peru
   Courtesy, The California Institute of International Studies; photo by Juan B. Rael
Dugouts laden with fruit and vegetables, near Buenaventura, Colombia
   Courtesy, The California Institute of International Studies; photo by Juan B. Rael
Patio of the University of San Marcos, Lima, Peru
   Courtesy, The California Institute of International Studies; photo by Juan B. Rael
The main street, Santiago de Atitlán, Guatemala
   Courtesy, The California Institute of International Studies; photo by Juan B. Rael
Indian boy playing a rustic flute at Tambomachay, near Cuzco
   Courtesy, The California Institute of International Studies; photo by Juan B. Rael
Church of San Francisco, Lima, Peru
   Courtesy, The California Institute of International Studies; photo by Juan B. Rael
Ministry of Public Works, Buenos Aires
   Courtesy, The California Institute of International Studies; photo by Juan B. Rael
One of Santiago's beautiful parks, Chile
   Courtesy, The California Institute of International Studies; photo by Juan B. Rael
View of San Carlos de Bariloche, Argentina
   Courtesy, The California Institute of International Studies; photo by Juan B. Rael
Fruit stand near Chapala Lake in central Mexico
   Courtesy, Clifford E. Taylor
Central market, Guanajuato, Mexico
   Courtesy, Clifford E. Taylor
View of Chapultepec Lake, Mexico City
   Courtesy, Clifford E. Taylor

School of Medicine, National University of Mexico
Courtesy, Clifford E. Taylor
Summer house in Viña del Mar, Chile
Courtesy, The California Institute of International Studies; photo by Juan B. Rael
View of the Panama Canal
Courtesy, The California Institute of International Studies; photo by Juan B. Rael
View of the Andes
Photo by Michael Mathers
Market scene in Pisac, Peru
Courtesy, The California Institute of International Studies; photo by Juan B. Rael
View of Havana from the Morro Castle
Courtesy, the California Institute of International Studies; photo by Juan B. Rael

1

Rasgos de la geografía peninsular

I. PRESENTACIÓN

A. *Ejercicio preliminar*

Para comprender bien las lecciones de este libro será útil tener un buen conocimiento de la geografía de la Península Ibérica. Localicen en el mapa de España, páginas 10–11, los términos siguientes:

1. El Mar Cantábrico, el Estrecho de Gibraltar, las Islas Baleares, el Río Ebro, el Río Guadalquivir.
2. El Río Tajo, la Sierra de Guadarrama, la Sierra Morena, la Sierra Nevada, el pico de Mulhacén.
3. Toledo, Lisboa, Cádiz, Barcelona, Sevilla.
4. Galicia, León, las Provincias Vascongadas, Cataluña, Andalucía.

B. *Estudio de palabras*

Estudien las aclaraciones siguientes:

1. **Capital.** Como substantivo femenino significa « la ciudad principal de un país »; como substantivo masculino significa « el dinero o posesiones que uno tiene ».
2. **Clima, mapa, sistema.** A pesar de terminar en –a, son substantivos masculinos.
3. **Costumbre, fin.** Ofrecen dificultades al alumno en cuanto al género: se dice **la costumbre, el fin.**
4. **Desigual.** Observen el valor negativo del prefijo **des–**. El prefijo **in–** tiene el mismo significado negativo en **ininterrumpido.**
5. **Distinto, –a.** Diferente. Es menos frecuente el significado de « claro ».

6. **Estado** *m.* Además de tener el significado de « condición, modo de ser », significa « país, nación », o una parte administrativa de una nación.
7. **Extensión** *f.* Además de indicar la acción de extender o extenderse, significa « área, superficie ».
8. **Extremo** *m.* Como substantivo significa « la parte última, o el grado último, de una cosa ». Existe también el adjetivo **extremo, –a.**

C. *Modismos y frases útiles*

Estudien los modismos y frases siguientes y aprendan de memoria los ejemplos:

1. **Atender a.** Cuidar de (alguna persona o cosa). ∼ Su padre tiene que atender a múltiples necesidades.
2. **Constar de.** Estar formado (–a) de. ∼ Consta de trece regiones naturales.
3. **Desplazarse hacia.** Trasladarse hacia. ∼ La vida se desplaza hacia la costa.
4. **En cambio.** Por otro lado. ∼ En las vertientes marítimas, en cambio, el clima es templado.
5. **Figurar entre.** Hallarse entre, pertenecer a. ∼ Estos valles figuran entre las regiones más fértiles de España.
6. **Formar parte de.** Estar incluido (–a) en. ∼ Estas islas forman parte de la nación española.
7. **Llegar a.** Alcanzar. ∼ En la meseta central el clima llega a extremos de calor y frío.
8. **Servir de.** Hacer las veces de. ∼ El río sirve de frontera entre España y Portugal.

1

II. LECTURAS

A. *Rasgos de la geografía peninsular*

Dos estados, de desigual extensión, España y Portugal, ocupan la Península Ibérica, la cual se halla en el extremo Suroeste de Europa. Portugal ocupa la parte occidental, y España el resto de la Península. Los límites geográficos de España son: al Norte, el Mar Cantábrico y la frontera francesa; al Este y al Sur, hasta el Estrecho de Gibraltar, el Mar Mediterráneo, y al Oeste, el Océano Atlántico y Portugal. Las Islas Canarias, en el Atlántico, y las Baleares, en el Mediterráneo, también forman parte de la nación española.

España presenta el aspecto de una vasta meseta central, dividida en varias partes por grandes cordilleras. Al Norte de la meseta central, y separada de ella por el valle del Ebro, se encuentra la gran cordillera pirenaica, que se extiende desde la costa catalana hasta la gallega. Comprende los Pirineos, los Montes Cantábricos y los Astúricos. Cordilleras paralelas son la Sierra de Guadarrama, prolongada por la de Gredos, la Sierra Morena, y la Sierra Nevada. El pico más alto de España, el de Mulhacén (11.660 pies), se halla en esta última sierra, cerca de la ciudad de Granada. Este complicado sistema de sierras hace que España sea[1] el país más montañoso de Europa después de Suiza.

Los valles del Ebro, al Nordeste, y del Guadalquivir, al Sur, forman los límites de la gran meseta central. Los valles de estos dos ríos figuran entre las regiones más fértiles de España. Otros ríos importantes son el Duero, que atraviesa Castilla la Vieja, León, y el Norte de Portugal, y desemboca en el Atlántico; el Tajo, que pasa por Toledo, penetra en Portugal y forma en su desembocadura el puerto de Lisboa; y el Guadiana, que atraviesa Castilla la Nueva y Extremadura, penetra en Portugal, y antes de desembocar en el Atlántico sirve de frontera entre España y Portugal. Los ríos españoles son, en general, ríos de curso rápido, y no puede hablarse de una red de comunicaciones fluviales entre las distintas regiones.

Como la configuración del suelo español es tan variada, el clima varía mucho de una región a otra. En la meseta central el clima es muy variable, llegando a extremos de calor y frío, y escasean las lluvias. En las vertientes marítimas del Norte, en cambio, el clima es templado, a causa de la influencia de la corriente del Golfo de México, y las lluvias son más frecuentes. En las costas del Mediterráneo el clima es templado y menos variable que el de la meseta central, si bien en las costas del Sur hay regiones de clima cálido.

El suelo de España es rico en minerales. En el Norte es importante la producción de hierro y de carbón. En la producción de mercurio España es la primera nación del mundo, y en la de plomo es superada sólo por los Estados Unidos. También abundan el cobre, el cinc, el estaño, el azufre, y las aguas minerales de toda clase.

Preguntas

1. ¿ Qué dos naciones ocupan la Península Ibérica ?
2. ¿ Cuáles son los límites geográficos de España ?
3. ¿ Qué aspecto general presenta España ?
4. ¿ Dónde se encuentra la cordillera pirenaica ?
5. ¿ Qué otras cordilleras paralelas se hallan más al Sur ? 6. ¿ Dónde se halla el pico más alto de España ? 7. ¿ Cuáles son los ríos más importantes de España ? 8. ¿ Puede hablarse de una red de comunicaciones fluviales entre las distintas regiones de España ? 9. Describa el clima en la meseta central. 10. ¿ Qué minerales abundan en España ?

B. *Provincias, regiones naturales y ciudades*

Para fines administrativos España, incluyendo las Islas Baleares y las Canarias, está dividida en cincuenta provincias. Geográficamente consta de trece regiones naturales, algunas de las cuales fueron reinos independientes en la Edad Media y aun hoy conservan rasgos y costumbres muy diferentes. Estas regiones son: Galicia, Asturias, León, Castilla la Vieja, las Provincias Vascongadas, Navarra, Aragón, y Cataluña, en la parte Norte, y Extremadura, Castilla la Nueva, Valencia, Murcia y Andalucía, en la parte central y meridional.

De su antiguo imperio colonial España sólo conserva algunos territorios en la costa occidental de África: Ifni, el Río de Oro y algunas regiones más que constituyen el Sáhara español. En Marruecos España ejerció hasta hace poco un Protectorado sobre una región montañosa y pobre. Ceuta y Melilla, las ciudades más importantes de este Protectorado, pertenecen administrativamente a España, a las provincias de Cádiz y Málaga, respectivamente.

---

[1] **hace que España sea** *makes Spain.*

Vista de San Sebastián, España

Cortesía, Ministerio de información y turismo español

La capital de España es Madrid, una ciudad moderna de casi dos millones de habitantes, situada en el centro del país. Barcelona, en el Nordeste, es el puerto más importante de España. Es también un activo centro industrial, famoso por sus fábricas de tejidos; tiene un millón y medio de habitantes. Otras ciudades populosas, con industria y comercio muy activos, son Valencia, a orillas del Turia, con unos seiscientos mil habitantes, y Sevilla, a orillas del Guadalquivir, con más de cuatrocientos mil.

Otras ciudades importantes, con más de doscientos mil habitantes, son Zaragoza, a orillas del Ebro; Bilbao, conocida por sus fundiciones, la construcción naval, y las fábricas de cristal y de tejidos; y Málaga y Murcia, ambas conocidas por la exportación de vinos y frutas. Menos populosas, pero de gran interés por la riqueza de sus monumentos artísticos, son Toledo, en el centro, al Sur de Madrid, y Granada y Córdoba, que reflejan el esplendor de la dominación musulmana. Cádiz, fundada por los fenicios más de mil años antes de Jesucristo, es una de las ciudades más antiguas de historia ininterrumpida.

Las viejas ciudades de Burgos, Zamora, León, Segovia, Ávila, Salamanca, y Santiago, ricas en monumentos históricos, atraen al estudiante como testimonio vivo de épocas culminantes de la historia de España. A partir del descubrimiento de América la vida se desplaza hacia la costa, donde ya habían surgido centros nuevos, como La Coruña, y Gijón. Otros dos puertos de la costa septentrional, Santander y San Sebastián, son también hermosos centros veraniegos.

La industria moderna, que atrae la población rural y acumula masas considerables de obreros para atender a las múltiples necesidades de la división del trabajo, empieza a dejar sus huellas en España. La transformación del carácter de la población se está operando precisamente en nuestros días. La ciudad atrae y fascina al campesino, que abandona su hogar para engrosar las masas del proletariado urbano, con la esperanza de disfrutar de los beneficios de la civilización. Por eso el crecimiento de las ciudades es superior al aumento de la población total.

Preguntas

1. ¿En cuántas provincias está dividida España?
2. ¿Cuáles son algunas de las regiones naturales de España? 3. ¿En qué parte de España se encuentra Cataluña? 4. ¿Cuántos habitantes tiene Madrid? 5. ¿Dónde está situada Barcelona y qué importancia tiene? 6. ¿Dónde está situada Bilbao y qué importancia tiene? 7. ¿Dónde está situada Toledo y qué interés especial tiene? 8. ¿Qué interés especial tienen ciudades como Burgos y Santiago? 9. ¿Qué hecho histórico dio nueva vida a las ciudades de la costa? 10. ¿Por qué es superior al aumento de la población total el crecimiento de las ciudades?

III. PRÁCTICAS ORALES

A. Diálogo. *En el campo de deportes*

Alfonso, estudiante de ascendencia mexicana, se encuentra con uno de sus compañeros de clase, Bartolo, en el campo de deportes.

1. ALFONSO.   ¡Caramba, Bartolo!   ¡Tú por aquí!   Creía que estabas enfermo.   No te vi en la clase de geografía.
2. BARTOLO.   Es que tenemos que entrenarnos para el partido del sábado.   Esta tarde nos han perdonado todas las clases.   ¿De qué habló el profesor?
3. ALFONSO.   Habló acerca de la topografía de la Península Ibérica.
4. BARTOLO.   Tendrás que prestarme tus notas.
5. ALFONSO.   Cuando quieras.   Nos explicó que España presenta el aspecto de una vasta meseta.
6. BARTOLO.   Yo siempre he creído que constaba de muchas montañas.
7. ALFONSO.   Y tienes razón. Hay una serie de grandes cordilleras desde el Norte hasta el Sur.
8. BARTOLO.   Entonces, ¿cómo puede decirse que presenta el aspecto de una meseta?
9. ALFONSO.   Es que la meseta está dividida en varias partes por grandes cordilleras.
10. BARTOLO.   Como el país es tan montañoso, la agricultura tendrá poca importancia, ¿verdad?
11. ALFONSO.   Al contrario.   España tiene muchos ríos importantes, con valles muy fértiles.
12. BARTOLO.   Y siempre hace sol en España, ¿verdad?
13. ALFONSO.   Pues, con una topografía tan variada, el clima varía mucho de una región a otra.
14. BARTOLO.   ¡Caramba!   Parece que todos mis conceptos de España están equivocados.   Gracias por la lección.
15. ALFONSO.   De nada, Bartolo.   Hasta la vista.

Preguntas

1. ¿Por qué no ha asistido Bartolo a la clase de geografía?   2. ¿De qué habló el profesor?   3. ¿Qué dijo el profesor de la topografía de España?   4. ¿Qué ha creído siempre Bartolo?   5. ¿Por qué dice Alfonso que Bartolo tiene razón?   6. ¿Cuáles son las regiones más fértiles de España?   7. ¿Cómo es el clima de España?   8. ¿Qué puede decirse de los conceptos que Bartolo tiene de España?

B. Diálogo. *En la biblioteca*

Bartolo se encuentra en la biblioteca con una compañera de clase, Beatriz.

1. BARTOLO.   ¡Hola, Beatriz!   ¿Cómo estás?
2. BEATRIZ.   ¡Tú por aquí!   ¡Qué milagro!
3. BARTOLO.   Hoy me quedé dormido en la clase de geografía, y el profesor me ha dado una tarea especial.
4. BEATRIZ.   A ver si te puedo ayudar.   ¿Qué te mandó hacer?
5. BARTOLO.   Tengo que aprender las divisiones administrativas de España.
6. BEATRIZ.   Es muy sencillo.   España está dividida en cincuenta provincias, que incluyen las Islas Baleares y las Canarias.
7. BARTOLO.   ¡Cincuenta!   ¡Qué horror!   Tengo que aprenderlas todas de memoria y sólo recuerdo algunas, como Galicia, Asturias, León, Castilla la Vieja, y las Provincias Vascongadas . . .
8. BEATRIZ.   ¡Madre mía!   ¡Ésas no son provincias!   Al parecer te mandó estudiar las regiones naturales.   Como son trece y ya sabes cinco, sólo quedan ocho por aprender.
9. BARTOLO.   ¡Ya es otra cosa!   Pero también me dijo que tenía que saber algo acerca de las ciudades principales.   Sé que Madrid es la capital y que está situada en el centro del país.
10. BEATRIZ.   Bien.   Y sabrás que Barcelona, que está situada en el Nordeste, es el puerto más importante.
11. BARTOLO.   ¿Qué ciudades tienen interés por sus monumentos históricos?
12. BEATRIZ.   Pues, Toledo, por ejemplo.   Y Granada y Córdoba, que reflejan el esplendor de la dominación árabe en España.
13. BARTOLO.   ¡Basta, no sigas!   ¡Ya estoy completamente confundido!   Pero gracias por la lección.
14. BEATRIZ.   De nada.   Hasta luego, Bartolo.

Preguntas

1. ¿Dónde encuentra Bartolo a Beatriz?   2. ¿Por qué le ha dado el profesor una tarea especial?   3. ¿Qué tiene que aprender Bartolo?   4. ¿Cuáles son las cinco regiones naturales que recuerda él?   5. ¿Dónde está situada la capital de España?   6. ¿Qué ciudades tienen interés por sus monumentos históricos?   7. ¿Qué dice Beatriz de Granada y Córdoba?   8. ¿Qué le dice Bartolo a Beatriz?

C. **Temas para desarrollar oralmente**

Preparar y aprender de memoria dos oraciones sobre cada uno de los temas siguientes para decirlas en clase:

1. El sistema de sierras de España.
2. Los ríos de la Península.
3. La localización geográfica de Andalucía y de Cataluña.
4. Dos ciudades españolas de importancia industrial y comercial.

IV. ASPECTOS GRAMATICALES

A. El verbo **estar** con el participio pasivo

1. *Para contestar afirmativamente:*

Modelo: *¿Está situada Barcelona en el Nordeste de España?*

Sí, Barcelona está situada en el Nordeste de España.

Profesor	*Estudiante*
¿Está situada Sevilla en el Sur de España?	Sí, Sevilla está situada en el Sur de España.
¿Está situada España en el Suroeste de Europa?	
¿Está situada la capital en el centro de España?	
¿Está situada San Sebastián en el Norte de España?	

2. *Para contestar negativamente:*

Modelo: *¿Estaba preocupado Bartolo?*

No, Bartolo no estaba preocupado.

Profesor	*Estudiante*
¿Estaba equivocada Beatriz?	No, Beatriz no estaba equivocada.
¿Estaban cansados los estudiantes?	
¿Estaba dormido Carlos?	
¿Estaban cerradas las ventanas?	

B. El verbo **ser** con el participio pasivo

1. *Para cambiar a la voz pasiva:*

Modelo: *El gobierno construye muchas escuelas.*

Muchas escuelas son construidas por el gobierno.

Profesor	*Estudiante*
España exporta muchas frutas.	Muchas frutas son exportadas por España.
El policía detiene al delincuente.	
Las viejas ciudades atraen a los turistas.	
Granada y Córdoba reflejan el esplendor de la dominación musulmana.	

2. *Para cambiar a la voz pasiva:*

Modelo: *Los fenicios fundaron la ciudad de Cádiz.*

La ciudad de Cádiz fue fundada por los fenicios.

Profesor	*Estudiante*
Los conquistadores llevaron el idioma a América.	El idioma fue llevado a América por los conquistadores.
El policía arrestó al delincuente.	
Ellos incorporaron muchos elementos nuevos a la lengua.	
Unos bandidos asaltaron al profesor.	

C. Repaso de los verbos **empezar**,[26, 34] **variar**,[44] **ser**[16] y **estar**[6] (Los números que acompañan los verbos corresponden a la numeración de los verbos en el Apéndice.)

1. *Para cambiar a las formas que correspondan a los pronombres indicados:*

Modelo: *Ella.*   *Ella varía el orden.*

Profesor   *Estudiante*
Yo.   Yo varío el orden.
Nosotros.
Ellos.
Usted.

2. *Para cambiar a las formas que correspondan a los pronombres indicados:*

Modelo: *Yo.*   *Yo empiezo el diálogo.*

Profesor   *Estudiante*
Ellos.   Ellos empiezan el diálogo.
Tú.
Nosotros.
Ella.

3. *Para cambiar al imperfecto, pretérito y futuro de indicativo:*

Modelo: *El clima varía.*   *El clima variaba. El clima varió. El clima variará.*

Profesor   *Estudiante*
Juan empieza a trabajar.   Juan empezaba a trabajar. Juan empezó a trabajar. Juan empezará a trabajar.

Las lluvias son frecuentes.
Carlos está enfermo.
Estamos en España.
Este libro es del profesor.

V. EJERCICIOS ESCRITOS

A. Uso de modismos y frases hechas

1. *Úsense[1] los modismos y frases siguientes en oraciones completas:*

al Norte
a orillas de
constar de
disfrutar de
en cambio
figurar entre
hermosos centros veraniegos
incluyendo

2. *Escríbanse oraciones completas empleando las frases siguientes como elemento inicial:*

A partir del descubrimiento. . .
Como son de curso rápido . . .

Con la esperanza de . . .
El resto de la Península . . .
Estas sierras hacen que España sea . . .
Más de doscientos mil habitantes . . .
No puede hablarse de . . .
Se extiende desde . . .

B. Ejercicio de traducción

Traduzcan al español las frases siguientes, tratando de imitar las construcciones y fraseología del texto de las lecturas:

1. The Iberian Peninsula forms the southwestern tip of Europe. 2. It is divided into several parts by great mountain ranges. 3. On the north the Pyrenees extend from the coast of Catalonia to that of Galicia. 4. Two of the rivers cross New Castile and empty into the Atlantic

---

[1] **Usen** (subjuntivo) + **se** (reflexivo). Forma de mandato en la tercera persona; se usa para dar instrucciones. Véase página 41, Ejercicio B-2.

Ocean. 5. The climate is very changeable, but rains are not frequent. 6. In the production of lead this country is surpassed only by the United States.

7. The capital of Spain is situated in the central part of the country. 8. These cities are well known on account of their iron foundries.

9. Cádiz was founded by the Phoenicians in the year 1200 B.C. 10. After the discovery of America, life shifts toward the coast. 11. New ports appear on the northern coasts. 12. Large masses of workers accumulate to satisfy the needs of modern industry.

VI. VERIFICACIÓN Y REPASO

A. Dictado

Preguntas

1. ¿Cuál es uno de los rasgos más enérgicos de la geografía de la Península Ibérica? 2. ¿Qué otro rasgo puede notarse? 3. ¿Qué constituyen los Pirineos? 4. ¿Qué dice el autor de la punta meridional de España? 5. ¿Qué es España en la realidad de su geografía y de su historia?

B. Para formular preguntas en español

Formúlense preguntas para las siguientes contestaciones:
1. Trata de los rasgos de la geografía peninsular. 2. España y Portugal forman la Península Ibérica. 3. El pico más alto de España es el de Mulhacén. 4. Disfrutan de un clima templado y menos variable. 5. Es templado a causa de la influencia de la corriente del Golfo de México.

6. En la producción de mercurio es la primera nación del mundo.

7. Está dividida en cincuenta provincias. 8. Sí, me gustaría visitar el resto de la Península. 9. Tiene más de cuatrocientos mil habitantes. 10. Pero también son activos centros industriales. 11. La industria moderna empieza a dejar sus huellas en España. 12. Las ciudades atraen y fascinan al campesino.

C. Temas para desarrollar por escrito

Escríbanse tres oraciones sobre cada uno de los temas siguientes:
1. Los puertos más importantes de España.
2. El crecimiento de la población de Madrid y de Barcelona.
3. Los conceptos que Bartolo tenía de España.

AUNQUE USTED NO LO CREA...

Pegan a un policía

GINEBRA. Unas personas golpearon, sin saber quién era, a un policía, para permitir que un bandido se escapara. Este suceso, digno de una película de Chaplin, ocurrió en la aldea de Morges, donde un delincuente, que acababa de ser arrestado por un policía, que no estaba de uniforme, comenzó a dar alaridos. La gente que observaba el incidente, creyendo que el bandido había sido asaltado, empezó a pegarle al policía, el que resultó con un diente roto. Sólo después de huir el bandido, el policía pudo darse a conocer. El malhechor fue detenido después, cerca de Lausana.

Preguntas

1. ¿De qué es digno este suceso? 2. ¿Qué comenzó a hacer el delincuente? 3. ¿Qué le pasó al policía? 4. ¿Cuándo pudo darse a conocer el policía? 5. ¿Dónde fue detenido el malhechor?

2

El español actual. El folklore

I. PRESENTACIÓN

A. *Ejercicio preliminar*

Localícense en el mapa, páginas 10–11, los términos siguientes:

1. Las Islas Canarias, el Río Duero, el Río Guadiana, los Pirineos, los Montes Cantábricos.
2. Granada, Málaga, Valencia, Zaragoza, Bilbao.
3. Murcia, Córdoba, Burgos, Santiago de Compostela, Santander.
4. Asturias, Castilla la Nueva, Castilla la Vieja, Extremadura, Aragón.

B. *Estudio de palabras*

Estudien las aclaraciones siguientes:

1. **Actual** *adj.* Presente. **Actualmente** *adv.* En el tiempo presente.
2. **Crisis** *f.* Tiene la misma forma en el plural: **las crisis.**
3. **Idioma, síntoma.** A pesar de terminar en –a, son substantivos masculinos, como **clima, mapa, problema, sistema, tema.**
4. **Invención** *f.* Además de tener el significado de « cosa inventada », significa « obra, composición ».
5. **Propio, –a.** Que pertenece exclusivamente a una persona o cosa.
6. **Refrán** *m.* Proverbio.
7. **Romance** *adj.* o **románico, –a.** Se dice de las lenguas modernas derivadas del latín. Como substantivo masculino, un **romance** es una composición poética de versos generalmente de ocho sílabas que repiten las mismas vocales al fin de todos los versos pares, quedando sin rima alguna los versos impares.
8. **Sentencia** *f.* Máxima, dicho grave o sucinto. También significa « juicio o decisión del juez ».

C. *Modismos y frases útiles*

Estudien los modismos y frases siguientes y aprendan de memoria los ejemplos:

1. **A su vez.** Por su turno. ~ A su vez la influencia de las grandes ciudades llega hasta las aldeas más apartadas.
2. **Contar.** Tener. ~ El francés cuenta alrededor de 50 millones de hablantes.
3. **La corriente general.** El tipo de vida usual. ~ Incluso las comarcas más aisladas se han incorporado a la corriente general.
4. **La mayor parte de.** ~ Se extendió después por la mayor parte del territorio.
5. **Ser humano.** Persona, individuo. ~ Es la lengua oficial de unos ciento cuarenta millones de seres humanos.
6. **Se trata de.** Se refiere uno a. ~ Se trata del vascuence.
7. **Tener por.** Considerar como. ~ Lo tienen por lengua materna.
8. **Venir a ser.** Resultar. ~ Ha venido a ser la lengua romance que ha logrado mayor difusión.

8

II. LECTURAS

A. *El español actual. Idiomas y dialectos de la Península*

El español es uno de los idiomas verdaderamente universales. Fue llevado a todas partes del mundo por los conquistadores y colonizadores de raza española. A pesar de la crisis espiritual y política atravesada por el mundo hispánico a partir del siglo XVIII, el idioma español, lejos de manifestar síntomas de decadencia, ha triplicado su número de hablantes en los últimos ciento cincuenta años. Hoy es la lengua oficial y de cultura de unos ciento cuarenta millones de seres humanos, de los cuales más de ciento quince millones lo tienen por lengua materna. Ha venido a ser la lengua romance que ha logrado mayor difusión, seguida a distancia por el portugués, con unos 60 millones, y por el francés e italiano, que cuentan alrededor de 50 millones cada uno.

La difusión geográfica del español es también extraordinaria. Fuera de España se habla en zonas del Suroeste de los Estados Unidos, en México, la América Central, y toda la Meridional, a excepción del Brasil y las Guayanas; en Cuba, la República Dominicana y Puerto Rico; hay, además, una importante minoría hispanohablante en las Islas Filipinas.

Aunque el español es la lengua oficial de la nación española, no es la única lengua hablada en la Península. El latín vulgar, o «hablado», propagado por los soldados y colonizadores romanos, dio origen a una multitud de dialectos en la Península. Los más importantes, de Oeste a Este, eran: el gallego, el portugués, el leonés, el castellano, el aragonés, y el catalán. De todas estas modalidades, con el andar de los siglos, se fueron formando tres lenguas literarias: el gallego-portugués, en la parte occidental; el castellano, que absorbió los otros dialectos de la parte central y se extendió después por la mayor parte del territorio español, y el catalán, hablado en Cataluña, Valencia, y las Islas Baleares.

La base del español moderno se encuentra en el dialecto castellano; pero es importante recordar que otros dialectos afines — como el leonés y el aragonés — colaboraron en su formación. Además, después del descubrimiento de América, muchos elementos nuevos fueron incorporados a la lengua común. Por todas estas razones es preferible darle a la lengua común el nombre de «lengua española» en lugar del de «lenguaje castellano», o «castellano», con que suele designarse en algunas partes.

Todavía se conservan huellas de los dialectos leonés y aragonés en zonas del Norte de España. Dentro del español se distinguen varios dialectos o modalidades: el extremeño, el andaluz, el murciano, el canario, y el español de América, con sus múltiples variantes.

Por último hay que recordar que se habla también una lengua no románica en la Península: se trata del vascuence, idioma de origen oscuro — tal vez el idioma de los antiguos iberos — , que es hablado hoy por unas 450.000 personas en las Provincias Vascongadas.

Preguntas

1. ¿Por qué puede decirse que el español es uno de los idiomas verdaderamente universales? 2. ¿Ha aumentado el número de hablantes del idioma español en los últimos ciento cincuenta años? 3. ¿Cuántos millones de seres humanos hablan español[1]? 4. ¿Cuántos millones de seres humanos hablan portugués[1]? 5. Describa la difusión geográfica del español. 6. ¿Qué lengua llevaron los soldados y colonizadores romanos a la Península Ibérica? 7. ¿Qué lenguas literarias se formaron en la Península? 8. ¿Qué dialecto constituye la base del español moderno? 9. ¿Por qué es preferible dar el nombre de «lengua española» a la lengua común? 10. ¿Qué es el vascuence?

[1] Se emplea el artículo definido en español con los nombres de los idiomas; suele omitirse, sin embargo, después de los verbos **hablar, escribir, estudiar** y **aprender,** y después de las preposiciones **de** y **en.**

B. *El folklore y las costumbres populares*
Por L. Martín Echeverría

La sabiduría, arte y poesía populares, o folklore — cuyo estudio sistemático y científico inició en España el señor Machado y Álvarez, con respecto a Andalucía — ofrece entre nosotros una riquísima variedad (refranes, sentencias, tradiciones, cuentos, canciones, romances), con formas que en muchos casos son comunes a toda España y ofrecen interesantes relaciones con los folklores extranjeros, pero en ocasiones son privativos de cada comarca. La afición a refranes, sentencias y adivinanzas ha producido una literatura abundante, ya porque sus autores recogieron los elementos populares, ya porque se hayan popularizado las invenciones eruditas. La importancia de las manifestaciones de la poesía popular está plenamente demostrada, habiendo producido creaciones tan admirables como las primitivas « canciones de gesta » y el « romancero ».

Respecto a la música, casi todas las regiones españolas (Asturias, Galicia, Vascongadas, Andalucía, Aragón, Cataluña, las « huertas » de Levante, el campo de Salamanca, las Islas Canarias) poseen un tesoro propio de bailes y canciones,[1] de la mayor originalidad y riqueza. Asimismo se conservan ciertos usos y costumbres tradicionales (en verbenas y romerías, fiestas, juegos, funciones religiosas, bodas, entierros y bautizos).

Los trajes regionales han desaparecido completamente de las ciudades (donde solamente aparecen con ocasión de fiestas y espectáculos como una nota típica y pintoresca), pero todavía se visten algo en ciertas zonas rurales. El traje del campesino español tiene de común en la mayor parte de las comarcas el uso de calzón corto, faja y chaquetilla para el hombre; falda o refajo, con jubón o corpiño de colores para la mujer, que casi siempre lleva la cabeza descubierta o con un simple pañuelo; pero luego cada región presenta infinitas modalidades en los adornos y empleo de algunas prendas, que modifican notablemente el conjunto.

Actualmente, la vida moderna, con su rasero nivelador, ha borrado muchas de estas características, que tienden a desaparecer. Dialectos, indumentaria, canciones, bailes y juegos han huido hace tiempo de las ciudades para refugiarse en el campo. Pero a su vez la influencia de las grandes ciudades llega hasta las aldeas más apartadas, e incluso las comarcas más aisladas se han incorporado, con la facilidad de comunicaciones, a la corriente general.

Preguntas

1. ¿Qué es el folklore? 2. ¿Cuáles son algunas formas del folklore español? 3. ¿Qué es un romance? 4. ¿Qué creaciones importantes ha producido la poesía popular? 5. ¿Qué puede decirse de la música popular de las diversas regiones españolas? 6. ¿En qué aspectos de la vida se conservan ciertos usos y costumbres tradicionales? 7. ¿En qué comarcas de España se conservan los trajes regionales? 8. ¿Cómo es el traje del campesino español? 9. ¿Cómo es el traje de la mujer? 10. ¿Por qué tienden a desaparecer las costumbres populares?

III. PRÁCTICAS ORALES

A. Diálogo.   *En un patio de la escuela*

Bartolo se encuentra con una de sus compañeras de clase, Graciela.

1. BARTOLO. ¿Qué tal, Graciela? ¿Por qué vas tan de prisa?
2. GRACIELA. Voy a llegar tarde a mi próxima clase.
3. BARTOLO. Vas a tu clase de historia del castellano, ¿verdad?
4. GRACIELA. Sí, pero no se dice historia del « castellano », sino del « español ». Hemos aprendido que el castellano no es más que un dialecto entre otros muchos.
5. BARTOLO. ¡Si mucha gente dice « castellano » en vez de « español »!
6. GRACIELA. Es que el castellano fue el dialecto que triunfó sobre los otros y sirvió de base para el español moderno.
7. BARTOLO. ¿Qué otros dialectos han contribuido a la formación del español?
8. GRACIELA. Pues, el leonés y el aragonés, principalmente.
9. BARTOLO. ¿Se hablan todavía dialectos como el leonés y el aragonés en España?
10. GRACIELA. Ya lo creo. Y no solamente se hablan otros dialectos sino que se hablan otros idiomas.
11. BARTOLO. ¿Se hablan más lenguas que el español en España?
12. GRACIELA. ¡Claro que sí! Se hablan el vascuence, el gallego y el catalán.

---

[1] **poseen . . . canciones** *possess a storehouse of their own of dances and songs.*

13. BARTOLO. ¡Caramba! Si no te das prisa, vas a llegar tarde a tu clase de castellano — digo, de español.
14. GRACIELA. Tienes razón. Me voy corriendo. Hasta la vista, Bartolo.

Preguntas

1. ¿Dónde se encuentran Bartolo y Graciela? 2. ¿Qué le pregunta Bartolo a Graciela? 3. En su sentido más estricto, ¿qué es el castellano? 4. ¿Qué es el español? 5. ¿Qué otros dialectos han contribuido a la formación del español moderno? 6. ¿Se hablan todavía dialectos como el leonés y el aragonés en España? 7. Además del español, ¿qué otras lenguas se hablan en España? 8. ¿Por qué tiene que marcharse corriendo Graciela?

B. Diálogo. *En la sala de clase*

> *Beatriz y Graciela charlan un poco antes de la llegada del profesor.*

1. BEATRIZ. ¿Qué te pasa, Graciela?[1] Llegas sin aliento.
2. GRACIELA. Es que he venido corriendo para llegar a tiempo. Estaba hablando con Bartolo. A propósito, ¿sobre qué va a hablar el profesor hoy?
3. BEATRIZ. Dijo que hablaría acerca de las distintas regiones españolas.
4. GRACIELA. Será muy interesante. El folklore y las costumbres populares me fascinan.
5. BEATRIZ. A mí también. Me interesa especialmente la música popular, que presenta tanta variedad de una región a otra.
6. GRACIELA. Al parecer todas las regiones tienen sus canciones y bailes propios.
7. BEATRIZ. ¿Recuerdas la película que vimos con Bartolo sobre los bailes típicos de

España? Los trajes regionales eran muy hermosos.
8. GRACIELA. ¿Le explicaste a Bartolo que los trajes regionales se usan muy poco y solamente en las fiestas y en ciertas zonas rurales?
9. BEATRIZ. Claro. Le expliqué que no se llevan ya en las ciudades. El pobre muchacho se quedó algo desilusionado.
10. GRACIELA. ¿Cuál es el traje de los campesinos hoy día?
11. BEATRIZ. En algunas regiones los hombres llevan calzón corto, faja y chaquetilla.
12. GRACIELA. ¿Y las mujeres?
13. BEATRIZ. En algunos pueblos los corpiños de colores son muy comunes.
14. GRACIELA. Bueno, hablaremos después. Ya entra el profesor.

Preguntas

1. ¿Por qué llega Graciela sin aliento? 2. ¿Sobre qué va a hablar el profesor? 3. ¿Por qué cree Graciela que el tema será interesante? 4. ¿Qué dice Beatriz de la música popular española? 5. ¿Qué película habían visto las jóvenes? 6. ¿Qué tuvo que explicarle Beatriz a Bartolo? 7. ¿Qué le parece a usted el traje de los campesinos españoles? 8. ¿Por qué no pudieron las muchachas continuar su conversación?

C. Temas para desarrollar oralmente

> *Preparar y aprender de memoria dos oraciones sobre cada uno de los temas siguientes para decirlas en clase:*

1. La difusión geográfica del español.
2. Los idiomas y dialectos hablados en la Península Ibérica.
3. Definición de la palabra « folklore ».
4. Las formas del folklore en España.

IV. ASPECTOS GRAMATICALES

A. Formas de substantivos y adjetivos

1. *Para cambiar empleando como sujeto los substantivos indicados:*

Modelo: *El tema es bien conocido.*
   ¡ Problema !

El problema es bien conocido.

Profesor	*Estudiante*
El problema es bien conocido. ¡Poemas!	Los poemas son bien conocidos.
¡Sistema!	
¡Síntomas!	
¡Idioma!	

[1] ¿ **Qué te pasa, Graciela?** *What is the matter, Graciela?*

2. *Para cambiar empleando como sujeto los substantivos indicados:*

Modelo: *Este muchacho no es el cantante*   *Esta muchacha no es la cantante que busco.*
        que busco.   ***¡Muchacha!***

Profesor	*Estudiante*
Bartolo no es el artista que busco. ¡Graciela!	Graciela no es la artista que busco.
Pablo no es el joven que busco. ¡María!	
Alfonso no es el guía que busco. ¡Dorotea!	
Juan no es el testigo que busco. ¡Beatriz!	

B. Usos del artículo determinado

1. *Para contestar afirmativamente:*

Modelo: *¿Vamos a la iglesia los domingos?*   *Sí, vamos a la iglesia los domingos.*

Profesor	*Estudiante*
¿Vamos a la escuela los lunes?	Sí, vamos a la escuela los lunes.
¿Van ellos a la ciudad los martes?	
¿Va él al cine los viernes?	
¿Va ella a la playa los sábados?	

2. *Para contestar negativamente:*

Modelo: *¿Es mexicano el profesor Sánchez?*   *No, el profesor Sánchez no es mexicano.*

Profesor	*Estudiante*
¿Es mexicana la señora Sánchez?	No, la señora Sánchez no es mexicana.
¿Es mexicano el señor Sánchez?	
¿Es mexicana la señorita Sánchez?	
¿Es mexicano el capitán Sánchez?	

C. Repaso de los verbos **ofrecer,**[39] **recoger,**[36] **extenderse,**[27] **tener**[17] (como **tener,** se conjugan de-tener, mantener y sostener.)

1. *Para cambiar a las formas que correspondan a los pronombres indicados:*

Modelo: *Tú.*   *Tú recoges canciones populares.*

Profesor	*Estudiante*
Nosotros.	Nosotros recogemos canciones populares.
Yo.	
Ellos.	
Ud.	

2. *Para cambiar a las formas que correspondan a los pronombres indicados:*

Modelo: *Ella.*   *Ella ofrece cincuenta dólares.*

Profesor	*Estudiante*
Ellos.	Ellos ofrecen cincuenta dólares.
Yo.	
Nosotros.	
Tú.	

3. *Para cambiar al presente, pretérito y futuro de indicativo:*

Modelo: *Tenía que marcharme.*

Tengo que marcharme. *Tuve que marcharme.* *Tendré que marcharme.*

Profesor	*Estudiante*
Ella mantenía a la familia.	Ella mantiene a la familia. Ella mantuvo a la familia. Ella mantendrá a la familia.

Sosteníamos lo contrario.
Se extendía por la mayor parte del territorio.
El policía detenía al delincuente.

V. EJERCICIOS ESCRITOS

A. Uso de modismos y frases hechas

1. *Úsense los modismos y frases siguientes en oraciones completas:*

a causa de
a excepción de
alrededor de
a partir de
a pesar de
atender a
cerca de
respecto a
servir de

2. *Escríbanse oraciones completas empleando las frases siguientes como elemento inicial:*

Con el andar de los siglos . . .
Dio origen a . . .
En la mayor parte de las comarcas . . .
Fuera de España . . .
Hace tiempo . . .
Ha venido a ser . . .
Se trata de . . .
Suele designarse . . .

B. Ejercicio de traducción

Traduzcan al español las frases siguientes, tratando de imitar las construcciones y fraseología de los textos:

1. Spanish has more than one hundred and thirty million speakers. 2. Far from showing signs of decadence, Spanish has turned out to be the Romance language which has the largest number of speakers. 3. Portuguese is the mother tongue of about sixty million human beings. 4. Many elements from other languages and dialects have been incorporated into present-day Spanish. 5. Basque is still spoken in a small region in the northern part of the Peninsula. 6. Mr. Machado started the scientific study of Spanish folklore. 7. Popular poetry has produced creations as original and admirable as the primitive epic poems and balladry. 8. Traditional songs and dances are preserved in almost all the regions of Spain. 9. At the present time popular customs are gradually disappearing in most of the regions. 10. Because of the ease of communications modern life can reach the most remote villages. 11. Regional costumes can still be seen on the occasion of festivals. 12. The dress of the Spanish peasant consists of knee breeches, a sash, and a short jacket.

VI. VERIFICACIÓN Y REPASO

A. Dictado

Preguntas

1. ¿Cómo se explica la gran diversidad de tipos que existe en España? 2. ¿Qué diferencias importantes pueden encontrarse entre ellos? 3. ¿Qué influye en todo ello? 4. ¿Qué tiene cada región española? 5. ¿Qué nombre se da a los habitantes de Galicia? ¿Y de Asturias?

Universidad laboral, Gijón, España
Cortesía, Ministerio de información y turismo español

La hemeroteca nacional—biblioteca donde se guardan y leen los periódicos
Cortesía, Ministerio de información y turismo español

Vista general de Barcelona, Cataluña, España
Cortesía, Ministerio de información y turismo español

B. Para traducir oralmente al español:

1. It is not a question of a universal language. 2. In spite of the political crises of Spain, there are no signs of decadence in the Spanish language. 3. Spanish is spoken in all South America, with the exception of Brazil and the Guianas. 4. Three literary languages were gradually formed. 5. Their fondness for proverbs and maxims is well known. 6. Spanish folklore shows the greatest originality and richness. 7. Because of the influence of modern life these traditional customs tend to disappear. 8. It can be said that each region has its own songs and dances.

C. Temas para desarrollar por escrito

Escríbanse tres oraciones sobre cada uno de los temas siguientes:

1. El origen y la formación del español actual.
2. Los trajes regionales en España.
3. La influencia de la vida moderna sobre las costumbres populares.

DEL FOLKLORE DEL MUNDO HISPÁNICO

(Para aprender de memoria)

A. Coplas populares

> Dicen que lo negro es triste,
> yo digo que no es verdad.
> Tú tienes los ojos negros,
> y eres mi felicidad.

> En enero no hay claveles
> porque los marchita el hielo;
> en tu cara los hay siempre
> porque lo permite el cielo.

> Tus ojos copian el día:
> los entornas, amanece;
> los abres, el sol deslumbra;
> los cierras, la noche viene.

B. Refranes

> Vale más saber que tener.
> La pereza es llave de la pobreza.
> Cada oveja con su pareja.
> Haz bien y no mires a quien.
> Quien mucho abarca poco aprieta.

C. Adivinanzas [1]

> En alto vive y en alto mora,
> y en alto teje la tejedora.

> Cien damas en un prado,
> y todas visten de morado.

> Una vieja con un solo diente
> recoge a toda su gente.

[1] Soluciones en el Apéndice, p. 259.

Barracas (casas de los campesinos) de « las huertas » de Levante   Cortesía, Embajada de España

3

Juan Ramón Jiménez

I. PRESENTACIÓN

A. *Nota literaria*

La literatura española adquiere un desarrollo extraordinario en la época contemporánea. Presenta escritores de importancia en todos los ramos de la literatura.

Juan Ramón Jiménez, el autor de las selecciones de esta lección, fue el maestro reconocido de los poetas españoles de nuestro siglo. Nació en Moguer, provincia de Huelva, en 1881, y murió en Puerto Rico en 1958. Poco antes de su muerte se le concedió el Premio Nobel de Literatura.

Consagró toda su vida al culto de la poesía. En sus primeros libros se advierte la influencia del modernismo, pero con notas de delicadeza y melancolía que recuerdan a Bécquer. Su poesía es una exaltación del sentimiento y de la sensación. Después se inclina hacia un estilo más depurado, y en diversas etapas busca una pureza y espiritualidad cada vez mayores. Se esfuerza por crear su propio mundo y por convertir toda la vida en poesía.

La obra poética de Juan Ramón Jiménez es muy extensa. Algunos de sus libros más importantes son Diario de un poeta recién casado *(1917) y* Estación total *(1946). Los poemas de esta lección aparecen en su* Segunda antolojía[1] poética *(1922).*

Es autor también de hermosos libros de prosa, como Platero y yo *(1914), que se basa en impresiones y recuerdos de su juventud en Moguer. Se nota en él la misma capacidad de convertir la vida en belleza y sentimiento que se advierte en su poesía.*

B. *Observaciones sobre el verso español*

Los elementos principales de la poesía española son tres: el número de sílabas de los versos, la rima, y el lugar del acento rítmico.

[1] antolojía por antología en la ortografía de Juan Ramón Jiménez, quien escribe siempre **j** en lugar de **g** ante **e, i**. Otros ejemplos que veremos más adelante son **nostaljia** (por **nostalgia**) e **intelijencia** (por **inteligencia**).

1. El verso de ocho sílabas (el octosílabo) es el verso tradicional de la poesía española. En el verso de este tipo el acento rítmico carga siempre sobre la séptima sílaba. No es necesario que realmente exista una sílaba después de dicha sílaba. Los dos versos siguientes son, por lo tanto, de ocho sílabas en español:

$$\overset{7}{}$$

¡ Quié-nhu-bie-se-tal-ven-tu-ra

$$\overset{7}{}$$

so-bre-la-sa-guas-del-mar . . .

Puede haber dos sílabas inacentuadas después de la séptima acentuada, como en el siguiente verso, que se considera también como de ocho sílabas:

$$\overset{7}{}$$

re-vo-lo-te-aun-mur-cié-la-go

2. Como demuestra el verso citado, en español hay que combinar en una sílaba las vocales que se hallan juntas entre palabras en un grupo fónico (es decir, sin una pausa entre ellas). Noten la división de sílabas en el verso siguiente:

$$\overset{7}{}$$

Lohan-di-choel-pi-na-ryel-vien-to.

3. La rima en español es de dos tipos. La consonancia es la identidad de sonidos en la terminación de dos palabras desde la vocal que lleva el acento. La asonancia es la identidad de vocales, a partir de la vocal que lleva el acento. Juan Ramón Jiménez, como casi todos los poetas contemporáneos, prefiere la asonancia.

4. En el verso de ocho sílabas, el acento rítmico carga sobre la séptima sílaba. Los otros acentos se distribuyen libremente. Es frecuente un acento secundario sobre la tercera sílaba.

C. *Estudio de palabras*

Estudien las aclaraciones siguientes:
1. **Arbolado** *m.* Conjunto de árboles.

2. **Arbolito, gotita, pequeñito.** Diminutivos de **árbol, gota,** y **pequeño.**

3. **Azadón, corralón, pilón.** Aumentativos de **azada, corral,** y **pila.**

4. **Blancor** *m.* Lo blanco; blancura.

5. **Calleja** *f.* Calle pequeña.

6. **Cascabeleo** *m.* Ruido de cascabeles. **Estrelleo** *m.* Movimiento de las estrellas.

7. **Cornetín** *m.* Instrumento musical (diminutivo de **corneta**).

8. **Escalerilla, florecilla, trotecillo.** Diminutivos de **escalera, flor, trote.**

9. **Granero** *m.* Sitio donde se recoge el grano.

10. **Sillero, tonelero.** Persona que hace o vende **sillas,** persona que hace o vende **toneles.**

11. **Soñar con, o en, una cosa.** Representárnosla durante el sueño; desearla con vehemencia.

II. LECTURAS

A. *Platero y yo*

Por Juan Ramón Jiménez

PLATERO

Platero es pequeño, peludo, suave; tan blando por fuera, que se diría todo de algodón, que no lleva huesos. Sólo los espejos de azabache de sus ojos son duros cual dos escarabajos de cristal negro.

Lo dejo suelto, y se va al prado, y acaricia tibiamente con su hocico, rozándolas apenas, las florecillas rosas, celestes y gualdas . . . Lo llamo dulcemente: «¿ Platero ?», y viene a mí con un trotecillo alegre que parece que se ríe, en no sé qué cascabeleo ideal . . .

Come cuanto le doy. Le gustan las naranjas mandarinas, las uvas moscateles, todas de ámbar, los higos morados, con su cristalina gotita de miel . . .

Es tierno y mimoso igual que un niño, que una niña . . .; pero fuerte y seco por dentro, como de piedra. Cuando paso sobre él, los domingos, por las últimas callejas del pueblo, los hombres del campo, vestidos de limpio y despaciosos, se quedan mirándolo:

—Tien'asero[1] . . .

Tiene acero. Acero y plata de luna, al mismo tiempo.

LA AZOTEA

Tú, Platero, no has subido nunca a la azotea. No puedes saber qué honda respiración ensancha el pecho, cuando al salir a ella de la escalerilla oscura de madera, se siente uno quemado en el sol pleno del día, anegado de azul como al lado mismo del cielo, ciego del blancor de la cal, con la que, como sabes, se da al suelo de ladrillo[2] para que venga limpia al aljibe el agua de las nubes.

¡ Qué encanto el de la azotea ! Las campanas de la torre están sonando en nuestro pecho, al nivel de nuestro corazón, que late fuerte; se ven brillar, lejos, en las viñas, los azadones, con una chispa de plata y sol; se domina todo: las otras azoteas, los corrales, donde la gente, olvidada, se afana, cada uno en lo suyo—el sillero, el pintor, el tonelero—; las manchas de arbolado de los corralones, con el toro o la cabra; el cementerio, a donde a veces llega, pequeñito, apretado y negro, un inadvertido entierro de tercera; ventanas con una muchacha en camisa que se peina, descuidada, cantando; el río, con un barco que no acaba de entrar; graneros, donde un músico solitario ensaya el cornetín. . .

La casa desaparece como un sótano. ¡ Qué extraña, por la montera de cristales, la vida ordinaria de abajo: las palabras, los ruidos, el jardín mismo, tan bello desde él; tú, Platero, bebiendo en el pilón, sin verme, o jugando, como un tonto, con el gorrión o la tortuga !

Preguntas

1. ¿ Cómo es Platero ? 2. ¿ Qué hace Platero cuando se va al prado ? 3. ¿ Qué hace cuando lo llama su amo ? 4. ¿ Qué frutas le gustan a Platero ? 5. ¿ Qué dicen de Platero los hombres del campo ? 6. ¿ Adónde no puede subir Platero ? 7. ¿ Qué siente uno al salir a la azotea ? 8. ¿ Qué se ve brillar en las viñas ? 9. ¿ Qué hace la gente en los corrales ? 10. ¿ Qué hace Platero ?

B. *Segunda antolojía poética*

YA ESTÁN AHÍ LAS CARRETAS

Ya están ahí las carretas . . .
—Lo han dicho el pinar y el viento,
lo ha dicho la luna de oro,
lo han dicho el humo y el eco . . .—
Son las carretas que pasan
estas tardes, al sol puesto,
las carretas que se llevan
del monte los troncos muertos.

---

[1] **—Tien'asero** . . . En la pronunciación de algunas partes de Andalucía la **c** se pronuncia **s,** y el grupo **e** más **a** entre palabras se reduce a **e.** [2] **con la . . . ladrillo** *with which, as you know, the brick floor is whitewashed.*

¡ Cómo lloran las carretas,
camino de Pueblo Nuevo !

Los bueyes vienen soñando,
a la luz de los luceros,
en el establo caliente,
que sabe a madre y a heno.
Y detrás de las carretas,
caminan los carreteros,
con la aijada sobre el hombro
y los ojos en el cielo.

¡ Cómo lloran las carretas,
camino de Pueblo Nuevo !

En la paz del campo, van
dejando los troncos muertos
un olor fresco y honrado
a corazón descubierto.
Y cae el Ángelus desde
la torre del pueblo viejo
sobre los campos talados,
que huelen a cementerio.

¡ Cómo lloran las carretas,
camino de Pueblo Nuevo !

LA CALLE ESPERA A LA NOCHE

La calle espera a la noche.
Todo es historia y silencio.
Los árboles de la acera
se han dormido bajo el cielo.

—Y el cielo es violeta y triste,
un cielo de abril, un bello
cielo violeta, con suaves
preludios del estrelleo.—

Por las verjas se ve luz
en las casas. Llora un perro
ante una puerta cerrada.
Negro sobre el cielo liso
revolotea un murciélago . . .

—¡ Oh la lámpara amarilla,
la paz de los niños ciegos,
la nostaljia de las viudas,
la presencia de los muertos !

¡ Cuentos que en aquellas tardes
de abril, que ya nunca han vuelto
nos contábamos, mirando
fijamente a los luceros !—

Y va cayendo la sombra
dulce y grande, en paz, con esos
rumores lejanos que
se escuchan desde los pueblos . . .

INTELIJENCIA

¡ Intelijencia, dame
el nombre exacto de las cosas !
. . . . Que mi palabra sea
la cosa misma,
creada por mi alma nuevamente.
Que por mí vayan todos
los que no las conocen, a las cosas;
que por mí vayan todos
los que ya las olvidan, a las cosas;
que por mí vayan todos
los mismos que las aman, a las cosas . . .
¡ Intelijencia, dame
el nombre exacto, y tuyo,
y suyo, y mío, de las cosas !

Preguntas

1. ¿ Cómo sabemos que vienen las carretas ?
2. ¿ Qué se llevan del monte las carretas ? 3. ¿ En qué vienen soñando los bueyes ? 4. ¿ Cómo describe el poeta a los carreteros ? 5. ¿ A qué hora del día pasan las carretas ? 6. ¿ Cómo describe el poeta el cielo en el segundo poema ? 7. ¿ Cuáles son algunas de las imágenes que emplea el poeta para representar la hora en que « La calle espera a la noche » ? 8. ¿ Qué pide el poeta a la inteligencia en el tercer poema ? 9. ¿ Qué quiere el poeta que sea su palabra ? 10. ¿ Qué podrán hacer los que no conocen las cosas ?

III. PRÁCTICAS ORALES

A. Diálogo. *En la escuela*

Graciela se encuentra con Alfonso en uno de los corredores.

1. GRACIELA. Hola, Alfonso. ¿Ya has terminado *Platero y yo*?
2. ALFONSO. Sí, lo terminé anoche. Me gustó mucho, pero no he escrito mi informe todavía. Me parece una obra difícil de analizar.
3. GRACIELA. Tú siempre quieres analizarlo todo. A veces los métodos científicos no nos ayudan a apreciar una obra literaria.
4. ALFONSO. Tal vez tengas razón. No he sacado muchas ideas del libro.
5. GRACIELA. Es que en este libro el poeta no da importancia a las ideas. Está tratando de captar algunos momentos y emociones de su adolescencia.
6. ALFONSO. Sin embargo, describe cosas muy concretas, como el burro y el cascabeleo.
7. GRACIELA. Sí, pero dice que se trata de un cascabeleo ideal. Es decir, el cascabeleo es una emoción o recuerdo que existe sólo en el mundo del poeta.
8. ALFONSO. Entonces, ¿las cosas concretas sólo sirven para evocar un momento de emoción?
9. GRACIELA. Exactamente. Lo que desea hacer Juan Ramón Jiménez es eternizar algunos momentos transitorios.
10. ALFONSO. ¿Has notado que se interesa mucho por los sonidos? Por ejemplo, al describir el encanto de la azotea, menciona varios sonidos.
11. GRACIELA. Ya lo creo. Recuerdo que menciona las campanas de la torre, una muchacha que canta, y la música de un cornetín.
12. ALFONSO. Parece que le interesan los sentimientos producidos por los sonidos más que los sonidos mismos.[1]
13. GRACIELA. Creo que tienes razón. Puede decirse que Juan Ramón Jiménez está dentro de la tradición platónica.
14. ALFONSO. ¿Y qué quieres decir con eso?
15. GRACIELA. Según Platón, las ideas de las cosas siempre son más perfectas que las cosas mismas.
16. ALFONSO. Muy interesante. Tendremos que continuar nuestra discusión en otra ocasión.

Preguntas

1. ¿Qué dice Alfonso acerca de *Platero y yo*? 2. Según Graciela, ¿qué quiere hacer siempre Alfonso? 3. ¿A qué no da importancia el poeta en esta obra? 4. ¿Qué está tratando de captar? 5. Según Graciela, ¿para qué sirven las cosas concretas en esta obra? 6. ¿Qué es lo que desea hacer el poeta? 7. Al describir el encanto de la azotea, ¿qué cosas menciona el poeta? 8. ¿Por qué dice Graciela que se halla Juan Ramón Jiménez dentro de la tradición platónica?

B. Diálogo. *Al salir de clase*

Alfonso y Graciela salen juntos de la clase de español.

1. ALFONSO. Me alegro de encontrarte otra vez, Graciela. Quiero discutir contigo los poemas que hemos leído para hoy.
2. GRACIELA. No sé si los he entendido bien, pero me han impresionado mucho. ¿No te gustó el de las carretas? ¡Qué triste es!
3. ALFONSO. Tienes razón, es muy triste. ¿Por qué dice que lloran las carretas?
4. GRACIELA. En el mundo real se refiere al ruido que producen los ejes de madera. Pero, además, creo que es el poeta quien llora. Sin duda llora la destrucción de la naturaleza idílica.
5. ALFONSO. Logra crear una impresión inolvidable de tristeza y melancolía.
6. GRACIELA. ¿Recuerdas las frases, « los troncos muertos » y « los campos talados, que huelen a cementerio »?
7. ALFONSO. ¿Qué impresiones recibiste de « La calle espera a la noche »?
8. GRACIELA. También inspira una emoción de tristeza, combinada con sentimientos vagos que son difíciles de explicar.
9. ALFONSO. A mí me parece que el poeta llora la muerte del día, con su luz y animación.
10. GRACIELA. Es posible que el simbolismo sea más complicado. Me parece que el poeta expresa su nostalgia por el pasado, que ha desaparecido irrevocablemente.
11. ALFONSO. ¡Puede ser! El perro que « llora ante una puerta cerrada » parece simbolizar esa nostalgia.
12. GRACIELA. De todos modos, el poema produce emociones que sentimos, aunque sean difíciles de analizar.

[1] **los sonidos mismos** *the sounds themselves.*

13. ALFONSO. Tal vez sea eso lo único que Juan Ramón Jiménez desee comunicar al lector.
14. GRACIELA. Es posible. Nunca lo sabremos con certidumbre.

Preguntas

1. ¿Qué impresión recibió Graciela del poema de las carretas? 2. ¿Qué no entiende Alfonso? 3. ¿Cómo lo explica Graciela? 4. ¿Qué ha logrado crear el poeta en este poema? 5. ¿Cuáles son algunas de las frases que evocan la impresión de tristeza y melancolía? 6. Según Alfonso, ¿qué llora el poeta en « La calle espera a la noche »? 7. Según Graciela, ¿qué expresa el poeta? 8. ¿Cuál es el propósito del poeta, según Alfonso?

C. Temas para desarrollar oralmente

Preparar dos preguntas sobre cada uno de los temas siguientes para que las contesten los otros alumnos de la clase:

1. Aspectos de la vida y obra de Juan Ramón Jiménez.
2. Descripción de Platero; lo que come.
3. El aspecto de la calle en la hora que evoca el poeta en « La calle espera a la noche ».
4. Los temas discutidos por Graciela y Alfonso en el Diálogo B.

IV. ASPECTOS GRAMATICALES

A. El uso de **ser** y **estar** con adjetivos

1. *Para completar con la forma correcta del verbo **ser** y el adjetivo indicado:*

Modelo: *Platero. ¡Pequeño!*　　　　*Platero es pequeño.*

Profesor	Estudiante
El clima. ¡Variable!	El clima es variable.
Graciela. ¡Joven!	
Los ojos de Platero. ¡Duros!	
El conocimiento de la geografía. ¡Útil!	

2. *Para completar con la forma correcta del verbo **estar** y el adjetivo indicado:*

Modelo: *Bartolo, al recibir dinero de casa. ¡Contento!*　　*Bartolo está contento.*

Profesor	Estudiante
El agua para el café. ¡Caliente!	El agua está caliente.
Las carretas. ¡Llenas!	
Los graneros. ¡Vacíos!	
Bartolo, al recibir sus notas. ¡Triste!	

3. *Para completar con la forma correcta de **ser** o **estar** y el adjetivo indicado:*

Modelos: *Bartolo, que tiene un resfriado. ¡Malo!*　　*Bartolo está malo.*
El delincuente, que tiene vicios. ¡Malo!　　*El delincuente es malo.*

Profesor	Estudiante
El médico, que posee varias casas. ¡Rico!	El médico es rico.
Alfonso, que recibe doscientos dólares de sus padres. ¡Rico!	Alfonso está rico.
Graciela, que tiene diecinueve años. ¡Joven!	
El profesor, que tiene más de cuarenta años. ¡Joven!	
Beatriz, que comprende las poesías. ¡Lista!	

Profesor	*Estudiante*

Beatriz, que espera a Alfonso para salir. ¡ Lista !

El estudiante que se excita fácilmente. ¡ Nervioso !

Bartolo, que tiene un examen hoy. ¡ Nervioso !

B. El verbo **gustar**

Para completar con la forma correcta del verbo **gustar** *y el pronombre correspondiente:*

Modelo: *La película. ¡ A ellos !*   *Les gustó mucho la película.*

Profesor	*Estudiante*
La azotea. ¡ Al poeta !	Le gustó mucho la azotea.

Las naranjas mandarinas. ¡ A Platero !

Los poemas. ¡ A mí !

La clase de literatura. ¡ A nosotros !

C. Repaso de los verbos **decir,**[5] **venir,**[20] **caer,**[3] **parecer**[39] (como **parecer,** se conjugan **aparecer** y **desaparecer**)

1. *Para cambiar a las formas que correspondan a los pronombres indicados:*

Modelo: *Ella.*   *Ella misma lo dirá.*

Profesor	*Estudiante*
Ellos.	Ellos mismos lo dirán.

Yo.

Nosotros.

Tú.

2. *Para cambiar a las formas que correspondan a los pronombres indicados:*

Modelo: *Yo.*   *Vine muy despacio.*

Profesor	*Estudiante*
Nosotros.	Vinimos muy despacio.

Tú.

Usted.

Ellos.

3. *Para cambiar al imperfecto y pretérito de indicativo:*

Modelo: *Él mismo lo dice.*   *Él mismo lo decía. Él mismo lo dijo.*

Profesor	*Estudiante*
Por fin aparece Platero.	Por fin aparecía Platero. Por fin apareció Platero.

Cae la sombra sobre el campo.

El problema me parece difícil.

El barco desaparece entre las olas.

V. EJERCICIOS ESCRITOS

A. Uso de modismos y frases hechas

1. *Úsense los modismos y frases siguientes en oraciones completas:*

acabar de	extenderse hasta
al nivel de	lo suyo
con ocasión de	por dentro
dejar suelto	tener por

2. *Escríbanse oraciones completas empleando las frases siguientes como elemento inicial:*

Al salir a la azotea . . .
Cuando paso sobre él . . .
Las carretas se llevan . . .
Los bueyes vienen soñando . . .
Parece que . . .
Platero es tan blando por fuera que . . .
¡ Qué extraño . . .
Sus ojos son duros cual . . .

B. Ejercicio de traducción

Traduzcan al español las frases siguientes, tratando de imitar las construcciones y fraseología de los textos:

1. Platero and his master go out to the meadow through the lane. 2. Platero likes purple figs, with their little-drop of honey. 3. How silly he is ! He is playing with a sparrow. 4. On coming out from the dark narrow-stairway, we see other terraces and the yards of the neighboring houses. 5. A tiny-little boat can be seen; it is entering the river. 6. How strange the noises and the life below seem through the skylight !
7. Which images used in the first poem do you like best ? 8. The driver is walking behind the cart, with his goad on his shoulder. 9. The trees of the town have fallen asleep under the beautiful violet sky. 10. The doors are closed, but one can see light through the grating. 11. Darkness gradually falls, and only distant sounds can be heard. 12. If he knows the exact names of things, he can create anew the things themselves.

VI. VERIFICACIÓN Y REPASO

A. Dictado

Preguntas

1. ¿ Dónde se encuentra el poeta ? 2. ¿ Qué ha oído el poeta ? 3. ¿ Qué hora de la noche es ? 4. ¿ Qué dice el poeta de los árboles del parque ? 5. ¿ Qué dice el poeta del paisaje ? 6. ¿ Por qué no puede dormir el poeta ?

B. Para definir en español

Defínanse oralmente en español las palabras siguientes:

1. peludo; despacioso. 2. trotecillo; calleja. 3. sillero; blancor. 4. azotea; aljibe. 5. inadvertido; descuidado. 6. aijada; hombro. 7. cascabeleo; estrelleo. 8. sótano; corralón. 9. cementerio; nostalgia. 10. lucero; verja.

C. Temas para un informe escrito

Escríbase un informe, de unas 80 palabras, sobre uno de los temas siguientes:

1. La vida del pueblo vista desde la azotea.
2. Breve explicación de la poesía, « Intelijencia ».
3. Observaciones sobre el sistema de verso usado en « Ya están ahí las carretas ».

DEL MUNDO ANCHO Y AJENO

(Para aprender de memoria)

A. Receta

—¿ Por qué estás tan preocupada ?
—Porque si hago lo que me manda el médico, no podré comer nada en un mes.
—¿ Te puso una dieta tan rígida ?
—No. Me pidió que le pagara la cuenta.

Preguntas

1. ¿ Por qué está tan preocupada la señora ?
2. ¿ Qué le ha pedido el médico a la señora ?
3. ¿ Le gustan a Ud. las dietas ?

El Escorial, vista del monasterio, Madrid, España
Cortesía, Ministerio de información y turismo español

Vista de Mallorca Cortesía, Ministerio de información y turismo español

Vista del puerto de Cudillero, Asturias, España
Cortesía, Ministerio de información y turismo español

B. Información

—¿ Sabe Ud. adónde ha ido mi marido ?

—No puedo decírselo; pero tal vez lo sepa su secretaria.

—Muy bien. ¿ Puede decirme dónde está su secretaria ?

—Tampoco lo sé, señora. Acaba de marcharse con el marido de Ud.

Preguntas

1. ¿ Qué quiere saber la señora ? 2. ¿ Por qué no puede hablar la señora con la secretaria de su marido ?

4

Pío Baroja

I. PRESENTACIÓN

A. *Nota literaria*

Pío Baroja (1872–1956), de origen vasco, es el mejor novelista español del siglo veinte. En él continúa el realismo de los novelistas anteriores, pero muy modificado por el fondo lírico y personal de su sensibilidad. Es un escritor típico de la generación del 98.

Baroja es subjetivo, apasionado e impresionista. Las contradicciones que abundan en sus ideas reflejan la crisis del pensamiento contemporáneo. Su simpatía por los humildes y por los explotados y su aspiración a una humanidad mejor van unidas a un desdén completo por las formas revolucionarias. Otras cualidades que caracterizan a su obra son su concepción pesimista de la vida, su culto a la filosofía de la voluntad, y su fe en la ciencia.

La obra novelística de Baroja es muy extensa y presenta una gran variedad de temas. Algunas de sus mejores novelas son: El mayorazgo de Labraz *(1903), de su trilogía,* Tierra vasca; Paradox, rey *(1906), de la trilogía,* La vida fantástica, *y* El árbol de la ciencia *(1911), de la trilogía,* La raza. *El cuento de esta lección aparece en su colección,* Fantasías vascas *(1941).*

B. *Estudio de palabras*

Frases adverbiales. Uso del adjetivo en lugar del adverbio.

1. En vez de los adverbios en **–mente**, que abundan en estos textos (**actualmente, dulcemente, fijamente, naturalmente,** etc.), es frecuente la formación de frases adverbiales mediante la combinación de substantivo (o adjetivo) con preposición: **a distancia, de prisa.** Es especialmente frecuente la combinación de **con** o **sin** con un substantivo: **con desdén, con fuerza.**

2. Es también muy frecuente el uso de un adjetivo con valor adverbial. En este caso el adjetivo concuerda siempre en género y número con el sujeto de la frase. **No hace más que mirar a Grashi, extasiado y confuso.**

C. *Modismos y frases útiles*

Estudien los modismos y frases siguientes y aprendan de memoria los ejemplos:

1. **Cuerpo a cuerpo.** A viva fuerza (se dice de los que riñen apretadamente). ∼ Habla de sus luchas cuerpo a cuerpo con estos animales.

2. **Dar la mano de prometida.** Dar la mujer palabra de casamiento. ∼ Le da la mano de prometida.

3. **El segundo que habla.** El segundo en hablar. ∼ El segundo que habla es el pastor.

4. **Estar enamorado (–a) de.** ∼ Grashi está enamorada de Azcona.

5. **Figurársele a uno.** Parecerle. ∼ Quiere representar algo que a mí se me figura una verdad.

6. **Llegar a (+ infinitivo).** Lograr, acertar. ∼ Me parece tan bonita que no llego a saber cómo es.

7. **Ponerse.** Con ciertos adjetivos, adquirir una persona la condición que estos adjetivos significan. ∼ No se ponga usted tan desdeñosa conmigo.

8. **Tener que ver con.** Tener alguna relación con. ∼ ¿Usted cree que los padres no tienen nada que ver con esas elecciones?

II. LECTURAS

A. *Aire de balada*[1]

Por Pío Baroja

—Le tengo que contar una pequeña mentira, mi querida amiga.

—¡Mentira!— dirá usted con desdén —. Usted que es tan verídico.

—Sí, una pequeña mentira alegórica que quiere representar algo que a mí se me figura una verdad.[2] No, no se ponga usted tan desdeñosa conmigo. ¿No quiere usted tampoco oírme?

—Sí; ¿por qué no?

—Entonces, si me atiende usted un momento, le contaré mi pequeña alegoría. Hay cerca de mi pueblo un bosque antiguo y extenso, y en ese bosque antiguo suelen trabajar varios carboneros. (Usted pensará, mi querida amiga, que ya sólo el comienzo es una mentira. Pero ¿qué importa?) Entre los carboneros, el jefe de todos es Martín Baigorri. Baigorri tiene una hija, que es la más linda muchacha de los contornos. Se llama Graciosa. Los vascos la llamamos Grashi. Usted me preguntará si es morena o es rubia. Yo casi no lo sé. Cuando la veo, me parece tan bonita que no puedo saber cómo es. Diga usted que también esto es mentira, y yo lo reconoceré. La verdad es que la que me parece tan bonita que no llego a saber cómo es, es usted.

—¡Bah!

—Martín Baigorri quiere casar a su hija, y, como es hombre romancesco que ha leído historias antiguas, ha pensado en llamar a los pretendientes de su hija el día de su santo, convidarles a comer, y, en la mesa, hacer la elección. ¿Usted cree que los padres no tienen nada que ver con esas elecciones? Es verdad. Pero ésa es la tradición, la tradición literaria, la tradición de nuestros mayores . . . A la invitación de Baigorri van en número cabalístico siete pretendientes, porque a otros muchos no se les ha aceptado.[3] El primero es Ignacio Baztán, soldado licenciado de Artillería; el segundo, Miguel Garraiz, el pastor de Articuza; el tercero, Domingo Machín, el marino de Fuenterrabía; el cuarto, Antonio Iparraguirre, el minero de Lesaca; el quinto Juan Tellechea (Juancho), el cazador del caserío Errotabide de Vera; el sexto, Santiago Zabaleta (Ichua), el leñador de Huasa, y el séptimo, Pello Azcona, el muchacho de un caserío de Oyarzún. Estos siete personajes fantásti-

cos se hubieran convertido en setecientos de verdad[4] si hubiera sido usted la solicitada.

—¡Qué tontería!

—Es exacto como la gravitación universal. A los postres, Martín Baigorri, el carbonero, ha tomado la palabra: «A ver—ha dicho a los pretendientes—hablad; decid vuestros méritos.» El primero que habla[5] es Baztán, el soldado. Cuenta sus aventuras de África, los moros que ha matado con el machete del máuser, las mujeres que ha salvado, los peligros que ha corrido[6] de noche en los campos marroquíes. Grashi no se conmueve. «¿Quizá es antimilitarista?», preguntará usted.

—No; no pregunto nada.

—No, no es antimilitarista. Es que Grashi tiene un secreto, un profundo secreto guardado en el corazón.

Preguntas

1. ¿Qué tiene que contarle el autor a su amiga? 2. ¿Qué hay cerca del pueblo del autor? 3. ¿Quién es Martín Baigorri? 4. ¿Cómo se llama la hija de Baigorri? 5. ¿Por qué no sabe el autor si es morena o es rubia? 6. ¿En qué ha pensado Martín Baigorri? 7. ¿Cuántos pretendientes van a la comida en casa de Baigorri? 8. ¿Qué oficios tienen? 9. ¿Qué ha dicho el carbonero a los postres de la comida? 10. ¿Qué cuenta Baztán, el soldado?

B. *Aire de balada*   (*Continuación*)

—El segundo que habla es Miguel Garraiz, el pastor. Garraiz cuenta su vida errante por los montes, los cuidados que tiene con[7] las cabras y los corderos recién nacidos, las observaciones que ha hecho de noche en las estrellas. Grashi no se conmueve. ¿Es que, quizá, es[8] antideportiva?, pensará usted.

—No; no he pensado tal cosa.

—Es que Grashi tiene un secreto, un profundo secreto guardado en el corazón. El tercero que habla es Domingo Machín, el marino. Cuenta sus aventuras en el ancho mar de los ruidos tempestuosos, los peligros del navegar, las terribles emociones del naufragio, cuando los submarinos cañonean el barco. Grashi no se conmueve. No es que sea antimarinera, no; es que tiene un

---

[1] **Aire de balada** *Ballad Melody.*   [2] **que quiere . . . verdad** *which symbolizes something that seems to me to be true.*   [3] **a otros . . . aceptado** *many others have not been accepted.*

[4] **setecientos de verdad** *seven hundred real ones.*   [5] **El primero que habla** *The first one to speak.*   [6] **los peligros . . . corrido** *the dangers to which he has been exposed.*   [7] **los cuidados . . . con** *the way he takes care of.*   [8] **¿Es que, quizá, es . . . ?** *Can it be that she is . . . ?*

secreto, un profundo secreto guardado en el corazón. El cuarto que habla es Antonio Iparraguirre, el minero de Lesaca. Explica sus trabajos en las oscuridades de las galerías subterráneas, sus esfuerzos para extraer el mineral escondido en las entrañas de la tierra y sacarlo de los abismos negros a la luz del sol. Grashi no se conmueve, porque tiene un secreto, un profundo secreto guardado en el corazón. El quinto habla Juancho, el cazador del caserío Errotabide. Cuenta sus aventuras de caza, cuando, en el rigor del invierno, va por entre la nieve a ojear a los jabalíes, y habla de sus argucias y de sus luchas cuerpo a cuerpo con estos feroces animales. Grashi no se conmueve.

—¿No es Grashi cazadora?

—No. Y es que tiene un secreto, un profundo secreto guardado en el corazón. El sexto habla Ichua, el leñador de Huasa. Explica su vida solitaria en el bosque, sus excursiones por la espesa selva, el silencio y el reposo de su cabaña . . .

—Y Grashi no se conmueve . . .

—Naturalmente; no se conmueve, pero es que Grashi tiene un secreto, un profundo secreto guardado en el corazón. El séptimo tiene que hablar Pello Azcona, el muchacho del caserío de Oyarzún, pero Azcona no sabe qué contar ni qué decir, y no hace más que mirar a Grashi, extasiado y confuso.

—¿Y ella?

—Ella le mira a Azcona sonriendo, y le da la mano de prometida.[1]

—¿Por qué no habla?

—Porque no habla, y porque el secreto, el profundo secreto de Grashi es que está enamorada de Azcona.

—Así es nuestra raza vasca,[2] mi querida amiga, seria, silenciosa y verídica, enamorada del que no habla y del que siente con fuerza . . .

—Sin embargo, usted es un charlatán.

—Es que en esta pequeña alegoría yo soy el representante del militar, del pastor, del marinero, del minero, del cazador y del leñador que hablan y se les rechaza.[3]

—Es decir, del orgullo, de la vanidad, de la petulancia.

—Y de la fantasía y del sueño también, mi querida amiga.

Preguntas

1. ¿Qué cuenta el pastor? 2. ¿Por qué no se conmueve Grashi? 3. ¿Qué cuenta el marino? 4. ¿Qué explica el minero? 5. ¿Qué cuenta el cazador? 6. ¿Qué cuenta el leñador? 7. ¿Quién tiene que hablar después? 8. ¿Por qué no habla Azcona? 9. ¿Qué dice el autor de la raza vasca? 10. ¿A quiénes representa el autor en esta pequeña alegoría?

III. PRÁCTICAS ORALES

A. Diálogo. *En la clase de español*

Graciela y Alfonso charlan mientras esperan al profesor.

1. GRACIELA. Hola, Alfonso. ¿Leíste el cuento de hoy?

2. ALFONSO. Sí, Graciela. Me gustó, aunque no lo he entendido del todo.

3. GRACIELA. ¿Qué es lo que no has entendido?

4. ALFONSO. No entiendo bien lo que representan los siete pretendientes.

5. GRACIELA. Según la muchacha que conversa con el narrador, representan el orgullo, la vanidad y la petulancia.

6. ALFONSO. A mí me parece que representan algo más—tal vez la sociedad en general.

7. GRACIELA. No sé. En ese caso faltarían algunas instituciones, como el estado . . . ¿No sería más exacto decir que representan ciertos valores y aspectos de la sociedad contemporánea?

8. ALFONSO. Y al criticar esos valores, ¿cuáles son los que defiende Baroja?

9. GRACIELA. Parece indicarlo al describir la raza vasca como « seria, silenciosa y verídica. »

10. ALFONSO. No olvides que el narrador se refiere también a la fantasía y a los sueños.

11. GRACIELA. Sí; creo que Baroja censura esos rasgos del carácter español.

12. ALFONSO. ¿En qué sentido?

13. GRACIELA. Me parece que quiere decir que hay que arrostrar la realidad con energía y resolución y no resignarse a los sueños.

14. ALFONSO. Bueno, veremos qué nos dice el profesor. Ya viene.

[1] **le da . . . prometida** *she promises herself to him in marriage.*
[2] **Así es . . . vasca** *That's the way our Basque race is.*   [3] **se les rechaza** *are turned down.*

Vista del puerto de Ondárroa, Vizcaya, España

Cortesía, Ministerio de información y turismo español

Preguntas

1. ¿Qué cuento han leído Alfonso y Graciela?
2. ¿Qué es lo que no ha entendido Alfonso?
3. Según la muchacha que habla con el narrador, ¿qué representan los siete pretendientes? 4. ¿Qué agrega Alfonso a esa explicación? 5. Según Graciela, ¿qué representan los siete pretendientes? 6. ¿Qué valores de la raza vasca parece defender Baroja? 7. ¿Qué rasgos del carácter español parece censurar Baroja? 8. Según Graciela, ¿cuál es la intención del autor?

B. Diálogo. *En el Centro de Estudiantes*

Al entrar Graciela en el Centro de Estudiantes se encuentra con Bartolo.

1. GRACIELA. ¿Qué hay, Bartolo? ¿Qué estás leyendo?
2. BARTOLO. Estoy leyendo *Zalacaín, el aventurero,* de Pío Baroja. Es una novela emocionante.
3. GRACIELA. ¡Ya lo creo! Hay mucha acción y muchas aventuras.
4. BARTOLO. Sin embargo, va a resultar difícil preparar mi informe. El profesor nos dijo que no contáramos el argumento.
5. GRACIELA. ¿Y por eso[1] te parece difícil?

6. BARTOLO. Es que en esta obra me parece que la acción es más importante que las ideas.
7. GRACIELA. Tienes razón. Baroja parece dar más valor a la acción y menos a las ideas.
8. BARTOLO. ¡Chihuahua! ¡Es lo que se me había figurado!
9. GRACIELA. Zalacaín parece representar al hombre de acción que no acepta la organización actual de la sociedad.
10. BARTOLO. ¿Es que quiere cambiar la sociedad?
11. GRACIELA. De ninguna manera. Sólo desea crear un ambiente en que pueda desarrollar libremente sus grandes habilidades, y el mundo no hace más que poner obstáculos en su camino.
12. BARTOLO. Es muy triste la muerte de Zalacaín al final de la novela.
13. GRACIELA. Según Baroja, la sociedad no permite que triunfen los individuos de verdadero valor.
14. BARTOLO. Entonces Baroja es un escritor pesimista.
15. GRACIELA. Ciertamente. El pesimismo y el escepticismo son dos rasgos fundamentales de su obra.
16. BARTOLO. Muchas gracias, Graciela. Me has dado muchas buenas ideas para mi informe.

[1] ¿Y por eso...? *And that's why...?*

Preguntas

1. ¿Qué está leyendo Bartolo? 2. ¿Qué dice Graciela de la novela? 3. ¿Qué le resulta difícil a Bartolo? 4. ¿Qué instrucciones les ha dado el profesor respecto del informe? 5. Según Graciela, ¿da Baroja más valor a la acción o a las ideas? 6. ¿Qué desea crear Zalacaín? 7. ¿Qué le pasa al final de la novela? 8. ¿Qué rasgos fundamentales se destacan en la obra de Baroja?

C. Temas para desarrollar oralmente

Preparar y aprender de memoria dos oraciones sobre cada uno de los temas siguientes para decirlas en clase:
1. El oficio del padre de Graciosa.
2. Los oficios de los pretendientes.
3. Las aventuras de Baztán, el soldado.
4. El secreto de Grashi.

IV. ASPECTOS GRAMATICALES

A. El imperativo

1. *Para cambiar a la forma imperativa, entendiéndose **tú** como sujeto* (**tú** being understood as subject):

Modelo: *Leer esta novela de Baroja.*   *Lee esta novela de Baroja.*

Profesor	*Estudiante*
Casar a tu hija.	Casa a tu hija.
Empezar la discusión.	
Escribir una pequeña alegoría.	
Traducir el cuento.	

2. *Para cambiar a la forma imperativa, entendiéndose **tú** como sujeto:*

Modelo: *Ir al caserío.*   *Ve al caserío.*

Profesor	*Estudiante*
Venir a la tertulia.	Ven a la tertulia.
Poner el libro sobre la mesa.	
Salir de la cabaña.	
Decir lo que sabes.	

3. *Para cambiar a la forma negativa, entendiéndose **tú** como sujeto:*

Modelo: *No ir al caserío.*   *No vayas al caserío.*

Profesor	*Estudiante*
No venir a la tertulia.	No vengas a la tertulia.
No poner el libro sobre la mesa.	
No salir de la cabaña.	
No decir lo que sabes.	

B. El presente de subjuntivo usado como imperativo

1. *Para cambiar a la forma de mandato, usando el pronombre **usted**:*

Modelo: *Leer esta novela de Baroja.*   *Lea Ud. esta novela de Baroja.*

Profesor	*Estudiante*
Casar a su hija.	Case Ud. a su hija.
Empezar la discusión.	
Escribir una pequeña alegoría.	
Traducir el cuento.	

2. *Para cambiar a la forma de mandato, usando el pronombre* **usted:**

Modelo: *Ir al caserío.*   ***Vaya Ud. al caserío.***

Profesor	*Estudiante*
Venir a la tertulia.	Venga Ud. a la tertulia.
Poner el libro sobre la mesa.	
Salir de la cabaña.	
Decir lo que sabe.	

C. Repaso de los verbos **querer,**[13] **poder,**[11] **sentir,**[28] **ver**[21]

   1. *Para cambiar a las formas que correspondan a los pronombres indicados:*

Modelo: *Usted.*   ***Usted querrá saber cómo es.***

Profesor	*Estudiante*
Ustedes.	Ustedes querrán saber cómo es.
Tú.	
Ella.	
Nosotros.	

   2. *Para cambiar a las formas que correspondan a los pronombres indicados:*

Modelo: *Tú.*   ***Podrás hacer la elección.***

Profesor	*Estudiante*
Yo.	Podré hacer la elección.
Nosotros.	
Usted.	
Ellos.	

   3. *Para cambiar al imperfecto y al pretérito de indicativo:*

Modelo: ***Azcona no puede decir nada.***   ***Azcona no podía decir nada.***   ***Azcona no pudo decir nada.***

Profesor	*Estudiante*
Ella no siente nada.	Ella no sentía nada. Ella no sintió nada.
No quiere contar sus aventuras.	
No lo veo pasar.	
Grashi dice que sí.	

V. EJERCICIOS ESCRITOS

A. Uso de modismos y frases hechas

   1. *Úsense las palabras y modismos siguientes en oraciones completas:*

actualmente	por eso
con desdén	sin embargo
es decir	tampoco
pensar en	tener que ver con

   2. *Escríbanse oraciones completas empleando las frases siguientes como elemento inicial:*

Cuando la veo, . . .
El secreto de Grashi es que . . .
El tercero que habla . . .
Me parece que . . .
No es que . . .
No hace más que . . .
No llego a saber . . .
¿Usted cree que . . . ?

B. Ejercicio de traducción

Traduzcan al español las frases siguientes, tratando de imitar las construcciones y fraseología de los textos:

1. It seems to us that Grashi is a truthful woman. 2. Michael doesn't tell lies either. 3. Ask him to tell us his little allegory. 4. I admit that I don't know what she is like. 5. An artilleryman released from military service wished to marry her. 6. Nevertheless, the concerns of the shepherd do not move her. 7. Can it be that she is against sports? 8. The sailor recalls the terrible emotions of shipwreck, when submarines fire on the ship. 9. The hunter has had dangerous combats with these ferocious animals. 10. The seventh one to speak is Pello Azcona, who doesn't know what to say. 11. I was the representative of the soldier; he was turned down. 12. The boy did nothing but look at her, blissfully and in confusion.

VI. VERIFICACIÓN Y REPASO

A. Dictado

Preguntas

1. ¿ Dónde está el pájaro ? 2. ¿ Dónde canta el agua ? 3. ¿ Qué se halla entre las dos melodías ? 4. ¿ Qué representan las dos conmociones ? 5. ¿ Qué mece a la baja rama ? 6. ¿ Cómo expresa el poeta la emoción que siente ?

B. Para traducir oralmente al español

1. She became sad. 2. He tries to express his emotions. 3. We are accustomed to work here. 4. What difference does it make? 5. Ask him whether she is blonde or brunette. 6. I can't make out what it is. 7. He is thinking about calling them. 8. Parents have nothing to do with such matters. 9. He is truly in love with her. 10. That's the way the Basque race is.

C. Temas para desarrollar por escrito

Escríbanse tres oraciones sobre cada uno de los temas siguientes:
1. La crítica de la sociedad en « Aire de balada ».
2. Otra posible conclusión para « Aire de balada ».
3. Rasgos de la obra de Pío Baroja.

DEL MUNDO ANCHO Y AJENO

(Para aprender de memoria)

A. Solución

—No, papacito, ¡ yo no quiero casarme !
—Pero, ¿ por qué, hijita ?
—Porque no quiero separarme de mamá.
—No te preocupes. Te casas y te la llevas contigo.

Preguntas

1. ¿ Por qué no quiere casarse la joven ? 2. ¿ Cómo resuelve el padre el problema ? 3. Cuando se case Ud., ¿ se llevará consigo a su madre ?

B. Luna de miel

—¿ Adónde fuiste en tu luna de miel ?
—Salimos sin rumbo en mi automóvil.
—¿ Y adónde llegaron ?
—Pues, mi mujer se empeñó en manejar . . . y, como estábamos en nuestra luna de miel, la dejé . . .
—Ya[1] . . . Terminaron en el hospital.

Preguntas

1. ¿ Por qué permitió el señor que manejara su esposa ? 2. ¿ Adónde llegaron ? 3. ¿ Cree Ud. que las mujeres son capaces de manejar bien ?

[1] **Ya** . . . *I understand* . . .

Repaso de Lecciones 1–4

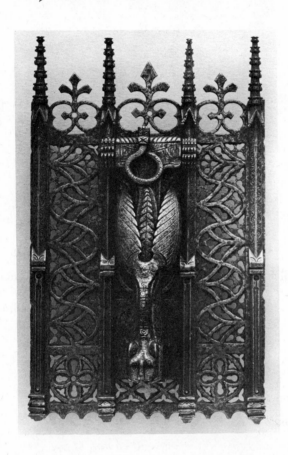

5

Repaso de Lecciones 1-4

I. DICTADO

(Se usará uno de los textos recomendados en el *Teacher's Key*.)

II. REPASO DE VERBOS

A. Conjugar en el presente y pretérito de indicativo:

1. Yo empiezo la tarea con entusiasmo, tú empiezas la tarea con entusiasmo, etc.
2. Yo estoy escuchando al profesor, tú estás escuchando al profesor, etc.
3. Yo recojo romances tradicionales, tú recoges romances tradicionales, etc.

4. ¿Qué tengo que ver con eso? ¿Qué tienes que ver con eso?, etc.

B. Conjugar en el futuro e imperfecto de indicativo:

1. Lo diré con desdén, lo dirás con desdén, etc.
2. No veré a Graciela, no verás a Graciela, etc.
3. Seré su mejor alumno, serás su mejor alumno, etc.
4. Vendré pronto, vendrás pronto, etc.

III. ASPECTOS GRAMATICALES

A. Los verbos **ser** y **estar** con el participio pasivo

1. *Para contestar empleando el verbo estar:*

Modelo: *¿Abro la ventana?*   *¡Si ya está abierta!*

Profesor	*Estudiante*
¿Pago la cuenta?	¡Si ya está pagada!
¿Reparto el dinero?	
¿Cierro la puerta?	
¿Escribo la carta?	
¿Lavo el coche?	

2. *Para traducir al español:*

Modelo: **The books were bought by the students.**   *Los libros fueron comprados por los alumnos.*

Profesor	*Estudiante*
The house was built by the professor.	La casa fue construida por el profesor.
The horses were brought by the Spanish.	
The thieves were arrested by the police.	
The cities were founded by the Romans.	

B. El verbo *gustar*

Para contestar negativamente, agregando una frase con el verbo gustar:

Modelo: ¿ *Quieres ir al cine ?*   ***No, no me gusta el cine.***

Profesor	*Estudiante*
¿ Quieres estas naranjas ?	No, no me gustan las naranjas.
¿ Quieres ir al teatro ?	
¿ Quieres leer estas novelas ?	
¿ Quieres estudiar el derecho ?	

C. El imperativo

1. *Traducir al español usando el pronombre **tú**:*

Modelo: *Begin now.*   ***Empieza ahora.***

Profesor	*Estudiante*
Be good.	Sé bueno.
Come to the party.	
Leave the room.	
Tell the truth.	

2. *Traducir al español usando el pronombre **usted**:*

Modelo: *Be good.*   ***Sea Ud. bueno.***

Profesor	*Estudiante*
Come to the party.	Venga Ud. a la fiesta.
Leave the room.	
Tell the truth.	
Begin now.	

IV. EJERCICIOS ORALES

A. Para definir

Defínanse en español las palabras siguientes:

1. el capital, la capital. 2. una lengua romance, un romance. 3. sentencia, oración. 4. actual, actualmente. 5. el castellano, el aragonés. 6. asonancia, consonancia.

B. Para localizar en el mapa

Localícense en el mapa, páginas 10–11, los términos siguientes:
1. Las Islas Baleares, el Río Duero. 2. La Sierra de Guadarrama, la Sierra Nevada. 3. Cataluña, Andalucía. 4. Toledo, Granada. 5. Aragón, Extremadura. 6. Burgos, Santander.

C. Los diálogos

1. Lectura cuidadosa, por dos alumnos, del Diálogo A, Lección 1. El profesor corregirá la pronunciación y la entonación.
2. Recitación del Diálogo B, Lección 4. Un alumno desempeña el papel de Bartolo, y una alumna el papel de Graciela.

Fotografía de: Silberstein, Monkmeyer

V. EJERCICIOS ESCRITOS

A. Para traducir al español

1. The Iberian Peninsula is situated on the southwestern tip of Europe.   2. The central plateau is divided into several parts by great mountain ranges.   3. If I am not mistaken, the roads were built by the Romans.
4. Many new elements were incorporated into the common language.   5. Which are the dialects that are still spoken in Spain?   6. As the centuries pass, traditional customs disappear.
7. It seems that Platero and his master like to play in the meadow.   8. Close the door; Bartolo is asleep.   9. Darkness gradually falls, but we can see light through the grating.
10. What has the father to do with such matters?   11. Ask him to relate the dangers to which he was exposed.   12. The story symbolizes something that we imagine to be a fact.

B. Temas para desarrollar por escrito

Escríbanse tres oraciones sobre cada uno de los temas siguientes:
1. Algunas ciudades españolas de interés histórico y artístico.
2. La poesía de Juan Ramón Jiménez.
3. Las Provincias Vascongadas; la lengua vasca; rasgos de la raza vasca.

Corrida de toros, suerte de banderillas.   Chinchón, Madrid

Cortesía, Ministerio de información y turismo español

6

Las fiestas españolas

I. PRESENTACIÓN

A. *Ejercicio preliminar*

Localícense en el mapa, páginas 10–11, los términos siguientes:
1. Alicante, Valladolid, Huelva, Almonte, Sanlúcar.
2. Palos, Elche, Levante, Villalba, Ávila.
3. Avilés, Trevélez, Monforte, Ariza, Montánchez.
4. Barco de Ávila, Calahorra, Pamplona, Vich, la Montaña.

B. *Estudio de palabras*

Estudien las aclaraciones siguientes:
1. **Atractivo** *m.* Gracia, o fuerza, que atrae la voluntad. Deriva del adjetivo **atractivo, –a.**
2. **Emblema** *m.* A pesar de terminar en **–a,** es un substantivo masculino.
3. **Expansiones** *f. pl.* Diversiones.
4. **Inacabable, inconfundible, innegable.** Observen el valor negativo del prefijo **in–.**
5. **Habitar.** Vivir en.
6. **Nombrado, –a.** Famoso, –a.
7. **Población** *f.* Significa « ciudad, pueblo », además de « conjunto de habitantes ».
8. **Víspera** *f.* Día anterior.

C. *Modismos y frases útiles*

Estudien los modismos y frases siguientes y aprendan de memoria los ejemplos:
1. **Al raso.** En el campo, al aire libre. ~ Como el trayecto dura más de un día, acampan al raso.
2. **Al son de.** Con acompañamiento de (algún instrumento musical). ~ Las mujeres cantaban al son de castañuelas y panderos.
3. **Ante.** Delante de. ~ Bailan cubierta la cabeza ante el Santísimo Sacramento.
4. **Aparte de.** Además de. ~ Aparte de éstas, que son generales, hay en España procesiones de especial interés histórico.
5. **Dejar de.** Omitir. ~ No hay población en España que deje de celebrar la Semana Santa.
6. **Estar indicado (–a) para.** Ser apropiado (–a) para. ~ España, por su clima, está particularmente indicada para expansiones de este tipo.
7. **Lograr** (+ infinitivo). Conseguir. ~ La jota de Aragón logró ser aceptada por casi todas las regiones.
8. **Reducirse a.** Limitarse a. ~ Las diversiones españolas no se reducen a los toros.

II. LECTURAS

A. *Las fiestas españolas*

Por F. J. Sánchez Cantón

Son las fiestas manifestación genuina del carácter de un pueblo, aquella que al viajero más atrae y encadena: España, por su clima, está particularmente indicada para expansiones de regocijo externo y bullicioso.

Las corridas de toros son las más nombradas fiestas españolas, y en ciertos aspectos se ha hecho de ellas por los extranjeros emblema injusto y calumnioso.

Son los toros un espectáculo deslumbrador, « bárbaramente hermoso »; el único que entre los de nuestro tiempo conserva la grandeza y la emoción de los juegos del Circo romano. Intervienen en los toros poderosos elementos visuales — enormes masas, movimiento, colores — y numerosos valores emotivos — lucha, fuerza muscular, agilidad, destreza, brío, valentía, riesgos de muerte. La crueldad, innegable y tan reprochada, es igualmente calificación discernible[1] a otros juegos populares en diversas naciones — boxeo, riñas de gallos, carreras . . . — que no tienen en descargo suyo[2] el ambiente dionisíaco de luz y alegría de las corridas de toros.

Pero las diversiones españolas no se reducen a los toros; hay otras muchas de fuerza representativa y pintoresca extraordinaria. Como en todas las manifestaciones españolas, la diversidad es su común denominador, y la mezcla de religioso y profano su nota chocante. Esta complejidad se acrece, en ocasiones, con huellas de cultos extinguidos y con recuerdos de razas que habitaron nuestro suelo en las edades pasadas.

En Galicia, el primero y el tres de mayo,[3] se celebra la fiesta de los *mayos*; en otras partes de España, la de las *mayas*, y en unas y otras se evocan cultos naturalistas, celebrando el triunfo primaveral sumado extrañamente al hallazgo de la Santa Cruz. La víspera de San José (18 de marzo) se queman en Valencia las historiadas *fallas*; la noche de San Juan célébrase con ceremonias supersticiosas. . . La relación fuera inacabable; pero ¿ cómo no mencionar las luchas de moros y cristianos de Levante, el *romaxe* a San Andrés de Teixido, en Galicia, « peregrinación que si no se hace en vida[4] se hará en muerte,[4] cambiado en alimaña o en gusano »; y las romerías norteñas, que, si son de costa, culminan en la procesión por el mar ?

En las fiestas españolas otro atractivo grande y diverso son los bailes: ya colectivos — la sardana en Cataluña, el aurrescu en Navarra y Vasconia, la danza prima asturiana, la muñeira gallega, las jotas de Aragón, Valencia y Murcia —, ya de carácter más personal, como las danzas andaluzas; todo variado e inconfundible; tan sólo la jota de Aragón logró ser aceptada por casi todas las regiones, que la tradujeron a su carácter peculiar.

Preguntas

1. ¿ Cuál es una de las manifestaciones más genuinas del carácter de un pueblo ? 2. ¿ Cuáles son las más nombradas fiestas españolas ? 3. ¿ Qué interés histórico tienen las corridas de toros ? 4. ¿ Qué elementos visuales intervienen en los toros ? 5. ¿ Qué valores emotivos intervienen en los toros ?

6. ¿ Qué nota chocante se observa en las diversiones españolas ? 7. ¿ Qué otras huellas y recuerdos se encuentran en ella ? 8. ¿ Qué fiesta se celebra el primero y el tres de mayo ? 9. ¿ Cómo se celebra la noche de San Juan ? 10. ¿ Qué otro atractivo se halla en las fiestas españolas ?

B. *Las fiestas españolas (Continuación)*

En el capítulo de fiestas, pocas atraerán más la atención del extranjero, por su variedad y novedad, que las procesiones. No hay población en España que por pequeña o por pobre[5] deje de celebrar la Semana Santa y el día del Patrón con el desfile por las calles de imágenes, a veces de subido valor artístico, acompañadas de vistoso cortejo. Aparte de éstas, que son generales y comunes, hay en España procesiones de especial interés histórico, tradicional y pintoresco.

Las procesiones de Semana Santa revisten solemnidad sin igual: en Sevilla, con las cofradías suntuosas y las saetas; en Valladolid, donde los *pasos* de Juan de Juni y de Gregorio Fernández recorren las calles, reviviendo al salir del Museo toda una época gloriosa[6] del arte español; en Murcia, donde las imágenes de Salcillo muestran los últimos y más populares resplandores de nuestra plástica policromada . . .

Sorprenderá al viajero ver por el Corpus, en Sevilla, bailar los *seises* cubierta la cabeza ante el Santísimo Sacramento, y en romerías vascongadas, montañesas y gallegas cómo delante de la Virgen o de los santos danzan los marineros las danzas de espadas, recuerdo de ritos guerreros.

Contrastando con estos desfiles, triunfales y bulliciosos, hay procesiones de emoción y de devoción, cuales las de los *Caladiños*, que en la Semana Santa recorren las naves de la catedral de Santiago de Compostela; la de la Hermandad de *La Buena Muerte*, que con ataúdes, calaveras y hachones cruza las más viejas calles de la ciudad Condal, y la procesión del Rosario, por el Pilar,[7] en Zaragoza.

La descripción minuciosa de cada una de estas típicas procesiones llenaría largas páginas; véase,[8] por ejemplo, qué carácter tan singular presenta la del Rocío, en Andalucía.

Dos o tres días antes de la víspera de Pentecostés salen de Triana, Huelva, Almonte, Sanlúcar y otros pueblos hasta once comitivas que

---

[1] **es . . . discernible** *is a limitation that can be observed similarly.*
[2] **en descargo suyo** *by way of justification.*   [3] **el primero . . . mayo** *on the first and third of May.*   [4] **en vida** *during one's lifetime;* **en muerte** *after one's death.*

[5] **por . . . pobre** *because it is small or poor.*   [6] **toda . . . gloriosa** *an entire glorious period.*   [7] **por el Pilar** *in the Basilica of Our Lady of the Pillar.*   [8] **véase** *see, consider (as a reference).*

Representantes de las casas regionales españolas bailan la sardana en el parque del Retiro de Madrid

Cortesía, Embajada de España

constan de una carroza arrastrada por bueyes, en la que va el estandarte de la cofradía escoltada por cofrades a caballo y seguida por otras carretas asimismo adornadas, que van[1] con las mujeres cantando al son de castañuelas y panderos; como el trayecto dura más de un día, acampan al raso. Reúnense todas las comitivas en las marismas del Guadalquivir, en donde está el Santuario del Rocío, desfilando al llegar ante la Virgen, arrodillándose los caballos y los bueyes. El domingo del Espíritu Santo por la noche es la procesión[2] del Rosario, en medio del campo; el lunes es la procesión de la Virgen, a hombros de los cofrades de Almonte, que para ello tienen privilegio. Llenan estos días continuadas sevillanas, único baile permitido, y el regreso se hace en igual solemne forma.

Fiesta religiosa singularísima es « el Misterio de Elche », representación teatral devota que, con música y versos antiguos — a manera de auto litúrgico —, se celebra todos los años la víspera y el día de la Asunción (15 de agosto) en la iglesia de la Asunción, de Elche (Alicante).

Preguntas

1. ¿ Qué fiestas atraen más la atención del extranjero ? 2. ¿ Qué procesiones no pueden faltar en los pueblos españoles ? 3. ¿ En qué población revisten solemnidad sin igual las procesiones de Semana Santa ? 4. ¿ De qué grandes artistas son las imágenes que recorren las calles en Valladolid y en Murcia ? 5. ¿ Qué verá el viajero por el Corpus en Sevilla ? 6. ¿ En qué romerías danzan los marineros delante de la Virgen o de los santos ? 7. ¿ En qué otras poblaciones hay procesiones de especial interés histórico y tradicional ? 8. ¿ De qué pueblos salen las comitivas que se reúnen en el Santuario del Rocío ? 9. ¿ De qué constan las comitivas ? 10. ¿ Dónde y cuándo se celebra el « Misterio de Elche » ?

[1] **que van** *which travel along.* [2] **El domingo . . . la procesión** *The procession takes place on the evening of Pentecost Sunday.*

III. PRÁCTICAS ORALES

A. Diálogo. *En una reunión del Club Español*

Uno de los profesores acaba de dar una conferencia sobre las fiestas españolas. Alfonso y Beatriz discuten la conferencia.

1. ALFONSO. ¿ Te gustó lo que dijo el profesor sobre las corridas de toros ?
2. BEATRIZ. Me pareció muy interesante. Sin embargo, no logró convencerme. Las considero crueles.
3. ALFONSO. Es que ustedes, las mujeres,[1] nunca entienden la importancia que tiene el valor en la vida española.
4. BEATRIZ. ¿ Y para qué sirve esa clase de valor ? Me parece inútil, sin sentido.
5. ALFONSO. Es la misma valentía que hizo posible la conquista de América.
6. BEATRIZ. Bueno, de gustos no se debe disputar. Yo prefiero las fiestas como las fallas de Valencia.
7. ALFONSO. Son las hogueras que se encienden en las calles la noche de la víspera de San José, ¿ verdad ?
8. BEATRIZ. Sí. Sólo que para las hogueras se construyen grupos o representaciones simbólicas. A veces aluden a sucesos de actualidad o critican a personas notables.
9. ALFONSO. He visto algunas fotos de las fallas. Se hacen verdaderas obras de arte de madera, tela y cartón.
10. BEATRIZ. Claro, de materias que se quemen fácilmente y levanten grandes llamas.
11. ALFONSO. Y ¿ por qué se queman ?
12. BEATRIZ. Se originó la fiesta, hace unos cincuenta años, entre los carpinteros, que tenían la costumbre de quemar los residuos de sus talleres en homenaje a San José.
13. ALFONSO. Y ¿ luego se convirtió en fiesta nacional ?
14. BEATRIZ. Exactamente. Y es una fiesta útil. Con frecuencia las personas criticadas en las fallas se enteran de sus errores y se enmiendan.
15. ALFONSO. ¡ Ojalá pudiéramos corregir todos los males del mundo de esa manera !

Preguntas

1. ¿ Le gustan a Beatriz las corridas de toros ?
2. ¿ Qué rasgo tiene mucha importancia en la vida española ? 3. ¿ Qué significa la frase « de gustos no se debe disputar » ? 4. ¿ Qué fiestas prefiere Beatriz ? 5. ¿ Qué son las fallas ? 6. ¿ De qué materias se construyen ? 7. Explíquese el origen de la costumbre de quemar las fallas. 8. ¿ Por qué dice Beatriz que es una fiesta útil ?

B. Diálogo. *En el salón de la Residencia de Señoritas*

Graciela se encuentra con Beatriz.

1. GRACIELA. ¡ Hola, Beatriz ! ¿ Todavía sigues con tus estudios de las fiestas españolas ?
2. BEATRIZ. ¡ Cómo no ! Me fascinan las fiestas populares.
3. GRACIELA. ¿ No te intriga mucho la fiesta de la noche de San Juan ?
4. BEATRIZ. ¡ Claro que sí ! Es la noche ideal para conocer a un joven. ¡ Qué fiesta más romántica !
5. GRACIELA. Al parecer se trata de una fiesta de origen muy antiguo.
6. BEATRIZ. Tengo entendido que muchas de las tradiciones de esa noche tienen que ver con el amor.
7. GRACIELA. Es verdad. Las muchachas se lavan la cara en la fuente para que no las olviden sus novios.
8. BEATRIZ. ¿ Y las que no tienen novio ?
9. GRACIELA. También se lavan la cara para que les salga novio.[2]
10. BEATRIZ. ¿ Recuerdas otras costumbres y tradiciones que se relacionen con la noche de San Juan ?
11. GRACIELA. En algunos lugares se recogen hierbas y plantas para preparar ungüentos y sahumerios mágicos.
12. BEATRIZ. ¿ Y qué hacen los jóvenes ?
13. GRACIELA. Pasan la noche tocando la guitarra y galanteando a las muchachas. Algunos adornan con ramos las ventanas de sus novias.
14. BEATRIZ. ¡ Qué lástima que no podamos estar en España el 24 de junio !

Preguntas

1. ¿ Qué fiesta le interesa mucho a Beatriz ?
2. ¿ Cuándo es el día de San Juan ? 3. ¿ Qué dice Graciela del origen de la fiesta ? 4. ¿ Por qué dice

---

[1] **ustedes, las mujeres** *you women.*

[2] **para . . . novio** *so that a sweetheart will turn up for them.*

Beatriz que se trata de una fiesta romántica? 5. ¿Qué hacen las muchachas esa noche para que no las olviden sus novios? 6. ¿Qué hacen las muchachas que no tienen novio? 7. ¿Qué otra costumbre recuerda Graciela? 8. ¿Qué hacen los jóvenes la noche de San Juan?

C. Temas para desarrollar oralmente

Preparar dos preguntas sobre cada uno de los temas siguientes para que las contesten los otros alumnos de la clase:

1. Las corridas de toros.
2. Los bailes y danzas en las fiestas españolas.
3. Las procesiones de Semana Santa en España.
4. La procesión del Rocío, en Andalucía.

IV. ASPECTOS GRAMATICALES

A. Los verbos reflexivos

1. *Para cambiar a las formas que correspondan a los pronombres indicados:*

Modelo: *Arrodillarse en la iglesia. ¡Él!*   *Él se arrodilla en la iglesia.*

Profesor	*Estudiante*
Atreverse a hablarle. ¡Nosotros!	Nosotros nos atrevemos a hablarle.
Acordarse de la fiesta. ¡Yo!	
Quejarse del clima. ¡Tú!	
Sentarse aquí. ¡Ellos!	

2. *Para cambiar a la forma imperativa:*

Modelo: *Sentarse aquí.*   *Siéntate aquí.*

Profesor	*Estudiante*
Acordarse de la fiesta.	Acuérdate de la fiesta.
Atreverse a hablarle.	
Quejarse del sistema.	

B. El uso del reflexivo en lugar de la voz pasiva

1. *Para cambiar a la construcción reflexiva:*

Modelos: *Ven la costa.*   *Se ve la costa.*
          Ven las montañas.   *Se ven las montañas.*

Profesor	*Estudiante*
Celebran la fiesta.	Se celebra la fiesta.
Celebran las fiestas.	Se celebran las fiestas.
Queman la comida.	
Queman las fallas.	
Construyen una escuela.	
Construyen grupos simbólicos.	
Hacen el regreso en igual forma.	
Hacen las peregrinaciones en igual forma.	

2. *Para cambiar a las formas de mandato en la tercera persona:*

Modelo: *Leer el cuento.*   *Léase el cuento.*

Profesor	*Estudiante*
Completar las oraciones.	Complétense las oraciones.
Escribir un párrafo.	
Formular preguntas.	
Localizar los términos siguientes.	

C. Repaso de los verbos **hacer**,[8] **vestirse**,[30] **cruzar**,[34] **salir**[15]

1. *Para contestar, empleando las formas que correspondan a los pronombres indicados:*

Modelo: ¿ Quién hizo el viaje ? ¡ Tú !   **Tú hiciste el viaje.**

Profesor	*Estudiante*
¿ Quién hizo el viaje ? ¡ Nosotros !	Nosotros hicimos el viaje.
¿ Quién hizo el viaje ? ¡ Yo !	
¿ Quién hizo el viaje ? ¡ Ellos !	
¿ Quién hizo el viaje? ¡ Él !	

2. *Para cambiar a las formas que correspondan a los pronombres indicados:*

Modelo: Me vestí en seguida.   ¡ Nosotros !   **Nosotros nos vestimos en seguida.**

Profesor	*Estudiante*
Me vestí en seguida. ¡ Tú !	Tú te vestiste en seguida.
¡ Él !	
¡ Ellas !	
¡ Usted !	

3. *Para cambiar al presente y al futuro de indicativo:*

Modelo: Crucé el río.   **Cruzo el río.   Cruzaré el río.**

Profesor	*Estudiante*
Salí a bailar.	Salgo a bailar. Saldré a bailar.
Me vestí en seguida.	
Le hice un favor.	
Me encontré con Beatriz.	

V. EJERCICIOS ESCRITOS

A. Uso de las preposiciones **por** y **para**

Complétense las oraciones siguientes con la preposición **por** *o* **para**. *Escríbanse las oraciones en un pliego de papel:*

1. Mañana salimos _____ Barcelona. 2. Es una ciudad famosa _____ sus fábricas de tejidos. 3. Estos caballos son _____ las mujeres. 4. Abandonan sus hogares _____ desplazarse hacia los centros urbanos. 5. Se extendió _____ la mayor parte del territorio. 6. Ahora más de ciento quince millones de personas tienen el español _____ lengua materna. 7. El traje del campesino tiene de común el uso de calzón corto, faja y chaquetilla _____ el hombre. 8. El cazador va _____ entre la nieve a ojear los jabalíes.
9. España, _____ su clima, está particularmente indicada _____ expansiones de regocijo externo. 10. Pocas fiestas atraerán más la atención del extranjero _____ su variedad y novedad. 11. No hay población en España que _____ pequeña o _____ pobre deje de celebrar la Semana Santa. 12. Vistosas carrozas, arrastradas _____ bueyes, desfilan _____ las calles. 13. Sorprenderá al viajero ver bailar a los *seises* _____ el Corpus, en Sevilla. 14. Véase, _____ ejemplo, qué carácter tan singular presenta la procesión del Rocío. 15. El domingo _____ la noche es la procesión del Rosario. 16. El lunes es la procesión de la Virgen, a hombros de los cofrades de Almonte, que _____ ello tienen privilegio.

B. Ejercicio de traducción

Traduzcan al español las oraciones siguientes, tratando de imitar las construcciones y fraseología de los textos:

1. Because of its climate Spain is especially suited to festivals and amusements of all kinds. 2. The cruelty of the bullfights has been censured by many foreigners. 3. It is said that bullfights preserve the grandeur and emotion of the games of the Roman Circus. 4. As in most aspects of Spanish life, diversity is their common denomi-

nator. 5. The *fallas* are burned in Valencia on the eve of St. Joseph's day. 6. The Aragonese *jota* has been accepted by almost all the other regions of Spain.

7. There is no town in Spain which does not celebrate the day of its Patron Saint. 8. In Sevilla we succeeded in seeing the *seises* dance at Corpus Christi time. 9. We recall lively processions, such as those of the Basque pilgrimages. 10. The coach is escorted by members of the brotherhood on horseback. 11. Since the journey will last more than one day, we shall camp in the open air. 12. Because of the rain I don't think that the images will be carried through the streets.

VI. VERIFICACIÓN Y REPASO

A. Dictado

Preguntas

1. ¿ Qué puede decirse de la vida española ? 2. ¿ Qué localidades y regiones de España se distinguen por sus trajes típicos ? 3. ¿ Qué otros atractivos hay en las fiestas españolas ? 4. ¿ Qué requiere la música española ? 5. ¿ Cuáles son algunos instrumentos típicos ? 6. ¿ Qué da sello inconfundible a las fiestas populares de todas las regiones ?

B. Concurso entre dos grupos de estudiantes

1. *Descríbase la situación geográfica de los siguientes lugares:* Alicante, el Santuario del Rocío, Palos, Huelva, Santiago de Compostela, Zaragoza, Pamplona, Calahorra, Avilés, Ávila, Valladolid, Moguer.

2. *Identifíquense brevemente los siguientes términos:* las *fallas*, la sardana, la jota, las *mayas*, la muñeira, la danza prima, las saetas, los *pasos*, los *seises*, el Pilar, la Fiesta del Rocío, el « Misterio de Elche ».

C. Temas para un informe escrito

Escríbase un informe, de unas 80 palabras, sobre uno de los temas siguientes:

1. La diversidad de las fiestas españolas, con la mezcla de elementos que se advierte en ellas.
2. Las fiestas religiosas en España.
3. Las fallas de Valencia.

AUNQUE USTED NO LO CREA...

¿ Quiere usted adelgazar ? Coma dulces.

Si usted desea adelgazar, coma dulces.

Evidentemente molestos por la moda de estar contando las calorías, que prevalece tanto en los Estados Unidos, especialmente entre las mujeres, los fabricantes de dulces han empleado dietistas para que preparen una dieta para bajar de peso de acuerdo con el consumo de dulces.

— Esperamos establecer la dieta a base de dulces dentro de un año — , declaró Douglas S. . . . , presidente de la Asociación de Fabricantes de Dulces.

El secreto de la dieta a base de dulces estriba en recomendar que se tomen dulces antes de cada comida, o sea exactamente de acuerdo con lo que les han dicho siempre las madres a sus hijos — es decir, que los dulces quitan el apetito.

Preguntas

1. ¿ Por qué están molestos los fabricantes de dulces ? 2. ¿ Qué han hecho los fabricantes de dulces ? 3. ¿ Qué esperan establecer dentro de un año ? 4. ¿ En qué estriba el secreto de la dieta a base de dulces ?

7

Las comidas españolas

I. PRESENTACIÓN

A. Ejercicio preliminar

Localícense en el mapa, páginas 10–11, los términos siguientes:

1. Candelario, Fuentesaúco, Jerez, Valdepeñas, Yepes.
2. Mallorca, la Rioja, Redondela, Lugo, Jijona.
3. Fuenlabrada, la Mancha, Medina Sidonia, Estepa, Antequera.
4. Astorga, Calatayud, Guadalajara, Alcalá, Puente-Genil.

B. Estudio de palabras

Estudien las terminaciones de los adjetivos gentilicios:

1. **Andaluz, –uza** (De Andalucía).
2. **Aragonés, –esa** (De Aragón); **leonés, –esa** (De León); **montañés, –esa** (De la Montaña); **portugués, –esa** (De Portugal).
3. **Asturiano, –a** (De Asturias); **castellano, –a** (De Castilla); **compostelano, –a** (De Compostela); **murciano, –a** (De Murcia); **sevillano, –a** (De Sevilla); **valenciano, –a** (De Valencia).
4. **Catalán, –ana** (De Cataluña).
5. **Extremeño, –a** (De Extremadura); **madrileño, –a** (De Madrid); **malagueño, –a** (De Málaga); **sanluqueño, –a** (De Sanlúcar).
6. **Gallego, –a** (De Galicia); **manchego, –a** (De la Mancha).
7. **Granadino, –a** (De Granada); **vizcaíno, –a** (De Vizcaya).
8. **Mallorquín, –ina** (De Mallorca).
9. **Marroquí** (De Marruecos).
10. **Navarro, –a** (De Navarra).
11. **Pasiego, –a** (Del Valle de Pas).

12. **Vasco, –a, o vascongado, –a** (De las Provincias Vascongadas).

NOTA 1ª. Obsérvese que los adjetivos gentilicios tienen formas femeninas en –a (menos en casos como **marroquí**).

NOTA 2ª. Los adjetivos gentilicios se escriben con letra minúscula: **la butifarra catalana.**

C. Modismos y frases útiles

Estudien los modismos y frases siguientes y aprendan de memoria los ejemplos:

1. **Al punto.** Pronto. ~ Apenas se puede leer un libro de viajes por España sin que salte al punto la sorpresa del autor ante las comidas.[1]
2. **Componerse de.** Formarse de. ~ Se componen de elementos de primera calidad.
3. **Cuantas cosas.** Todas las cosas que. ~ En el caldo gallego entran cuantas cosas de cerdo se procuren.[2]
4. **El punto.** Entre otros significados, tiene el de « estado perfecto a que llegan las cosas que se elaboran al fuego. » ~ La antigüedad les ha dado rara perfección en el condimento y en el *punto.*
5. **Por lo menos.** Al menos. ~ El cocido reviste tantas modalidades cuantas son las regiones, por lo menos.
6. **Sendos, –as.** Uno o una para cada uno. ~ Han de proceder de sendas localidades.[3]
7. **Son de celebrar.** Deben celebrarse. ~ Son de celebrar especialidades como los turrones de Jijona.
8. **Todos trazas.** Entregados totalmente a mañas e invenciones. ~ Nos habló de la novela picaresca, con sus pobres todos trazas para malcomer.

---

[1] **sin que . . . comidas** *without the author expressing at once his surprise in regard to the meals.*   [2] **cuantas . . . procuren** *everything of pork that is available.*   [3] **Han . . . localidades** *They should come each from its own locality.*

II. LECTURAS

A. *Las comidas españolas*
Por F. J. Sánchez Cantón

Suele ponderarse[1] la sobriedad española; la novela picaresca con sus hidalgos hambrones y sus pobres todos trazas para malcomer[2] han dado a España fama de poco pingüe,[3] que no bastan a rectificar los tratados de mesa, desde el *Arte Cisoria*, de don Enrique de Villena, del siglo xv, hasta los modernos y muy notables.

Apenas se puede leer un libro de viajes por España sin que salte al punto la sorpresa del autor ante las comidas; todos coinciden en que son muy sabrosas.

Son comidas que pudieran llamarse fundamentales, sin engaños; compónense de elementos de primera calidad, honradamente combinados. Combinaciones hijas de viejísimas prácticas,[4] la antigüedad les ha dado rara perfección en el condimento y en el *punto*.

El plato nacional es el *cocido*, que reviste tantas modalidades cuantas son las regiones, por lo menos; pero todas coincidentes en ser un cocimiento de algo más que vaca, carnero o cerdo. Lleva el cocido[5] madrileño garbanzos en cantidad, patatas, verdura y vaca, con chorizo y tocino, todo lo cual el azafrán colora, y en verano la ensalada acompaña. El aragonés añade pimientos fritos; y el andaluz, el *majado* y frutas. Del castellano viejo es fundamento[6] la cecina o tasajo y se guarnece con la *bola* o albóndiga de picadillo con huevo. Vienen después las modificaciones de mayor entidad, de tanta, que hasta perdiendo el nombre de cocido, llámanse: *olla podrida* — poderosa — en la Montaña de Santander, que es suma de productos regionales, pues entran en ella vaca, jamón, morcilla, chorizo, gallina, patatas, verdura; y *pote* en Asturias y caldo en Galicia: aquél con jamón, oreja de cerdo, chorizo, morcilla, patatas, judías y berzas; éste, menos sólido, que puede ser de repollo, *nabizas*, nabos o *grelos* con unto, calabazo, judías y patatas y cuantas cosas de cerdo se procuren.

Todos los enunciados componentes han de proceder de sendas localidades para ser suculentos; así, el jamón será de Avilés, Villalba, Trevélez, o Montánchez; los chorizos, de Candelario o la Rioja; las patatas, de Monforte o de Ariza; las judías, del Barco de Ávila; los garbanzos, de Fuentesaúco; los *grelos*, de Santiago; los nabos, de Lugo; los pimientos, de Calahorra. Larga relación requerirían los embutidos: la butifarra catalana; la sobreasada mallorquina; el chorizo de Pamplona; el salchichón de Vich; el embuchado extremeño; la morcilla gallega, asturiana y montañesa; el morcón; la longaniza, que cambia con las localidades. El chorizo, que varía asimismo notablemente, causa extrañeza y agrado a los viajeros.

Preguntas

1. ¿Qué ha dado a España fama de ser un país sobrio en sus comidas? 2. ¿Qué observa el lector en los libros de viajes por España? 3. ¿De qué se componen las comidas españolas? 4. ¿Cuál es el plato nacional de España? 5. ¿Qué lleva el cocido madrileño? 6. ¿Qué añaden el cocido aragonés y el andaluz? 7. ¿Qué es la *olla podrida*? 8. ¿Qué es el *pote* asturiano? 9. ¿Qué localidades producen jamones excelentes? 10. ¿Qué embutidos son notables?

B. *Las comidas españolas* *(Continuación)*

Necesitaríanse varias páginas tan sólo para enumerar los otros platos típicos, sobre todo los del Norte, donde habitan pueblos más gastrónomos: en las Provincias Vascongadas, el bacalao a la vizcaína y las angulas, que para estar suculentas han de resbalar del tenedor; en Santander, el bonito asado y el besugo; en Asturias, la *fabada*; en Galicia, la caldeirada marinera, que se sazona con agua de mar; el pulpo curado de las ferias; las empanadas, que se hacen con lampreas, sardinas, lomo de cerdo . . . ; en Castilla, el lechón y el cordero asados. Si saltamos a la costa Sur, daremos con el delicioso pescado frito de Cádiz y Sevilla, las *bocas* de la Isla, los boquerones malagueños, y en verano con los fresquísimos gazpacho y ajo blanco. Y, llegando a Levante, encontraremos el arroz, que se decora con las más variadas adiciones de carnes o pescados y hortalizas.

¿Y cómo olvidar[7] las humildes sopas de ajo, la tortilla española, la ropa vieja, la pepitoria, la

---

[1] **Suele ponderarse** *is generally praised highly.* [2] **todos . . . malcomer** *employing all their ingenuity only to eat poorly.* [3] **fama . . . pingüe** *a reputation of showing little interest in good eating.* [4] **Combinaciones . . . prácticas** *Being combinations which are the product of very old practices.* [5] **Lleva el cocido** *The « cocido » contains.* [6] **Del castellano . . . fundamento** *The basis of that of Old Castile.* [7] **¿Y cómo olvidar . . . ?** *And how can one forget . . . ?*

***Así se guarda el vino en Jerez
de la Frontera, Cádiz, España***

Cortesía, Ministerio de información y turismo español

chanfaina, el salpiconcillo de Tierra de Campos, las gachas manchegas?

Larguísimo podría y debiera ser el párrafo de los vinos, una de las mayores riquezas y bienes de España. Son, como todos sus productos y manifestaciones, de una variedad pasmosa. Todos conocen los vinos de Jerez y de Málaga; la manzanilla sanluqueña; los de la Rioja, deliciosos para la mesa; el de Valdepeñas, claro; el de Yepes, color rubí. Hay, además, vinos que ya casi no lo son,[1] como el asturiano y el fresco *chacolí* vascongado. Al lado de éstos, los dulces, como el moscatel del centro y del Sur, el Málaga, y los anises de Asturias, la Montaña y Mallorca. Tampoco se ha de olvidar la sidra asturiana, hecha con olorosas manzanas.

De dulces y confituras pudiera escribirse una verdadera geografía: apenas hay convento de monjas sin golosina *sui generis* — yemas de San Leandro, en Sevilla; de Santa Teresa, en Ávila; limoncillo, nuez, cabello de ángel y naranja de las Claras, en Redondela. Aparte aquellos postres comunes a casi toda España — arroz con leche, natillas, torrijas, leche frita, etc. —, son de celebrar especialidades como los turrones de Jijona, Cádiz y Zaragoza; los mazapanes de Toledo; los pestiños y bartolillos madrileños; los alfajores de Medina Sidonia y de Málaga; el alajú granadino; los mantecados de Estepa y Antequera, y las mantecadas de Astorga; los bizcochos de Calatayud y Monforte y los borrachos de Guadalajara; los sobados pasiegos; las almendras de Alcalá y los almíbares de la Rioja y de Puente-Genil; el arrope manchego.

Ya lo dijo el Rey sabio:[2]

España es como el paraíso de Dios.

Preguntas

1. ¿Cuáles son los platos típicos de las Provincias Vascongadas? 2. ¿Cuál es el plato típico de Asturias? 3. ¿Cuáles son los platos típicos de Galicia? 4. ¿Cuáles son algunos platos típicos de Andalucía? 5. ¿Con qué se decora el arroz en Levante? 6. ¿Cuál es una de las mayores riquezas de España? 7. ¿Qué región es famosa por la producción de sidra? 8. ¿Cuáles son los nombres de algunos dulces y confituras? 9. ¿Qué postres son comunes a casi toda España? 10. ¿Qué postres especiales recuerda Ud.?

[1] **que ya casi no lo son** *which are almost no longer such* (i.e., *wines*)

[2] **el Rey sabio:** Alfonso X el Sabio (1252–1284), en cuya *Crónica general* se halla un interesante elogio de España.

España 1

Construido en lo alto de la roca en que se halla la ciudad, el Alcázar de Segovia parece la proa de un gigantesco barco. De esta fortaleza salió en 1474 la princesa Isabel para ser coronada reina de Castilla.

2

Una comitiva en marcha hacia el Santuario del Rocío, en las marismas del Guadalquivir. Las carrozas, arrastradas por bueyes, van escoltadas por cofrades a caballo.

3

Rincón del patio de una casa de Córdoba, en Andalucía. Con su fuente, flores y pájaros, el patio es el centro de la casa andaluza.

4

Un día de fiesta en Cádiz, famoso puerto en el extremo sur de la península. Fundada por los fenicios, la ciudad tiene una historia ininterrumpida de más de tres mil años.

5 Vista de Granada a través de uno de los arcos de la Alhambra. Noten el contraste entre el gracioso arco árabe y el severo arco romano del acueducto en el grabado inmediato.

6 Arcos centrales del famoso acueducto de Segovia. Construido por los romanos de piedras grandes, sin argamasa, tiene una altura máxima de 28,90 metros. Todavía lleva agua a la ciudad.

7 Arriba: En una playa de la costa de Levante una cocinera muestra su mercancía—en este caso, la típica paella valenciana. Abajo: Vendiendo melones en el mercado de Puerto de Lumbreras, en el suroeste de la provincia de Murcia.

8 Dos señoras vuelven del mercado con sus compras, en Puerto de Lumbreras (Murcia).

9 Cuatro momentos de una corrida de toros. A la izquierda, arriba:
Conjunto de toreros que se dispone a tomar parte en la corrida.
Abajo: Pase de capa. A la derecha, arriba: El picador en acción.
Abajo: El matador se prepara para la estocada.

10 Aldea en Las Alpujarras, comarca montañosa al sur de Sierra Nevada. Favorecida por la topografía, esta parte del antiguo Reino moro de Granada no fue reconquistada hasta el reinado de Felipe II.

11 En esta suntuosa carroza se traslada a Palacio el embajador de un país extranjero que va a presentar sus credenciales al Jefe del Estado.

12

Una playa de la isla de Mallorca. Hoy día la isla es uno de los lugares favoritos de los turistas de todo el mundo.

13

Vista general de la Feria de Muestras de Barcelona, la ciudad industrial más importante de España, con el Palacio Nacional, al fondo.

14

Vista parcial de la Giralda, la torre de la Catedral de Sevilla. Bella muestra del arte árabe, fue construida en el siglo XII.

15 Arriba: En este puesto del Rastro, en Madrid, se venden camarones cocidos. Abajo: En Lagartera, provincia de Toledo, se conservan los trajes típicos.

16 Vista del pequeño puerto pesquero de Orio, cerca de San Sebastián, en el país vasco, con los Pirineos al fondo.

III. PRÁCTICAS ORALES

A. Diálogo. *En el Salón de Lectura de la biblioteca*

Beatriz está leyendo un libro sobre la cocina española. Entra Graciela.

1. GRACIELA. ¡Hola, Beatriz! ¿Qué tal? Veo que te sigue interesando la cocina española.
2. BEATRIZ. Sí, pero resulta algo complicada. Estos libros usan muchos términos que no conozco.
3. GRACIELA. A ver si te puedo ayudar. ¿Cuáles te ofrecen dificultades?
4. BEATRIZ. Pues, noto que el cocido, que es el plato nacional, casi siempre contiene chorizo. ¿Cómo es el chorizo español?
5. GRACIELA. Si no me equivoco, el chorizo español contiene carne de cerdo bien picada.
6. BEATRIZ. Parece que se usa mucho la carne de cerdo. ¿No es buena la carne de res en España?
7. GRACIELA. Es algo cara, y por eso el pueblo ha perfeccionado tantas comidas a base de la carne de cerdo.
8. BEATRIZ. Hay que reconocer que la carne de cerdo es muy sabrosa y nutritiva. ¿Y has notado la gran variedad de embutidos que existe en España?
9. GRACIELA. Sí, la variedad es enorme. Cada región parece tener su embutido típico.
10. BEATRIZ. El plato nacional, el cocido, también varía mucho según la región.
11. GRACIELA. Hasta el nombre de este plato varía también.
12. BEATRIZ. Lo sé. En algunos lugares se llama olla u olla podrida; en otros se llama pote o caldo.
13. GRACIELA. Con esta conversación se me ha hecho agua la boca.[1] Si me acompañas a casa, te prepararé un buen guisado de los míos.
14. BEATRIZ. ¡Encantada, pues yo también tengo apetito!

Preguntas

1. ¿Qué le interesa a Beatriz? 2. ¿Por qué le resulta algo complicada? 3. ¿Qué contiene el chorizo español? 4. ¿Por qué no se usa mucho la carne de res? 5. ¿Qué dice Graciela de los embutidos españoles? 6. ¿Qué plato varía mucho según la región? 7. ¿Cuáles son algunos de los nombres que se dan al plato nacional? 8. ¿Cómo termina Graciela la conversación?

B. Diálogo. *En la Residencia de Estudiantes*

Bartolo está sentado cómodamente en un sillón. Entra Alfonso.

1. ALFONSO. ¿Qué hay, Bartolo? Tengo entendido que estuviste en España el verano pasado.
2. BARTOLO. Sí, pasé un mes viajando por la Península.
3. ALFONSO. ¿Te gustó la comida?
4. BARTOLO. Muchas cosas me gustaron, pero no sé qué eran. ¡Nos servían tantos platos diferentes!
5. ALFONSO. Lo comprendo. En el Norte, sobre todo, la selección es muy variada.
6. BARTOLO. En el Norte me gustó mucho el pescado.
7. ALFONSO. Seguramente probaste algún plato de pulpo, lamprea, sardinas, y cosas por el estilo.
8. BARTOLO. ¡Pulpo! ¡Si hubiera sabido lo que era, no me lo hubiera comido!
9. ALFONSO. ¡Eso demuestra lo tontos que son los prejuicios[2] gastronómicos!
10. BARTOLO. ¡Hasta sopa fría me sirvieron en un hotel! ¡Qué cocineros más tontos! Pero la cambiaba siempre por otra.
11. ALFONSO. ¡Hombre! Es que algunas sopas españolas se toman frías. Y son muy sabrosas.
12. BARTOLO. No me digas. ¡Quién lo creyera!
13. ALFONSO. ¿Te gustaron los magníficos vinos de España?
14. BARTOLO. No probé ninguno de los vinos, pero me tomé un vaso de sidra en un pueblo de Asturias. Por favor, no se lo digas al entrenador de fútbol.
15. ALFONSO. ¡Ay, qué muchacho éste!

Preguntas

1. ¿Dónde estuvo Bartolo el verano pasado? 2. ¿Le gustó la cocina española? 3. ¿Qué platos son típicos del Norte de España? 4. ¿Qué dice Bartolo del pulpo? 5. ¿Qué demuestra la observación de Bartolo, según Alfonso? 6. ¿Qué dice Bartolo de una sopa que le sirvieron en un hotel? 7. ¿Qué le pregunta Alfonso acerca de los vinos españoles? 8. ¿Qué contesta Bartolo?

[1] **se me . . . boca** *my mouth is watering.*

[2] **lo tontos . . . prejuicios** *how silly prejudices are.*

C. Temas para desarrollar oralmente

Preparar y aprender de memoria tres oraciones sobre cada uno de los temas siguientes para decirlas en clase:

1. Ideas erróneas respecto de las comidas españolas.
2. El cocido madrileño.
3. El *caldo gallego*.
4. Los vinos españoles.

IV. ASPECTOS GRAMATICALES

A. El uso del condicional para suavizar la expresión

Para cambiar el verbo a la forma apropiada del condicional:

Modelo: *Es preferible devolverlo.*   *Sería preferible devolverlo.*

Profesor
Se necesitan varias páginas.
Puede ser más largo.
Hay que estudiar más.
Larga relación requieren los embutidos.

Estudiante
Se necesitarían varias páginas.

B. Las formas del imperfecto de subjuntivo quisiera, debiera y pudiera (en lugar de las formas del condicional) **para suavizar la expresión**

1. *Para cambiar al imperfecto de subjuntivo:*

Modelos: *Quiero ir al baile.*   *Quisiera ir al baile.*
              Quiero que Ud. vaya al baile.   *Quisiera que Ud. fuera al baile.*

Profesor
Queremos comprar el coche.
Ella quiere conocer a Alfonso.
Quieren probar el cocido.
Quiero que Ud. me acompañe.

Estudiante
Quisiéramos comprar el coche.

2. *Para cambiar al imperfecto de subjuntivo:*

Modelo: *Ud. no debe hacer eso.*   *Ud. no debiera hacer eso.*

Profesor
¿Puede Ud. ayudarme?
El informe debe ser más largo.
Se puede escribir una buena obra.
Él no debe salir todavía.

Estudiante
¿Pudiera Ud. ayudarme?

C. Formas de los adjetivos

Para cambiar a la forma femenina:

Modelo: *Él es mi mejor amigo. ¡Ella!*   *Ella es mi mejor amiga.*

Profesor
El alumno es francés. ¡La alumna!
¿Es Pello cazador? ¡Grashi!
¿Es joven el profesor? ¡La profesora!
Bartolo es cortés. ¡Beatriz!

Estudiante
La alumna es francesa.

D. Repaso de los verbos **ir**,[9] **poner**[12] (como **poner**, se conjugan **componer**, **oponer**, **suponer**), **haber**,[7] **conocer**[39] (como **conocer**, se conjuga **reconocer**)

1. *Para contestar, empleando las formas que correspondan a los pronombres indicados:*

Modelo: *¿ Quién iba por la calle ? ¡ Yo !*   *Yo iba por la calle.*

Profesor	*Estudiante*
¿ Quién iba por la calle ? ¡ Nosotros !	Nosotros íbamos por la calle.
¿ Quién iba por la calle ? ¡ Tú !	
¿ Quién iba por la calle ? ¡ Ellos !	
¿ Quién iba por la calle ? ¡ Usted !	

2. *Para cambiar a las formas que correspondan a los pronombres indicados:*

Modelo: *No conocen a Graciela. ¡ Él !*   *Él no conoce a Graciela.*

Profesor	*Estudiante*
No conocen a Graciela. ¡ Yo !	Yo no conozco a Graciela.
¡ Nosotros !	
¡ Tú !	
¡ Usted !	

3. *Para cambiar al pretérito, al futuro y al condicional de indicativo:*

Modelo: *Me opongo a ello.*   *Me opuse a ello. Me opondré a ello. Me opondría a ello.*

Profesor	*Estudiante*
Hay desfiles bulliciosos.	Hubo desfiles bulliciosos. Habrá desfiles bulliciosos.
Voy en coche.	Habría desfiles bulliciosos.
Se pone desdeñosa conmigo.	
La reconozco por la voz.	

V. EJERCICIOS ESCRITOS

A. Formas de los adjetivos

Complétense las oraciones siguientes con la forma correcta del adjetivo entre paréntesis. Escríbanse las oraciones en un pliego de papel:

1. Las vistas eran realmente (deslumbrador).
2. Vienen después las modificaciones (mayor).
3. La producción de mercurio es (superior) a la de hierro.
4. Esta novela trata de gentes (hambrón).
5. Son restos de cultos (naturalista).
6. ¿ Será él (antimilitarista) ?
7. Es excelente la butifarra (catalán).
8. Me gusta la morcilla (montañés).
9. María es muy (cortés).
10. Ella es (francés).
11. Estudian el idioma (latino).
12. Aquellas señoras son (mallorquín).
13. Son confituras (común) a toda España.
14. Eran danzas (andaluz).
15. La jota (aragonés) logró ser aceptada por casi todas las regiones.
16. Vimos algunas fiestas (marroquí).

B. Ejercicio de traducción

Traduzcan al español las oraciones siguientes, tratando de imitar las construcciones y fraseología de los textos:

1. They are meals that one might call basic.
2. The *cocido* takes on as many variations as there are regions.
3. There are few changes of greater importance.
4. The *olla podrida* contains beef, ham, sausage, chicken, potatoes and other vegetables.
5. Each of the components should come from its respective locality.
6. We would need several paragraphs to describe the many types of sausages.
7. This lesson provides an almost endless account of typical dishes.
8. If you travel in Old Castile, don't fail to try roast suckling-pig.
9. We have always liked Spanish sweets and confections.
10. Will you take me to a store where they sell marchpane and almond paste?
11. Don't buy such things here; wait until you go to Alicante.
12. One could write a long treatise about the desserts of the various Spanish regions.

VI. VERIFICACIÓN Y REPASO

A. Dictado

Preguntas

1. ¿ En qué regiones de España se producen quesos ?
2. ¿ Cómo es el queso gallego ?   3. ¿ Qué regiones son conocidas por la producción de miel ?   4. ¿ Qué frutas se producen en España ?   5. ¿ Qué regiones tienen fama por sus fresas ?   6. ¿ Qué regiones tienen fama por sus uvas ?

B. Conversaciones entre alumnos

1. Dos alumnos, que fingen ser de Castilla la Vieja y de Galicia, respectivamente, se encuentran en un restaurante: se saludan, se hacen algunas preguntas, y luego hablan de los platos típicos de sus respectivas regiones.
2. Dos alumnos, que fingen ser de Andalucía y de Levante, respectivamente, se encuentran en un restaurante: se saludan, se hacen algunas preguntas, y luego hablan de los platos típicos de sus respectivas regiones.
3. Dos alumnos, que fingen ser de Andalucía y de Levante, respectivamente, se encuentran en un restaurante: se saludan, se hacen algunas preguntas, y luego hablan de los postres típicos de sus respectivas regiones.

C. Temas para desarrollar por escrito

Escríbanse tres oraciones sobre cada uno de los temas siguientes:

1. El plato nacional de España y algunas de sus modificaciones regionales.
2. La procedencia de los componentes del plato nacional de España.
3. La geografía de los dulces y confituras en España.

DEL FOLKLORE DEL MUNDO HISPÁNICO

(Para aprender de memoria)

A. Coplas populares

De los pescados, el mero.
De las aves, la perdiz.
De las carnes, el carnero.
De las damas, Beatriz.

Dicen que lo azul es cielo,
lo colorado alegría.
Mi alma, vístete de verde,
que eres[1] la esperanza mía.

Aunque tengas más amores
que flores tiene un almendro,
ninguno te ha de querer
como yo te estoy queriendo.

[1] **que eres** *for you are.*

B. Refranes

Después de comer, dormir; después de cenar, pasos mil.
Recaudo hace cocina, y no Catalina.
De la mano a la boca se pierde la sopa.
El hombre propone y Dios dispone.
El que adelante no mira atrás se queda.

C. Adivinanzas burlescas[2]

¿ En qué se parece un periódico a una iglesia ?
¿ En qué se parece un tren a una manzana ?
¿ En qué mes hablan menos las mujeres ?

[2] Soluciones en el Apéndice, p. 259.

8

Miguel de Unamuno

I. PRESENTACIÓN

A. Nota literaria

Miguel de Unamuno (1864–1936), de origen vasco, como Baroja, se distinguió como ensayista, poeta, novelista, crítico, dramaturgo, cuentista y pensador. Tanto por su obra como por su personalidad, fue el escritor más influyente de la generación del 98. Catedrático de griego y rector de la Universidad de Salamanca, su influencia llegó a muchos sectores de la vida española, especialmente a la política y a la universitaria.

Las obras de Unamuno llevan el acento de su personalidad y tratan de unas cuantas preocupaciones centrales. Busca lo eterno y universal del espíritu español en numerosos ensayos, como en En torno al casticismo (1897), y en libros como La vida de Don Quijote y Sancho (1905), en que interpreta los dos personajes como símbolos del alma española. Su obra más admirada, Del sentimiento trágico de la vida en los hombres y en los pueblos (1913), es un intento de exposición del conflicto entre la razón y la fe, problema central de su pensamiento.

Las novelas de Unamuno difieren tanto de las novelas tradicionales que su autor las llamó « nivolas ». La atención del autor pasa de los hechos y las ideas a la persona interior en novelas como Niebla (1913). En Abel Sánchez y en sus narraciones breves la nota característica es el estudio de las pasiones humanas. Entre sus numerosas obras poéticas sobresale El Cristo de Velázquez (1920), en que expone, en hermosos símbolos e imágenes, la esencia del cristianismo.

B. Estudio de palabras

Haber de. Deber — Deber de. Tener que.

1. **Haber de** expresa lo que se supone que sucede o sucederá, lo que es normal o conveniente; equivale a un futuro enfático. ~ Los componentes han de proceder de sendas localidades para ser suculentos.
2. **Deber** expresa una obligación moral. (¿ Qué debo hacer ahora ?) Para suavizar la expresión, puede usarse en el condicional o en el pasado de subjuntivo en vez del presente de indicativo. ~ Larguísimo debiera ser el párrafo de los vinos.
3. **Deber de** seguido del infinitivo no expresa la obligación de hacer algo, sino la probabilidad de que algo suceda o haya sucedido. ~ La ociosidad debió de hacerle pensar en la vida inacabable.
4. **Tener que** indica la necesidad de hacer algo. ~ Le tengo que contar una pequeña mentira.

C. Modismos y frases útiles

Estudien los modismos y frases siguientes y aprendan de memoria los ejemplos:
1. **A tontas y a locas.** Tontamente. ~ No fue un muchacho que se lanzara a tontas y a locas a una carrera mal conocida.
2. **Del todo.** Enteramente. ~ Don Quijote no morirá del todo.
3. **De todo punto.** Del todo. ~ Olvidó casi de todo punto el ejercicio de la caza.
4. **Frisar en.** Acercarse a. ~ Frisaba en los cincuenta años.
5. **Lo más de (su negocio).** La parte principal de. ~ En esto estribaba lo más de su negocio. **Los más ratos del año.** La mayor parte del año. ~ Ocioso estaba los más ratos del año.
6. **Poner en hecho.** Poner por obra, emprender. ~ Acordó poner en hecho lo que su desatino le mostraba.
7. **No poder menos de.** No poder dejar de. ~ Los cuerpos no pueden menos de caer a la tierra.
8. **Ser amigo (–a) de.** Ser aficionado (–a) a. ~ Era Don Quijote amigo de la caza.

II. LECTURAS

A. *Vida de Don Quijote y Sancho*
Por Miguel de Unamuno

Era Don Quijote amigo de la caza, en cuyo ejercicio[1] se aprenden astucias y engaños de guerra, y así es como tras las liebres y perdices corrió y recorrió los aledaños de su lugar, y debió de recorrerlos[2] solitario y escotero bajo la tersura sin mancha de su cielo manchego.

Era pobre y ocioso; ocioso estaba los más ratos del año. Y nada hay en el mundo más ingenioso que la pobreza en la ociosidad. La pobreza le hacía amar[3] la vida, apartándole de todo hartazgo y nutriéndole de esperanzas, y la ociosidad debió de hacerle pensar en la vida inacabable, en la vida perturbadora. ¡Cuántas veces no soñó en sus mañaneras cacerías con que su nombre se desparramara en redondo por aquellas abiertas llanuras y rodeara ciñendo a los hogares todos y resonase en la anchura de la tierra y de los siglos! De sueños de ambición apacentó su ociosidad y su pobreza; despegado del regalo de la vida, anheló inmortalidad no acabadera.

En aquellos cuarenta y tantos años[4] de su oscura vida, pues frisaba ésta en los cincuenta cuando entró en obra de inmortalidad[5] nuestro hidalgo, en aquellos cuarenta y tantos años, ¿qué había hecho fuera de cazar y administrar su hacienda? En las largas horas de su lenta vida, ¿de qué contemplaciones nutrió su alma? Porque era un contemplativo, ya que sólo los contemplativos se aprestan a una obra como la suya.

Adviértase que no se dio al mundo y a su obra redentora hasta frisar en los cincuenta, en bien sazonada madurez de vida. No floreció, pues, su locura hasta que su cordura y su bondad hubieron sazonado bien. No fue un muchacho que se lanzara a tontas y a locas a una carrera mal conocida, sino un hombre sesudo y cuerdo que enloquece de pura madurez de espíritu.

La ociosidad y un amor desgraciado, de que hablaré más adelante, le llevaron a darse a leer libros de caballerías « con tanta afición y gusto, que olvidó casi de todo punto el ejercicio de la caza y aun la administración de su hacienda », y hasta « vendió muchas fanegas de tierra de sembradura para comprar libros de caballerías », pues no sólo de pan vive el hombre. Y apacentó su corazón con las hazañas y proezas de aquellos esforzados caballeros que, desprendidos de la vida que pasa, aspiraron a la gloria que queda. El deseo de la gloria fue su resorte de acción.[6]

« Y así, del poco dormir y mucho leer, se le secó el cerebro, de manera que vino a perder[7] el juicio. »

Preguntas

1. ¿Qué busca Unamuno en su libro, *La vida de Don Quijote y Sancho*? 2. ¿Qué aprendía D. Quijote en el ejercicio de la caza? 3. ¿Qué dice Unamuno respecto de la pobreza en la ociosidad? 4. ¿Qué efectos producían en D. Quijote la pobreza y la ociosidad? 5. ¿Con qué soñaría D. Quijote en sus cacerías? 6. ¿Cuántos años tenía D. Quijote cuando entró en obra de inmortalidad? 7. ¿Por qué dice Unamuno que D. Quijote debió de ser un contemplativo? 8. ¿Qué le llevaron a hacer la ociosidad y un amor desgraciado? 9. ¿Qué tuvo que hacer para poder comprar libros de caballerías? 10. ¿Qué le pasó por fin a D. Quijote?

B. *Vida de Don Quijote y Sancho* (*Continuación*)

« Vino a perder el juicio. » Por nuestro bien[8] lo perdió; para dejarnos eterno ejemplo de generosidad espiritual. ¿Con juicio hubiera sido tan heroico? Hizo en aras de su pueblo el más grande sacrificio: el de su juicio. Llenósele la fantasía[9] de hermosos desatinos, y creyó ser verdad lo que es sólo hermosura. Y lo creyó con fe tan viva, con fe engendradora de obras, que acordó poner en hecho lo que su desatino le mostraba, y en puro creerlo hízolo verdad. « En efecto, rematado ya su juicio, vino a dar en el más extraño pensamiento que jamás dio loco[10] en el mundo, y fue que le pareció convenible y necesario, así para el aumento de su honra como para el servicio de su república, hacerse caballero andante e irse por el mundo con sus armas y caballo a buscar las aventuras y a ejercitarse en todo aquello que él había leído que los caballeros andantes se ejercitaban, deshaciendo todo género de agravio y poniéndose en ocasiones y

---

[1] **en cuyo ejercicio** *in the practice of which.* [2] **debió de recorrerlos** *he must have traveled over them.* [3] **le hacía amar** *caused him to love.* [4] **cuarenta y tantos años** *forty odd years.* [5] **entró . . . inmortalidad** *he began the work of winning immortality.*

[6] **fue . . . acción** *was what incited him to action.* [7] **vino a perder** *he finally lost.* [8] **Por nuestro bien** *For our good.* [9] **Llenósele la fantasía** *His imagination became filled with.* [10] **que jamás dio loco** *that a madman ever fell into.*

peligros, donde, acabándolos,[1] cobrase eterno nombre y fama. »

En esto de cobrar eterno nombre y fama estribaba lo más de su negocio; en ello el aumento de su honra primero y el servicio de su república después. Y su honra, ¿ qué era ? ¿ Qué era eso de la honra de que andaba entonces tan llena[2] nuestra España ? ¿ Qué es sino un ensancharse en espacio y prolongarse en tiempo la personalidad ? ¿ Qué es sino darnos a la tradición[3] para vivir en ella, y así no morir del todo ? Podrá ello parecer egoísta, y más noble y puro buscar el servicio de la república primero; . . . pero ni los cuerpos pueden menos de caer[4] a la tierra, pues tal es su ley, ni las almas menos de obrar por ley de[5] gravitación espiritual, por ley de amor propio y deseo de honra. Dicen los físicos que la ley de la caída es ley de atracción mutua, atrayéndose una a otra la piedra que cae sobre la tierra y la tierra sobre la cual aquélla cae, en razón inversa a su masa, y así entre Dios y el hombre es también mutua la atracción. Y si Él nos tira a Sí con infinito tirón, también nosotros tiramos de Él. Su cielo padece fuerza. Y es Él para nosotros, ante todo y sobre todo, el eterno productor de inmortalidad.

El pobre e ingenioso hidalgo no buscó provecho pasajero ni regalo de cuerpo, sino eterno nombre y fama, poniendo así su nombre sobre sí mismo. Sometióse a su propia idea, al Don Quijote eterno, a la memoria que de él quedase. «Quien pierda su alma, la ganará » — dijo Jesús —; es decir, ganará su alma perdida, y no otra cosa. Perdió Alonso Quijano el juicio, para ganarlo en Don Quijote: un juicio glorificado.

Preguntas

1. ¿ Por qué puede decir Unamuno que D. Quijote perdió el juicio por nuestro bien ? 2. ¿ De qué se le llenó la fantasía a D. Quijote ? 3. ¿ Qué creyó ser verdad ? 4. ¿ Qué le pareció necesario ? 5. ¿ En qué se ejercitaban los caballeros andantes ? 6. Según Unamuno, ¿ qué esperaba ganar D. Quijote ? 7. ¿ Cómo define Unamuno la honra de los españoles en la época de Cervantes ? 8. ¿ Por qué no puede parecer egoísta esta determinación de D. Quijote ? 9. ¿ Por qué es la ley de la caída ley de atracción mutua ? 10. Explíquese la siguiente frase de Unamuno: « Sometióse a su propia idea, al Don Quijote eterno. . . ».

III. PRÁCTICAS ORALES

A. Diálogo. *En la biblioteca*

Bartolo está estudiando en la biblioteca. Entra Graciela.

1. GRACIELA. ¿ Qué tal, Bartolo ? ¿ Qué estás leyendo ?
2. BARTOLO. Se trata de un libro de Miguel de Unamuno. El título es *Del sentimiento trágico de la vida.*
3. GRACIELA. Es una de sus obras más importantes. ¿ Te gusta ?
4. BARTOLO. No he leído más que el primer capítulo y no entiendo nada.
5. GRACIELA. A ver. ¿ Qué es lo que te ha parecido tan difícil ?
6. BARTOLO. Habla mucho acerca del « hombre de carne y hueso », pero no entiendo por qué. ¿ No somos todos de carne y hueso ?
7. GRACIELA. Por supuesto, pero a veces lo olvidamos.
8. BARTOLO. A ver. Explícamelo.

9. GRACIELA. Tú sabes algo de economía, ¿ verdad ? ¿ Te acuerdas del « hombre económico » ?
10. BARTOLO. ¡ Claro !
11. GRACIELA. Y en las clases de ciencias políticas, ¿ no habla el profesor mucho del « hombre político » ?
12. BARTOLO. Sí, pero ¿ qué tiene que ver con esto ?
13. GRACIELA. Sencillamente que Unamuno no se interesa por los hombres abstractos, sino por « el hombre de carne y hueso. »
14. BARTOLO. Bien, pero ¿ qué es « el hombre de carne y hueso » ?
15. GRACIELA. Pues es el hombre que sufre, que llora, que come, que duerme, y, sobre todo, que muere.
16. BARTOLO. ¡ Ah, pues ya lo voy entendiendo[6] un poco mejor ! Voy a leer el capítulo otra vez. Muchísimas gracias, Graciela.
17. GRACIELA. De nada, Bartolo. Hasta la vista.

Preguntas

1. ¿ Quiénes conversan en este diálogo ? 2. ¿ Qué está leyendo Bartolo ? 3. ¿ De qué habla mucho el

---

[1] **acabándolos** *by putting an end to them.* [2] **andaba . . . llena** *was so full.* [3] **darnos a la tradición** *giving ourselves over to tradition.* [4] **ni . . . caer** *neither can bodies fail to fall.* [5] **ni . . . ley de** *nor can souls fail to act in accord with the law of.* [6] **lo voy entendiendo** *I am beginning to understand it.*

autor en el primer capítulo? 4. ¿Cuál es la pregunta que le hace Bartolo a Graciela? 5. ¿Qué es lo que olvidamos a veces, según Unamuno? 6. ¿Es « el hombre económico » un hombre de verdad? 7. ¿Qué es « el hombre político »? 8. ¿Cómo define Graciela al « hombre de carne y hueso »?

B. Diálogo. *En un patio de la escuela*

Beatriz se encuentra con Alfonso. Acaban de salir de la clase de español.

1. BEATRIZ. ¿Qué hay, Alfonso? ¿Qué tal te pareció[1] la conferencia del profesor acerca de Unamuno?
2. ALFONSO. ¡Magnífica! Me interesan mucho las ideas de Unamuno sobre la inmortalidad.
3. BEATRIZ. Es interesante ver como Unamuno desarrolla sus ideas a través de la vida de Don Quijote. Don Quijote adquiere carne y hueso en la obra de Unamuno.
4. ALFONSO. Exactamente. Y como todos los demás seres humanos, Don Quijote anhela la inmortalidad, es decir, desea perseverar en su ser.
5. BEATRIZ. Y la fama le proporciona el medio de alcanzar la inmortalidad.
6. ALFONSO. Es cierto; por medio de la fama Don Quijote ha dejado huellas permanentes en el espíritu español.
7. BEATRIZ. Es interesante observar que Don Quijote tiene que volverse loco para encontrar el camino que lleva a la fama eterna.
8. ALFONSO. Sí. Tiene que perder su identidad mortal como Alonso Quijano para darnos al Don Quijote eterno.

9. BEATRIZ. Y como dice Unamuno, Don Quijote logró todo esto tratando de aumentar su honra.
10. ALFONSO. Es un concepto genial de la honra.
11. BEATRIZ. Parece que Unamuno trata de relacionarlo todo con el anhelo del hombre por la inmortalidad.
12. ALFONSO. Vuelve al tema en muchas de las obras suyas que hemos leído.
13. BEATRIZ. Indudablemente es uno de los temas que más le preocupaban.
14. ALFONSO. Quisiera volver a discutir estas ideas contigo,[2] Beatriz.
15. BEATRIZ. Cuando quieras, Alfonso. Llámame esta noche a eso de las ocho.
16. ALFONSO. Muy bien, Beatriz. Hasta luego.

Preguntas

1. ¿Qué ideas de Unamuno le interesan a Alfonso? 2. ¿Con qué relaciona sus ideas sobre la inmortalidad? 3. ¿Qué anhela todo ser humano según Unamuno? 4. ¿Qué parece adquirir Don Quijote en la obra de Unamuno? 5. ¿Qué le proporciona la fama a Don Quijote? 6. ¿Qué ha dejado Don Quijote en la vida española? 7. ¿Cómo encontró Don Quijote el camino de la fama? 8. ¿Con qué parece relacionarlo todo Unamuno?

C. Temas para un informe oral

Preparar un informe oral, de unas sesenta palabras, sobre uno de los temas siguientes:

1. La vida de D. Quijote antes de perder el juicio.
2. Los ideales de D. Quijote.
3. Las obras de D. Miguel de Unamuno.
4. Temas discutidos por Graciela y Bartolo en el Diálogo A.

IV. ASPECTOS GRAMATICALES

A. Usos del pretérito y del imperfecto de indicativo

1. *Para contestar afirmativamente:*

Modelo: ¿ *Fuiste al partido ayer?*   *Sí, fui al partido ayer.*

Profesor	*Estudiante*
¿ Les dijo Ud. la verdad?	Sí, les dije la verdad.
¿ Les diste las gracias a todos?	
¿ Oyeron la conferencia?	
¿ Preparó Beatriz el cocido?	

---

[1] ¿ **Qué . . . pareció . . . ?** *How did you like . . . ?*

[2] **Quisiera . . . contigo** *I should like to discuss these ideas with you again.*

2. *Para contestar con una de las frases incluidas en las preguntas:*

Modelo: *Cuando Bartolo estaba en la universidad, ¿ salía de casa a las ocho o a las nueve ?*

Cuando Bartolo estaba en la universidad, salía de casa a las ocho.

Profesor	*Estudiante*
Cuando Beatriz estaba en la universidad, ¿ tenía clases por la mañana o por la tarde ?	Cuando Beatriz estaba en la universidad, tenía clases por la mañana.
Cuando Alfonso estaba en la universidad, ¿ se levantaba a las seis o a las siete ?	
Cuando Graciela estaba en la universidad, ¿ estudiaba en la biblioteca o en casa ?	
Cuando Bartolo estaba en la universidad, ¿ se acostaba tarde o temprano ?	

3. *Para combinar en una sola oración:*

Modelo: *Estaban escuchando la radio. Entra Alfonso.*

Estaban escuchando la radio cuando entró Alfonso.

Profesor	*Estudiante*
Sancho hablaba con la duquesa. Llega Don Quijote.	Sancho hablaba con la duquesa cuando llegó Don Quijote.
Bartolo leía una obra de Unamuno. Llama Graciela.	
Estábamos bailando. Aparece Alfonso.	
Don Quijote frisaba en los cincuenta años. Muere.	

4. *Para cambiar al imperfecto o al pretérito de indicativo:*

Modelos: *Juan come aquí todos los días.*
Elena come aquí el lunes.

Juan comía aquí todos los días.
Elena comió aquí el lunes.

Profesor	*Estudiante*
Bartolo viene todos los días.	Bartolo venía todos los días.
Bartolo viene el sábado.	Bartolo vino el sábado.
Beatriz estudia todos los días.	
Beatriz estudia el domingo.	
Alfonso está presente todos los días.	
Alfonso está presente el martes.	
El profesor va a pie todos los días.	
El profesor va a pie el viernes.	

B. Repaso de los verbos **andar,**[1] **perder,**[27] **creer,**[43] **traer**[18] (como **traer,** se conjugan **atraer** y **contraer**)

1. *Para contestar, empleando las formas que correspondan a los pronombres indicados:*

Modelo: *Él anduvo por toda Castilla, ¿ y yo ?*

Yo anduve por toda Castilla.

Profesor	*Estudiante*
Él anduvo por toda Castilla, ¿ y nosotros ?	Nosotros anduvimos por toda Castilla.
Él anduvo por toda Castilla, ¿ y tú ?	
Él anduvo por toda Castilla, ¿ y usted ?	
Él anduvo por toda Castilla, ¿ y ellos ?	

2. *Para contestar, empleando las formas que correspondan a los pronombres indicados:*

Modelo: *¿ Quién trajo los libros a clase?* *Tú trajiste los libros a clase.*
         ¡ Tú !

Profesor	*Estudiante*
¿ Quién trajo los libros a clase ? ¡ Nosotros !	Nosotros trajimos los libros a clase.
¿ Quién trajo los libros a clase ? ¡ Usted !	
¿ Quién trajo los libros a clase ? ¡ Ustedes !	
¿ Quién trajo los libros a clase ? ¡ Ella !	

3. *Para cambiar al imperfecto y al pretérito de indicativo:*

Modelo: *Él anda de un lugar a otro.*   *Él andaba de un lugar a otro.*
                                                 Él anduvo de un lugar a otro.

Profesor	*Estudiante*
Don Quijote pierde el juicio.	Don Quijote perdía el juicio.
	Don Quijote perdió el juicio.
Ella lo cree con fe viva.	
Cae sobre la tierra.	
La ciudad atrae al campesino.	
Los jóvenes contraen matrimonio.	

V. EJERCICIOS ESCRITOS

A. Uso de modismos y frases hechas

1. *Úsense las palabras y modismos siguientes en oraciones completas:*

   componerse de
   deber
   deber de
   del todo
   haber de
   no poder menos de
   ser amigo de
   tener que

2. *Escríbanse oraciones completas empleando las frases siguientes como elemento inicial:*

   Debió de hacerle pensar en . . .
   Es un intento de . . .
   Interpreta los dos personajes . . .
   La obra trata de . . .
   Los más ratos del año . . .
   Nada hay en el mundo más ingenioso . . .
   ¿ Qué había hecho fuera de . . .
   Tanto por su obra como por su personalidad . . .

B. Ejercicio de traducción

Traduzcan al español las frases siguientes, tratando de imitar las construcciones y fraseología de los textos:

1. There was nothing that D. Quijote liked better than hunting. 2. Outside of hunting and administering his small estate, he was idle most of the year. 3. He must have dreamed that his name would spread all around those plains. 4. It should be noticed that he was approaching the age of fifty. 5. His madness did not flower until his judgment had matured. 6. Some lads rush, without rime or reason, into careers about which they know little.
7. His imagination is to become filled with beautiful adventures. 8. He resolves to undertake all that he had read in his novels. 9. For our good he lost his judgment, leaving us an eternal example of unselfishness. 10. Do you think he was seeking transitory gain for himself? 11. The principal part of his enterprise was based on this matter of achieving eternal fame. 12. This seems selfish to me, and it must have seemed selfish to him.

VI. VERIFICACIÓN Y REPASO

A. Dictado

Preguntas

1. ¿ En qué parte de España se halla Salamanca ? 2. ¿ Por qué dedicaría Unamuno[1] uno de sus más bellos poemas a Salamanca ? 3. ¿ Qué son las « piedras de oro » que se mencionan en el primer verso ? 4. ¿ De qué dos elementos se componen los recuerdos de Unamuno ? 5. ¿ Qué pide a Salamanca que guarde después de su muerte ? 6. ¿ Qué preocupación de Unamuno queda ilustrada en este poema ?

B. Para formular preguntas

Formúlense preguntas para las siguientes contestaciones:

1. D. Miguel de Unamuno escribió *La vida de D. Quijote y Sancho.* 2. Trata de las ocupaciones de D. Quijote antes de hacerse caballero andante. 3. La pobreza le apartaba de todo hartazgo y le nutría de esperanzas. 4. Apacentó su ociosidad de sueños de ambición. 5. Sólo los contemplativos se aprestan a una obra como la suya. 6. Olvidó casi de todo punto la administración de su hacienda. 7. El deseo de la gloria fue su resorte de acción. 8. Determinó irse por el mundo con sus armas y caballo a buscar las aventuras. 9. Había leído que los caballeros andantes deshacían todo género de agravios. 10. Es más noble buscar el servicio de la república. 11. Deseaba establecer el reino de Dios y su justicia en la tierra. 12. « Quien pierda su alma, la ganará. »

C. Temas para desarrollar por escrito

Escríbanse tres oraciones sobre cada uno de los temas siguientes:

1. La pobreza y la ociosidad como factores en la vida de D. Quijote.
2. El sentimiento de la honra en D. Quijote, según Unamuno.
3. « La ley de gravitación espiritual », según Unamuno.

---

[1] ¿ **Por qué dedicaría Unamuno . . . ?** *Why do you suppose Unamuno devoted . . . ?* (El condicional expresa probabilidad en el pasado.)

Don Quijote y Sancho Panza
Cortesía, *The Metropolitan Museum of Art, Rogers Fund, 1927*

DEL MUNDO ANCHO Y AJENO

(Para aprender de memoria)

A. Definición

— Papá, ¿ qué es un monólogo ?

— Una conversación entre tu mamá y yo, Pepito.

Preguntas

1. ¿ Qué opina Ud. de esta definición ?   2. ¿ Qué es un monólogo ?   3. ¿ Qué es un diálogo ?

B. Eficacia profesional

El señor López, varias veces millonario, ha muerto. Los herederos están escuchando la lectura del testamento cuando se presenta el médico que lo atendió en su última enfermedad:

— Señores, vengo a traerles mi cuenta por haber atendido al señor López en su última enfermedad. ¿ Creen ustedes que necesito demostrar mi derecho a estos honorarios ?

— ¡ De ninguna manera ! — exclaman los herederos — . La muerte de nuestro adorado pariente demuestra hasta la evidencia que lo atendió usted profesionalmente.

Preguntas

1. ¿ Por qué se han reunido los herederos ? 2. ¿ Por qué se presenta el médico ?   3. ¿ Qué les pregunta el médico ?   4. ¿ Qué hecho demuestra que el médico atendió al muerto profesionalmente ?

Molino de viento en la Mancha, España

Cortesía, Ministerio de información y turismo español

9

José Martínez Ruiz (Azorín)

I. PRESENTACIÓN

A. *Nota literaria*

José Martínez Ruiz (1874–1967), que ha usado el seudónimo de Azorín, es uno de los principales representantes de la generación del 98. Es autor de varias novelas, como La voluntad *(1902),* Antonio Azorín *(1903),* Las confesiones de un pequeño filósofo *(1904). Son novelas autobiográficas y líricas, de extraordinaria delicadeza y sensibilidad.*

Azorín es aun más notable por sus hermosos libros de ensayos. Estos son de dos clases: tratan de ciudades y lugares, como Los pueblos *(1905) y* Castilla *(1924), o de crítica literaria, como* Lecturas españolas *(1912), y* Clásicos y modernos *(1913).*

Los temas que dan unidad a su obra son la relación entre la realidad y el espíritu y la evocación del pasado. Otros rasgos que pueden notarse en las selecciones siguientes son el estilo entrecortado, el sentimiento de lo menudo y lo fugaz, la capacidad de ver lo eterno en la impresión del momento, y la poesía y plasticidad de sus descripciones y paisajes. Su obra pasa de los ochenta volúmenes.

B. *Estudio de palabras*

Entonces, luego, después y pues.
En español no deben confundirse los usos de estas palabras.
1. **Entonces** significa « en aquel tiempo u ocasión » o « en tal caso ». ~ ¿ Qué era eso de la honra de que andaba entonces tan llena nuestra España ? Entonces puede hacerlo.
2. **Luego** significa « inmediatamente después ». ~ Luego miró al niño.
    Recuérdese que **luego** también puede significar « pronto ». ~ Trate de hacerlo luego.
3. **Después** significa « más tarde ». ~ Buscó el aumento de su honra primero y el servicio de su república después.

4. **Pues** expresa consecuencia. ~ No floreció, pues, su locura hasta que su cordura y su bondad hubieron sazonado bien.
    Recuérdese que **pues** denota también causa o motivo. ~ Cómprelo usted, pues lo necesita. Se combinan a menudo **pues** y **entonces.**

C. *Modismos y frases útiles*

Estudien los modismos y frases siguientes y aprendan de memoria los ejemplos:
1. **Asomarse a.** Mostrarse por una abertura o por detrás de alguna parte. ~ El pasillo va a dar a una reja, a la cual Cervantes se asomaba.
2. **Dar la vuelta a.** ~ Y luego doy la vuelta a la esquina.
3. **Dar lugar a que.** Permitir que. ~ Pero hay algo apremiante que no da lugar a que mi imaginación trafague.
4. **Dar paso a.** Facilitar la entrada en. ~ Tiene dos puertas que dan paso a un vestíbulo.
5. **De par en par.** Se dice de puertas o ventanas que están abiertas enteramente. ~ Los dos espaciosos balcones están de par en par.
6. **De pronto.** De repente. ~ Uno de ellos, de pronto, me sobresalta.
7. **Dirigirse hacia.** Encaminarse hacia. ~ Una anciana surge de lo hondo y se dirige hacia mí.
8. **He.** Con los adverbios **aquí** y **allí,** o con los pronombres **me, te, la, le, lo,** etc., sirve para señalar o mostrar una persona o cosa. ~ Pero he aquí que un acontecimiento terrible[1] va a sobrevenir en mi vida. Y hétenos en[2] un salón de la misma traza y anchura del vestíbulo de abajo.

---

[1] **he . . . terrible** *lo and behold, an extraordinary event.*   [2] **Y hétenos en** *And here we are in.*

II. LECTURAS

A. *La novia de Cervantes*

Por Azorín

Yo voy leyendo[1] los diminutos tejuelos en que, con letras chiquitas y azules, se indica el nombre de las calles. Y uno de ellos, de pronto, me sobresalta. Fijaos bien;[2] acabo de leer: « Calle de doña Catalina » . . ., y luego doy la vuelta a la esquina, y leo en otro azulejo: « Plazuela de Cervantes ». Esto es verdaderamente estupendo y terrible; indudablemente, estoy ante la casa del novelista. Y entonces me paro ante el portal y trato de examinar esta casa extraordinaria y portentosa. Pero una anciana — una de estas ancianas de pueblo,[3] vestidas de negro, silenciosas — surge de lo hondo y se dirige hacia mí. Acaso — pienso — yo, un forastero, un desconocido, estoy cometiendo una indiscreción enorme al meterme en una casa extraña; yo me quito el sombrero, y digo, inclinándome: « Perdón, yo estaba examinando esta casa. » Y entonces la señora vestida de negro me invita a entrar.

Y en este punto — por uno de esos fenómenos psicológicos que vosotros conocéis muy bien —, si antes me pareció absurdo entrarme en una casa ajena, ahora me parece lógico, naturalísimo, el que esta dama me haya invitado[4] a trasponer los umbrales. Todo, desde la nebulosa,[5] estaba dispuesto para que una dama silenciosa invitara a entrar en su casa a un filósofo no menos silencioso. Y entro tranquilamente. Y luego, cuando aparecen dos mozos que parecen cultos y discretos, los saludo y departo con ellos con la misma simplicidad y la misma lógica.

La casa está avanguardada de un patio con elevadas tapias; hay en él una parra y un pozo; el piso está empedrado de menudos cantos. En el fondo se levanta la casa; tiene dos anchas puertas que dan paso a un vestíbulo, que corre de parte a parte de la fachada. El sol entra en fúlgidas oleadas; un canario canta. Y yo examino dos grandes y negruzcos lienzos, con escenas bíblicas, que penden de las paredes. Y luego, por una ancha escalera que a mano derecha se halla, con barandilla de madera labrada, subimos al piso principal. Y hétenos en un salón de la misma traza y anchura del vestíbulo de abajo; los dos espaciosos balcones están de par en par; en el suelo, en los recuadros de viva luz que forma el sol, están colocadas simétricamente unas macetas. Adivino unas manos femeninas suaves[6] y diligentes. Todo está limpio; todo está colocado con esa simetría ingenua, candorosa — pero tiránica, es preciso decirlo — de las casas de los pueblos. Pasamos por puertas pequeñas y grandes puertas de cuarterones; es un laberinto de salas, cuartos, pasillos, alcobas, que se suceden, irregulares y pintorescas. Éste es un salón cuadrilongo que tiene una sillería roja, y en que un señor de 1830 os mira, encuadrado en su marco,[7] encima del sofá. Ésta es una salita angosta, con un corto pasillo que va a dar a una reja, a la cual Cervantes se asomaba y veía desde ella la campiña desmesurada y solitaria, silenciosa, monótona, sombría. Ésta es una alcoba con una puertecilla baja y una mampara de cristales; aquí dormían Cervantes y su esposa. Yo contemplo estas paredes rebozadas de cal,[8] blancas, que vieron transcurrir las horas felices del ironista . . .

Preguntas

1. ¿Dónde se encuentra Azorín? 2. ¿Qué va leyendo? 3. ¿Qué le sobresalta de pronto? 4. ¿Qué lee en otro azulejo, al dar la vuelta a la esquina? 5. ¿Quién le invita a entrar en la casa del novelista? 6. ¿Qué le parece lógico y naturalísimo a Azorín? 7. Describa el patio de la casa. 8. ¿Cómo es el salón en que se encuentra Azorín al subir al piso principal? 9. ¿Cómo es el resto de la casa? 10. ¿Cómo son la salita y la alcoba de Cervantes?

B. *La novia de Cervantes* *(Continuación)*

Y luego otra vez me veo abajo, en el zaguán, sentado al sol, entre el follaje de las macetas. El canario canta; el cielo está azul. Ya lo he dicho: todo, desde la nebulosa, estaba dispuesto para que un filósofo pudiera gozar de este minuto de satisfacción íntima en el vestíbulo de la casa en que vivió la novia de un gran hombre. Pero he aquí que un acontecimiento terrible — tal vez también dispuesto desde hace millones y millones de años — va a sobrevenir en mi vida. La cortesía de los moradores de esta casa es exquisita: unas palabras han sido pronunciadas en una estancia próxima, y yo, de pronto, veo aparecer,

---

[1] **Yo voy leyendo** *I am going along reading.* [2] **Fijaos bien** *Pay close attention.* [3] **de pueblo** *typical of small towns.* [4] **el . . . invitado** *that this lady should have invited me.* [5] **desde la nebulosa** *from the beginning of time.*

[6] **Adivino . . . suaves** *I conjecture the attention of some gentle feminine hands.* [7] **encuadrado en su marco** *enclosed in his frame.* [8] **estas . . . cal** *these whitewashed walls.*

en dirección hacia mí, una linda y gentil muchacha; yo me levanto, un poco emocionado: es la hija de la casa. Y yo creo ver[1] por un momento en esta joven esbelta y discreta — ¿ quién puede refrenar su fantasía ? — a la propia hija[2] de don Hernando Salazar, a la mismísima novia de Miguel de Cervantes. ¿ Comprendéis mi emoción ? Pero hay algo apremiante y tremendo, que no da lugar a que mi imaginación trafague. La joven gentilísima que ha aparecido ante mí, trae, en una mano, una bandejita con pastas, y en la otra, otra, otra bandejita con una copa llena de dorado vino esquiveño. Y aquí entra el pequeño y tremendo conflicto; lances de éstos[3] ocurren todos los días en las casas del pueblo; mi experiencia de la vida provinciana — ya lo sabéis — me ha hecho salvar[4] fácilmente el escollo. Si yo cojo — decía — una de estas pastas grandes que se hacen en provincias, mientras yo me la como, para sorber después el vino, ha de esperar esta joven lindísima, es decir, la novia de Cervantes, ante mí, es decir, un desconocido insignificante. ¿ No era todo esto un poco violento ? ¿ No he columbrado yo, acaso, su rubor, cuando ha aparecido por la puerta ? He cogido lo menos que podía coger[5] de una de estas anchas pastas

domésticas, y he trasegado precipitadamente el vino. La niña permanecía inmóvil, encendida en vivos carmines y con los ojos bajos. Y yo pensaba luego, durante los breves minutos de charla con esta familia discreta y cortesana, en Catalina Salazar Palacios — la moradora de la casa en 1584, año del casamiento de Cervantes — y en Rosita Santos Aguado — la moradora en 1904 — , una de las figuras más simpáticas del nuevo centenario.[6] Mi imaginación identificaba a una y a otra.[7] Y cuando ha llegado el momento de despedirme, he contemplado, por última vez, en la puerta, bajo el cielo azul, entre las flores, a la linda muchacha — la novia de Cervantes.

Preguntas

1. Según Azorín, ¿ qué estaba dispuesto desde la nebulosa ? 2. ¿ Qué acontecimiento terrible sobreviene en su vida ? 3. ¿ Qué cree ver Azorín por un momento ? 4. ¿ Qué trae la joven ? 5. ¿ Qué le ha permitido salvar fácilmente el escollo ? 6. ¿ Qué le parece un poco violento a Azorín ? 7. ¿ Qué ha hecho Azorín ? 8. ¿ En qué pensaba Azorín durante los breves minutos de charla con la familia ? 9. ¿ Cómo se llamaba la novia de Cervantes, y cuándo se casó con Miguel ? 10. ¿ A quiénes identificaba Azorín con la imaginación ?

III. PRÁCTICAS ORALES

A. Diálogo. *En el cuarto de Beatriz*

Graciela y Beatriz están estudiando juntas.

1. GRACIELA. ¿ Qué impresión has recibido del estilo de Azorín ?
2. BEATRIZ. Me parece algo extraño. Describe las cosas tan minuciosamente.
3. GRACIELA. En sus primeras obras el estilo es bastante amanerado; pero después desarrolla un lenguaje claro y muy bello.
4. BEATRIZ. Alguien ha dicho que Azorín es el ensayista poeta. Al parecer intenta despertar las emociones y los sentimientos.
5. GRACIELA. ¡ Claro ! Lo que desea hacer Azorín es expresar la vida íntima por medio de lo externo.
6. BEATRIZ. Pero trata de hechos y cosas tan triviales y hasta inconexos.
7. GRACIELA. Tienes razón. Ese estilo ha recibido el nombre de « fragmentarismo ».
8. BEATRIZ. ¿ Has notado que Azorín se interesa mucho por el transcurrir del tiempo ?
9. GRACIELA. Sí. Azorín está obsesionado con el significado del tiempo en la vida del hombre.
10. BEATRIZ. Y ¿ no te parece algo triste su actitud ?
11. GRACIELA. Le preocupa el hecho de que el hombre tiene que morir, mientras que los objetos triviales que describe se quedarán y continuarán su existencia.
12. BEATRIZ. Esa permanencia de las cosas le recuerda que[8] la vida pasa inexorablemente.
13. GRACIELA. Y al mismo tiempo los hechos y las vidas van repitiéndose[9] sin cesar.

---

[1] **Y . . . ver** *And I imagine I see.* [2] **a . . . hija** *the very daughter.* [3] **lances de éstos** *delicate moments of this type.* [4] **me . . . salvar** *has enabled me to overcome.* [5] **lo . . . coger** *the smallest piece I could take.*

[6] **del nuevo centenario** Se refiere Azorín al tricentésimo (300) aniversario de la publicación de la novela de Cervantes, celebrado en 1905. [7] **identificaba . . . otra** *identified the two.* [8] **le recuerda que** *reminds him that.* [9] **van repitiéndose** *keep repeating themselves.*

14. BEATRIZ.   Es evidente que emplea ese sistema para tratar de expresar el ambiente espiritual de las cosas.

15. GRACIELA.   Creo que sí.[1] A mí me parece que Azorín es uno de los autores más importantes para conocer el ambiente español del siglo veinte.

Preguntas

1. ¿Cuál es el tema de este diálogo? 2. ¿Por qué le parece extraño a Beatriz el estilo de Azorín? 3. ¿Qué dice Graciela del estilo de Azorín? 4. ¿Qué intenta despertar Azorín, según Beatriz? 5. ¿Cómo expresa Azorín la vida íntima? 6. ¿Qué nombre se ha dado al estilo de Azorín? 7. ¿Qué otro rasgo de Azorín menciona Beatriz? 8. ¿Qué hecho le preocupa a Azorín?

B. Diálogo. *En la biblioteca*

Alfonso está escribiendo. Después de un momento entra Graciela.

1. GRACIELA.   ¡Hola, Alfonso! Te veo muy atareado.[2]

2. ALFONSO.   Estoy preparando un informe sobre las ideas de Azorín.

3. GRACIELA.   Será[3] muy interesante. Habrás notado[3] que Azorín se interesa mucho por el tema del tiempo.

4. ALFONSO.   Ya lo creo. Le preocupa mucho la marcha inexorable del tiempo y la repetición constante de las vidas y de los hechos.

5. GRACIELA.   Tengo entendido que Azorín pensaba mucho también en el fenómeno de la abulia.

6. ALFONSO.   Sí. Él creía que había una relación entre la abulia y la inteligencia.

7. GRACIELA.   Entonces, ¿el ser inteligente puede ser una desventaja?

8. ALFONSO.   Sí, porque nuestra inteligencia nos revela la marcha inexorable hacia la muerte.

9. GRACIELA.   Y esto puede destruir nuestra energía y nuestra voluntad.

10. ALFONSO.   Naturalmente. Y al perderse la voluntad, las circunstancias llegan a dominar al hombre.

11. GRACIELA.   Esto nos explica por qué Azorín presta tanta atención al ambiente, ¿verdad?

12. ALFONSO.   Creo que sí. Para Azorín los hechos cotidianos y las cosas al parecer insignificantes de nuestro ambiente forman nuestro carácter.

13. GRACIELA.   Y ¿no podemos oponernos a la acción del ambiente?

14. ALFONSO.   Según Azorín, toda resistencia es inútil.

15. GRACIELA.   Me parecen muy pesimistas esas ideas.

16. ALFONSO.   Se trata de un aspecto importante de la crisis de las ideas en nuestra época.

Preguntas

1. ¿Qué está preparando Alfonso? 2. ¿Qué observación hace Graciela? 3. ¿Qué le preocupa mucho a Azorín? 4. ¿Qué significa la palabra abulia? 5. Según Azorín, ¿con qué tiene relación la abulia? 6. ¿Qué nos revela nuestra inteligencia? 7. Al perderse la voluntad, ¿qué le sucede al hombre? 8. ¿Cómo explica Azorín la formación de nuestro carácter?

C. Temas para desarrollar oralmente

Preparar dos preguntas sobre cada uno de los temas siguientes para que las contesten los otros alumnos de la clase:

1. El sobresalto que recibe Azorín en Esquivias, pueblo natal de la novia de Cervantes.

2. La cortesía de los moradores de la casa.

3. La emoción de Azorín al ver a la hija de la casa.

4. La vida y obras de Azorín.

---

[1] **Creo que sí** *I believe so.*   [2] **Te ... atareado** *I find you very busy.*   [3] **Será** *It must be:* **Habrás notado** *No doubt you have observed* (El uso del futuro y del futuro perfecto para expresar probabilidad).

Vejer de la Frontera, Cádiz, España

Cortesía, Ministerio de información y turismo español

IV. ASPECTOS GRAMATICALES

A. Los tiempos compuestos

1. *Para cambiar al presente perfecto:*

Modelo: ***Entro en la casa de Cervantes.***   ***He entrado en la casa de Cervantes.***

Profesor	*Estudiante*
Conocemos a la anciana.	Hemos conocido a la anciana.
Doy la vuelta a la esquina.	
Ven a los mozos.	
Me pongo el sombrero.	

2. *Para cambiar al pluscuamperfecto:*

Modelo: ***Me he quitado el sombrero.***   ***Me había quitado el sombrero.***

Profesor	*Estudiante*
Ella se ha dirigido hacia mí.	Ella se había dirigido hacia mí.
He visto el azulejo.	
Me ha invitado a entrar.	
Ella ha traído unas pastas.	

B. El subjuntivo en cláusulas adverbiales

1. *Para completar con una cláusula adverbial después de* **cuando** *y* **en cuanto:**

Modelo: ***Se lo diré.***   ***Se lo diré cuando (en cuanto) llegue.***

Profesor	*Estudiante*
Se lo leeré.	Se lo leeré cuando (en cuanto) llegue.
Se lo compraré.	
Se lo enseñaré.	
Se lo daré.	

2. *Para contestar afirmativamente, agregando una cláusula adverbial introducida por* **con tal (de) que, a menos que, antes (de) que, para que,** *y* **aunque:**

Modelo: ***¿ Irá Ud. a clase mañana ?***   ***Sí, con tal de que me llame.***
       Con tal de que.

Profesor	*Estudiante*
¿ Irá Ud. a clase mañana ? A menos que.	Sí, a menos que me llame.
¿ Irá Ud. a clase mañana ? Antes de que.	
¿ Irá Ud. a clase mañana ? Para que.	
¿ Irá Ud. a clase mañana ? Aunque.	

C. Repaso de los verbos **dar,**[4] **pensar,**[26] **dormir,**[29] **dirigirse**[36]

1. *Para cambiar a las formas que correspondan a los pronombres indicados:*

Modelo: ***Me di a leer novelas. ¡ Él !***   ***Él se dio a leer novelas.***

Profesor	*Estudiante*
Me di a leer novelas. ¡ Tú !	Tú te diste a leer novelas.
¡ Usted !	
¡ Nosotros !	
¡ Ellos !	

2. *Para contestar, empleando las formas que correspondan a los pronombres indicados:*

Modelo: *¿ Quién piensa comprarlo ?* *¡ Yo !* *Yo pienso comprarlo.*

Profesor	*Estudiante*
¿ Quién piensa comprarlo ? ¡ Ellos !	Ellos piensan comprarlo.
¿ Quién piensa comprarlo ? ¡ Usted !	
¿ Quién piensa comprarlo ? ¡ Tú !	
¿ Quién piensa comprarlo ? ¡ Ella !	

3. *Para cambiar al pluscuamperfecto y al futuro perfecto de indicativo:*

Modelo: **Han notado ese detalle.** **Habían notado ese detalle. Habrán notado ese detalle.**

Profesor	*Estudiante*
Le ha dado mil dólares.	Le había dado mil dólares. Le habrá dado mil dólares.
¿ Lo has pensado bien ?	
Él ha dormido poco.	
Ella se ha dirigido al profesor.	

V. EJERCICIOS ESCRITOS

A. Uso de modismos y frases hechas

1. *Úsense las palabras y modismos siguientes en oraciones completas:*

   asomarse a
   dar con
   dar lugar a que
   de par en par
   de pronto
   interesarse por
   soñar con
   tener entendido que

2. *Escríbanse oraciones completas empleando las frases siguientes como elemento inicial:*

   Azorín se para ante la casa e, inclinándose, dice . . .
   Di la vuelta a la esquina y . . .
   He aquí que . . .
   La anciana se dirigía hacia . . .
   Los jóvenes nos invitaron a . . .
   Luego aparecen dos mozos que . . .
   No puedo menos de . . .
   Traté de examinar . . .

B. Ejercicio de traducción

Traduzcan al español las oraciones siguientes, tratando de imitar las construcciones y fraseología de los textos:

1. Azorín kept looking for the small tiles on which the names of the streets were indicated. 2. He had just read one that startled him. 3. Then he turned the corner and he stopped in front of Cervantes' house. 4. He removed his hat when an elderly lady, dressed in black, came toward him. 5. Ask her whether you can enter the building. 6. Rooms and corridors followed one after the other irregularly.

7. Stand up when you see the girl come in. 8. She is (expected) to wait while Azorín eats the piece of pastry. 9. Here we are in a large hall, with spacious balconies opened wide. 10. This is the grated window from which Cervantes could look out and view the countryside. 11. When he took leave of them, he explained to them what he had imagined. 12. Azorín's ability to evoke the past is well illustrated in this selection.

VI. VERIFICACIÓN Y REPASO

A. Dictado

Preguntas

1. ¿ Por qué ha ido Azorín por la tarde a la fuente de Ombidales ?   2. ¿ Quiénes le acompañaban ? 3. ¿ Qué descubrió Azorín respecto de los viñedos que poseía la familia Salazar en estos parajes ? 4. ¿ Qué ha dicho el señor cura del lugar por donde se paseaban ?   5. ¿ Cómo describe la llanura en esta hora del crepúsculo ?   6. ¿ En qué piensa Azorín ?

B. Temas para desarrollar en forma de diálogos

1. Dos alumnos preparan un diálogo sobre « La casa española. »
2. Dos alumnos preparan un diálogo sobre « La cortesía española. »

3. Dos alumnos preparan un diálogo sobre « La visita de Azorín a la casa de la novia de Cervantes. »
Un alumno es Azorín (ve venir hacia él a Rosita Santos Aguado).
Una alumna es Rosita Santos Aguado (trae una bandejita con pastas y otra con una copa de vino).

C. Temas para un informe escrito

Escríbase un informe, de unas cien palabras, sobre uno de los temas siguientes:

1. Rasgos de la vida española ilustrados en estas páginas de Azorín.
2. Los momentos de emoción que más impresionan a Azorín durante su estancia en Esquivias.
3. El arte literario de Azorín, a base de estas páginas.

DEL FOLKLORE DEL MUNDO HISPÁNICO

ROMANCE DEL PRISIONERO

Mes de mayo, mes de mayo,
cuando hace la calor,
cuando los trigos encañan
y están los campos en flor,
cuando canta la calandria
y responde el ruiseñor,
cuando los enamorados
van a servir al amor;
sino yo, triste, cuitado,
que vivo en esta prisión;
que ni sé cuándo es de día

ni cuándo las noches son,
sino por una avecilla
que me cantaba al albor.
Matómela un ballestero;
déle Dios mal galardón.

Preguntas

1. ¿ Qué recuerda el prisionero de los campos en el mes de mayo ?   2. ¿ Qué pájaros promueven la melancolía del prisionero ?   3. ¿ Qué dice el prisionero de los enamorados ?   4. ¿ Cómo sabía el prisionero cuándo era de día ?   5. ¿ Por qué desea el prisionero que le dé Dios mal galardón al ballestero ?

Repaso de Lecciones 6-9

10

Repaso de Lecciones 6-9

I. DICTADO

(Se usará uno de los textos recomendados en el *Teacher's Key*.)

II. REPASO DE VERBOS

A. Conjugar en el presente de indicativo:

1. Me dirijo a la biblioteca, etc.
2. Me duermo en seguida, etc.
3. Me siento ofendido, etc.
4. Voy a bañarme, etc.

B. Conjugar en el presente, futuro y presente perfecto de indicativo:

1. Hago muchos viajes, etc.
2. Conozco a su hermano, etc.
3. Salgo al campo, etc.
4. Traigo las obras a clase, etc.

III. ASPECTOS GRAMATICALES

A. Quisiera (debiera, pudiera) en lugar del condicional para suavizar la expresión

*Contestar negativamente, agregando una frase introducida por **pero quisiera:***

Modelo: *¿ Has visto a Bartolo ?*   ***No, pero quisiera verle.***

Profesor	*Estudiante*
¿Has comprado el coche?	No, pero quisiera comprarlo.
¿Has hablado con Graciela?	
¿Has leído el *Quijote*?	
¿Has vendido los dulces?	

B. Usos del pretérito y del imperfecto de indicativo

Para contestar empleando la forma adecuada de los elementos indicados:

Modelo: *¿ Qué hacías cuando apareció Alfonso ? ¡ Estudiar !*   *Yo estudiaba cuando apareció Alfonso.*

Profesor	*Estudiante*
¿Qué hacías cuando llamó Graciela? ¡Preparar la cena!	Yo preparaba la cena cuando llamó Graciela.
¿Qué hacías cuando entró el profesor? ¡Escuchar la radio!	
¿Qué hacías cuando llegó Bartolo? ¡Estar vistiéndome!	
¿Qué hacías cuando se presentó tu hermano? ¡Tocar el piano!	

C. El indicativo y el subjuntivo en cláusulas adverbiales de tiempo

Para contestar cambiando el tiempo al pasado:

Modelo: *¿ Se lo darás a él cuando venga ?*　　*Se lo di ayer cuando vino.*

Profesor

¿ Se lo preguntarás a él cuando venga ?
¿ Se lo dirás a él cuando venga ?
¿ Le enseñarás la casa cuando venga ?
¿ Le hablarás cuando venga ?

Estudiante

Se lo pregunté ayer cuando vino.

D. El uso del reflexivo en lugar de la voz pasiva

Para traducir al español:

Modelo: *The name can be seen clearly.*　　*Puede verse el nombre claramente.*

Profesor

The maps can be bought here.
That newspaper can be read in the library.
Those ideas can be discussed in class.
The lecture can be heard from here.

Estudiante

Pueden comprarse los mapas aquí.

IV. EJERCICIOS ORALES

A. Para definir

Defínanse o identifíquense brevemente:
1. la víspera, las fallas.　2. las saetas, los *seises*.
3. extremeño, manchego.　4. la butifarra, la morcilla.　5. el turrón, el mazapán.　6. *Abel Sánchez, Las confesiones de un pequeño filósofo.*

B. Los diálogos

1. Lectura cuidadosa, por un alumno y una alumna, del Diálogo A, Lección 6.　El profesor corregirá la pronunciación y la entonación.
2. Recitación del Diálogo A, Lección 8.　Una alumna desempeña el papel de Graciela, y un alumno el de Bartolo.

C. Para localizar en el mapa

Localícense en el mapa, páginas 10–11, los términos siguientes:
1. Alicante, Ávila.　2. Pamplona, Valencia.　3. Moguer, Almonte.　4. Astorga, Mallorca.　5. Esquivias, Salamanca.　6. Galicia, la Montaña.

V. EJERCICIOS ESCRITOS

A. Para escribir en español

1. The *fallas* will be burned on the eve of St. Joseph's day.　2. The authorities have become aware of their mistakes and they will make amends.　3. Because of the heat, these regions are not especially suited to such amusements.
4. We were referring to the food, which might be called basic.　5. We would all like to know how to prepare it.　6. Several pages would be needed to describe its variations.
7. Don Quijote was approaching fifty years of age when he decided to carry out his plan.　8. We couldn't help noticing that he liked hunting.
9. His imagination was to flower later, after he had lost his judgment.
10. He was turning the corner when I saw him.　11. When you read the name of the street, you will be startled.　12. Have him go this afternoon to see the vineyards the family owned in this vicinity.

B. Temas para desarrollar por escrito

Escríbanse cuatro oraciones sobre cada uno de los temas siguientes:
1. La vida y obras de D. Miguel de Unamuno.
2. El interés de las corridas de toros.
3. Las comidas en las residencias de estudiantes.

11

Manuel de Falla. Los hermanos Machado

I. PRESENTACIÓN

A. *Notas culturales*

1. Manuel de Falla

España ocupa un lugar muy importante en la música contemporánea. El más ilustre representante de la música española de nuestros días es el compositor, Manuel de Falla.

Falla nació en Cádiz, en 1876. Residió largas temporadas en París y en la isla de Mallorca. En 1939 se trasladó a la República Argentina, donde murió en 1946.

La producción de Falla no es abundante, pero por la alta calidad y la originalidad de sus obras es considerado como una de las grandes figuras de la música contemporánea. Son muy admirados sus tres « ballets »: El amor brujo, El sombrero de tres picos, *y* El retablo de Maese Pedro *(inspirado en un episodio del* Quijote*). Otras composiciones notables son:* Noches en los jardines de España, *para piano y orquesta, y* Fantasía Bética, *para piano.*

Los siguientes párrafos sobre El amor brujo *aparecen en el estudio,* Historia de la música española contemporánea, *del distinguido musicólogo, Federico Sopeña. El Padre Sopeña, profesor de la Universidad de Madrid, es autor de numerosos ensayos sobre la música española.*

2. Los hermanos Machado

Manuel y Antonio Machado, autores de las poesías que aparecen en esta lección, son andaluces también, hijos del ilustre folklorista mencionado en la Lección 2. Aunque hermanos, representan tendencias muy diferentes en la poesía del siglo veinte.

Manuel Machado (1874–1947) sigue el modernismo. Refinado y elegante, sobresale como poeta descriptivo. En parte de su obra ha sabido recrear el estilo y el espíritu de Andalucía; en estas poesías los rasgos esenciales son el culto de la belleza, la gracia del verso, y un gesto de desgana y hastío.

Ha logrado su expresión más perfecta en sus evocaciones literarias y artísticas. Ejemplo de este aspecto de su obra es su poema inspirado en el retrato de Felipe IV.

Antonio Machado (1875–1939), en cambio, es considerado como el poeta de la generación del 98. Modesto y retirado, fue profesor de francés, y luego de literatura, en institutos de segunda enseñanza. En los últimos días de la guerra civil española salió de España y murió en un pueblecito francés a orillas del Mediterráneo.

La obra poética de Antonio Machado no es extensa; pero es de extraordinaria concentración espiritual. Los temas de su inspiración son los recuerdos de su juventud, la emoción de la naturaleza y del paisaje, sus preocupaciones por una España mejor, y, sobre todo, los temas eternos del tiempo, la muerte, y la busca de Dios.

B. *Observaciones sobre el verso español*

1. En « Adelfos » Manuel Machado emplea el verso alejandrino, que es un verso de catorce sílabas, dividido en dos partes, llamadas hemistiquios, de siete sílabas. En cada hemistiquio el acento rítmico cae sobre la sexta sílaba. Recuérdese que hay que combinar en una sílaba las vocales que se encuentran entre palabras en un mismo hemistiquio. Noten la división de sílabas en los versos siguientes:

$$\overset{6}{\text{Yo-soy-co-mo-las-gen-tes}} \mid \text{que a-mi-tie-rra-vi-}\overset{6}{\text{nie-ron;}}$$
$$\overset{6}{\text{soy-de-la-ra-za-mo-ra,}} \mid \text{vie-ja a-mi-ga-del-}\overset{6}{\text{Sol}} \dots$$

El sistema de rima es ABAB.

El verso alejandrino es un verso de la Edad Media rehabilitado por los poetas modernistas.

2. En « Anoche, cuando dormía » Antonio Machado emplea un verso popular y tradicional. El poema

70

consta de siete redondillas, si bien las primeras seis se han combinado en tres estrofas de dos redondillas. La redondilla es una estrofa de cuatro versos de ocho sílabas, con dos rimas. En este caso la rima es abab.

Noten que en las dos poesías los versos pares terminan en una sílaba acentuada, y que falta una sílaba después de la sílaba acentuada.

C. *Estudio de palabras*

Estudien las aclaraciones siguientes:

1. **Ámbito** *m.* Espacio comprendido dentro de límites determinados.

2. **Argumento** *m.* Asunto, trama.

3. **Batería** *f.* En una orquesta, conjunto de instrumentos de percusión.

4. **Espectro** *m.* Visión (*f.*), fantasma (*m.*).

5. **Fuente** *f.* Manantial de agua; también puede significar el origen o principio de una cosa.

6. **Genial** *adj.* Sobresaliente, que revela genio.

7. **Lema** *m.* Mote. Aunque termina en –a, es un substantivo masculino, como **clima, emblema, idioma, mapa, problema, síntoma, sistema.**

8. **Orquesta, orquestar.** Ofrecen dificultades al alumno en cuanto a la ortografía y la pronunciación.

II. LECTURAS

A. *El amor brujo (1915)*

Por Federico Sopeña

El amor brujo es la obra más genial de Manuel de Falla. El argumento del ballet es más que sencillo: un amor que siente el trágico estorbo de un espectro sólo vencido por el encanto y la danza de una gitana. Lo que importa[1] es el espíritu, el resumen del amor como algo fatal, inevitable, mágicamente catastrófico, ese amor que se expresa perfectamente en las tres canciones, que nunca deberían ser excluidas. El mismo final, con su mañana[2] y su campaneo — parece que Falla adivina desde Madrid las campanitas de los conventos que flanquean la Alhambra — , es un desenlace feliz, pero conservando el mismo carácter mágico. No es difícil señalar las fuentes populares recogidas instintivamente por Falla, pero hemos de aplicar la misma norma estética que a las canciones.

Toda esa música funcionaba como « tentación » de facilidad;[3] hubiera sido fácil huir de ella o quedarse en un superficial asentimiento. Pero las tentaciones en arte se vencen de manera contraria a las que[4] aparecen en el mundo moral; se vencen haciéndolas íntimas, personales, quemándose en ellas. *Iberia*, de Albéniz, exigía al ser orquestada por Arbós una orquesta completa; nadie podrá soñar una música andaluza sin todos los recursos de la batería, sin las castañuelas al aire y como protagonistas.[5] Falla es compositor radicalmente moderno, artista plenamente de su tiempo al partir de la máxima economía de elementos;[6] aún con los aumentos que exigía la versión de concierto, la orquesta se mantiene en los límites esenciales de la orquesta de cámara, con el piano que da unidad y cuerpo; lo más popular en la obra de Falla, la « Danza ritual del fuego », es un modelo de fuerza interior con el mínimum de elementos.

La calidad de resumen que tiene *El amor brujo* le permite emplear espontáneamente un lirismo, una ternura, que estaban ya feneciendo en la música europea contemporánea. Falla, al cerrarse en el ámbito del nacionalismo, saca como ganancia la de ese lirismo, que, tan entrañado con lo popular, no puede aparecer como reaccionario. Toda la capacidad de transmigración del cante, de la danza, de la guitarra, tiene su posibilidad definitiva[7] en « *El amor brujo* ». Ahora bien, por ser resumen resulta también imposible para herederos. No es un camino que se abre, sino un proceso que se cierra. De la misma manera que en poesía nada nos irrita tanto como la conversión de las « gitanerías » de Lorca en tópico, en la música española la herencia de *El amor brujo* ha sido, muchísimas veces, gitanería falsa, canción convertida en mal cuplé,[8] danza, varieté, falseada guitarra. No en vano se preocupó Falla tanto mientras vivía de esa posibilidad de conversión en mal tópico. Todavía hoy es frecuente escuchar *El amor brujo* sin canciones, y todavía no es raro acabarlo en comienzo o final de concierto con la « Danza ritual del fuego ».

---

[1] **Lo que importa** *The important part.* [2] **El . . . mañana** *The ending itself, with its presentation of the morning.* [3] **como . . . facilidad** *as a temptation to follow the easiest course.* [4] **de . . . que** *differently from those which.* [5] **como protagonistas** *as the principal, or leading, instruments.*

[6] **al . . . elementos** *upon starting out with the maximum economy.* [7] **tiene . . . definitiva** *has its fullest expression.* [8] **mal cuplé** *cabaret song of bad taste.*

Preguntas

1. ¿ Cuál es la obra más genial de Manuel de Falla ?
2. ¿ Cuál ,es el argumento del ballet ? 3. ¿ Cómo se presenta el amor en el ballet ? 4. ¿ Por qué dice el autor que nunca deberían ser excluidas las tres canciones ? 5. ¿ Qué dice el autor del final de la obra ? 6. ¿ Cómo se vencen en arte las tentaciones, según el autor ? 7. ¿ Qué exigía la obra *Iberia*, de Albéniz ? 8. ¿ En qué se diferencia Falla de Albéniz ? 9. ¿ Qué le permite a Falla la calidad de resumen que tiene *El amor brujo* ? 10. ¿ De qué se preocupó tanto Falla mientras vivía ?

B. *Los hermanos Machado*

ADELFOS

Por Manuel Machado

Yo soy como las gentes que a mi tierra vinieron;
soy de la raza mora, vieja amiga del Sol . . .
que todo lo ganaron y todo lo perdieron.
Tengo el alma de nardo del árabe español.

Mi voluntad se ha muerto una noche de luna
en que era muy hermoso no pensar ni querer . . .
Mi ideal es tenderme, sin ilusión ninguna[1] . . .
De cuando en cuando un beso y un nombre de mujer.

En mi alma, hermana de la tarde, no hay contornos,[2]
. . . y la rosa simbólica de mi única pasión
es una flor que nace en tierras ignoradas
y que no tiene aroma, ni forma, ni color.

Besos, ¡ pero no darlos ! ¡ Gloria, la que me deben;
que todo como un aura se venga para mí !
Que las olas me traigan y las olas me lleven,
y que jamás me obliguen el camino a elegir.

¡ Ambición !, no la tengo. ¡ Amor !, no lo he sentido.
No ardí nunca en un fuego de fe ni gratitud.
Un vago afán de arte tuve . . . Ya lo he perdido.
Ni el vicio me seduce, ni adoro la virtud.

De mi alta aristocracia, dudar jamás se pudo.
No se ganan, se heredan, elegancia y blasón.
. . . Pero el lema de casa, el mote del escudo,
es una nube vaga que eclipsa un vano sol.

Nada os pido. Ni os amo, ni os odio. Con dejarme,[3]
lo que hago por vosotros hacer podéis por mí.
. . . ¡ Que la vida se tome la pena de matarme,
ya que yo no me tomo la pena de vivir ! . . .

Mi voluntad se ha muerto una noche de luna
en que era muy hermoso no pensar ni querer . . .
De cuando en cuando un beso, sin ilusión ninguna.
¡ El beso generoso que no he de devolver !

---

[1] **sin ilusión ninguna** *without any expectations.*   [2] **no hay contornos** *there is no deviousness (or simulation).*   [3] **Con dejarme** *By leaving me alone.*

En esta catedral de Cádiz está enterrado Manuel de Falla

Cortesía, Ministerio de información y turismo español

ANOCHE, CUANDO DORMÍA
Por Antonio Machado

Anoche, cuando dormía,
soñé, ¡bendita ilusión!,
que una fontana fluía
dentro de mi corazón.
Dí, ¿por qué acequia escondida,[1]
agua, vienes hasta mí,
manantial de nueva vida
en donde nunca bebí?

Anoche, cuando dormía,
soñé, ¡bendita ilusión!,
que una colmena tenía
dentro de mi corazón;
y las doradas abejas
iban fabricando en él,
con las amarguras viejas,
blanca cera y dulce miel.

Anoche, cuando dormía,
soñé, ¡bendita ilusión!,
que un ardiente sol lucía
dentro de mi corazón.
Era ardiente porque daba
calores de rojo hogar,
y era sol porque alumbraba
y porque hacía llorar.[2]

Anoche, cuando dormía,
soñé, ¡bendita ilusión!,
que era Dios lo que tenía
dentro de mi corazón.

---

[1] ¿por . . . escondida . . . ? *through what secret channel . . . ?*
[2] porque hacía llorar *because it made one's eyes run (when one looked at the light).*   [3] ¿Cómo . . . poeta? *How does the poet finally understand?*

Preguntas

1. ¿Con quiénes se compara Manuel Machado en la primera estrofa? 2. ¿Qué dice de su voluntad? 3. ¿Qué dice de la gloria y de la ambición? 4. ¿Le interesan el amor y el arte? 5. ¿Qué espera de la vida? 6. ¿Qué soñó el poeta en la primera estrofa de «Anoche, cuando dormía»? 7. ¿Qué soñó la segunda noche? 8. ¿Qué soñó la tercera noche? 9. ¿Cómo acaba de comprender el poeta[3] el significado de sus sueños? 10. ¿Qué diferencias de estilo y de verso pueden observarse entre los dos poemas?

III. PRÁCTICAS ORALES

A. Diálogo. *En un patio de la escuela*

Al salir de una de sus clases, Graciela se encuentra con Alfonso.

1. GRACIELA. Hola, Alfonso. Te vi anoche en el teatro. ¿Te gustó el ballet?
2. ALFONSO. ¡Cómo no! Me encantan las obras de Falla. *El amor brujo* me pareció magnífico.
3. GRACIELA. ¿Qué parte te gustó más?
4. ALFONSO. Creo que la séptima parte, la « Danza ritual del fuego ».
5. GRACIELA. A mí también. Es muy sencilla, pero muy emocionante.
6. ALFONSO. Ya lo creo. Y es música tan típicamente española.
7. GRACIELA. ¿Qué elementos te parecen típicamente españoles?
8. ALFONSO. Las melodías, sobre todo.
9. GRACIELA. Tienes razón. Recuerdan el cante hondo de los gitanos de Andalucía.
10. ALFONSO. Exactamente. Y las melodías se combinan perfectamente con el argumento.
11. GRACIELA. Es claro que el argumento se basa en temas tradicionales. ¿Sabes si fue escrito por Falla?
12. ALFONSO. No; fue escrito por un dramaturgo español, don Gregorio Martínez Sierra.
13. GRACIELA. Pero el tema es tradicional, ¿verdad?
14. ALFONSO. Sí, deriva, al parecer, de una leyenda andaluza.
15. GRACIELA. Se ve que[1] Manuel de Falla se inspira en temas españoles.
16. ALFONSO. Sí, como los escritores y artistas de su generación, trata de expresar en sus obras el alma de España.

Preguntas

1. ¿Dónde había visto Graciela a Alfonso? 2. ¿Qué le pregunta Graciela a Alfonso? 3. ¿Qué parte del ballet le gustó más a Alfonso? 4. ¿Qué observación hace Alfonso sobre la música? 5. ¿Qué recuerdan las melodías, según Graciela? 6. ¿En qué se basa el argumento del ballet? 7. ¿Dónde encuentra inspiración Falla? 8. ¿Qué tratan de expresar los escritores y artistas de la generación de Falla?

B. Diálogo. *En la biblioteca*

Bartolo está estudiando. Al ver pasar a Beatriz, la llama.

1. BARTOLO. ¡Por favor, Beatriz! Sé buena conmigo y ayúdame a analizar este poema.
2. BEATRIZ. A ver, ¿qué estás leyendo?
3. BARTOLO. Se trata de « Adelfos », de Manuel Machado.
4. BEATRIZ. Recuerdo el poema. Machado es un gran poeta modernista.
5. BARTOLO. No comprendo bien lo que nos explicó el profesor esta mañana sobre el modernismo. ¿Qué es el modernismo?
6. BEATRIZ. Es el nombre que se da a las corrientes de renovación lírica que coinciden más o menos con la generación del 98.
7. BARTOLO. Sí, pero ¿cuáles son los caracteres del modernismo que el profesor quiere que observemos?
8. BEATRIZ. Pues, el culto por la forma y por la musicalidad del verso, por ejemplo. En este poema puedes observar el interés de Machado por un verso poco común,[2] el alejandrino.
9. BARTOLO. Algunos versos me parecen muy musicales, como « Tengo el alma de nardo del árabe español » y « De cuando en cuando un beso y un nombre de mujer ».
10. BEATRIZ. Muy bien. Y en esos mismos versos puedes observar la nota del exotismo, como también un elemento de elegante hastío, que se relaciona con la abulia que tanto critica Azorín.
11. BARTOLO. Se trata de la nota decadente de que nos habló el profesor, ¿verdad?
12. BEATRIZ. Exactamente. Y como poeta modernista se interesa también por los colores y por las descripciones lujosas.
13. BARTOLO. Muchas gracias, Beatriz. Ya comprendo el poema mucho mejor.
14. BEATRIZ. De nada, Bartolo. Creo que podrás defenderte muy bien en clase mañana.

Preguntas

1. ¿Qué le pide Bartolo a Beatriz? 2. ¿Qué poema está leyendo Bartolo? 3. ¿Qué no comprende Bartolo? 4. ¿Cómo define Beatriz el

---

[1] **Se ve que** *It is obvious that.*

[2] **poco común** *infrequent.*

modernismo ? 5. ¿ Cuáles son algunos caracteres del modernismo ? 6. Defina usted el verso alejandrino. 7. ¿ Qué notas del modernismo pueden observarse en los versos que cita Bartolo ? 8. ¿ Qué otros rasgos menciona Beatriz ?

C. Temas para desarrollar oralmente

Preparar y aprender de memoria tres oraciones

sobre cada uno de los temas siguientes para decirlas en clase:

1. El argumento de *El amor brujo*.
2. La conversión de la música española en mal tópico.
3. La poesía de Manuel Machado, reflejada en « Adelfos ».
4. La personalidad y obra poética de Antonio Machado, reflejadas en « Anoche, cuando dormía ».

IV. ASPECTOS GRAMATICALES

A. Adjetivos y adverbios comparativos (Véase Apéndice, p. 246)

1. *Para contestar afirmativamente, agregando una cláusula con la forma comparativa del adjetivo:*

Modelo: *¿ Es interesante la música ?*   *Sí, es más interesante de lo que yo creía.*

Profesor	*Estudiante*
¿ Es moderna la obra ?	Sí, es más moderna de lo que yo creía.
¿ Es sencillo el argumento ?	
¿ Es elegante el estilo ?	
¿ Es frecuente omitir las canciones ?	

2. *Para contestar negativamente, agregando una cláusula con la forma comparativa del adverbio:*

Modelo: *¿ Pronuncia ella correctamente ?*   *No, pero pronuncia más correctamente que Bartolo.*

Profesor	*Estudiante*
¿ Escribe él a menudo ?	No, pero escribe más a menudo que Bartolo.
¿ Lo hace Alfonso rápidamente ?	
¿ Lo ha expresado bien ?	
¿ Estudia mucho Beatriz ?	

B. Pronombres, adjetivos y adverbios negativos (Véase Apéndice, p. 246)

1. *Para contestar negativamente:*

Modelo: *¿ Ha pasado algo ?*   *No, no ha pasado nada.*

Profesor	*Estudiante*
¿ Ha llegado alguien ?	No, no ha llegado nadie.
¿ Has visto algo ?	
¿ Has visitado a alguien ?	
¿ Te preocupa algo ?	

2. *Para contestar negativamente:*

Modelo: *¿ Traes algo ?*   *No, no traigo nada.*

Profesor	*Estudiante*
¿ Traes a alguien ?	No, no traigo a nadie.
¿ Traes algún libro ?	No, no traigo ningún libro.
¿ Traes alguno ?	
¿ Los traes siempre ?	

C. Repaso de los verbos **morir,**[29] **obligar,**[33] **elegir,**[36] **huir**[42]

1. *Para cambiar a las formas que correspondan a los pronombres indicados:*

Modelo: *Él huye de esa posibilidad.* *¡Ellos!* *Ellos huyen de esa posibilidad.*

Profesor	*Estudiante*
Ellos huyen de esa posibilidad ¡Yo!	Yo huyo de esa posibilidad.
¡Nosotros!	
¡Tú!	
¡Usted!	

2. *Para contestar empleando las formas que correspondan a los pronombres indicados:*

Modelo: *¿Quién eligió ese camino?* *¡Ellos!* *Ellos eligieron ese camino.*

Profesor	*Estudiante*
¿Quién eligió ese camino? ¡Yo!	Yo elegí ese camino.
¿Quién eligió ese camino? ¡Nosotros!	
¿Quién eligió ese camino? ¡Tú!	
¿Quién eligió ese camino? ¡Usted!	

3. *Para cambiar al presente y al pluscuamperfecto de indicativo:*

Modelo: *Yo la obligaba a contestar.* *Yo la obligo a contestar.* *Yo la había obligado a contestar.*

Profesor	*Estudiante*
Yo no decía nada.	Yo no digo nada. Yo no había dicho nada.
Mi voluntad se ha muerto . . .	
Una fontana fluía . . .	
Elegíamos al artista.	

V. EJERCICIOS ESCRITOS

A. Colocación y concordancia de adjetivos

Para escribir en español:

1. The most mountainous country in Europe. 2. The most fertile regions. 3. The rains are more frequent in northern Spain. 4. The climate is less variable. 5. The most important port is Barcelona. 6. Valencia has more than 600,000 inhabitants. 7. Cádiz is one of the oldest cities. 8. It is spreading throughout most of the territory. 9. He was idle most of the year. 10. I took the smallest (part) that I could take. 11. It is a model of inner strength. 12. It demands a complete orchestra.

B. Ejercicio de traducción

Traduzcan al español las oraciones siguientes, tratando de imitar las construcciones y fraseología del texto:

1. We have just heard a concert which consisted of works by the Spanish composer, Manuel de Falla. 2. It reached its climax with the "ballet" of the "Three Cornered Hat." 3. Which of the other compositions by Falla did the orchestra play? 4. Point out the popular sources used by the composer. 5. The plot is simple; the piano gives unity and body to the music. 6. Can one conceive of Andalusian music without all the resources of the percussion instruments? 7. Nothing is more irritating than the conversion of Spanish music into false gypsyism. 8. What does Manuel Machado mean when he declares that he has no illusions? 9. My father has never liked modern poetry; nor I either. 10. The word *fontana* is more poetic than *fuente* or *manantial*. 11. The poet dreams that he has a burning sun within his heart. 12. He is searching in his soul for the mystery of the eternal.

VI. VERIFICACIÓN Y REPASO

A. Dictado

Preguntas

1. ¿ Cuál de los hermanos Machado escribió este poema ? 2. ¿ En qué época de la historia de España vivió « nuestro rey Felipe » ? 3. ¿ Qué idea da la poesía de la personalidad del rey ? 4. ¿ Qué adjetivos y comparaciones ayudan a dar esa idea del rey ? 5. ¿ Cuántos versos tiene el poema, y cuántas sílabas tienen los versos ? 6. ¿ Qué tipo de rima emplea el poeta, asonancia o consonancia ?

B. Temas para desarrollar en forma de diálogos

1. Dos alumnos preparan un diálogo sobre « La música española ».

2. Dos alumnos preparan un diálogo sobre las ideas de Manuel Machado en « Adelfos ».
3. Dos alumnos preparan un diálogo sobre la forma poética e ideas de « Anoche, cuando dormía », de Antonio Machado.

C. Temas para desarrollar por escrito

Escríbanse cuatro oraciones sobre cada uno de los temas siguientes:
1. La obra musical del compositor Manuel de Falla.
2. Breve resumen, en prosa, de « Anoche, cuando dormía ».
3. Breve comparación de la obra poética y personalidad de los hermanos Machado.

DEL MUNDO ANCHO Y AJENO
(Para aprender de memoria)

A. Sufrimiento

La niña de la casa ejecuta al piano « La polonesa » de Chopin. Uno de los presentes llora incesantemente, con lágrimas abundantes. La madre de la niña le pregunta:

— ¿ Por qué se emociona usted tanto ? ¿ Es usted polaco, acaso ?

— No, señora. Soy músico.

Preguntas

1. ¿ Qué está tocando la niña de la casa ? 2. ¿ Por qué le pregunta la madre al invitado si es polaco ? 3. ¿ Por qué llora el invitado ? 4. ¿ Es usted pianista ? 5. ¿ Es su amiga pianista ? 6. ¿ Toca ella las obras de Chopin ? 7. ¿ Cómo las toca ? 8. ¿ Llora usted cuando ella toca el piano ?

B. Especialista

Conversan dos médicos sobre la manera más eficaz de cobrar sus honorarios.

— Pues yo he resuelto ese problema, gracias a mi especialidad.

— ¿ En qué te especializas ?

— En atender a las suegras.

— ¿ Y siempre te pagan ?

— No falla. Si las curo, me pagan las hijas. Si no las curo, me pagan los yernos. Y todos con mucho gusto.

Preguntas

1. ¿ Sobre qué conversan los dos médicos ? 2. ¿ Qué afirma uno de los médicos ? 3. ¿ Por qué puede decir que no falla nunca su sistema ? 4. ¿ Por qué hay tantos chistes acerca de las suegras ?

12

José Ortega y Gasset

I. PRESENTACIÓN

A. *Nota literaria*

El ensayista y filósofo José Ortega y Gasset (1883–1956) pertenece a una generación posterior a la del 98. Es uno de los representantes más destacados de la de 1910, que se considera como una prolongación y rectificación de la anterior.

Después de terminar sus estudios universitarios de filosofía en España, Ortega los continúa durante varios años en Alemania. En 1910 gana la cátedra de metafísica en la Universidad de Madrid. A partir de la segunda década del siglo es el escritor más influyente del mundo hispano. En 1923 funda la Revista de Occidente, *que desde esa fecha hasta 1936 es un factor esencial en la vida literaria e intelectual de España.*

Entre sus numerosos libros y ensayos deben recordarse sus Meditaciones del Quijote *(1914),* España invertebrada *(1921),* La deshumanización del arte *(1925), y* La rebelión de las masas *(1930), su obra más conocida fuera de España. En estas y otras obras va desarrollando sus ideas sobre España y los problemas de España, la crítica y la estética, y la crisis de la sociedad moderna. Contribuciones importantes de su pensamiento son sus ideas sobre el « perspectivismo », o la doctrina del punto de vista, y la de la « razón vital », según la cual la « razón pura » debe ceder ante una razón nueva determinada por las circunstancias de la vida humana.*

Además de su importancia como pensador, se le recuerda como uno de los prosistas y conferenciantes más brillantes del siglo veinte.

B. *Estudio de palabras*

El pronombre neutro **lo.** El artículo neutro **lo.**
1. El pronombre **lo** tiene tres usos especiales: (a) Se emplea con los verbos **ser, estar** y **parecer** para repetir la idea expresada en un adjetivo o substantivo anterior. **¿ Es Grashi cazadora ? No, no lo es.** (b) Se emplea con los verbos **creer, decir, advertir, preguntar, pedir, saber, sentir,** y otros semejantes, en casos en que el inglés expresa el complemento por medio de la partícula *so,* o lo deja sin expresar.[1] **No lo creo. Pregúnteselo.** (c) Se emplea con el pronombre **todo,** cuando se usa este pronombre como complemento directo de un verbo y no va modificado.[2] **Lo subordina todo a la razón pura.**
2. El artículo neutro no se emplea con substantivos. Tiene dos usos especiales: (a) Se usa con adjetivos y participios para formar substantivos abstractos, como **lo eterno, lo popular** (A veces es necesario usar las expresiones *part, side, thing,* o el sufijo *–ness* para traducir la construcción española; con el participio pasado, a veces es preferible una cláusula relativa. **Lo hecho:** *what has been done.*) (b) Se usa con adverbios en expresiones de posibilidad. **Lo antes posible.**

C. *Modismos y frases útiles*

Estudien los modismos y frases siguientes y aprendan de memoria los ejemplos:
1. **A la mano.** Se dice de una cosa clara y fácil de entender o de conseguir. ～ Se trata de un rasgo evidente y a la mano.
2. **A la vez.** Al mismo tiempo. ～ Es el rasgo más característico y a la vez el más evidente.
3. **El nivel medio.** El grado medio. ～ No ha conseguido elevar el nivel medio de la producción.
4. **El suceso.** El acontecimiento. ～ Vamos a examinar este maravilloso suceso.

[1] **lo . . . expresar** *does not express it.*   [2] **no va modificado** *it is not modified.*

78

5. **Ejecutar, realizar.** Llevar a cabo. ~ La colonización inglesa es ejecutada por minorías selectas y poderosas.

6. **En cuanto a.** Respecto de. ~ En cuanto a España . . .

7. **Inclusive** *adv.* Incluyendo. ~ Este fenómeno explica toda nuestra historia, inclusive aquellos momentos de plenitud.

8. **Por lo mismo.** Por la misma razón. ~ Por lo mismo no había comunicación.

II. LECTURAS

España invertebrada

Por José Ortega y Gasset

A. *La ausencia de los « mejores »*

[. . .]

En cuanto a España . . . Es extraño que de nuestra larga historia no se haya espumado cien veces el rasgo más característico, que es, a la vez, el más evidente y a la mano: la desproporción casi incesante entre el valor de nuestro vulgo y el de nuestras minorías selectas. La personalidad autónoma,[1] que adopta ante la vida una actitud individual y consciente, ha sido rarísima en nuestro país. Aquí lo ha hecho todo el « pueblo », y lo que el « pueblo » no ha podido hacer, se ha quedado sin hacer.[2] Ahora bien, el « pueblo » sólo puede ejercer funciones elementales de vida; no puede hacer ciencia, ni arte superior, ni crear una civilización pertrechada de complejas técnicas, ni organizar un Estado de prolongada consistencia, ni destilar de las emociones mágicas una elevada religión.

Y, en efecto, el arte español es maravilloso en sus formas populares y anónimas — cantos, danzas, cerámica — , y es muy pobre en sus formas eruditas y personales. Alguna vez ha surgido un hombre genial, cuya obra aislada y abrupta no ha conseguido elevar el nivel medio de la producción. Entre él, solitario individuo, y la masa llana no había intermediarios, y, por lo mismo, no había comunicación. Y eso que[3] aun estos raros genios españoles han sido siempre medio « pueblo »,[4] sin que su obra haya conseguido nunca[5] libertarse por completo de una ganga plebeya o vulgar.

Uno de los síntomas que diferencian la obra ejecutada por la masa de la que produce el esfuerzo personal es la « anonimidad ». Lo popular suele ser lo anónimo. Pues bien, compárese el conjunto de la historia de Inglaterra o de Francia con nuestra historia nacional, y saltará a la vista el carácter anónimo de nuestro pasado contrastando con la fértil pululación de personalidades sobre el escenario de aquellas naciones.

Mientras la historia de Francia o de Inglaterra es una historia hecha principalmente por minorías, todo lo ha hecho aquí la masa, directamente o por medio de su condensación virtual en el Poder público, político o eclesiástico. Cuando entramos en nuestras villas milenarias, vemos iglesias y edificios públicos. La creación individual falta casi por completo. ¿ No se advierte la pobreza de nuestra arquitectura civil privada ? Los « palacios » de las viejas ciudades son, en rigor, modestísimas habitaciones en cuya fachada gesticula pretenciosamente la vanidad de unos blasones. Si se quitan a Toledo, a la imperial Toledo, el Alcázar y la Catedral, queda una mísera aldea.

De suerte que, así como han escaseado los hombres de sensibilidad artística poderosa capaces de crearse un estilo personal, han faltado también los fuertes temperamentos que logran concentrar en su propia persona una gran energía social y merced a ello pueden realizar grandes obras de orden material o moral.

Mírese por donde plazca[6] el hecho español de hoy, de ayer o de anteayer: siempre sorprenderá la anómala ausencia de una minoría suficiente. Este fenómeno explica toda nuestra historia, inclusive aquellos momentos de fugaz plenitud.

Preguntas

1. Según Ortega, ¿ cuál es el rasgo más característico de la historia española ? 2. ¿ Qué ha sido muy raro en España ? 3. ¿Qué funciones no puede ejercer el « pueblo » ? 4. ¿ Cómo caracteriza Ortega el arte español ? 5. ¿ Por qué no han conseguido los raros genios españoles elevar el nivel medio de la producción ? 6. ¿ Por qué puede decirse que los genios españoles han sido siempre medio « pueblo » ? 7. ¿ Qué contraste puede hacerse entre la historia de

---

[1] **La . . . autónoma** *The independent personality.* [2] **se . . . hacer** *has been left undone.* [3] **Y eso que** *And that is true despite the fact that.* [4] **medio « pueblo »:** Es decir, 'gente común al mismo tiempo que hombres de talento.' [5] **sin . . . nunca** *without their work ever having succeeded in.*

[6] **Mírese por donde plazca** *Let one consider from whatever angle one pleases.*

Inglaterra o de Francia y la española? 8. ¿Qué falta casi por completo en las ciudades españolas? 9. ¿Qué puede decirse de la imperial Toledo? 10. ¿Qué hombres han faltado en la historia española, según Ortega?

B. *La ausencia de los « mejores » (Continuación)*

Con el primer siglo de unidad peninsular coincide el comienzo de la colonización americana. Aún no sabemos lo que sustancialmente fue este maravilloso acontecimiento. Yo no conozco ni siquiera un discreto intento de reconstruir sus caracteres esenciales. La poca atención que se le ha dedicado fue absorbida por la Conquista, que es sólo su preludio. Pero lo importante, lo maravilloso, no fue la Conquista — sin que yo pretenda mermar a ésta su dramática gracia — ; lo importante, lo maravilloso, fue la colonización. A pesar de nuestra ignorancia sobre ella, nadie puede negar sus dimensiones como hecho histórico de alta cuantía. Para mí, es evidente que se trata de lo único verdadera, sustantivamente grande que ha hecho España. ¡Cosa peregrina! Basta acercarse un poco al gigantesco suceso, aun renunciando a perescrutar su fondo secreto, para

Vista de la ciudad de Toledo.   A la derecha, el Alcázar; a la izquierda, la Catedral

Fotografía de: Gordon N. Converse, *The Christian Science Monitor*

advertir que « la colonización española de América fue una obra popular ».   La colonización inglesa es ejecutada por minorías selectas y poderosas.   Desde luego toman en su mano la empresa grandes Compañías.[1]   Los « señores » ingleses habían sido los primeros en abandonar el exclusivo oficio de la guerra y aceptar como faenas nobles el comercio y la industria. [. . .]

La colonización inglesa fue la acción reflexiva de minorías, bien en consorcios económicos, bien por secesión de un grupo selecto que busca tierras donde servir mejor[2] a Dios.   En la española, es el « pueblo » quien directamente, sin propósitos conscientes, sin directores, sin táctica deliberada, engendra otros pueblos.   Grandeza y miseria de nuestra colonización vienen ambas de aquí.   Nuestro « pueblo » hizo todo lo que tenía que hacer: pobló, cultivó, cantó, gimió, amó. Pero no podía dar a las naciones que engendraba lo que no tenía: disciplina superior, cultura vivaz, civilización progresiva.

Creo que ahora se entenderá mejor lo que antes he dicho: en España lo ha hecho todo el « pueblo », y lo que no ha hecho el « pueblo »

[1] **Desde . . . Compañías** *Right away large Companies take control of the undertaking.*   [2] **donde servir mejor** *in which better to serve.*

81

se ha quedado sin hacer. Pero una nación no puede ser sólo « pueblo »; necesita una minoría egregia, como un cuerpo vivo no es sólo músculo, sino, además, ganglio nervioso y centro cerebral.

La ausencia de los « mejores », o, cuando menos, su escasez, actúa sobre toda nuestra historia y ha impedido que seamos nunca una nación suficientemente normal, como lo han sido las demás nacidas de parejas condiciones. Ni extrañe que yo atribuya a una ausencia, por tanto, a lo que es tan sólo una negación, un poder de actuación positiva. Nietzsche sostenía, con razón, que en nuestra vida influyen no sólo las cosas que nos pasan, sino también, y acaso más, las que no nos pasan.

En efecto, la ausencia de los « mejores » ha creado en la masa, en el « pueblo », una secular ceguera para distinguir el hombre mejor del hombre peor, de suerte que cuando en nuestra tierra aparecen individuos privilegiados, la « masa » no sabe aprovecharlos, y a menudo los aniquila.

Preguntas

1. ¿Qué coincide con el primer siglo de unidad peninsular ? 2. Según Ortega, ¿ existe una buena historia de la colonización americana ? 3. ¿ Qué dice Ortega de la importancia de este acontecimiento ? 4. Al acercarse uno al suceso, ¿ qué advierte desde luego ? 5. ¿ Por quiénes fue ejecutada la colonización inglesa ? 6. Según Ortega, ¿ quiénes ejecutaron la colonización española ? 7. ¿ Qué elementos no podía dar el « pueblo » español a las nuevas naciones, según Ortega ? 8. ¿ Qué ha impedido que España sea una nación suficientemente normal, según Ortega ? 9. ¿ Qué sostenía Nietzsche, con razón ? 10. ¿ Qué ha creado en la masa la ausencia de los « mejores » ?

III. PRÁCTICAS ORALES

A. Diálogo. *En uno de los patios de la escuela*

Graciela se encuentra con Bartolo al salir de su clase de español.

1. GRACIELA. ¡ Hola, Bartolo ! ¿ Qué tal te pareció la conferencia de hoy ?
2. BARTOLO. Excelente, pero no entendí algunas cosas — lo de[1] las generaciones, por ejemplo. Yo creía que Ortega y Gasset pertenecía a la « generación del 98 ».
3. GRACIELA. No, hombre. Ortega no llegó a ser profesor hasta 1908, e inició la publicación de sus libros en 1914. Los escritores de la « generación del 98 » ya estaban publicando sus obras hacia principios de este siglo.
4. BARTOLO. Y ¿ por qué insiste el profesor tanto en la fecha de 1898 ?
5. GRACIELA. Es que en ese año perdió España sus últimas colonias.
6. BARTOLO. Y ¿ qué tiene que ver eso con los escritores ?
7. GRACIELA. Bueno, esa derrota material provocó una crisis espiritual. Los escritores jóvenes comenzaron a examinar las causas de la decadencia de España.
8. BARTOLO. Pues es lo que hace Ortega, ¿ verdad ?
9. GRACIELA. Sí, pero lo hace de una manera diferente. La generación de Ortega trata de continuar y rectificar la labor de la generación anterior. ¿ Te acuerdas del libro de él que estudiamos ayer ?
10. BARTOLO. ¿ *España invertebrada* ? Sí. Recuerdo que trataba de explicar los problemas de España.
11. GRACIELA. Exactamente. Analiza los defectos del proceso histórico español y su efecto sobre la sociedad española actual.
12. BARTOLO. Pero ¿ no hacían lo mismo los escritores de la generación anterior ?
13. GRACIELA. Sí, pero en la generación de Ortega ha desaparecido el pesimismo tan típico de la generación del 98. Además, Ortega es más objetivo y tiene puntos de vista más amplios.
14. BARTOLO. Azorín y Pío Baroja son novelistas de la generación del 98, ¿ verdad ? Recuerdo que ellos también se interesan por los problemas de España.
15. GRACIELA. Muy bien, Bartolo. Veo que estás hecho un verdadero sabio.
16. BARTOLO. Es que eres una profesora magnífica, Graciela.

Preguntas

1. ¿ Qué no entendió Bartolo ? 2. ¿ Qué escritores que hemos estudiado pertenecen a la « generación del 98 » ? 3. ¿ Qué cambio importante en la historia de España ocurrió en 1898 ? 4. ¿ Qué comen-

---

[1] **lo de** *that matter of.*

zaron a examinar los escritores jóvenes?
5. ¿Cuándo comenzó Ortega la publicación de sus libros? 6. ¿Qué obra escribió Ortega sobre las causas de la decadencia de España? 7. ¿Qué novelistas que hemos estudiado pertenecen a la « generación del 98 »? 8. ¿Qué contesta Bartolo cuando Graciela le dice que está hecho un sabio?

B. Diálogo. *En la biblioteca*

> *Beatriz se encuentra con Alfonso en uno de los corredores. Alfonso está hojeando* La rebelión de las masas.

1. BEATRIZ. ¡Hola, Alfonso! ¿No has terminado de leer *La rebelión de las masas*?
2. ALFONSO. Sí, pero estaba repasando algunos pasajes. Me preocupan algo las ideas de Ortega; no me parecen muy democráticas.
3. BEATRIZ. Muchos dicen eso al leer su obra; pero a mí me parece que no comprenden bien la tesis de Ortega.
4. ALFONSO. ¡Si siempre está hablando[1] de los « mejores » y de las « minorías selectas »! En una democracia, ¿no somos todos iguales?
5. BEATRIZ. A ver si te lo puedo explicar. La igualdad que supone la democracia es el derecho que tenemos todos de realizar nuestras capacidades individuales hasta el máximo, ¿verdad?
6. ALFONSO. Conforme. Pero, ¿qué tiene que ver eso con la filosofía de Ortega?
7. BEATRIZ. Si todos desarrollamos nuestras capacidades hasta el máximo, es claro que surgirán unos cuantos hombres superiores.
8. ALFONSO. ¿Superiores en qué sentido?
9. BEATRIZ. Superiores en lo que sea:[2] como artistas, como escritores, como políticos . . .

10. ALFONSO. Bien. Hasta ahora estoy de acuerdo contigo.
11. BEATRIZ. Pues, bien. Lo que Ortega critica es la tendencia de las masas a querer imponer sus normas sobre todos los demás, incluso sobre los « mejores ». Si siguen haciendo esto, la sociedad perderá mucho.
12. ALFONSO. Tienes razón. Las « minorías selectas » también deben tener el mismo derecho de realizar sus talentos y ofrecer normas para la sociedad.
13. BEATRIZ. Exactamente. Me parece que ya estás hablando como Ortega.
14. ALFONSO. Me vas convenciendo.[3] Ya veo el interés del pensamiento de Ortega.

Preguntas

1. ¿Qué libro de Ortega está leyendo Alfonso?
2. ¿Qué aspecto del pensamiento de Ortega critica Alfonso? 3. ¿Qué dice Beatriz de la opinión que expresa Alfonso? 4. ¿Cómo define Beatriz la igualdad que supone la democracia? 5. Según Beatriz, ¿cómo surgirán los hombres superiores? 6. ¿Qué es lo que critica Ortega? 7. ¿Qué derecho deben tener « las minorías selectas », según Alfonso? 8. ¿Qué dice Beatriz al oír esa observación de Alfonso?

C. Temas para desarrollar oralmente

Preparar y aprender de memoria tres oraciones sobre cada uno de los temas siguientes para decirlas en clase:

1. El rasgo más característico de la historia española, según Ortega.
2. La « anonimidad » de la historia española, según Ortega.
3. Breve comparación de la colonización inglesa con la española.
4. La vida y obra del filósofo José Ortega y Gasset.

---

[1] ¡ **Si . . . hablando . . .** ! *But he is always speaking . . . !*   [2] **en lo que sea** *in whatever it may be.*   [3] **Me vas convenciendo** *You are beginning to convince me.*

IV. ASPECTOS GRAMATICALES

A. El subjuntivo en las cláusulas substantivas

1. *Para contestar empleando la forma correcta del subjuntivo en lugar del infinitivo:*

Modelo: *¿ Qué quiere el profesor que haga-*   *El profesor quiere que estudiemos más.*
mos ?   ¡ Estudiar más !

Profesor   *Estudiante*

¿ Qué quiere el profesor que hagamos ?   ¡ Leer   El profesor quiere que leamos la obra.
la obra !

¿ Qué quiere el profesor que hagamos ?   ¡ Empezar el ejercicio !

¿ Qué quiere el profesor que hagamos ?   ¡ Explicar la poesía !

¿ Qué quiere el profesor que hagamos ?   ¡ Pensarlo bien !

2. *Usar en la contestación la forma correcta del subjuntivo en lugar del infinitivo:*

Modelo: *¿ Qué quería el profesor ?   ¡ Lle-*   *El profesor quería que llegáramos a tiempo.*
gar nosotros a tiempo !

Profesor   *Estudiante*

¿ Qué pedía el profesor ?   ¡ Empezar nosotros   El profesor pedía que empezáramos el ejercicio.
el ejercicio !

¿ Qué temía el profesor ?   ¡ No hacerlo nosotros !

¿ Qué dudaba el profesor ?   ¡ Creerlo nosotros !

¿ Qué sentía el profesor ?   ¡ Estar nosotros en-
fermos !

B. El indicativo después de **creo que, es evidente que,** etc.; el subjuntivo después de **no creo que,
no es evidente que,** etc.

1. *Para contestar afirmativamente, agregando una frase introducida por las palabras indicadas:*

Modelo: *¿ Es Beatriz inteligente ?   ¡ Es evi-*   *Sí, es evidente que Beatriz es inteligente.*
dente que . . . !

Profesor   *Estudiante*

¿ Es Beatriz inteligente ?   ¡ Creo que . . . !   Sí, creo que Beatriz es inteligente.

¿ Es Beatriz inteligente ?   ¡ Estoy seguro de
que . . . !

¿ Es Beatriz inteligente ?   ¡ Me parece que . . !

¿ Es Beatriz inteligente ?   ¡ Es cierto que . . . !

2. *Para cambiar a la forma negativa:*

Modelo: *Es evidente que ella dice la verdad.*   *No es evidente que ella diga la verdad.*

Profesor   *Estudiante*

Creo que lo sabe.   No creo que lo sepa.

Es claro que está enfermo.

Me parece que él es listo.

Estoy seguro de que lo ha leído.

C. Repaso de los verbos **saber**,[14] **advertir**,[28] **producir**,[41] **actuar**,[45] (como **actuar** se conjuga **continuar**)

1. *Para cambiar a las formas que correspondan a los pronombres indicados:*

Modelo: ***Es imposible que lo sepas.*** *¡Usted!* ***Es imposible que usted lo sepa.***

Profesor	Estudiante
Es imposible que usted lo sepa. ¡Nosotros!	Es imposible que nosotros lo sepamos.
¡Yo!	
¡Ustedes!	
¡Ella!	

2. *Para cambiar a las formas que correspondan a los pronombres indicados:*

Modelo: *¿Será necesario que usted se lo advierta? ¡Ustedes!* ***¿Será necesario que ustedes se lo adviertan?***

Profesor	Estudiante
¿Será necesario que usted se lo advierta? ¡Nosotros!	¿Será necesario que nosotros se lo advirtamos?
¿Será necesario que usted se lo advierta? ¡Yo!	
¿Será necesario que usted se lo advierta? ¡Ellos!	
¿Será necesario que usted se lo advierta? ¡Tú!	

3. *Para cambiar al presente y al pretérito de indicativo:*

Modelo: *No ha producido nada.* ***No produce nada. No produjo nada.***

Profesor	Estudiante
Ha actuado sobre toda nuestra historia.	Actúa sobre toda nuestra historia. Actuó sobre toda nuestra historia.
Han continuado sus estudios.	
Ha sabido crear una civilización elevada.	
Él ha advertido el carácter anónimo de nuestro pasado.	

V. EJERCICIOS ESCRITOS

A. Uso de modismos y frases hechas

1. *Úsense las palabras y modismos siguientes en oraciones completas:*

a la mano
a la vez
a menudo
en cuanto a
inclusive
lo único grande
merced a
ni siquiera

2. *Escríbanse oraciones completas empleando las frases siguientes como elemento inicial:*

De cuando en cuando . . .
Es extraño que . . .
Esto ha impedido que . . .
Hubiera sido fácil . . .
Lo que importa . . .
Mientras vivía Ortega . . .
Para mí es evidente . . .
Salta a la vista . . .

B. Ejercicio de traducción

Traduzcan al español las frases siguientes, tratando de imitar las construcciones y fraseología de los textos:

1. The absence of an elite minority of sufficient social energy has been the most important characteristic of Spanish history. 2. The strange thing is that no one had pointed this out before Ortega. 3. Since the "common people" can't do everything, much has been left undone. 4. In what country have the "common people" been able to organize a government of continued stability? 5. He asks us to compare the history of England with our national history. 6. If one takes away from Toledo the Alcázar and the Cathedral, only a wretched village is left. 7. He is trying to explain the essential traits of this wonderful event. 8. The important part was not the conquest, but the colonization of America. 9. According to Ortega, it is the one truly great thing that Spain has accomplished. 10. With respect to the Spanish colonization, it is the "common people" who carry out the undertaking. 11. This lack prevented Spain from being a sufficiently normal country. 12. It is surprising that the "masses" have not been able to take advantage of individuals of genius.

« Paisaje de Toledo » por El Greco

Cortesía, *The Metropolitan Museum of Art, N. Y.*

VI. VERIFICACIÓN Y REPASO

A. Dictado

Preguntas

1. ¿ Cuál es la mejor comprobación que puede recibir una idea ? 2. ¿ Qué otro aspecto de la historia española puede explicar la idea de Ortega sobre la escasez de los « señores » ? 3. ¿ Qué hecho de la historia española ha sorprendido siempre ? 4. ¿ Qué hecho nuevo acontece entre 1450 y 1500 ? 5. ¿ Qué honor tuvo España antes que otras naciones ? 6. ¿ Qué mantenía desparramado el poder de Francia, de Inglaterra y de Alemania ?

B. Para traducir oralmente al español

1. As far as Spain is concerned, the masses have done everything. 2. The "common people" do not know how to create complicated techniques. 3. Occasionally a man of genius has appeared. 4. But there is no communication between him and the masses. 5. The anonymous character of Spanish history is evident. 6. Thanks to their energy they have been able to carry out great undertakings. 7. We do not yet know how it happened. 8. Little attention has been devoted to this aspect. 9. What does Ortega mean by a superior discipline? 10. They were the first to accept commerce and industry as respectable professions. 11. It is surprising that he should say so. 12. The important thing is what doesn't happen. 13. You should try to distinguish the best men from the worst. 14. We must make good use of them.

C. Temas para un informe escrito

Escríbase un informe, de unas cien palabras, sobre uno de los temas siguientes:

1. El papel del « pueblo » en la historia española.
2. Breve comparación de la historia de Inglaterra con la de España, según Ortega.
3. Temas discutidos por Beatriz y Alfonso en el Diálogo B.

DEL MUNDO ANCHO Y AJENO
(Para aprender de memoria)

A. Evidente

—¿ Es usted casado ?
— Sí, señor juez.
— ¿ Con quién ?
— Con una mujer.
— ¡ Hombre, eso es natural ! ¿ Sabe usted acaso de alguien que esté casado con un hombre ?
— Sí, señor juez. Mi hermana.

Preguntas

1. ¿ Cuál es la pregunta del juez ? 2. ¿ Qué contesta el señor ? 3. ¿ Qué le parece natural al juez ? 4. ¿ Cuál es la nueva pregunta del juez ? 5. ¿ Qué contesta el señor ?

B. Sin culpa

— Señor, estoy sumamente apenado . . . He cometido una falta terrible.
— ¡ Qué barbaridad, Facundo ! Después de tantos años a mi servicio . . . Y ¿ qué es lo que has hecho ?
— Señor, falsifiqué su firma en un cheque.
— ¡ Ah, fue eso ! Mira, no te preocupes. Si logras que te lo paguen,[1] vamos a medias.

Preguntas

1. ¿ Por qué está apenado Facundo ? 2. ¿ Qué falta ha cometido ? 3. ¿ Por qué no se enoja su patrón ?

[1] **Si logras que te lo paguen** *If you manage to cash it.*

13

Ramón Menéndez Pidal

I. PRESENTACIÓN

A. *Nota cultural*

Ramón Menéndez Pidal (1869–1968) ha sido el filólogo, historiador y crítico literario más distinguido de la España de nuestros días. Catedrático de la Universidad de Madrid y director de la Real Academia Española, ha sido el maestro de varias generaciones de profesores e investigadores de la lengua y literatura españolas.

Entre las obras más importantes de Menéndez Pidal — todas ellas obras maestras de la investigación filológica e histórica actual — pueden mencionarse su edición y estudio del Cantar de Mío Cid *(3 tomos, 1908–12),* Orígenes del español *(1926),* La España del Cid *(2 tomos, 1929), y* Romancero hispánico *(2 tomos, 1953).*

En 1914 fundó la Revista de filología española, *que goza de gran prestigio en el mundo científico. Una monumental* Historia de España, *de la cual han aparecido varios tomos, iba publicándose bajo su dirección. Los párrafos siguientes aparecen en el prólogo del primer tomo de dicha* Historia.

B. *Estudio de palabras*

Estudien las aclaraciones siguientes:
1. **Cálculo** *m.* Cuenta que se hace de alguna cosa por medio de operaciones matemáticas.
2. **Determinismo** *m.* Sistema filosófico que subordina las determinaciones de la voluntad humana a la influencia de los motivos.
3. **Equívoco** *m.* Palabra cuya significación conviene a diferentes cosas.
4. **Extremado, –a.** Sumamente bueno o malo en su género.
5. **Inaudito, indudable, interminable.** Obsérvese el valor negativo del prefijo **in–**, como en **inacabable, incesante, inconfundible, innegable,** etc. El prefijo se reduce a **i–** delante de **l–** inicial: **ilimitado.**

6. **Móvil** *m.* Lo que mueve o causa una cosa; causa, motivo.
7. **Planeta** *m.* A pesar de terminar en **–a,** es un substantivo masculino.
8. **Senequismo** *m.* Doctrina estoica de Séneca el filósofo, nacido en Córdoba (4 antes de Jesucristo ? — 65 después de Jesucristo). El estoicismo lo subordina todo a la razón y niega importancia a las cosas exteriores, como la fortuna, la salud, etc.

C. *Modismos y frases útiles*

Estudien los modismos y frases siguientes y aprendan de memoria los ejemplos:
1. **A modo de.** Como. ~ Conservan intacto su vigor, a modo de una reserva humana.
2. **Cabe decir.** Es posible decir. ~ Lo que sí cabe decir.[1]
3. **Darse.** Producirse, ocurrir. ~ Estas cualidades se dan también fuera del paisaje de ambas Castillas.
4. **De otro orden.** De otra clase o categoría. ~ El español subordina el cálculo de pérdidas o ganancias a consideraciones de otro orden.
   La palabra **orden** tiene el mismo significado de « clase » o « categoría » en la frase: aunque en orden distinto de las facultades humanas.
5. **Depender de.** Provenir de. ~ No depende de un determinismo geográfico castellano.
6. **En virtud de.** A consecuencia de. ~ En virtud de esta cualidad básica de su carácter, el español puede resistir la codicia.
7. **Para mí.** A juicio mío. ~ Para mí, la sobriedad es la cualidad básica del carácter español.
8. **Sin términos medios.** Intransigente, poco inclinado a los arbitrios que se toman para salir de alguna duda o para arreglar alguna discordia.

[1] **Lo . . . decir** *What it is possible to say.*

II. LECTURAS

A. *Los españoles en la historia*
Por Ramón Menéndez Pidal

Muchas veces se ha puesto en relación el complejo del carácter español con el suelo habitado. Unamuno insiste en ello: el espíritu áspero y seco de nuestro pueblo, sin transiciones, sin términos medios, está en conexión íntima con el paisaje y el terruño de la altiplanicie central, duro de líneas, desnudo de árboles, de horizonte ilimitado, de luz cegadora, clima extremado, sin tibiezas dulces. Pero esa relación no es válida respecto a cualidades que se dan fuera del paisaje de ambas Castillas. La sobriedad física se halla igualmente en la risueña y fértil Andalucía, y, para mí, la sobriedad es la cualidad básica del carácter español, que no depende de un determinismo geográfico castellano, y es tan general que, partiendo de ella, podemos comprender las demás características que ahora nos importa notar. [...]

En virtud de ese senequismo espontáneo, el español, por lo mismo que soporta con fuerte conformidad toda carencia, puede resistir las codicias y la perturbadora solicitación de los placeres; le rige una fundamental sobriedad de estímulos que le inclina a cierta austeridad ética, manifiesta en el estilo general de la vida: habitual sencillez de costumbres, noble dignidad de porte notada aun en las clases más humildes, firmeza en las virtudes familiares. Los móviles más profundamente naturales conservan intacto su vigor en el pueblo hispano, a modo de una integral reserva humana, frente al continuo peligro del desgaste degenerante que amenaza a otros pueblos más atosigados por los goces y disfrutes de la civilización.

La conexión de la sobriedad física con otras cualidades varias tiene especial notoriedad[1] en la desatención hacia los intereses materiales.

El español, en su sobriedad ermitaña, halla la fuerza para resistir el apremio de múltiples necesidades. Así que no son raros los casos de generosidad colectiva registrados en relatos históricos. Da ejemplo preferible el soldado español, pues aunque también se amotine como cualquier otro[2] por falta de paga, sabe sobreponerse cuando la situación lo exige. Al irse a dar la batalla de Pavía, los españoles ceden sus pagas y hasta entregan sus peculios personales a Pescara para satisfacer a las tropas auxiliares tudescas ...

Es muy natural también en el español el no anteponer el cálculo de pérdidas o ganancias a consideraciones de otro orden. Un extranjero, Colón, sin dejarse llevar[3] de ningún entusiasmo por su empresa, la posterga entre dificultosas e interminables negociaciones, no admitiendo sino una magnífica serie[4] de ganancias y recompensas, antes de arriesgarse; mientras multitud de exploradores españoles se arrojan a los más peligrosos e inauditos trabajos por una muy eventual esperanza o por el simple atractivo de la aventura, con menosprecio de toda ventaja material.

Y esto se observa en múltiples aspectos de la vida privada o de la pública. Siempre fue gran cualidad, a la vez que gran defecto del español, el atender a los móviles ideales más que a los provechos económicos.

Preguntas

1. ¿Qué han hecho muchos escritores al considerar el complejo del carácter español? 2. ¿Cómo es el paisaje y el terruño de la altiplanicie central? 3. ¿Dónde se halla igualmente la sobriedad física? 4. ¿Qué importancia atribuye el Sr. Menéndez Pidal a esta cualidad en el complejo del carácter español? 5. ¿Cuáles son algunas manifestaciones de la austeridad ética del español? 6. ¿Qué se nota aun en las clases más humildes? 7. ¿Qué otra cualidad de los españoles se relaciona con la sobriedad física? 8. Explique lo que hicieron los soldados españoles al irse a dar la batalla de Pavía. 9. ¿Qué exigió Colón antes de arriesgarse? 10. ¿Qué gran cualidad del español ha sido también un gran defecto?

B. *Los españoles en la historia (Continuación)*

La brevedad de los momentos selectivos en la época moderna, dijimos, hace pensar en un defecto de siempre,[5] congénito, el cual desde Costa[6] y Macías Picavea se cree consiste en la falta de una « élite » o minoría escogida que dirija la vida del país; en España, se dice, todo lo hace el pueblo, el pueblo desprovisto de una minoría dirigente, sin ningún plan preestablecido; el fuerte individualismo arraigado en la masa trae el orgullo del inferior que no tolera ser dirigido por el superior. Es ciertamente indudable que muchas actividades españolas, tanto políticas como culturales, tienen un sello especial a que

---

[1] **tiene ... notoriedad** *is especially well-known.* [2] **como ... otro** *like any other soldier.*

[3] **sin ... llevar** *without allowing himself to be carried away.* [4] **no ... serie** *refusing to accept anything less than a magnificent series.* [5] **hace ... siempre** *suggests that it is a question of a permanent defect.* [6] **Joaquín Costa** (1846–1911), notable sociólogo e historiador español.

Detalle del castillo

Manzanares el Real, Madrid

Cortesía, J. Ortiz Echagüe

se da ·nombre de popular; pero como esta designación se presta a grave equívoco, debe evitarse,
o al menos, explicarse.

El pueblo como mera colectividad, sin dirección, no es capaz de tomar la menor iniciativa.
No podemos hoy seguir creyendo en la teoría
romántica que el pueblo es « autor » de muchas
cosas [. . .]. La actuación más popular que con-
sideremos no puede producirse sin la levadura
de una minoría.

Lo que sí cabe decir es, no que el pueblo español carezca de minorías dirigentes, sino que esas
minorías tienen caracteres peculiares suyos que
hacen parecer su acción poco eficaz o hasta nula.
La aristocracia española, tanto la de capacidad
como la de posición social, no aspira a situarse
como clase enteramente aparte sobre el nivel
común de las gentes, ya queda dicho,[1] ni aspira a
realizar concepciones demasiado personales dentro de un pequeño grupo minoritario, sino que
consagra su obra a la mayoría, lo cual le impone
un estilo general de llaneza, apoyado siempre en
el pensar y sentir[2] de amplio fondo humano. Esto

no quiere decir de ningún modo que una obra así
dedicada a la mayoría no pueda ser muy selecta,
profunda y renovadora; Cervantes escribe el
Quijote para que sea leído por el pueblo entero,
altos y bajos, y ciertamente nadie le asignará el
segundo lugar al compararla con otra obra sobresaliente, las *Soledades* de Góngora, escritas
para un reducido cenáculo de literatos.

La colonización española es el mejor modelo de
minorías que ejercen una dirección destinada a
la acción de las mayorías. El designio religioso-
cultural fue concebido inicialmente por Isabel[3]
aun antes que el descubrimiento se llevase a
cabo. A ese plan de la más elevada idealidad
universalista colaboran después juristas y teólo-
gos que entonces se contaban entre los más
grandes de Europa; cooperan altos organismos
administrativos y comerciales, como el Consejo
de Indias y la Casa de Contratación; y luego colaboran con su dirección fragmentada y compartida
la multitud de conquistadores y de exploradores,
entre los cuales un Balboa, un Magallanes, un
Elcano, un Orellana, indagadores de los arcanos

---

[1] **ya queda dicho** *as has already been stated.* [2] **en . . . sentir**
on ideas and emotions.

[3] **Isabel** (1451–1504), esposa de Fernando II de Aragón, y reina de
Castilla (1474–1504).

geográficos que encerraba la redondez del planeta, pueden ciertamente figurar, aunque en orden distinto de las facultades humanas, junto a los más grandes indagadores del universo, un Copérnico, un Ticho Brahe o un Kepler.

No hay nación que ofrezca movimientos colectivos semejantes, que en vez de populares deben llamarse nacionales.

Preguntas

1. ¿Qué defecto de los españoles explica la brevedad de los momentos selectivos en la historia moderna de España, según Costa y Macías Picavea? 2. ¿Qué produce el fuerte individualismo arraigado en la masa según dichos escritores? 3. ¿Por qué debe explicarse la designación de popular? 4. ¿En qué teoría romántica no podemos seguir creyendo? 5. ¿Qué cabe decir respecto a las minorías dirigentes en España? 6. ¿A quiénes consagra su obra la aristocracia española? 7. ¿Para quiénes escribe Cervantes el *Quijote*? 8. ¿Cuál es el mejor ejemplo histórico de minorías que consagran su obra a la mayoría? 9. ¿Qué grupos colaboraron en el plan de la colonización española? 10. ¿Qué puede decirse de conquistadores y exploradores como Balboa o Magallanes?

III. PRÁCTICAS ORALES

A. Diálogo. *En la clase de español*

Alfonso y Beatriz conversan mientras esperan al profesor.

1. ALFONSO. ¿Leíste la selección para hoy?
2. BEATRIZ. ¿La de Menéndez Pidal? Sí; me pareció muy interesante.
3. ALFONSO. ¿Qué te pareció la idea de una relación entre la geografía de España y el carácter español?
4. BEATRIZ. Pues, Menéndez Pidal rechaza el determinismo geográfico, notando que no lo encuentra confirmado en Andalucía.
5. ALFONSO. ¿Te convencen sus argumentos?
6. BEATRIZ. No sé. Yo creo que es posible que la geografía haya producido la sobriedad del carácter español.
7. ALFONSO. En ese caso, ¿cómo explicarías la excepción de Andalucía?
8. BEATRIZ. Hay que tener en cuenta que la reconquista de España fue obra de Castilla, y que el idioma y la cultura de Castilla triunfaron y se extendieron por todo el territorio nacional.
9. ALFONSO. ¿Y la sobriedad española, entonces, también será[1] de origen castellano?
10. BEATRIZ. Precisamente. Ese rasgo pudo originarse[2] en el ambiente físico de Castilla.
11. ALFONSO. Que es árido y austero.
12. BEATRIZ. Aunque no sepamos el origen de la exagerada sobriedad de los españoles, es un fenómeno que aun hoy fascina al viajero.
13. ALFONSO. ¿Tuviste ocasión de observarlo en tus viajes por España?
14. BEATRIZ. Ya lo creo. Visité varias familias de buena posición, que, sin embargo, vivían muy modestamente, sin las comodidades que consideramos como necesarias en nuestro país.
15. ALFONSO. Me recuerda la frase[3] de Menéndez Pidal: «Siempre fue gran cualidad, a la vez que gran defecto del español, el atender a los móviles ideales más que a los provechos económicos.»

Preguntas

1. ¿Qué teoría rechaza Menéndez Pidal? 2. ¿Cuál es uno de sus argumentos? 3. ¿Qué opina Beatriz de ese argumento? 4. ¿Qué región de España triunfó sobre las demás? 5. ¿Dónde pudo originarse la sobriedad española? 6. ¿Qué ejemplo de la sobriedad española observó Beatriz? 7. ¿Qué frase de Menéndez Pidal recuerda Alfonso? 8. ¿Por qué puede considerarse como un defecto la sobriedad exagerada de los españoles?

B. Diálogo. *En uno de los corredores de la escuela*

Alfonso y Beatriz salen juntos de su clase de español.

1. ALFONSO. Pues es evidente que el profesor está de acuerdo con Menéndez Pidal.
2. BEATRIZ. Todavía no estoy convencida del todo.
3. ALFONSO. A propósito, el profesor mencionó varias veces el senequismo español. ¿Qué sabes de las doctrinas de Séneca?

---

[1] **será** *is probably.*   [2] **pudo originarse** *could have originated.*   [3] **Me . . . frase** *That reminds me of the sentence.*

4. BEATRIZ. Pues, muy poco. Sé que Séneca nació en Córdoba, cuando la Península era parte del Imperio Romano.

5. ALFONSO. Sus doctrinas morales y filosóficas se basaban en el estoicismo.

6. BEATRIZ. Sí, ya me acuerdo. Y el estoicismo ha tenido mucha importancia en el pensamiento español.

7. ALFONSO. Si me acuerdo bien, la austeridad y la conformidad en el sufrimiento son elementos básicos de la filosofía estoica.

8. BEATRIZ. Eso es. Insiste en la necesidad de obedecer sólo a la razón, y no hacer caso de las circunstancias exteriores.

9. ALFONSO. A propósito, ¿qué tal te parecieron los comentarios de Menéndez Pidal acerca del individualismo español?

10. BEATRIZ. ¿No te parecieron excesivos? Los españoles insisten en defender su individualismo con el ejemplo de la conquista de América.

11. ALFONSO. Hay que admitir que la conquista de América fue una obra increíble.

12. BEATRIZ. Sin embargo, ya tiene su lugar en la historia. ¿Por qué insisten los españoles de hoy en continuar sus tendencias individualistas?

13. ALFONSO. Es una buena pregunta para el profesor. Se la voy a proponer en nuestra próxima clase.

14. BEATRIZ. No dejes de hacérsela, Alfonso. Veremos lo que nos dice.

Preguntas

1. ¿De qué clase salen los dos estudiantes? 2. ¿Qué mencionó el profesor varias veces? 3. Defínase el senequismo. 4. ¿Cuándo vivió el filósofo Séneca? 5. ¿En qué filosofía basó Séneca sus doctrinas? 6. ¿Cuáles son algunos elementos del estoicismo? 7. ¿Cómo defiende el español su individualismo exagerado? 8. ¿Qué pregunta piensa hacerle Alfonso al profesor?

C. Temas para un informe oral

Preparar un informe oral, de unas ochenta palabras, sobre uno de los temas siguientes:

1. El paisaje de las dos Castillas.
2. La desatención del español hacia los intereses materiales.
3. Caracteres peculiares de las minorías dirigentes españolas.
4. La obra de Menéndez Pidal.

IV. ASPECTOS GRAMATICALES

A. El subjuntivo en cláusulas relativas

1. *Para contestar afirmativamente:*

Modelo: *¿Conoce Ud. a alguien que sepa el español?*   *Sí, conozco a alguien que sabe el español.*

Profesor

¿Conoce Ud. a alguien que pueda venir?
¿Conoce Ud. a alguien que esté libre mañana?
¿Conoce Ud. a alguien que sea de Bogotá?
¿Conoce Ud. a alguien que tenga discos españoles?

Estudiante

Sí, conozco a alguien que puede venir .

2. *Para contestar negativamente:*

Modelo: *¿Conoce Ud. a alguien que sepa el español?*   *No, no conozco a nadie que sepa el español.*

Profesor

¿Conoce Ud. a algún estudiante que sea de Bogotá?
¿Conoce Ud. a algún guía que esté libre mañana?
¿Conoce Ud. a alguna alumna que tenga discos españoles?

Estudiante

No, no conozco a ningún estudiante que sea de Bogotá.

B. El empleo de **tanto . . . como** *both . . . and*

Para contestar afirmativamente, agregando **tanto** *. . .* **como** *a los elementos unidos por la conjunción* **y** :

Modelo: *¿ Describo mis estudios literarios y científicos ?*

Sí, describa tanto los literarios como los científicos.

Profesor	*Estudiante*
¿ Se refiere a la minoría de capacidad y a la de posición social ?	Sí, se refiere tanto a la de capacidad como a la de posición social.
¿ Describo sus actividades políticas y económicas ?	
¿ Se refiere a los elementos cultos y populares ?	
¿ Incluyo a Unamuno y a Baroja ?	

C. El empleo de **sino** en lugar de **pero**

Para contestar negativamente, agregando una frase con el elemento indicado introducido por **sino**:

Modelo: *¿ Se llama Bartolo ? ¡ Alfonso !*

No, no se llama Bartolo sino Alfonso.

Profesor	*Estudiante*
¿ Es fácil la lección ? ¡ Difícil !	No, no es fácil sino difícil.
¿ Parecen españoles ? ¡ Alemanes !	
¿ Toca el piano ? ¡ El violín !	
¿ Hablan con Graciela ? ¡ Beatriz !	

D. Repaso de los verbos **ejercer,**[38] **seguir**[30, 37] (como **seguir,** se conjugan **conseguir** y **perseguir**), **exigir,**[36] **nacer**[39]

1. *Para cambiar a las formas que correspondan a los pronombres indicados:*

Modelo: *Él sigue creyendo en esa teoría. Nosotros seguimos creyendo en esa teoría.*
    ¡ Nosotros !

Profesor	*Estudiante*
Nosotros seguimos creyendo en esa teoría. ¡ Ella !	Ella sigue creyendo en esa teoría.
¡ Ellos !	
¡ Yo !	
¡ Usted !	

2. *Para contestar empleando las formas que correspondan a los pronombres indicados:*

Modelo: *¿ Quién ejerce la medicina ? ¡ Yo ! Yo ejerzo la medicina.*

Profesor	*Estudiante*
¿ Quién ejerce la medicina ? ¡ Usted !	Usted ejerce la medicina.
¿ Quién ejerce la medicina ? ¡ Tú !	
¿ Quién ejerce la medicina ? ¡ Ellos !	
¿ Quién ejerce la medicina ? ¡ Nosotros !	

3. *Para cambiar al presente y al pretérito de indicativo:*

Modelo: *Ya ha nacido el niño.*

Ya nace el niño. Ya nació el niño.

Profesor	*Estudiante*
Yo no conseguía nada.	No consigo nada. No conseguí nada.
Yo lo exigía.	
Los guardias perseguían al ladrón.	
No he ejercido esa profesión.	
Ella seguía estudiando aquí.	

V. EJERCICIOS ESCRITOS

A. Uso de modismos y frases hechas

Para escribir en español:

1. The landscape of both Castiles. 2. The limitless horizons and blinding light. 3. He insists on this advantage. 4. It seems to depend on the climate. 5. They dream about attaining it. 6. By virtue of that quality. 7. The most natural motives. 8. They preserve all their vigor. 9. He shows little enthusiasm for the undertaking.

10. Because of the attraction of the adventure. 11. It is a question of a serious defect. 12. It should be avoided. 13. He continues to believe in the theory. 14. They aspire to carry it out. 15. Many activities, both political and social, have a special character. 16. Occasionally a man of genius has appeared. 17. They do not occur at the present time. 18. In a different class of human abilities.

B. Ejercicio de traducción

Traduzcan al español las frases siguientes, tratando de imitar las construcciones y fraseología de los textos:

1. Certain writers maintain that the character of the Spaniard can be explained by the soil and landscape of the two Castiles. 2. But similar qualities can be found equally both in the north and in the south of the Peninsula. 3. The other traits will be better understood as a result of this study. 4. In my opinion that trait has deeper and more spontaneous sources. 5. For the same reason that he can endure every need, he can resist the disturbing temptation of pleasure. 6. Men of strong character have also been scarce.

7. Spanish soldiers have mutinied on occasion, like everybody else, because of lack of pay. 8. The Spanish are not accustomed to placing the calculation of gains and losses ahead of other considerations. 9. They tend to give importance to moral motives rather than to material interests. 10. The pride of the masses prevents them from accepting the guidance of the select minority. 11. I know of no enterprise that can be carried out without the initiative of such a minority. 12. A work destined for the entire populace, high and low, should represent the thinking and feeling of the majority.

VI. VERIFICACIÓN Y REPASO

A. Dictado

Preguntas

1. ¿En qué parte de España se encuentra Soria? 2. ¿Qué representan en la poesía el castillo y las murallas roídas? 3. ¿Qué indica que ha sido una ciudad de señores, soldados y cazadores? 4. ¿Qué dice el poeta de los famélicos galgos? 5. ¿Qué hora de la noche describe el poeta? 6. ¿Con qué imagen termina Antonio Machado el poema?

B. Para identificar

Identifíquense brevemente en español:

1. D. Miguel de Unamuno. 2. El senequismo. 3. La batalla de Pavía. 4. D. Joaquín Costa. 5. *Las Soledades.* 6. La Reina Isabel. 7. El Consejo de Indias. 8. Vasco Núñez de Balboa. 9. Fernando de Magallanes. 10. Francisco de Orellana. 11. Copérnico. 12. Ticho Brahe. 13. Juan Sebastián Elcano. 14. Kepler. 15. D. Ramón Menéndez Pidal. 16. El romancero.

C. Temas para desarrollar por escrito

Escríbanse cuatro oraciones sobre cada uno de los temas siguientes:

1. Rasgos del carácter español, según Menéndez Pidal.
2. La colaboración del « pueblo » y de las « minorías » en la colonización de América.
3. Breve comparación de las ideas de Menéndez Pidal y de Ortega y Gasset sobre la colonización española.

AUNQUE USTED NO LO CREA...

La Academia inicia una campaña contra los corruptores del idioma

La Real Academia Española ha desatado nuevamente una campaña para restaurar la pureza de nuestro idioma con una carta dirigida al gobierno español.

En su carta la Academia Española expresa su profunda inquietud por la influencia nociva que están ejerciendo sobre el idioma español la prensa, la radio, la televisión y el cine, y exige que se prepare una ley para defender la pureza de la lengua.

Entre las expresiones que la prensa española ha popularizado se encuentran las siguientes: *coctel, jet, camping, gangsterismo* y *columnista.*

Los puristas del idioma en España se quejan especialmente de que las películas hechas en Hollywood y que son dobladas en México o en otros países hispanoamericanos son fuentes de influencias corruptoras del idioma.[1]

Preguntas

1. ¿ Qué ha iniciado la Real Academia Española ? 2. ¿ Qué ha mandado la Academia Española al gobierno español ? 3. ¿ De qué trata la carta ? 4. ¿ Cuáles son algunas de las palabras que ha popularizado la prensa española ? 5. ¿ De qué se quejan especialmente los puristas del idioma en España ?

[1] **influencias corruptoras del idioma** *influences that are corrupting the language.*

Castillo arruinado de Soria

Cortesía, J. Ortiz Echagüe

14

Panorama actual de la economía española

I. PRESENTACIÓN

A. *Estudio de palabras*

Estudien las aclaraciones siguientes:

1. **Fomento** *m.* Calor, abrigo que se da a una cosa. En lenguaje figurado, « auxilio, protección ».
2. **Matiz** *m.* Cada una de las gradaciones que puede recibir un color. En lenguaje figurado, « rasgo que caracteriza una obra literaria ». **Matizar.** Juntar diversos colores; en lenguaje figurado, « caracterizar ».
3. **Pese a que.** A pesar de que.
4. **Rebasar.** Pasar de, exceder.
5. **Regadío, –a.** Se aplica al terreno que se puede regar. Se usa también como substantivo, en el masculino.
6. **Renta** *f.* Utilidad o beneficio que rinde anualmente una cosa.
7. **Secano** *m.* Tierra de labor que no tiene riego.
8. **Tasa demográfica.** Proporción de crecimiento de la población.

B. *Modismos y frases útiles*

Estudien los modismos y frases siguientes y aprendan de memoria los ejemplos:

1. **Baste recordar.** Será suficiente recordar. ∼ Baste recordar que la mayor parte de la población campesina se ocupa de la producción de cereales.
2. **Bien entendido que.** Aunque debe entenderse que. ∼ Sólo un millón de hectáreas son de regadío, bien entendido que cerca de quinientas mil se han puesto en riego en los últimos diez años.

3. **Con éxito solamente mediano.** ∼ La mayor parte de la población campesina se ocupa de la producción de cereales, con éxito solamente mediano.
4. **Dar por sabido.** Considerar como sabido. ∼ Damos por sabido que el territorio europeo de España es de 501.000 kilómetros cuadrados.
5. **Dedicarse a.** Ocuparse en. ∼ Cerca de cinco millones se dedican a la agricultura.
6. **Incluido, –a.** Participio pasivo de **incluir.** ∼ El territorio europeo de España (incluidas las Canarias) es de 501.000 kilómetros cuadrados.
7. **No sólo . . . sino también . . .** ∼ Son necesarias otras medidas, no sólo de tipo económico, sino también de carácter social.
8. **Se ha actuado.** Se han hecho diligencias. ∼ Se ha actuado eficazmente en todos los frentes de la agricultura.

C. *Observaciones sobre los numerales (Véase también Apéndice, páginas 244–245.)*

1. Para escribir las fracciones decimales se escribe primero la parte entera; luego se pone una coma a la derecha, y después se escribe la parte decimal. Treinta y cuatro y dos décimas se escribe: 34,2. Ocho y setenta y cinco milésimas se escribe: 8,075. Cuarenta y cinco centésimas se escribe: 0,45. El número « 25,5 millones » se lee « veinte y cinco millones y medio ».
2. Se escribe un punto a la derecha de la cifra o cifras que indican los millares y los millones.

Quinientos un mil kilómetros se escribe: 501.000 kilómetros. Cuatro millones, setecientos mil se escribe: 4.700.000.

3. Para indicar mil millones (*one billion* en el inglés de Norteamérica) no hay una palabra especial en español. Como en Inglaterra, **un billón** corresponde a **un millón de millones**.

4. En expresiones de tamaño, precio, dimensiones, etc., el verbo **ser** va seguido[1] generalmente de la preposición **de**. ~ La población de España es de 30 millones y medio de habitantes.

II. LECTURAS

A. *Panorama actual de la economía española*

Por Manuel Fuentes Irurozqui

POBLACIÓN

Damos por sabido que el territorio europeo (incluidas las Canarias) de España es de 501.000 kilómetros cuadrados y su población de 30 millones y medio de habitantes. No creemos sea tan sabido que el crecimiento de la población, desde 1940 hasta ahora, ha representado un 16 por 100, pasando de 25,5 millones en 1940 a los 30,5 en la actualidad. Es así una de las tasas demográficas mayores del mundo la de España. De los 30,5 millones, 11,5 son población activa, alrededor de 9,5 millones de varones y dos de mujeres.

De los 11,5 millones que actualmente componen la población que trabaja, cerca de 5 millones (4.700.000) se dedican a la agricultura, 4,4 millones a la industria y el resto (2.700.000) a los servicios. Si comparamos las cifras de hoy con las de hace veinte años,[2] veremos que, aún a ritmo lento, nuestra evolución económica viene ya produciéndose[3] desde el momento que en 1940 había 100.000 personas más que hoy ocupadas en la agricultura, dos millones y medio menos en la industria, y 300.000 menos en los servicios. El crecimiento de la ocupación industrial (incluidos los transportes) ha sido de más del 120 por 100, y del 15 por 100 en los servicios.

AGRICULTURA

También hemos de dar por sabido que la mayor fuente de recursos económicos de España se encuentra en la agricultura, pese a que, y esto quizá no sea tan sabido, que nuestro suelo sólo es cultivable en menos del 40 por 100 de su total extensión, es decir, en poco más de 20 millones, 500.000 hectáreas sobre los 50,5 millones que lo componen. La orografía, la geología, la estructura del suelo y su relieve hacen que más de la mitad del territorio español sólo sirva, si no se realizan en él profundos y radicales cambios, para perpetuar la miseria de los que lo cultivan.

El solo hecho de la adscripción a la agricultura, todavía hoy, de más del 45 por 100 de la población activa de España demuestra que España es aún, si no fundamentalmente, sí siquiera predominantemente, agrícola. Otras consideraciones que matizan al país de ampliamente campesino son los más de 9.000 municipios de carácter rural, las producciones que son básicas en nuestra exportación (frutas, vinos, aceites . . .), y la participación que en la renta nacional alcanza el producto de la agricultura, no rebasado por ningún otro sector de los componentes de dicha renta.

Sólo un millón ochocientas treinta mil hectáreas son de regadío, bien entendido que cerca de quinientas mil se han puesto en riego en los últimos diez años. El rendimiento del regadío con relación al secano, aunque, naturalmente, depende de las tierras y de los cultivos, se calcula en relación de 8 a 1. Pueden todavía ponerse en riego cerca de otro millón de hectáreas, lo que con otras medidas, no sólo de tipo económico, sino también de carácter social, dará a nuestro campo, generalmente áspero, la verdadera dimensión y la fisonomía que le corresponde.

Preguntas

1. ¿Cuál es la población actual de España?
2. ¿Cuántos habitantes tenía España en 1940?
3. De los 30,5 millones, ¿cuántos son población activa? 4. ¿Cuántas personas se dedican a la agricultura en España? 5. ¿Cuántas personas se dedican a la industria? 6. ¿Cuántas personas se dedican a los servicios? 7. ¿Qué puede decirnos respecto del crecimiento de la ocupación industrial? 8. Respecto del suelo español, ¿qué hecho quizá no sea sabido de todos? 9. ¿Qué hechos demuestran que España es aún predominantemente agrícola? 10. ¿Qué cambio importante se ha realizado en los últimos años?

---

[1] **va seguido** *is followed.* [2] **de . . . años** *of twenty years ago.* [3] **nuestra . . . produciéndose** *our economic development has already been advancing gradually.*

Silo de Burgos

Cortesía, Embajada de España

Separando el grano de la paja en una finca de Guadalajara, España

Cortesía, Ministerio de información y turismo español

B. *Panorama actual de la economía española (Continuación)*

AGRICULTURA

Del conjunto de la renta agrícola española, el 65 por 100 corresponde a la agricultura, el 30 a la ganadería, y el 5 a los bosques.

El incremento agrario en los últimos años se nota en el conjunto del producto de la agricultura. Pero donde más se percibe no es en los cultivos sino en la ganadería y en sus rendimientos, aun estando lejos de las necesidades del incrementado consumo, y en los bosques, ya que en veinte años se han repoblado forestalmente cerca de 1,5 millón de hectáreas.

Resultaría excesivo en esta visión general estudiar los diferentes aspectos de nuestras producciones agropecuarias. Baste recordar que la mayor masa de población campesina, con éxito solamente mediano y productos de coste elevado por rendimientos reducidos, se ocupa de la producción cerealífera. Y que la vid y el olivo — arbusto y árbol, respectivamente, eminentemente mediterráneos y por ende hispánicos —, con las frutas y en particular los cítricos, productos de huerta, y frutos secos y desecados constituyen nuestras principales fuentes de riqueza agraria.

Procede, en cambio, tratar de la política agraria reciente, ya que el gigantesco proceso de expansión y desarrollo general de la economía española por una parte ha repercutido y por otra no ha sido ajeno al desenvolvimiento y fomento agrícola. La incorporación de nuevas técnicas, la desruralización progresiva del campo, el empleo de maquinaria, aperos, abonos, insecticidas y cultivos adecuados han favorecido el rendimiento, es decir, la obtención de mayor producto y la realización de menor esfuerzo o sacrificio.[1] Los regadíos, la colonización interior,[2] el embellecimiento de los pueblos y burgos campesinos, las mejores comunicaciones, la concentración parcelaria, la lucha contra la erosión . . . han hecho posible alcanzar con características de estabilidad un mejor nivel de vida en el agro español. Se ha actuado eficazmente en todos los frentes de la agricultura: en el social, en el técnico, en el económico, en el financiero y hasta en el político.

Importantísimo en el proceso de desarrollo agrícola es la mecanización y el empleo de nuevas técnicas. Las nuevas técnicas se pueden conocer por el empleo de abonos adecuados y de semillas seleccionadas.

El programa de fomento de la agricultura se está llevando a cabo sin pausa y sin desmayo. Para acelerarlo, para efectuar una verdadera reforma agraria que obedezca a programa y se adecúe a las exigencias de presente y futuro del marco agrario español, el Ministerio de Agricultura ha sido recientemente reformado, creando el Banco Agrícola, y establecida[3] una Dirección General de Economía de la Producción Agrícola, que ha de estudiar y señalar la dimensión, la forma, el régimen de cultivo y el producto a obtener.

---

[1] **la obtención . . . sacrificio** *increased production and a decrease in the outlay of effort or sacrifice.* [2] **la . . . interior** *the establishment of model settlements within Spain.* [3] **y establecida: ha sido establecida.** Se suple de la frase anterior el verbo auxiliar **ha sido.**

Preguntas

1. ¿ Cuáles son los componentes de la renta agrícola española ? 2. ¿ En cuáles de estos componentes se percibe particularmente el incremento agrario en los últimos años ? 3. ¿ En qué se ocupa la mayor masa de población campesina ? 4. ¿ Qué productos constituyen las principales fuentes de riqueza agraria de España ? 5. ¿ Por qué debemos tratar de la política agraria reciente ? 6. ¿ Cuáles son algunos cambios que pueden notarse en el desarrollo general de la agricultura ? 7. Merced a estos cambios, ¿ qué ha sido posible alcanzar en el campo español ? 8. ¿ Qué técnicas nuevas pueden notarse en el proceso de desarrollo agrícola ? 9. ¿ Qué se ha hecho recientemente para acelerar el programa de fomento de la agricultura ? 10. ¿ Cuáles son algunas de las funciones de la Dirección General de Economía de la Producción Agrícola ?

III. PRÁCTICAS ORALES

A. Diálogo. *Enfrente de la biblioteca*

Graciela se encuentra con Bartolo enfrente de la biblioteca.

1. GRACIELA. ¡ Hola, Bartolo ! Supongo que vienes a prepararte para el examen.
2. BARTOLO. Sí. Me tiene muy preocupado. Creo que va a ser muy difícil.
3. GRACIELA. No tanto. Sólo es necesario aprender algunas estadísticas sobre la economía española.
4. BARTOLO. Pues, es lo que me preocupa. No puedo acordarme de tantas cifras.
5. GRACIELA. Pues apréndete sólo las más esenciales, para tener una idea general de la economía española.
6. BARTOLO. ¿ Por ejemplo ?
7. GRACIELA. Por ejemplo, el crecimiento de la ocupación industrial desde 1940.
8. BARTOLO. Ha sido importante, ¿ verdad ?
9. GRACIELA. De más del 120 por 100. También debieras saber el porcentaje de tierra cultivable.
10. BARTOLO. ¡ Esa cifra la recuerdo ! Menos del 40 por 100 de la extensión total es cultivable.
11. GRACIELA. Muy bien, Bartolo. Otra cifra importante es la proporción de personas que se dedican a la agricultura.
12. BARTOLO. También la recuerdo. El 45 por 100 de la población activa.
13. GRACIELA. Muy bien. Ahora solamente te hace falta sacar algunas conclusiones de esas cifras.
14. BARTOLO. Pues, ¿ qué conclusiones ?
15. GRACIELA. La primera, que España está progresando económicamente. La segunda, que la escasez de tierra cultivable plantea un problema grave para el porvenir. La tercera, que España es todavía un país básicamente agrícola. Y la cuarta, que yo ya tengo que marcharme.
16. BARTOLO. ¡ Graciela, espérate un poco ! ¡ Tengo que apuntar todo lo que acabas de decirme !

Preguntas

1. ¿ Dónde se encuentran Bartolo y Graciela ? 2. ¿ Por qué ha ido Bartolo a la biblioteca ? 3. ¿ Qué le aconseja Graciela ? 4. ¿ A cuánto asciende el aumento de la ocupación industrial ? 5. ¿ Qué porcentaje de la tierra es cultivable ? 6. ¿ Qué proporción de la población se dedica a la agricultura ? 7. ¿ Cuáles son algunas de las conclusiones que menciona Graciela ? 8. ¿ Por qué le pide Bartolo que no se marche ?

B. Diálogo. *En el Centro de Estudiantes*

Alfonso y Beatriz están sentados tomando un refresco.

1. ALFONSO. ¡ Caramba ! El examen de hoy fue dificilísimo.
2. BEATRIZ. ¿ Qué preguntas te parecieron difíciles ?
3. ALFONSO. Pues, la primera, por ejemplo. El profesor nos pidió un análisis del incremento agrario español durante los últimos años.
4. BEATRIZ. Sí, la recuerdo. A mí también me costó trabajo. ¿ No pudiste hacerlo ?
5. ALFONSO. Comencé indicando que la ganadería es el sector que ha aumentado más, llegando hasta el 30 por 100 del conjunto de la renta agrícola.
6. BEATRIZ. Yo comencé mi examen así también. Luego traté de explicar las causas del aumento agrícola.
7. ALFONSO. Eso no lo pude hacer bien. Mencioné la aplicación de nuevas técnicas, pero no se me ocurrió un buen ejemplo.
8. BEATRIZ. Yo cité tres ejemplos: el empleo de maquinaria, de abonos y de insecticidas.

9. ALFONSO.   Luego, cuando quise discutir otros factores, sólo se me ocurrió el de los regadíos.

10. BEATRIZ.   Yo mencioné también la lucha contra la erosión.

11. ALFONSO.   ¡Claro!   ¡En un país tan montañoso como España es muy importante!

12. BEATRIZ.   Yo también olvidé algunos detalles, como el uso de semillas mejor seleccionadas.

13. ALFONSO.   ¿Mencionaste las nuevas medidas administrativas?

14. BEATRIZ.   Mencioné la creación del Banco Agrícola.

15. ALFONSO.   Yo indiqué también la reforma del Ministerio de Agricultura.

16. BEATRIZ.   Pues, no debes estar preocupado, Alfonso.   Yo creo que habrás salido muy bien.

17. ALFONSO.   ¡Ojalá, Beatriz!

Preguntas

1. ¿De qué hablan Alfonso y Beatriz?   2. ¿Qué les pidió el profesor en la primera pregunta?   3. ¿Qué sector de la agricultura española ha aumentado más? 4. ¿Cuáles son algunas de las técnicas nuevas que se han aplicado a la agricultura?   5. ¿Qué otro factor mencionó Alfonso?   6. ¿Qué factor adicional incluyó Beatriz?   7. ¿Qué detalle olvidó Beatriz? 8. ¿Cuáles son algunas de las mejoras administrativas que se han llevado a cabo?

C.   Temas para desarrollar oralmente

Preparar tres preguntas sobre cada uno de los temas siguientes para que las contesten los otros alumnos de la clase:

1. El crecimiento de la población española desde 1940.
2. El problema de la tierra cultivable en España.
3. Las principales fuentes de riqueza agraria en España.
4. Temas discutidos por Graciela y Bartolo en el Diálogo A.

IV. ASPECTOS GRAMATICALES

A. Los números (Véase Apéndice, páginas 244–245)

Para repetir, doblando en cada frase la expresión numérica:

Modelo: *Huyeron veinte y un soldados.*   *Huyeron cuarenta y dos soldados.*

Profesor	*Estudiante*
Es el tercer concierto de la temporada.	Es el sexto concierto de la temporada.
El Club Español tiene 55 miembros.	
Hay 250 alumnas en la clase.	
Me entregaron una cuarta parte del dinero.	

B. Expresiones temporales con hace con el significado de *ago*

*Para contestar, usando una frase con **hace**:*

Modelo: *Bartolo llegó hace un mes. ¿Cuántas semanas hace que llegó?*   *Llegó hace cuatro semanas.*

Profesor	*Estudiante*
Se construyó en el siglo dieciocho. ¿Cuántos siglos hace que se construyó?	Se construyó hace dos siglos.
Se publicó en 1914. ¿Cuántos años hace que se publicó?	
Murió en 1936. ¿Cuántos años hace que murió?	
Nació en 1869. ¿Cuántos años hace que nació?	

C. El indicativo y el subjuntivo después de **creer que**

    1. El indicativo en frases afirmativas, interrogativas o negativas que no expresan incertidumbre
       Para contestar afirmativamente:

Modelo: *¿ Cree Ud. que vendrá mañana ?*   *Sí, creo que vendrá mañana.*

Profesor	*Estudiante*
¿ Cree Ud. que sirve para el puesto ?	Sí, creo que sirve para el puesto.
¿ Cree Ud. que ha empezado ?	
¿ Cree Ud. que la conoce ?	
¿ Cree Ud. que lo sabe ?	

    2. El subjuntivo en frases interrogativas o negativas que expresan incertidumbre
       Para contestar negativamente:

Modelo: *¿ Cree Ud. que lo sepa ?*   *No, no creo que lo sepa.*

Profesor	*Estudiante*
¿ Cree Ud. que haya empezado ?	No, no creo que haya empezado.
¿ Cree Ud. que venga mañana ?	
¿ Cree Ud. que sirva para el puesto ?	
¿ Cree Ud. que la conozca ?	

D. Repaso de los verbos **servir,**[30] **realizar,**[34] **obedecer,**[39] **leer**[43]

    1. *Para cambiar a las formas que correspondan a los pronombres indicados:*

Modelo: *¿ Será posible que él lo realice ?*   *¿ Será posible que ellos lo realicen ?*
          ¡ Ellos !

Profesor	*Estudiante*
¿ Será posible que él lo realice ? ¡ Yo !	¿ Será posible que yo lo realice ?
¿ Será posible que él lo realice ? ¡ Nosotros !	
¿ Será posible que él lo realice ? ¡ Tú !	
¿ Será posible que él lo realice ? ¡ Usted !	

    2. *Para cambiar a las formas que correspondan a los pronombres indicados:*

Modelo: *Es necesario que él obedezca.*   *Es necesario que usted obedezca.*
          ¡ Usted !

Profesor	*Estudiante*
Es necesario que él obedezca. ¡ Tú !	Es necesario que tú obedezcas.
Es necesario que él obedezca. ¡ Nosotros !	
Es necesario que él obedezca. ¡ Yo !	
Es necesario que él obedezca. ¡ Ellos !	

    3. *Para cambiar al presente y al pretérito de indicativo:*

Modelo: *Yo servía la comida.*   *Yo sirvo la comida.*   *Yo serví la comida.*

Profesor	*Estudiante*
Se ha actuado eficazmente.	Se actúa eficazmente. Se actuó eficazmente.
Yo obedecía siempre.	
Él leía el programa.	
Yo sabía la noticia.	

Canal de regadío, Huesca, España
Cortesía, Ministerio de información y turismo español

Arando con bueyes en una finca española
Cortesía, *The Lamp, Standard Oil Co., (N.J.)*

**Venta de productos
españoles en Madrid**
Cortesía, Ministerio de información y
turismo español

V. EJERCICIOS ESCRITOS

A. Uso de modismos y frases hechas

1. *Úsense las palabras y modismos siguientes en oraciones completas:*

dedicarse a	ocuparse en
en vez de	querer decir
fomento	realizar
llevar a cabo	tratar de

2. *Escríbanse oraciones completas empleando las frases siguientes como elemento inicial:*

Baste recordar . . .
Compárese . . .
Damos por sabido . . .
Donde más se percibe . . .
Esto demuestra que . . .
No sólo . . . sino también . . .
Resultaría excesivo . . .
Ya queda dicho que . . .

B. Ejercicio de traducción

Traduzcan al español las frases siguientes, tratando de imitar las construcciones y fraseología de los textos:

1. Did you know that at the present time Spain, including the Canary Islands, has about thirty and a half million inhabitants? 2. Since 1940 the growth of the population has been more than 16 per cent. 3. It is estimated that within a few years the active population will consist of some twelve and one half million persons. 4. It will be necessary to reduce the number of persons occupied in agriculture. 5. Almost a million more jobs must be created in industry and in the services. 6. Let it suffice to compare the figures of the present time with those of twenty years ago.
7. In 1940 some 2,400,000 persons were employed in services. 8. Spain is still, if not basically, at least predominantly, agricultural. 9. Where the increase is most noticeable is both in livestock and in forestry. 10. The use of machinery, fertilizers, insecticides and other new techniques is expected to favor the production. 11. There has been effective action not only on the economic and technical fronts, but also on the social and political ones. 12. The program for the improvement of agriculture has been carried out without interruption and without slackening.

VI. VERIFICACIÓN Y REPASO

A. Dictado

Preguntas

1. ¿Qué han tenido que hacer muchos españoles que se encuentran fuera de España? 2. ¿Qué echaban en falta estos españoles? 3. ¿Qué intenta proporcionar el autor de este ensayo? 4. ¿Qué condiciones hacen difícil la tarea? 5. ¿Qué entiende usted por la frase «una visión conjunta»? 6. ¿Qué desea el autor que se obtenga de su estudio?

B. Para formular preguntas

Formúlense preguntas para las siguientes contestaciones:

1. El territorio europeo de España es de 501.000 kilómetros cuadrados. 2. El crecimiento de la población, desde 1940, ha sido del 16 por 100. 3. Cerca de cinco millones de personas se dedican a la agricultura. 4. El resto se ocupa en los servicios. 5. Se espera ampliar a cinco millones las personas ocupadas en la industria. 6. En 1940 había 100.000 personas más que hoy ocupadas en la agricultura. 7. Las producciones que son básicas en la exportación española son las frutas, los vinos y el aceite. 8. Más del 45 por 100 de la población activa de España corresponde a la agricultura. 9. El incremento agrario en los últimos años se nota en el conjunto del producto de la agricultura. 10. No, aún está lejos de satisfacer las necesidades del país. 11. Se han repoblado forestalmente cerca de 1,5 millón de hectáreas. 12. Se pueden conocer por el empleo de abonos adecuados y de semillas seleccionadas.

C. Temas para un informe escrito

Escríbase un informe, de unas cien palabras, sobre uno de los temas siguientes:

1. Las características del suelo español.
2. El carácter predominantemente agrícola de la economía española.
3. El programa de fomento de la agricultura en la España actual.

DEL MUNDO ANCHO Y AJENO
(Para aprender de memoria)

A. Acertijo

— A ver, explíqueme usted cómo fue el accidente . . .

— Señor juez, iba yo en mi coche cuando vi que venía en dirección contraria la señora con quien choqué.

— ¿ Y por qué no le cedió usted la mitad de la carretera ?

— Porque no logré saber cuál era la mitad que ella prefería . . .

Preguntas

1. ¿ Qué le pide el juez al señor ? 2. ¿ Qué vio el señor cuando iba en su coche ? 3. ¿ Por qué no cedió el señor la mitad de la carretera ?

B. Examen

— Señorita, para que yo le pueda dar el puesto de secretaria, necesita usted demostrarme que está bien preparada.

— Puede usted examinarme.

— Muy bien. Dígame en qué ocasiones se usa punto y coma.

— Bueno . . . Creo que antes debiera usted decirme qué es eso.

Preguntas

1. ¿ A qué puesto aspira la señorita ? 2. ¿ Qué necesita demostrar la señorita ? 3. ¿ Cree usted que ella está bien preparada ? 4. ¿ Por qué ?

Campo de olivos
Cortesía, Embajada de España

Repaso de Lecciones 11–14

15

Repaso de Lecciones 11–14

I. DICTADO

(Se usará uno de los textos recomendados en el *Teacher's Key*.)

II. REPASO DE VERBOS

A. Conjugar en el presente y pretérito de indicativo:

1. Elijo el mejor camino, etc.
2. Huyo de la guardia civil, etc.
3. Sirvo la comida, etc.
4. Leo obras de los escritores más jóvenes, etc.

B. Conjugar, en el presente de subjuntivo, el verbo de la cláusula substantiva:

1. Ellos quieren que yo siga estudiando, ellos quieren que tú sigas estudiando, etc.
2. Ellos sienten que yo lo sepa, etc.
3. Ellos dudan que yo exija tanto, etc.
4. Ellos prefieren que yo se lo advierta, etc.

III. ASPECTOS GRAMATICALES

A. Pronombres, adjetivos y adverbios negativos

Para traducir al español:

Modelo: ***Nothing will happen.***   *No pasará nada.*

Profesor	Estudiante
No one will come.	No vendrá nadie.
They will never die.	
He will not bring any book.	
He will not bring any.	
They will not know anything.	

B. El subjuntivo después de **no creo que, no es evidente que, no parece que,** etc.

Para cambiar a la forma negativa:

Modelo: ***Es evidente que Bartolo es inteligente.***   *No es evidente que Bartolo sea inteligente.*

Profesor	Estudiante
Estoy seguro de que Juan nació en Cádiz.	No estoy seguro de que Juan naciera en Cádiz.
Parece que Carlos obedece a sus padres.	
Creo que él lo podrá realizar.	
Es cierto que lo produjo todo el pueblo.	

C. El subjuntivo en cláusulas relativas

Ir variando la frase mediante el empleo de los elementos indicados:

Modelos: *No hay nación que ofrezca tales avances.*

.... *naciones* .... *No hay naciones que ofrezcan tales avances.*

Profesor	*Estudiante*
No hay naciones que ofrezcan tales avances.	
..................................orquestas.	No hay naciones que ofrezcan tales orquestas.
...había	
.... tuviesen	
.... universidades. .	
...habrá	

D. Los números

Reducir por la mitad la expresión numérica:

Modelo: *Juan comenzó hace cuarenta y dos semanas.* *Juan comenzó hace veintiuna semanas.*

Profesor	*Estudiante*
El libro cuesta 300 pesetas.	El libro cuesta ciento cincuenta pesetas.
Hay más de 9.000 municipios de carácter rural.	
El país tiene unas 700 millas de ancho.	
El aumento ha sido del 36,4 por ciento.	

IV. EJERCICIOS ORALES

A. Para definir

Defínanse brevemente:

1. la fuente, la colmena. 2. la renta, un billón. 3. la sobriedad, los móviles. 4. el éxito, el suceso. 5. el nivel medio, el término medio. 6. una redondilla, el verso alejandrino.

B. Para identificar

Identifíquense brevemente:

1. La Alhambra, el Alcázar de Toledo. 2. Góngora, Séneca. 3. Joaquín Costa, Juan Sebastián El- cano. 4. La « Danza ritual del fuego », « Anoche, cuando dormía ». 5. *La Revista de Occidente, España invertebrada.* 6. *El Cantar de Mío Cid, las Soledades.*

C. Los diálogos

1. Lectura cuidadosa, por un alumno y una alumna, del Diálogo A, Lección 12. El profesor corregirá la pronunciación y la entonación.
2. Recitación del Diálogo A, Lección 14. Una alumna desempeña el papel de Graciela, y un alumno el de Bartolo.

V. EJERCICIOS ESCRITOS

A. Para traducir al español:

1. Manuel de Falla may be considered the most important representative of contemporary Spanish music. 2. The ballet has a happy ending and is more modern than we believed. 3. The poet fled from Spain during the last days of the civil war and died in a small French town.

4. Is Ortega a writer of the Generation of '98? No, he isn't. 5. We must warn Bartolo about this. 6. Both what happens to us and what doesn't happen to us influences our lives.

7. Do you know anyone who is married to a Spaniard? 8. It is fair to say that Columbus de-

manded a splendid series of rewards. 9. Cervantes wrote the *Quijote* so that it might be read not only by a limited group of literary persons but by the entire populace.

10. The measures were carried out about twenty-one months ago. 11. Do you believe that all the changes will be successful? 12. Let it suffice to say that almost five million persons—45 percent of the active population—are occupied in agriculture.

B. Temas para un informe escrito

Escríbanse cuatro oraciones sobre cada uno de los temas siguientes:

1. La calidad de resumen que tiene *El amor brujo.*
2. El carácter de la colonización española en América, según Ortega y Gasset.
3. Manifestaciones del senequismo espontáneo en la vida española.

Encajes españoles a la venta en el mercado « El Rastro » de Madrid

Fotografía de: Gordon N. Converse, *The Christian Science Monitor*

16

Panorama actual de la economía española

I. PRESENTACIÓN

A. *Ejercicio preliminar*

Regiones y ciudades de interés industrial y comercial

1. Estudien la situación geográfica de las siguientes regiones: a) Murcia, las Provincias Vascongadas. b) Andalucía, Cataluña. c) Asturias, Castilla la Nueva. d) Galicia, Extremadura.
2. ¿ En qué regiones de España se hallan las siguientes ciudades ? a) Bilbao, Alicante. b) Málaga, Jerez. c) Cádiz, Valencia. d) Barcelona, Jijona.

B. *Estudio de palabras*

Estudien las aclaraciones siguientes:
1. **Contingencia** *f.* Cosa que puede suceder.
2. **Coyuntura** *f.* Oportunidad.
3. **Demanda** *f.* En el lenguaje comercial, « petición de mercancías ».
4. **Fábrica** *f.* Lugar donde se fabrica algo. La palabra **factoría** tiene generalmente otros significados, sobre todo el de « establecimiento de comercio situado en un país colonial ».
5. **Matiz** *m.* Aspecto. (Véase también Lección 14, pág. 96.)
6. **Panorama** *m.* A pesar de terminar en –a, es un substantivo masculino, como **síntoma,** etc.
7. **Proteccionismo** *m.* Sistema económico por el cual se protegen los productos de la industria nacional sometiendo a derechos elevados los productos de la industria extranjera.

8. **Sensible** *adj.* Significa « notable, perceptible », además de « capaz de sentir, física y moralmente ».

C. *Modismos y frases útiles*

Estudien los modismos y frases siguientes y aprendan de memoria los ejemplos:
1. **Al amparo de.** Favorecido (–a) por. ~ Nacieron otras al amparo de medidas de pasajero proteccionismo.
2. **Bienes de equipo.** El equipo de una fábrica o industria. ~ La liberalización de importaciones afecta principalmente a materias primas y bienes de equipo.
3. **Dejar a un lado.** Omitir. ~ Hay que dejar a un lado las contingencias que determinaron posiciones meramente de coyuntura.
4. **Disposiciones intervencionistas.** Medidas por las cuales interviene el estado para proteger ciertos intereses. ~ Han desaparecido las disposiciones intervencionistas que regían desde 1936.
5. **En alza.** En aumento. ~ El turismo sigue en alza.
6. **Materias primas.** Las que emplea una fábrica para su industria.
7. **Por su lado.** Por su parte. ~ Cada sector, por su lado, ofrece matices especiales.
8. **Tener lugar.** Ocurrir. ~ Los únicos avances de interés tienen lugar en los envíos a Oceanía y a Estados Unidos.

II. LECTURAS

A. *Panorama actual de la economía española (Continuación)*

INDUSTRIA

Ya hemos visto cómo ha aumentado enormemente la participación de la población activa en la producción industrial. Pero ahora añadiremos que el incremento de la proporción de la industria en el producto nacional ha sido todavía más que proporcional al de la población. Claro que cada sector, por su lado, ha ofrecido matices especialísimos que singularizan cada rama. La modernización de las industrias y la aparición de nuevas producciones han ayudado a este incremento. Ahora se está en período de[1] hacer las industrias — nacidas unas por sustitución simple de importaciones y otras al amparo de medidas de pasajero proteccionismo, que no puede ni debe mantenerse más allá de lo necesario[2] — competitivas. Hay que dar paso a lo estructural, dejando a un lado las contingencias que determinaron posiciones meramente de coyuntura o de circunstancias.

La expansión de la producción industrial española es un hecho cierto, y no sólo las cifras lo demuestran, sino la simple contemplación del panorama de nuestra geografía, jalonada de empresas, factorías y fábricas, que laboran con actividad de verdaderas colmenas.

En julio de 1959, España inició una nueva etapa en su política económica, la de estabilización, previa a otras cuya misión es la de asentar nuestra industrialización en bases de firmeza y continuidad.

El mayor ritmo de la actividad industrial se debe fundamentalmente a la progresiva liberalización de importaciones que, afectando principalmente a materias primas y bienes de equipo, ha permitido sensibles mejoras estructurales, traduciéndose en notables aumentos de productividad.

Al propio tiempo, la industria española se está moviendo en un ambiente más despejado que en años precedentes al desaparecer las disposiciones intervencionistas[3] que regían desde 1936 y, también, como consecuencia del aumento de la demanda interior motivada por los aumentos salariales y por los favorables resultados agrícolas, así como por la reactivación, después del letargo característico del plan de estabilización.

COMERCIO INTERIOR

Tras el impacto recesivo motivado por las medidas estabilizadoras en la demanda interior, comenzaron a notarse los primeros síntomas de recuperación, los cuales fueron ganando paulatinamente extensión e intensidad. Esta saludable reactivación del comercio interior fue una consecuencia principalmente derivada de los factores siguientes: elevación del nivel de vida, sensible aumento de los ingresos en el sector agrí-

cola, y aumento de la afluencia turística hacia nuestro país. Pero esta favorable tendencia tuvo como contrapartida una sensible elevación en los precios de casi todos los artículos, y especialmente en el del sector alimenticio. El índice general de precios al por mayor ha experimentado durante los últimos años un fuerte crecimiento.

Preguntas

1. ¿Qué dato nuevo cita el autor en cuanto al incremento de la producción industrial? 2. ¿Qué factores han ayudado a este incremento? 3. ¿En qué período se está ahora en España respecto a la industria? 4. ¿Qué hay que dejar a un lado? 5. ¿Qué demuestra la simple contemplación del panorama de la geografía española? 6. ¿Qué inició España en julio de 1959? 7. ¿A qué se debe fundamentalmente el mayor ritmo de la actividad industrial en España? 8. ¿Cuándo comenzaron a notarse los primeros síntomas de recuperación del comercio interior? 9. ¿Qué factores explican esta saludable reactivación del comercio interior? 10. ¿Qué tuvo como contrapartida esta favorable tendencia?

B. *Panorama actual de la economía española (Continuación)*

COMERCIO EXTERIOR

Tras unos años de equilibrio, se viene saldando la balanza de comercio exterior deficitariamente, es decir, las importaciones han sido superiores a las exportaciones. El nexo de la economía española con el exterior sigue acentuándose, contribuyendo a ello, sin duda alguna, la liberalización llevada a cabo.

El comercio exterior español se realiza fundamentalmente con Europa. Gran Bretaña figura a la cabeza de los países importadores de productos españoles, siguiendo en importancia Alemania, Estados Unidos, Francia, etc. Del lado de los proveedores, Estados Unidos ocupa la primera posición, figurando a continuación Alemania, Reino Unido, y Francia.

Las importaciones provenientes de los distintos continentes aumentan notablemente, en tanto que en las exportaciones los únicos avances de interés tienen lugar en los envíos a Oceanía y a Estados Unidos. Disminuyen, no obstante, sensiblemente los realizados[4] al Continente Asiático.

Los ingresos provenientes del turismo han constituido la principal fuente de financiación del déficit comercial, siguiéndole en importancia los provenientes de las donaciones (remesas de emigrantes) y del capital a largo plazo.

---

[1] **se . . . de** *now we* (i.e., *the Spanish*) *are in a period of.*   [2] **más . . . necesario** *longer than necessary.*   [3] **al . . . intervencionistas** *on the removal of the governmental controls.*

[4] **los realizados** *those* (i.e., *shipments*) *made.*

Moderna máquina circular de tejer, fabricada en Barcelona

Cortesía, Embajada de España

Fábrica de abonos químicos cerca de Málaga, España

Cortesía, *The Lamp, Standard Oil Co. (N.J.)*

Refinería de petróleo cerca de Cartagena, España

Cortesía, Ministerio de información y turismo español

TURISMO

El turismo sigue en alza. A este aumento corresponde claramente un crecimiento del número de visitantes extranjeros en España. Se calcula que cerca de 9 millones de extranjeros visitan a España cada año.

Sin embargo, no es correcto evaluar la importancia del turismo únicamente por el número de visitantes. La medida más justa es el número de estancias,[1] que en el promedio español son de cuatro por persona, aproximadamente, aunque las estadísticas sobre este punto son claramente insatisfactorias. Los ingresos por turismo han aumentado más rápidamente que el número de turistas, lo cual parece indicar una tendencia a prolongar las estancias en nuestro país, o por lo menos a aumentar los gastos.

Casi un 50 por 100 del turismo se concentra en los tres meses de verano. Aunque es difícil conseguir la extensión de la temporada turística, ya que está ligada a los períodos de vacaciones laborales y escolares normales en Europa, para un mejor aprovechamiento de las instalaciones sería muy interesante, mediante la publicidad y precios especiales, alcanzar una difusión en el tiempo de las visitas turísticas.

Por procedencias, el turismo en España está ligado a Europa de manera clara. Entre los países más importantes destacan Alemania, Inglaterra, Francia y Portugal. Esta dependencia del turismo europeo se comprende por el alto nivel de vida de que disfrutan, junto a la facilidad de comunicaciones con nuestro país. La mayor parte de los visitantes extranjeros se desplazan por carretera, yendo en aumento el porcentaje[2] de los turistas que utilizan el automóvil.

Preguntas

1. Explique Ud. la frase « se viene saldando la balanza de comercio exterior deficitariamente ». 2. ¿Qué países figuran a la cabeza de los países importadores de productos españoles? 3. ¿Qué países exportan más productos a España? 4. ¿Qué avances se notan en las exportaciones? 5. ¿Qué ingresos han constituido la principal fuente de financiación del déficit comercial? 6. ¿Cuántos extranjeros visitan a España cada año? 7. ¿Qué medida hay que usar para evaluar la importancia del turismo? 8. ¿En qué meses del año se concentra casi un 50 por 100 del turismo? 9. ¿Por qué es difícil conseguir la extensión de la temporada turística? 10. ¿De qué países proceden la mayor parte de los visitantes extranjeros?

III. PRÁCTICAS ORALES

A. Diálogo. *En el Centro de Estudiantes*

Beatriz y Bartolo están tomando un café. Acaban de salir de su clase de Historia Moderna.

1. BARTOLO. Yo no creo que la situación económica de España haya progresado tanto.
2. BEATRIZ. ¿Quieres decir que el nivel de vida no se ha elevado?
3. BARTOLO. Sí. La expansión de la producción industrial es un hecho cierto; pero la población ha aumentado mucho también.
4. BEATRIZ. Me parece que no has comprendido bien lo que nos explicó el profesor hoy.
5. BARTOLO. Es posible. Me dormí en clase, como siempre. ¿Qué dijo?
6. BEATRIZ. Pues, en primer lugar nos explicó que el aumento de la industria ha sido más que proporcional al de la población.
7. BARTOLO. Entonces el nivel de vida se habrá elevado algo.
8. BEATRIZ. Parece que sí. La demanda interior ha crecido mucho.
9. BARTOLO. Los obreros tendrán más dinero.
10. BEATRIZ. El profesor también habló del desarrollo de la industria turística en España.
11. BARTOLO. Tengo entendido que España es un país popularísimo y que la visitan muchos norteamericanos.
12. BEATRIZ. Según el profesor casi 14 millones de turistas visitaron a España durante el año pasado.
13. BARTOLO. ¡Caramba! Hay más turistas que españoles en España.
14. BEATRIZ. Pues sí representan casi la mitad de la población.
15. BARTOLO. Si continúa su popularidad, algún día habrá tantos turistas como habitantes.
16. BEATRIZ. Sería de gran provecho para la economía española.

[1] **el . . . estancias** *the number of days one stays in the country.*
[2] **yendo . . . porcentaje** *there being on the increase the percentage.*

Preguntas

1. ¿Qué dice Bartolo acerca de la situación económica de España? 2. ¿Cómo justifica su opinión? 3. ¿Por qué es posible que no oyera la explicación del profesor? 4. ¿Qué dijo el profesor respecto de ese punto? 5. ¿Qué dice Beatriz respecto de la demanda interior? 6. ¿Qué otra industria se ha desarrollado mucho en España? 7. ¿Cuántos turistas visitaron a España el año pasado? 8. ¿Qué representa esa cifra en relación con la población del país?

B. Diálogo. *En el Centro de Estudiantes*

Continuación de la discusión anterior.

1. BARTOLO. ¿Qué más dijo el profesor mientras yo dormitaba?
2. BEATRIZ. Habló también del problema de la balanza de comercio exterior, que viene saldándose deficitariamente.
3. BARTOLO. ¿Y qué significa eso?
4. BEATRIZ. Que España está importando más de lo que exporta.
5. BARTOLO. ¿Con qué país se realiza la mayor parte de su comercio?
6. BEATRIZ. Principalmente con Gran Bretaña; pero Alemania y los Estados Unidos también importan muchos productos españoles.
7. BARTOLO. ¿Qué piensa hacer el gobierno español para combatir el déficit comercial?
8. BEATRIZ. Hasta ahora el turismo ha sido la principal fuente de financiación del déficit.
9. BARTOLO. ¿Y se está haciendo todo lo posible para aumentar el turismo?
10. BEATRIZ. Es cierto. El profesor nos informó que el gobierno se preocupa por la conservación de los monumentos nacionales.
11. BARTOLO. ¿Qué medidas va tomando?
12. BEATRIZ. Por ejemplo, la ciudad de Toledo fue declarada monumento nacional. Ya no se permite la construcción de edificios modernos dentro del recinto de la ciudad antigua.
13. BARTOLO. ¿Y dónde pueden construirse?
14. BEATRIZ. Fuera de la ciudad antigua, en un sector moderno.
15. BARTOLO. ¡Me parece un plan magnífico!

Preguntas

1. ¿Qué le ocurre a veces a Bartolo en clase? 2. ¿De qué otro problema de la economía española habló el profesor? 3. ¿Con qué país realiza España la mayor parte de su comercio? 4. ¿Con qué otros países tiene España importantes relaciones comerciales? 5. ¿Cuál ha sido la principal fuente de financiación del déficit comercial? 6. ¿Qué medidas va tomando el gobierno español para fomentar el turismo? 7. ¿Qué explicó el profesor respecto de la ciudad de Toledo? 8. ¿Dónde se permite la construcción de edificios modernos?

C. Temas para desarrollar oralmente

Preparar y aprender de memoria tres oraciones sobre cada uno de los temas siguientes para decirlas en clase:
1. Factores que han ayudado a la expansión de la producción industrial española.
2. Las relaciones comerciales de España con los otros países de Europa.
3. La importancia del turismo en la economía española.
4. Temas discutidos por Bartolo y Beatriz en el Diálogo B.

IV. ASPECTOS GRAMATICALES

A. Los tiempos progresivos[1]

1. **Estar** con el participio presente
*Para contestar afirmativamente, en la forma progresiva, agregando la frase **ahora mismo**:*

Modelo: *¿Prepara Graciela la comida?* *Sí, la está preparando ahora mismo.*

Profesor	*Estudiante*
¿Duerme mucho Bartolo?	Sí, está durmiendo ahora mismo.
¿Escribe Graciela el informe?	
¿Lee el poema Alfonso?	
¿Lo dice el profesor?	

[1] En español se usan, además de **estar**, los verbos **seguir, continuar, ir, venir,** y **andar,** para formar los tiempos progresivos.

2. **Seguir** o **continuar** con el participio presente
Para contestar afirmativamente, en la forma progresiva con seguir (o continuar):

Modelo: *¿Prepara Graciela la comida?* | *Sí, sigue (continúa) preparándola, o la sigue (continúa) preparando.*

Profesor	*Estudiante*
¿Aumenta la producción?	Sí, sigue (continúa) aumentando.
¿Escribe Graciela el informe?	
¿Duerme mucho Bartolo?	
¿Lo dice el profesor?	

3. **Ir, venir, andar** con el participio presente
Para contestar afirmativamente, en la forma progresiva, con el verbo indicado:

Modelo: *Venir. ¿Aumenta la población?* | *Sí, viene aumentando.*

Profesor	*Estudiante*
Ir. ¿Se desarrolla el turismo?	Sí, va desarrollándose.
Venir. ¿Consigue el profesor buenos resultados?	
Ir. ¿Comprende Bartolo el significado?	
Andar. ¿Dice Bartolo tonterías?	

B. El participio presente (sin preposición) en lugar de cláusulas introducidas por **como, cuando, si,** etc.

Emplear el participio presente en lugar de la frase inicial:

Modelo: *Si escucho al profesor, aprendo mucho.* | *Escuchando al profesor, aprendo mucho.*

Profesor	*Estudiante*
Como estaba enfermo, falté a clase.	Estando enfermo, falté a clase.
Si estudio contigo, aprendo mucho.	
Como soy alumno, no me dejan entrar.	
Cuando íbamos a Reno, tuvimos un accidente.	

C. Repaso de los verbos **comenzar,**[26] **poseer,**[43] **disminuir,**[42] **favorecer**[39]

1. *Para cambiar al presente y al pretérito de indicativo:*

Modelo: *Yo comenzaba a las seis de la mañana.* | *Yo comienzo a las seis de la mañana. Yo comencé a las seis de la mañana.*

Profesor	*Estudiante*
Siempre le favorecía yo.	Siempre le favorezco yo. Siempre le favorecí yo.
Sus dificultades disminuían.	
¿Lo poseía él?	
Nunca le obedecía yo.	

2. *Para cambiar al subjuntivo, después de* **Me alegro de que:**

Modelo: *Él lo comienza mañana.* | *Me alegro de que él lo comience mañana.*

Profesor	*Estudiante*
Nadie le favorece.	Me alegro de que no le favorezca nadie.
Alfonso lo posee.	
No disminuye el interés.	
Ella continúa sus estudios.	

V. EJERCICIOS ESCRITOS

A. Uso de modismos y frases hechas

1. *Úsense las frases y modismos siguientes en oraciones completas:*

con éxito   la renta industrial
de coste elevado   sensibles mejoras
materias primas   síntomas de recuperación
nuevas producciones un hecho cierto

2. *Escríbanse oraciones completas empleando las frases siguientes como elemento inicial:*

Al amparo de. . .
Ahora añadiremos que . . .
El alto nivel de vida . . .
El empleo de abonos . . .
Ningún otro sector . . .
Según las cifras . . .
Si dejamos a un lado . . .
Ya hemos visto que . . .

B. Ejercicio de traducción

Traduzcan al español las frases siguientes, tratando de imitar las construcciones y fraseología de los textos:

1. This essay deals with the enormous increase in Spanish industrial production. 2. It is an important part of the general process of development of Spanish economy. 3. Each branch, on its part, presents very special variations. 4. Protectionism should not be maintained longer than is necessary. 5. The progressive liberalization has been affecting the importation of raw materials and capital goods. 6. Since 1959 Spanish economy has continued to show signs of recovery.

7. The rise in the general price index has been the result of the increases experienced in the price of food products and coal. 8. Starting from 1961, the balance of trade has shown a marked deficit. 9. Exports were enough to cover only 46.7 per cent of the total amount paid out for imports. 10. The interrelationship between the economy of Spain and that of other countries continues to increase. 11. How many visitors from the United States will visit Spain next year? 12. A trend to prolong one's stay in Spain, or, at least, to increase one's expenditures, is evident.

VI. VERIFICACIÓN Y REPASO

A. Dictado

Preguntas

1. ¿Desde cuándo es conocida la riqueza mineral de España? 2. ¿Quiénes llevaban a cabo la explotación de las minas de España? 3. ¿Cómo se explica este hecho? 4. ¿Qué puede decirse del movimiento de la producción minera? 5. ¿Cuál fue la tasa media de crecimiento de 1940 a 1960? 6. ¿Cuáles son los más destacados componentes de estas alzas?

B. Concurso entre dos grupos de estudiantes

Se divide la clase en dos equipos, y el profesor hace las preguntas primero a un individuo del equipo A y luego a uno del equipo B; quedan eliminados los alumnos que se equivoquen, hasta quedar uno solo, como representante del equipo ganador. (Desde luego no debe considerarse correcta la contestación si la pronunciación es deficiente.) El profesor usará las preguntas siguientes:

1. *Descríbase la situación geográfica de las siguientes regiones:* Asturias, las Provincias Vascongadas, Cataluña, Murcia, Andalucía, Extremadura, Castilla la Vieja, Galicia.

2. *Descríbase la situación geográfica de las siguientes ciudades:* Bilbao, Barcelona, Sevilla, Jijona, Talavera de la Reina, Jerez, Málaga, Córdoba.

3. *Discuta brevemente alguna actividad industrial o comercial asociada con las regiones citadas en el ejercicio 1. Para prepararse para estas preguntas los alumnos deben repasar la Lección 1.*

4. *Discuta brevemente alguna actividad industrial o comercial asociada con las ciudades citadas en el ejercicio 2. Para prepararse para estas preguntas los alumnos deben repasar la Lección 1.*

C. Temas para un informe escrito

Escríbase un informe, de unas ciento veinte palabras, sobre uno de los temas siguientes:

1. El desarrollo de la economía española en los últimos años.

2. El comercio exterior de España.

3. El turismo en España.

DEL FOLKLORE DEL MUNDO HISPÁNICO
(Para aprender de memoria)

ROMANCE DEL CONDE OLINOS

Madrugaba el Conde Olinos,
mañanita de San Juan,
a dar agua a su caballo
a las orillas del mar.
Mientras el caballo bebe,
canta un hermoso cantar;
las aves que van volando
se paraban a escuchar.
— Bebe, mi caballo, bebe;
Dios te me libre de mal,
de los aires de la tierra,
de los vientos de la mar.
Desde la torre más alta
la reina le oyó cantar.
— Mira, hija, cómo canta
la sirena de la mar.

— No es la sirenita, madre,
que ésa tiene otro cantar,
es la voz del Conde Olinos,
que por mí penando está.
— Si es la voz del Conde Olinos,
yo le mandaré matar,[1]
que para casar contigo
le falta la sangre real.
Guardias mandara[2] la reina
al Conde Olinos matar;
que le maten a lanzadas
y echen su cuerpo a la mar.
La princesa, con gran pena,
no cesaba de llorar.
Él murió a la media noche
y ella a los gallos cantar.

[1] **yo le mandaré matar** *I will order him killed.*
[2] **mandara = ha mandado** (licencia poética).

Antena de televisión, Madrid
Cortesía, Ministerio de información y turismo español

Tren Talgo, Madrid
Cortesía, Ministerio de información y turismo español

17

Los intereses creados

I. PRESENTACIÓN

A. *Nota literaria*

Los intereses creados, una comedia en tres cuadros estrenada en 1907, se considera como una de las mejores obras del dramaturgo Jacinto Benavente. En general las comedias de Benavente tratan de situaciones de la vida moderna. En esta comedia, que trata de un tema universal — la motivación de la conducta humana —, el autor ha preferido usar el artificio de la farsa italiana del siglo XVI, llamada comedia del Arte, en que los personajes representaban tipos determinados: Polichinela, el tipo del burgués vulgar; Arlequín, personaje cómico; el Soldado, etc. Damos a continuación el argumento de la comedia hasta el punto en que empiezan las escenas reproducidas en esta lección.

En el cuadro primero dos aventureros, Crispín y Leandro, llegan, sin dinero ni equipaje, a la plaza de una ciudad. Crispín propone que Leandro finja ser una persona de calidad. Engañan al hostelero y se ganan la amistad de Arlequín y del Capitán al decirles Crispín que su señor — Leandro — pagará todos sus gastos. Hasta consigue Crispín que el hostelero les entregue sesenta escudos por encargo de su señor.

En el segundo cuadro Doña Sirena y Colombina están preparando una fiesta. Surge una dificultad cuando Colombina anuncia que el sastre, el cocinero y los músicos quieren que se les pague por adelantado. Crispín, que se ha enterado de todo y quiere que Leandro asista a la fiesta, revela un plan ingenioso a Doña Sirena: todo podrá pagarse y arreglarse si logran casar a Leandro con la hija del Sr. Polichinela, el señor más rico de la ciudad. Arlequín y el Capitán apoyan a Leandro, y por fin accede Doña Sirena.

En la fiesta no se habla más que del personaje misterioso — tal vez un embajador secreto, y lindo como un Adonis —, que tiene atenciones sólo para la hija del Sr. Polichinela, Silvia. Se reconocen Crispín y el Sr. Polichinela, y éste se apresura a separar a su hija de Leandro. Doña Sirena y la Señora de Polichinela se indignan con la conducta del marido de ésta. Entretanto Leandro y Silvia se han enamorado de verdad. Leandro, avergonzado, quiere huir; pero Crispín le anuncia que tiene un plan nuevo.

En el cuadro tercero Crispín recibe al Capitán y a Arlequín, que vienen a ofrecer sus servicios a Leandro. Han oído decir que Leandro ha sido asaltado por unos forajidos, pagados seguramente por el padre de Silvia. Colombina anuncia que Silvia ha huido de su casa y se encuentra en la de Doña Sirena, muerta de angustia porque cree que Leandro está herido. Leandro declara que no puede seguir mintiendo, pero Crispín le aconseja que calle y que acepte lo que los demás han de ofrecerle: el *interés* de todos será su salvación; ¡ tendrá que casarse con Silvia! Se complica la acción al aparecer Silvia, indignada con la conducta de su padre. En este momento anuncia Crispín que llega el Sr. Polichinela con la justicia. Por primera vez Leandro se encarga de la situación: esconde a Silvia en la habitación del foro y luego trepa hacia arriba por la ventana y desaparece.

B. *Observaciones sobre el estilo*

En general Benavente emplea en esta obra, como en sus demás obras, un español correcto y completamente moderno. En esta comedia, sin embargo, para darle un aire arcaico, Benavente emplea algunas formas y expresiones de épocas antiguas.

1. En el español moderno hay dos formas de tratamiento: **tú,** que exige el verbo en la segunda persona, en el tratamiento familiar, y **usted,** que lo exige en la tercera persona, como forma de res-

peto. El plural de **tú** es **vosotros** en España, y **ustedes** en América. En la Edad Media el plural de **tú** era **vos** (después se desarrolló la forma **vosotros**). Como forma de respeto se usaba este mismo pronombre **vos**, con el verbo en la segunda persona del plural, para dirigirse a una sola persona. No existía todavía la forma **vuestra merced**, que más tarde se abrevió a la forma moderna **usted**. Benavente emplea la forma **vos** en sus dos sentidos antiguos: como el plural de **tú**, y como forma de cortesía al hablar a una sola persona.

2. En la Edad Media los verbos **haber** y **tener** eran equivalentes. Por eso emplea Benavente la expresión **no hayáis cuidado** por **no tengáis cuidado.**

3. La frase **en galeras** se refiere a una costumbre antigua. Las galeras eran antiguos barcos de guerra y de comercio que se movían con velas o con remos. En casos graves se condenaba a los criminales a la pena de remar en las galeras.

C. *Modismos y frases útiles*

Estudien los modismos y frases siguientes y aprendan de memoria los ejemplos:

1. **A costa mía.** Pagando yo. ~ Eso quisierais para cobraros a costa mía.
2. **Consentir en.** Permitir; admitir. ~ Mi amo puede ser rico, si el señor Polichinela consiente en casarle con su hija.
3. **Dar con uno en galeras.** Condenar a uno a remar en las galeras. ~ ¿Qué lograréis ahora si dan con nosotros en galeras?
4. **De cualquier modo que sea.** ~ He de cobrar lo que me corresponda de cualquier modo que sea.
5. **De por medio.** Mediar, intervenir en un asunto. ~ ¿Cómo se compondrá ahora con la Justicia de por medio?
6. **En cambio.** Por otra parte. ~ En cambio, si no nos hubierais estorbado a tan mal tiempo, hoy mismo tendríais vuestro dinero.
7. **Hoy mismo.** Se añade **mismo** a los pronombres personales y a algunos adverbios para dar más energía a lo que se dice. ~ Hoy mismo tendríais vuestro dinero.
8. **Quitar a.** Con los verbos **comprar, pedir, quitar, robar,** etc. se emplea el objeto indirecto para expresar la separación. ~ ¿De dónde habéis de cobrarlo si así quitáis crédito a mi señor?

II. LECTURAS

A. *Los intereses creados*

Por Jacinto Benavente

ACTO SEGUNDO

CUADRO TERCERO

Sala en casa de Leandro

Escena VIII [Última parte]

(CRISPÍN, el SEÑOR POLICHINELA, el HOSTELERO, el SEÑOR PANTALÓN, el CAPITÁN, ARLEQUÍN, el DOCTOR, el SECRETARIO y dos ALGUACILES con enormes protocolos de curia.)

HOSTELERO. ¡Nuestro dinero!

CRISPÍN. Pues escuchadme aquí ... ¿De dónde habéis de cobrarlo si así quitáis crédito a mi señor y así hacéis imposible su boda con la hija del señor Polichinela? ¡Voto a ... que siempre pedí tratar con pícaros mejor que[1] con necios! Ved lo que hicisteis y cómo se compondrá ahora con la Justicia de por medio. ¿Qué lograréis ahora si dan con nosotros en galeras o en sitio peor? ¿Será buena moneda para cobraros las túrdigas de nuestro pellejo? ¿Seréis más ricos, más nobles, o más grandes cuando nosotros estemos perdidos? En cambio, si no nos hubierais estorbado a tan mal tiempo, hoy, hoy mismo tendríais vuestro dinero, con todos sus intereses ..., qué ellos solos bastarían a llevaros a la horca, si la Justicia no estuviera en esas manos y en esas plumas ... Ahora haced lo que os plazca, que ya os dije lo que os convenía ...

DOCTOR. Quedaron suspensos ...

CAPITÁN. Yo aun no puedo creer que ellos sean tales bellacos.

POLICHINELA. Este Crispín ... capaz será de convencerlos.

PANTALÓN. (*Al Hostelero.*) ¿Qué decís a esto? Bien mirado ...

HOSTELERO. ¿Qué decís vos?

PANTALÓN. Dices que hoy mismo se hubiera casado tu amo con la hija del señor Polichinela. ¿Y si él no da el consentimiento? ...

CRISPÍN. De nada ha de servirle.[2] Que su hija huyó con mi señor ..., y lo sabrá todo el mundo ... y a él más que a nadie importa, que nadie sepa cómo su hija se perdió por un hombre sin condición, perseguido por la Justicia.

---

[1] **que siempre ... que** *I have always preferred to have dealings with scoundrels rather than.*

[2] **De nada ha de servirle** *It won't be of any use to him.*

PANTALÓN. Si así fuera . . . ¿ Qué decís vos ?

HOSTELERO. No nos ablandemos. Ved que el bellacón es maestro en embustes.

PANTALÓN. Decís bien. No sé cómo pude creerlo. ¡ Justicia ! ¡ Justicia !

CRISPÍN. ¡ Ved que lo perdéis todo !

PANTALÓN. Veamos todavía . . . Señor Polichinela, dos palabras.

POLICHINELA. ¿ Qué me queréis ?

PANTALÓN. Suponed que nosotros no hubiéramos tenido razón para quejarnos. Suponed que el señor Leandro fuera, en efecto, el más noble caballero . . ., incapaz de una baja acción . . .

POLICHINELA. ¿ Qué decís ?

PANTALÓN. Suponed que vuestra hija le amara con locura, hasta el punto de haber huido con él de vuestra casa.

POLICHINELA. ¿ Que mi hija huyó de mi casa y con ese hombre ? ¿ Quién lo dijo ? ¿ Quién fue el desvergonzado . . . ?

PANTALÓN. No os alteréis. Todo es suposición.

POLICHINELA. Pues aun así no he de tolerarlo.

PANTALÓN. Escuchad con paciencia. Suponed que todo eso hubiera sucedido. ¿ No os sería forzoso casarla ?

POLICHINELA. ¿ Casarla ? ¡ Antes la mataría ! Pero es locura pensarlo. Y bien veo que eso quisierais para cobraros a costa mía, que sois otros tales bribones. Pero no será, no será . . .

PANTALÓN. Ved lo que decís, y no se hable aquí de bribones cuando estáis presente.

HOSTELERO. ¡ Eso, eso !

POLICHINELA. ¡ Bribones, bribones, combinados para robarme ! Pero no será, no será !

(Continuará)

Preguntas

1. ¿ Dónde tiene lugar la acción ? 2. ¿ Qué personajes se encuentran en la escena ? 3. ¿ Qué pide el Hostelero ? 4. ¿ Por qué le parece mal a Crispín que traten de estorbar la boda de Leandro ? 5. ¿ Qué pregunta le hace Pantalón a Crispín ? 6. ¿ Por qué contesta Crispín que de nada ha de servirle ? 7. ¿ Qué quiere Pantalón que suponga el Sr. Polichinela ? 8. ¿ Por qué se indigna el Sr. Polichinela ? 9. ¿ Qué le pregunta por fin Pantalón ? 10. ¿ Cuál es la contestación del Sr. Polichinela ?

B. *Los intereses creados (Continuación)*

DOCTOR. No hayáis cuidado, señor Polichinela, que aunque ellos renunciaran a perseguirle, ¿ no es nada este proceso ? ¿ Creéis que puede borrarse nada de cuanto en él consta, que son cincuenta y dos delitos probados y otros tantos que no necesitan probarse ? . . .

PANTALÓN. ¿ Qué decís ahora, Crispín ?

CRISPÍN. Que todos esos delitos, si fueran tantos, son como estos otros . . . Dinero perdido que nunca se pagará si nunca lo tenemos.

DOCTOR. ¡ Eso no ! Que yo he de cobrar lo que me corresponda de cualquier modo que sea.

CRISPÍN. Pues será de los que se quejaron,[1] que nosotros harto haremos en pagar con nuestras personas.

DOCTOR. Los derechos de justicia son sagrados y lo primero será embargar para ellos cuanto hay en esta casa.

PANTALÓN. ¿ Cómo es eso ? Esto será para cobrarnos en algo.[2]

HOSTELERO. Claro es; y de otro modo . . .

DOCTOR. Escribid, escribid, que si hablan todos nunca nos entenderemos.

PANTALÓN Y HOSTELERO. ¡ No, no !

CRISPÍN. Oídme aquí, señor Doctor. ¿ Y si se os pagara de una vez y sin escribir tanto, vuestros . . ., como los llamáis ? ¿ Estipendios ?

DOCTOR. Derechos de justicia.

CRISPÍN. Como queráis. ¿ Qué os parece ?

DOCTOR. En ese caso . . .

CRISPÍN. Pues ved que mi amo puede ser hoy rico, poderoso, si el señor Polichinela consiente en casarle con su hija. Pensad que la joven es hija única del señor Polichinela; pensad en que mi señor ha de ser dueño de todo; pensad . . .

DOCTOR. Puede, puede estudiarse.

PANTALÓN. ¿ Qué os dijo ?

HOSTELERO. ¿ Qué resolvéis ?

DOCTOR. Dejadme reflexionar. El mozo no es lerdo y se ve que no ignora los procedimientos legales. Porque si consideramos que la ofensa que recibisteis fue puramente pecuniaria y que todo delito que puede ser reparado en la misma forma lleva en la reparación el más justo castigo; si consideramos que así en la ley bárbara y primitiva del talión se dijo: ojo por ojo, diente por diente, mas no diente por ojo ni ojo por diente . . . Bien puede decirse en este caso escudo por escudo. Porque, al fin, él no os quitó la vida para que podáis exigir la suya en pago. No os ofendió en vuestra persona, honor, ni buena fama, para que podáis exigir otro tanto. La equidad es la suprema justicia. *Equitas justitia magna est.*[3] Y desde las Pandectas hasta Triboniano con Emiliano Triboniano[4] . . .

---

[1] **Pues . . . quejaron** *Well, it* (i.e., *payment*) *will come from those who made the complaint.* [2] **para . . . algo** *to collect something for us.* [3] *Equitas justitia magna est.* (The Latin form of the immediately preceding Spanish sentence with *equitas* for Latin *aequitas*). [4] **hasta . . . Triboniano.** El Doctor quiere acumular las referencias; le importa poco la exactitud. En la escena anterior se había referido a « Emiliano y Triberiano ». Los nombres pueden ser invenciones de Benavente.

PANTALÓN.   No digáis nada. Si él nos pagara . . .

HOSTELERO.   Como él nos pagara[1] . . .

POLICHINELA.   ¡ Qué disparates son éstos, y cómo ha de pagar, ni qué tratar ahora ![2]

CRISPÍN.   Se trata de que todos estáis interesados en salvar a mi señor, en salvarnos por interés de todos. Vosotros, por no perder[3] vuestro dinero; el señor Doctor, por no perder toda esa suma de admirable doctrina que fuisteis depositando en esa balumba de sabiduría; el señor Capitán, porque todos le vieron amigo de mi amo, y a su valor importa que no se murmure de su amistad con un aventurero; vos, señor Arlequín, porque vuestros ditirambos de poeta perderían todo su mérito al saber que tan mal los empleasteis; vos, señor Polichinela . . ., antiguo amigo mío, porque vuestra hija es ya ante el Cielo y ante los hombres la esposa del señor Leandro.

POLICHINELA.   ¡ Mientes, mientes ! ¡ Insolente, desvergonzado !

CRISPÍN.   Pues procédase al inventario de cuanto hay en la casa. Escribid, y sean todos estos señores testigos, y empiécese por este aposento.

(*Descorre el tapiz de la puerta del foro y aparecen formando grupo Silvia, Leandro, doña Sirena, Colombina y la señora de Polichinela.*)

Preguntas

1. ¿ Qué le dice el Doctor al Sr. Polichinela para calmarle ?   2. ¿ Cuál es la reacción de Crispín ?   3. ¿ En qué insiste el Doctor ?   4. ¿ Qué hará el Doctor para cobrar los derechos de justicia ?   5. ¿ Qué quiere Crispín que considere el Doctor ?   6. Si la ofensa fue puramente pecuniaria, ¿ cómo debe repararse ?   7. ¿ En qué están interesados todos, según Crispín ?   8. ¿ Qué anuncia por fin Crispín ?   9. Cuando el Sr. Polichinela le dice que miente, ¿ qué dice Crispín ?   10. ¿ Cómo termina la escena ?

III. PRÁCTICAS ORALES

A. Diálogo. *En el teatro*

Alfonso y Graciela asisten a una representación de Los intereses creados. *Se encuentran durante el entreacto.*

1. GRACIELA.   ¡Alfonso! ¡Tú por aquí! ¿Te gusta la obra ?

2. ALFONSO.   Pues no sé todavía. Es la primera vez que veo una obra de Benavente. Es diferente de lo que yo esperaba.

3. GRACIELA.   ¿Y qué es lo que esperabas ?

4. ALFONSO.   Yo siempre creía que Benavente era un dramaturgo realista. Esta obra me parece una alegoría.

5. GRACIELA.   Es cierto que Benavente inició el teatro realista en España.

6. ALFONSO.   Entonces, ¿cómo se explica esta obra ?

7. GRACIELA.   Benavente era un dramaturgo sumamente productivo y escribió obras de diferentes clases.

8. ALFONSO.   ¿Por ejemplo ?

9. GRACIELA.   Escribió obras satíricas, dramas psicológicos, piezas para niños, y obras alegóricas, como *Los intereses creados.*

10. ALFONSO.   ¿En cuáles tuvo más éxito ?

11. GRACIELA.   Probablemente en las comedias en que satirizaba la burguesía y la aristocracia madrileñas.

12. ALFONSO.   ¿Qué aspectos de la sociedad criticaba más ?

13. GRACIELA.   Pues la falta de moralidad, la ambición de riquezas, la hipocresía social . . .

14. ALFONSO.   Por eso le llamaban el Bernard Shaw de España, ¿verdad ?

15. GRACIELA.   Indudablemente. Pero creo que hay grandes diferencias entre Benavente y Shaw.

16. ALFONSO.   Tendrás que explicármelas más tarde. Ya comienza el segundo acto.

Preguntas

1. ¿ Dónde se encuentran Graciela y Alfonso ?   2. ¿ Por qué dice Alfonso que la obra es diferente de lo que él esperaba ?   3. Según Graciela, ¿ qué inició Benavente en España ?   4. ¿ En qué grupos pueden clasificarse las obras de Benavente ?   5. ¿ En cuáles tuvo más éxito ?   6. ¿ Qué aspectos de la sociedad solía satirizar ?   7. ¿ Con qué dramaturgo inglés han comparado a Benavente ?   8. ¿ Por qué no pueden continuar la discusión ?

---

[1] **Como . . . pagara** *If he should pay us.*   [2] **ni . . . ahora** *and there is no deal to be made now.*   [3] **por no perder** *because you don't wish to lose.*

B. Diálogo. *En un café de la ciudad*

Alfonso y Graciela toman un refresco después de salir del teatro.

1. ALFONSO. Me gustaría que continuaras la discusión que comenzamos durante el entreacto.
2. GRACIELA. Y ¿de qué hablábamos?
3. ALFONSO. Pues me decías que encontrabas grandes diferencias entre Benavente y Shaw.
4. GRACIELA. ¡Ah, sí, ya me acuerdo! Pues me parece que Shaw solía presentar doctrinas más prácticas.
5. ALFONSO. Querrás decir que procuraba reformar la sociedad.
6. GRACIELA. Ciertamente.
7. ALFONSO. ¿Es que Benavente no proponía remedios para los defectos que criticaba?
8. GRACIELA. Es una de las críticas que se le hacían. Benavente se interesaba solamente en poner de manifiesto los males de la sociedad madrileña.
9. ALFONSO. Entonces, ¿qué lugar ocupa una obra como *Los intereses creados*?
10. GRACIELA. Habrás notado que no se limita a censurar la falta de moralidad de la sociedad de Madrid.
11. ALFONSO. Sí. A mí me parece que trata de problemas universales.
12. GRACIELA. Estoy de acuerdo contigo. Benavente quiere indicar la existencia universal del mal.
13. ALFONSO. Y siendo universal, es necesario reconocerlo y buscar la manera de reconciliarse uno con él.
14. GRACIELA. Esa es la interpretación que yo saco . . .
15. ALFONSO. Ya voy comprendiendo el interés de la obra.

Preguntas

1. ¿Dónde se encuentran Alfonso y Graciela? 2. ¿Qué le pide Alfonso a Graciela? 3. ¿Qué diferencia entre Shaw y Benavente encuentra Graciela? 4. ¿Qué procuraba hacer Shaw? 5. ¿Qué era lo único que le interesaba a Benavente? 6. Según Graciela, ¿qué se nota en *Los intereses creados*? 7. Según Graciela, ¿qué quiere indicar Benavente en esta obra? 8. Según Benavente, ¿qué remedio le queda al hombre?

C. Temas para desarrollar oralmente

Preparar tres preguntas sobre cada uno de los temas siguientes para que las contesten los otros alumnos de la clase:

1. La acción del cuadro primero de *Los intereses creados*.
2. La acción del cuadro segundo.
3. La acción del cuadro tercero, hasta el punto en que empiezan las escenas reproducidas.
4. El carácter del Doctor.

IV. ASPECTOS GRAMATICALES

A. El imperativo

1. *Para cambiar a la forma afirmativa, entendiéndose* **tú** *como sujeto:*

Modelo: *No salgas ahora.*   *Sal ahora.*

Profesor	*Estudiante*
No vayas a la clase.	Ve a la clase.
No vengas temprano.	
No pongas la caja ahí.	
No leas esa novela.	

2. *Para cambiar al plural, entendiéndose* **vosotros** *como sujeto:*

Modelo: *Haz el trabajo.*   *Haced el trabajo.*

Profesor	*Estudiante*
Empieza la lección.	Empezad la lección.
Di la verdad.	
Sé bueno.	
Sigue leyendo.	

Entrada típica de una casa española de la vieja Sevilla, España

Cortesía, Ministerio de información y turismo español

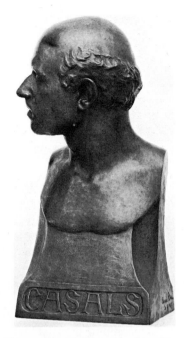

Busto de Pablo Casals, célebre violonchelista español por Brenda Putnam

Cortesía, *The Hispanic Society of America*

« *La mujer y los encapotados* » por *Goya*

Cortesía, Museo del Prado, Madrid

Busto de Francisco de Goya y Lucientes por Mariano Benlliure y Gil

Cortesía, *The Hispanic Society of America*

« *El artista y la modelo* » por *Picasso*

Cortesía, Pabellón de España, Feria Mundial de Nueva York

« *Retrato de un hombre* » por *El Greco*

Cortesía, *The Metropolitan Museum of Art, Joseph Pulitzer Bequest Fund*

**« *Religioso de la orden de los Cartujos* »
por *Zurbarán***

Cortesía, *The Hispanic Society of America*

**« *Mi tío Daniel y su familia* »
por *Zuloaga***

Cortesía, *Museum of Fine Arts, Boston*

3. *Para cambiar a la forma negativa, entendiéndose* **vosotros** *como sujeto:*

Modelo: *Salid del teatro.*   *No salgáis del teatro.*

Profesor	*Estudiante*
Id a la biblioteca.	No vayáis a la biblioteca.
Empezad la lección.	
Haced el trabajo.	
Venid corriendo.	

B. Las formas de mandato en la tercera persona

Para contestar afirmativamente, agregando una cláusula con el verbo en el subjuntivo y precedido por la partícula **que:**

Modelo: *¿Puede ir Bartolo al teatro?*   *Sí, que vaya Bartolo al teatro.*

Profesor	*Estudiante*
¿Puede empezar Graciela ahora?	Sí, que empiece Graciela ahora.
¿Pueden salir a las tres?	
¿Pueden seguir sus estudios?	
¿Puede continuar el informe?	

C. Repaso de los verbos **pedir,**[30] **pagar,**[33] **vencer**[38] (como **vencer** se conjuga **convencer**), **consentir**[28]

1. *Para cambiar al presente y al pretérito de indicativo:*

Modelo: *Yo pedía grandes cambios.*   *Yo pido grandes cambios.   Yo pedí grandes cambios.*

Profesor	*Estudiante*
Yo pagaba mis deudas.	Yo pago mis deudas. Yo pagué mis deudas.
Yo vencía a mis rivales.	
Yo no lo consentía.	
Yo traía el mapa.	

2. *Para cambiar al subjuntivo, después de Es posible que:*

Modelo: *Pagamos nuestras deudas.*   *Es posible que paguemos nuestras deudas.*

Profesor	*Estudiante*
Continúan sus estudios.	Es posible que continúen sus estudios.
Traemos el mapa.	
No lo consentimos.	
Vencemos a nuestros rivales.	

V. EJERCICIOS ESCRITOS

A. El imperativo.   El presente de subjuntivo usado como imperativo.

1. *Traducir al español usando el pronombre* **tú:**
a) Listen to me. b) Demand it. c) Do it right now. d) Tell him everything.

2. *Traducir el ejercicio anterior, usando el pronombre* **vosotros.**

3. *Repetir el ejercicio 1 negativamente.*

4. *Traducir el ejercicio 1 usando el pronombre* **usted.**

5. *Repetir el ejercicio 4 negativamente.*

B. Ejercicio de traducción

Traduzcan al español las oraciones siguientes, tratando de imitar las construcciones y fraseología del texto:

1. If you wish to collect your money, don't discredit my master. 2. If Crispín were not such a great rascal, they would have believed him. 3. If the Law does not intervene, you will have the money soon. 4. She plans to get married, even though her father does not give his consent. 5. Let's not listen to him; he will be capable of convincing us. 6. Suppose that your daughter had run away with this gentleman. 7. On the other hand, what is recorded in the suit cannot be erased. 8. We will collect what corresponds to us however it may be. 9. It will be necessary to attach everything that there is in this house. 10. You will be paid all at one time if he agrees to the marriage. 11. I didn't deprive him of his life so that he can demand mine in payment. 12. Have Silvia and Leander enter through the door at the rear.

VI. VERIFICACIÓN Y REPASO

A. Dictado

Preguntas

1. ¿Qué cambio va a ocurrir en la vida del poeta? 2. ¿Qué hará el mundo? 3. ¿Qué hará una brisa fresca, según el poeta? 4. ¿Habrá quien le aguarde o quien bese su recuerdo? 5. ¿Qué cosas no desaparecerán aunque él no esté allí? 6. ¿Con qué pensamiento termina el poema?

B. Concurso entre dos grupos de estudiantes

1. Se divide la clase en dos equipos, y el profesor hace las preguntas primero a un individuo del equipo A y luego a uno del equipo B; quedan eliminados los alumnos que se equivoquen, hasta quedar uno solo, como representante del equipo ganador. (No debe considerarse correcta la contestación si la pronunciación es deficiente.) *El profesor pedirá que se identifiquen brevemente los siguientes personajes de* Los intereses creados: Crispín, el Sr. Polichinela, Pantalón, el Doctor, el Hostelero, Silvia, Arlequín, Leandro.

2. Se divide la clase en dos equipos. Entre todos los alumnos del equipo A se formula una pregunta, sobre los temas que se citan más abajo, para que la conteste un representante del equipo B. Se gana un punto si la contestación es correcta; si no es correcta, gana un punto el equipo que ha hecho la pregunta. El equipo que gana formula la pregunta siguiente. *Se formularán preguntas sobre los temas siguientes:* los alguaciles, el consentimiento del Sr. Polichinela, el maestro en embustes, los derechos de justicia, los procedimientos legales, el más justo castigo, la ley del talión, las galeras.

C. Temas para desarrollar por escrito

Escríbanse cuatro oraciones sobre cada uno de los temas siguientes:

1. El carácter de Crispín.
2. Las reflexiones del Doctor.
3. La acción de la Última parte de la Escena VIII.

DEL MUNDO ANCHO Y AJENO

(Para aprender de memoria)

A. Parentesco

—¿Por qué llevas luto?
— Murió un pariente lejano mío.
— Pero . . . ¿por un pariente lejano . . . ya llevas dos meses de luto?[1]
— Es que se trata de un hermano mío que vivía en Australia.

Preguntas

1. ¿Quién ha muerto? 2. ¿Cuál es la pregunta del amigo? 3. Explíquense los sentidos que puede tener la frase « pariente lejano ».

[1] **ya . . . de luto** *you have already been in mourning for two months.*

B. Desesperado

— Estoy desesperado. Mi cajero se fugó con mi dinero y con mi mujer.
— ¡Qué barbaridad! ¿Y no lo perseguiste?
— Sí, pero me resultó peor.
— ¿Por qué? ¿No te devolvió el dinero?
— No. Sólo a mi mujer.

Preguntas

1. ¿Por qué está desesperado el señor? 2. ¿Qué le pregunta su amigo? 3. ¿Por qué contesta que le resultó peor?

18

Jacinto Benavente

I. PRESENTACIÓN

A. *Nota literaria*

Jacinto Benavente (1866–1954) puede considerarse como el mejor dramaturgo español del siglo veinte. Aunque su teatro ha perdido parte de su prestigio ante las innovaciones de las generaciones más jóvenes, fue uno de los dramaturgos más conocidos del mundo durante las primeras décadas de este siglo. En 1922 se le concedió el Premio Nobel de Literatura.

La obra dramática de Benavente representa una renovación análoga a la que realizaron en otros géneros los escritores de la generación del 98. Después de algunas obras no dramáticas de estilo lírico y modernista, comenzó la producción de una larga serie de comedias — desde El nido ajeno, en 1894 — que se apartan completamente del teatro declamatorio y melodramático, y las obras de tesis, de los dramaturgos de fin de siglo.

La comedia de Benavente, sutil e irónica, lleva a la escena las costumbres de la aristocracia y la clase media madrileñas, satirizando sus prejuicios e hipocresía. Además del propósito satírico, otras cualidades típicas son la finura de la observación psicológica y el tono intelectual. Benavente es maestro en el diálogo y en los recursos de la técnica teatral. Su dominio del lenguaje es notable. Gran admirador de Shakespeare y de Molière, encuentra también inspiración en Ibsen y en Maeterlinck.

Benavente escribió más de cien comedias. Entre sus primeras comedias deben recordarse Gente conocida (1896), La comida de las fieras (1898), y Los malhechores del bien (1905). Su arte llega a su plenitud en Los intereses creados (1907) y en sus dos dramas trágicos de ambiente rural, Señora ama (1908) y La malquerida (1913). Otras obras de interés son: Vidas cruzadas (1931), Aves y pájaros (1940), y La infanzona (1946). Escribió también hermosas comedias para niños, entre ellas El príncipe que todo lo aprendió en los libros (1914).

B. *Estudio de palabras*

Estudien las aclaraciones siguientes:
1. **Bergante** *m.* Pícaro, rufián.
2. **Conjurado, –a.** Se dice del que entra en una conspiración.
3. **Desdichado, –a.** Desgraciado, –a. Nótese el valor negativo del prefijo **des–** en las dos palabras citadas, como en **desheredado, desvergonzado,** etc.
4. **Disparate** *m.* Hecho o dicho absurdo.
5. **Foro** *m.* En el teatro, fondo del escenario.
6. **Muñeco** *m.* Títere, figurilla que se mueve mediante algún artificio.
7. **Proscenio** *m.* En el teatro, parte anterior del escenario.
8. **Verdugo** *m.* Ministro de justicia que ejecuta las penas de muerte.

C. *Modismos y frases útiles*

Estudien los modismos y frases siguientes y aprendan de memoria los ejemplos:
1. **Carecer de.** No tener. ~ En mi señor no hubo más falta que carecer de dinero.
2. **Confiar en.** Tener confianza en. ~ Ahora confío en la grandeza de tu señor.
3. **De parte de.** A favor de. ~ Todo el mundo estará de su parte. También significa «en nombre de»: Vengo de parte de tu hermano.
4. **¿De qué sirve(n) . . . ?** ¿De qué utilidad es (son) . . . ? ~ ¿De qué sirven las riquezas sin amor?
5. **En busca de.** Corrí al punto en busca de vuestra esposa.
6. **Es cuenta mía.** Es obligación mía. ~ El castigo de mi hija es cuenta mía.
7. **Oponerse a.** Mostrarse contrario a. ~ A esto no ha de oponerse nadie.
8. **Salir a.** Parecerse a. ~ Vuestros nietos serán caballeros . . . , si no dan en salir al abuelo . . .

II. LECTURAS

A. *Los intereses creados (Continuación)*

Escena Última

(Dichos, Silvia, Leandro, Doña Sirena, Colombina, y la Señora de Polichinela, que aparece por el foro.)

PANTALÓN Y HOSTELERO. ¡Silvia!

CAPITÁN Y ARLEQUÍN. ¡Juntos! ¡Los dos!

POLICHINELA. ¿Conque era cierto? ¡Todos contra mí! ¡Y mi mujer y mi hija con ellos! ¡Todos conjurados para robarme! ¡Prended a ese hombre, a esas mujeres, a ese impostor, o yo mismo...!

PANTALÓN. ¿Estáis loco, señor Polichinela?

LEANDRO. (*Bajando al proscenio en compañía de los demás.*) Vuestra hija vino aquí creyéndome malherido, acompañada de doña Sirena, y yo mismo corrí al punto en busca de vuestra esposa para que también la acompañara. Silvia sabe quién soy, sabe toda mi vida de miserias, de engaños, de bajezas, y estoy seguro que de nuestro sueño de amor nada queda en su corazón... Llevadla de aquí, llevadla; yo os lo pido antes de entregarme a la Justicia.

POLICHINELA. El castigo de mi hija es cuenta mía; pero a ti... ¡Prendedle digo!

SILVIA. ¡Padre! Si no le salváis, será mi muerte. Le amo, le amo siempre, ahora más que nunca. Porque su corazón es noble y fue muy desdichado, y pudo hacerme suya con mentir,[1] y no ha mentido.

POLICHINELA. ¡Calla, calla, loca, desvergonzada! Éstas son las enseñanzas de tu madre..., sus vanidades y fantasías. Éstas son las lecturas romancescas, las músicas a la luz de la luna.

SEÑORA DE POLICHINELA. Todo es preferible a que mi hija se case[2] con un hombre como tú, para ser desdichada como su madre. ¿De qué me sirvió nunca la riqueza?

SIRENA. Decís bien, señora Polichinela. ¿De qué sirven las riquezas sin amor?

COLOMBINA. De lo mismo que el amor sin riquezas.

DOCTOR. Señor Polichinela, nada os estará mejor que[3] casarlos.

PANTALÓN. Ved que esto ha de saberse en la ciudad.

HOSTELERO. Ved que todo el mundo estará de su parte.

CAPITÁN. Y no hemos de consentir que hagáis violencia a vuestra hija.

DOCTOR. Y ha de constar en el proceso que fue hallada aquí, junto con él.

CRISPÍN. Y en mi señor no hubo más falta que carecer de dinero, pero a él nadie le aventajará en nobleza..., y vuestros nietos serán caballeros..., si no dan en salir al abuelo...

TODOS. ¡Casadlos! ¡Casadlos!

PANTALÓN. O todos caeremos sobre vos.

HOSTELERO. Y saldrá a relucir vuestra historia...

ARLEQUÍN. Y nada iréis ganando...

SIRENA. Os lo pide una dama, conmovida por este amor tan fuera de estos tiempos.[4]

COLOMBINA. Que más parece de novela.

TODOS. ¡Casadlos! ¡Casadlos!

POLICHINELA. Cásense enhoramala. Pero mi hija quedará sin dote y desheredada... Y arruinaré toda mi hacienda antes que ese bergante...

DOCTOR. Eso sí que no haréis,[5] señor Polichinela.

PANTALÓN. ¿Qué disparates son éstos?

HOSTELERO. ¡No lo penséis siquiera!

ARLEQUÍN. ¿Qué se diría?

CAPITÁN. No lo consentiremos.

SILVIA. No, padre mío; soy yo la que nada acepto, soy yo la que ha de compartir su suerte. Así le amo.

LEANDRO. Y sólo así puedo aceptar tu amor... (*Todos corren hacia Silvia y Leandro.*)

DOCTOR. ¿Qué dicen? ¿Están locos?

PANTALÓN. ¡Eso no puede ser!

HOSTELERO. ¡Lo aceptaréis todo!

ARLEQUÍN. Seréis felices y seréis ricos.

SEÑORA DE POLICHINELA. ¡Mi hija en la miseria! ¡Ese hombre es un verdugo!

SIRENA. Ved que el amor es niño delicado y resiste pocas privaciones.

Preguntas

1. ¿Cómo terminó la escena anterior? 2. ¿Qué explicaciones da Leandro? 3. ¿Qué pide Leandro respecto de Silvia? 4. ¿Qué declara Silvia? 5. ¿Dónde había aprendido Silvia esas fantasías, según el Sr. Polichinela? 6. ¿Qué declara la señora de Polichinela? 7. ¿Quiénes están de parte de Silvia y Leandro? 8. ¿Qué circunstancias menciona Crispín para defender a su señor? 9. ¿Qué dice por fin el Sr. Polichinela? 10. ¿Por qué dicen los demás que Silvia y Leandro están locos?

---

[1] **pudo ... mentir** *could have won my hand by lying.* [2] **Todo ... se case** *Anything is better than my daughter marrying.* [3] **nada ... que** *nothing will be more advantageous to you than.*

[4] **tan ... tiempos** *so alien to our times.* [5] **Eso ... haréis** *You certainly won't do that.*

B. *Los intereses creados (Continuación)*

DOCTOR. ¡No ha de ser! Que el señor Polichinela firmará aquí mismo espléndida donación, como corresponde a una persona de su calidad y a un padre amantísimo. Escribid, escribid, señor Secretario, que a esto no ha de oponerse nadie.

TODOS. (*Menos Polichinela.*) ¡Escribid, escribid!

DOCTOR. Y vosotros, jóvenes enamorados[1] . . . , resignaos con las riquezas, que no conviene extremar escrúpulos que nadie agradece.

PANTALÓN. (*A Crispín.*) ¿Seremos pagados?

CRISPÍN. ¿Quién lo duda? Pero habéis de proclamar que el señor Leandro nunca os engañó . . . Ved cómo se sacrifica por satisfaceros aceptando esa riqueza que ha de repugnar sus sentimientos.

PANTALÓN. Siempre le creímos un noble caballero.

HOSTELERO. Siempre.

ARLEQUÍN. Todos lo creímos.

CAPITÁN. Y lo sostendremos siempre.

CRISPÍN. Y ahora, Doctor, ese proceso, ¿habrá tierra bastante en la tierra para echarle encima?[2]

DOCTOR. Mi previsión se anticipa a todo. Bastará con puntuar debidamente algún concepto . . . Ved aquí: donde dice . . . « Y resultando que si no declaró[3] . . . », basta una coma, y dice: « Y resultando que sí, no declaró[4] . . . » Y aquí: « Y resultando que no, debe condenársele[5] . . . », fuera la coma, y dice: « Y resultando que no debe condenársele . . . »

CRISPÍN. ¡Oh, admirable coma! ¡Maravillosa coma! ¡Genio de la Justicia! ¡Oráculo de la ley! ¡Monstruo de la Jurisprudencia!

DOCTOR. Ahora confío en la grandeza de tu señor.

CRISPÍN. Descuidad. Nadie mejor que vos sabe cómo el dinero puede cambiar a un hombre.

SECRETARIO. Yo fui el que puso y quitó esas comas . . .

CRISPÍN. En espera de algo mejor . . . Tomad esta cadena. Es de oro.

SECRETARIO. ¿De ley?

CRISPÍN. Vos lo sabréis que entendéis de leyes.

POLICHINELA. Sólo impondré una condición. Que este pícaro deje de estar a tu servicio.

CRISPÍN. No necesitáis pedirlo, señor Polichinela. ¿Pensáis que soy tan pobre de ambiciones como mi señor?

LEANDRO. ¿Quieres dejarme, Crispín? No será sin tristeza de mi parte.

CRISPÍN. No la tengáis,[6] que ya de nada puedo serviros y conmigo dejáis la piel del hombre viejo . . . ¿Qué os dije, señor? Que entre todos habían de salvarnos . . . Creedlo. Para salir adelante con todo, mejor que crear afectos es crear intereses . . .

LEANDRO. Te engañas, que sin el amor de Silvia, nunca me hubiera salvado.

CRISPÍN. ¿Y es poco interés ese amor? Yo di siempre su parte al ideal y conté con él siempre. Y ahora acabó la farsa.

SILVIA. (*Al público.*) Y en ella visteis, como en las farsas de la vida, que a estos muñecos, como a los humanos, muévenlos cordelillos groseros, que son los intereses, las pasioncillas, los engaños y todas las miserias de su condición; tiran unos de sus pies y los llevan a tristes andanzas; tiran otros de sus manos, que trabajan con pena, luchan con rabia, hurtan con astucia, matan con violencia. Pero entre todos ellos, desciende a veces del cielo un hilo sutil, como tejido con luz de sol y con luz de luna, el hilo del amor, que a los humanos, como a estos muñecos que semejan humanos, les hace parecer divinos y trae a nuestra frente resplandores de aurora, y pone alas en nuestro corazón y nos dice que no todo es farsa en la farsa, que hay algo divino en nuestra vida que es verdad y es eterno y no puede acabar cuando la farsa acaba.

Preguntas

1. ¿Qué manda el Doctor que escriba el Secretario? 2. Según Crispín, ¿qué han de declarar todos para ser pagados? 3. ¿Qué sostendrá el Capitán siempre? 4. ¿Qué cambios tienen que hacer en el proceso? 5. ¿Por qué le da Crispín una cadena de oro al Secretario? 6. ¿Qué condición impone el Sr. Polichinela? 7. ¿Qué consejo le da Crispín a Leandro? 8. ¿Qué cordelillos han movido a los muñecos en esta comedia? 9. ¿Qué desciende a veces del cielo entre los cordelillos? 10. ¿Qué nos dice este hilo del amor?

---

[1] **jóvenes enamorados** *young lovers.*   [2] **para . . . encima** *to throw on top of it* (i.e., *to bury it*).   [3] **resultando . . . declaró** *it following that if he did not declare.*   [4] **resultando que sí, no declaró** *it turning out to be true, he did not declare.*   [5] **resultando . . . condenársele** *it turning out not to be true, he should be condemned.*   [6] **No la tengáis** *Don't be sad.*

Entrada principal del Museo del Prado, Madrid
Cortesía. Ministerio de información y turismo español

La calle de Sevilla, Madrid
Cortesía, José Ortiz Echagüe

Interior del Gran Teatro del Liceo, Barcelona, España Cortesía, Embajada de España

III. PRÁCTICAS ORALES

A. Diálogo. *En la clase de español*

Los alumnos acaban de leer Los intereses creados. *El profesor inicia la discusión.*

1. PROFESOR. Para hoy han leído todos *Los intereses creados*, de Jacinto Benavente. Bartolo, ¿ quiere hacer algunas observaciones sobre la estructura de la obra ?

2. BARTOLO. Pues el autor describe su obra como una comedia en dos actos, tres cuadros y un prólogo.

3. PROFESOR. ¿ Qué explica el autor en el prólogo ?

4. ALFONSO. Explica por qué ha preferido usar el artificio de la farsa antigua — porque trata de un asunto disparatado, « sin realidad alguna ».

5. PROFESOR. Exactamente. Dice que cuanto ocurre no pudo suceder nunca, y que los personajes « no son ni semejan hombres y mujeres ». ¿ Habla en serio al decir esto ?

6. BEATRIZ. No. Parece que quiere dar un tono de juego a la obra. Realmente construye la comedia de una manera muy hábil.

7. PROFESOR. Y ¿ qué pueden decirnos de la caracterización ? ¿ Graciela ?

8. GRACIELA. El personaje principal es Crispín, una persona astuta y conocedora del corazón humano. Su compañero, que en esta aventura ha tomado el papel de señor, es Leandro.

9. PROFESOR. Y ¿ los demás personajes ?

10. BEATRIZ. Se inspiran en los personajes de la antigua comedia del Arte, que florecía en Italia en el siglo XVI.

11. PROFESOR. ¿ Cómo se desarrolla la acción ? ¿ Cuáles son los episodios culminantes ?

12. ALFONSO. En el primer cuadro Crispín y Leandro logran engañar al hostelero y se instalan en la hostería. Se ganan, además, la amistad de Arlequín y del Capitán.

13. PROFESOR. ¿ Qué ocurre en el segundo cuadro ?

14. GRACIELA. Gracias a la astucia de Crispín, Leandro se enamora de la hija del Sr. Polichinela, el señor más rico de la ciudad. Éste, naturalmente, se opone a los planes de Crispín.

15. PROFESOR. ¿ Cómo se resuelve el conflicto en el tercer cuadro ?

16. ALFONSO. Casándose Leandro con Silvia, la hija del Sr. Polichinela. Después de graves complicaciones, todos comprenden que Crispín tiene razón y que sólo mediante el matrimonio de los dos amantes quedarán todos pagados y satisfechos. El interés de todos — los intereses creados — será su salvación.

Preguntas

1. ¿ Cuál es el tema de la discusión ? 2. ¿ Cómo describe su obra el autor ? 3. Según el autor, ¿ por qué ha preferido usar el artificio de la farsa antigua ? 4. ¿ Por qué dice el autor que los personajes « no son ni semejan hombres y mujeres » ? 5. ¿ Quiénes son los personajes principales ? 6. ¿ De dónde proceden los demás personajes ? 7. ¿ Sabe decirnos algo de la comedia del Arte ? 8. ¿ Cuál es el episodio principal del primer cuadro ? 9. ¿ Qué cambio importante ocurre en el segundo cuadro ? 10. Explíquese el significado del título de la comedia.

B. Diálogo. *En la clase de español*

Continuación de la discusión anterior.

1. PROFESOR. Nos interesa siempre el lenguaje de los distintos autores. ¿ Quién quiere hacer algunas observaciones sobre el lenguaje de Benavente ?

2. ALFONSO. Benavente es considerado como uno de los mejores estilistas de la época contemporánea, ¿ verdad ?

3. PROFESOR. Es cierto. Emplea en general un lenguaje sencillo y natural, si bien en esta obra ha tratado de darle un sabor arcaico.

4. BARTOLO. Nos chocó algo el uso de la segunda persona del plural de los verbos.

5. PROFESOR. Es que no se emplea esa forma en el español de América. Me han dicho que algunos de ustedes asistieron a la representación de la comedia en la ciudad. ¿ Qué impresiones recibieron ?

6. ALFONSO. Nos interesó mucho. Naturalmente los actores usaban la pronunciación peninsular.

7. PROFESOR. Sí, es la normal en el teatro. La pronunciación de los buenos actores puede servir de modelo.

8. GRACIELA. ¿ Qué ocurre en el caso de los artistas americanos ? ¿ Pronuncian de la misma manera ?

Máscara gallega

Cortesía, José Ortiz Echagüe

Remero vasco

Cortesía, José Ortiz Echagüe

9. PROFESOR. Ya lo creo. Catalina Bárcena era cubana, y Lola Membrives argentina; pero no era posible notar el rasgo más mínimo de la pronunciación cubana o argentina en su pronunciación.

10. BARTOLO. ¿Cuáles son los rasgos más salientes de la pronunciación peninsular?

11. PROFESOR. La distinción de « s » y « z », en primer lugar. Gracias a su tipo especial de « s » — que se pronuncia como la « s » dura del ruso —, los españoles han podido distinguir dos tipos de « s ».

12. BEATRIZ. Y no se considera correcta la aspiración de la « s » final de sílaba o de palabra.

13. PROFESOR. ¿Recuerdan algún rasgo más?

14. GRACIELA. Se conserva la pronunciación de la « ll » como una « l » palatalizada, distinta de la « y » y sus variantes.

15. PROFESOR. Muy bien. Además de esos rasgos habrán notado que la entonación de los españoles también es distinta. Se mantiene en una línea más uniforme y tiene intervalos menos marcados que el español de las distintas regiones americanas.

Preguntas

1. ¿Cuál es el tema de la discusión? 2. ¿Qué dice el profesor del lenguaje de Benavente? 3. ¿Qué dice el profesor del empleo de la segunda persona del plural de los verbos? 4. ¿Qué notaron los alumnos que asistieron a la representación de la comedia? 5. ¿Qué explicó el profesor acerca de la pronunciación de los actores? 6. ¿Cuál es el rasgo más saliente de la pronunciación del español peninsular? 7. ¿Cómo se explica el origen de esta diferencia? 8. ¿Qué otro rasgo del español de España menciona Beatriz? 9. ¿Cómo se pronuncia la « ll » normalmente en la Península? 10. ¿Qué otro rasgo importante mencionó el profesor?

C. Temas para un informe oral

Preparar un informe oral, de unas ochenta palabras, sobre uno de los temas siguientes:

1. La solución que propone el Doctor.
2. El amor de Silvia y Leandro.
3. El carácter de Leandro.
4. Aspectos de la producción dramática de Benavente.

IV. ASPECTOS GRAMATICALES

A. Las cláusulas condicionales. El indicativo después de la conjunción **si** (se afirma un hecho como cierto en la cláusula principal).

1. *Para cambiar la cláusula condicional, empleando los elementos indicados:*

Modelo: *¡Encontrar mi reloj!*   *Si encuentra mi reloj, le pagaré diez pesos.*

Profesor	*Estudiante*
¡ Enviarme el libro !	Si me envía el libro, le pagaré diez pesos.
¡ Seguir trabajando !	
¡ Ir a la tienda !	
¡ Hacer el viaje !	

2. *Para cambiar la cláusula condicional, empleando los elementos indicados:*

Modelo: *¡Hacer el viaje!*   *Si hizo el viaje, asistió al concierto.*

Profesor	*Estudiante*
¡ Acompañar al profesor !	Si acompañó al profesor, asistió al concierto.
¡ Recibir la invitación !	
¡ Seguir mi consejo !	
¡ Acabar su trabajo !	

B. Las cláusulas condicionales. El imperfecto o el pluscuamperfecto de subjuntivo después de la conjunción **si** (se expresa un hecho como no real en la cláusula condicional).

1. *Para cambiar la cláusula principal, empleando los elementos indicados:*

Modelo: *¡Prestarle el libro!*   *Si yo fuera Ud., le prestaría el libro.*

Profesor	*Estudiante*
¡ Asistir al concierto !	Si yo fuera Ud., asistiría al concierto.
¡ Hacer el trabajo !	
¡ Decirle la verdad !	
¡ Comprar el automóvil !	

2. *Para cambiar la cláusula principal, empleando los elementos indicados:*

Modelo: *¡Haber hecho el viaje!*   *Si yo hubiera tenido dinero, habría hecho el viaje.*

Profesor	*Estudiante*
¡ Haber comprado el coche !	Si yo hubiera tenido dinero, habría comprado el coche.
¡ Haberle llamado por teléfono !	
¡ Haber ido a la fiesta !	
¡ Haberle traído un regalo !	

C. Repaso de los verbos **mover** [25] (como **mover,** se conjuga **conmover**), **descender,** [27] **surgir,** [36] **confiar** [44]

1. *Para cambiar al presente y al presente perfecto de indicativo:*

Modelo: *Moveré el sillón.*   *Muevo el sillón.   He movido el   sillón.*

Profesor	*Estudiante*
Él confiaba en mí.	Él confía en mí. Él ha confiado en mí.
Surgió un problema nuevo.	
Descendieron de la torre.	
Nos conmovió su discurso.	

2. *Para cambiar al presente perfecto de subjuntivo después de Siento que:*

Modelo: *Bartolo confía en ella.*   *Siento que Bartolo haya confiado en ella.*

Profesor	*Estudiante*
Surgió un problema nuevo.	Siento que haya surgido un problema nuevo.

Desaparecieron esas industrias.
Descendió el precio.
Movieron la mesa.

V. EJERCICIOS ESCRITOS

A. Uso de los verbos **ser, estar,** y **haber**

Complétense las oraciones siguientes con una forma de los verbos ser, estar, o haber. Escríbanse las oraciones en un pliego de papel:

1. ¡Todos _____ conjurados para robarme! 2. ¿_____ loco, Sr. Polichinela? 3. Vuestra hija _____ aquí. 4. Silvia sabe quién _____ yo. 5. El castigo de mi hija _____ cuenta mía. 6. Si no le salváis, _____ mi muerte. 7. Porque _____ muy desdichado. 8. Nada os _____ mejor que casarlos. 9. Esto _____ de saberse en la ciudad. 10. Y _____ de constar en el proceso que _____ hallada aquí.

11. En mi señor no _____ más falta que carecer de dinero. 12. Vuestros nietos _____ caballeros. 13. _____ felices. 14. ¿_____ tierra bastante en la tierra? 15. ¡Que este pícaro deje de _____ a tu servicio! 16. No _____ tan pobre de ambiciones como mi señor. 17. ¿_____ más ricos cuando nosotros _____ perdidos? 18. La Justicia _____ en sus manos. 19. No se hable aquí de bribones cuando _____ presente. 20. Todos _____ interesados en salvar a mi señor.

B. Ejercicio de traducción

Traduzcan al español las oraciones siguientes, tratando de imitar las construcciones y fraseología de los textos:

1. He himself had run immediately in search of Mrs. Polichinela. 2. She is sure that her father will save him. 3. These are the readings you and your mother like. 4. Anything is better than her daughter marrying a man like her husband. 5. This will be known in the city and everybody will be on her side. 6. You certainly are not going to do that; don't even consider it.
7. Have him sign right here a splendid donation. 8. Can there be earth enough in the world to bury that lawsuit? 9. I am the one who will put in and take away those commas. 10. I wish to impose one condition—that Crispín cease being in his service. 11. You are mistaken; to get ahead it is better to create interests. 12. There is something divine in our existence which makes humans seem divine.

VI. VERIFICACIÓN Y REPASO

A. Dictado

Preguntas

1. ¿Dónde se encontraba el poeta? 2. ¿Qué estación del año era? 3. ¿Qué estaba observando el poeta? 4. ¿Qué pensamiento se le ocurrió al poeta? 5. ¿Con qué fin sembraría el corazón? 6. ¿Qué tipo de estrofa emplea el poeta en esta poesía?

B. Representación dramática

Represéntese la Escena Última de Los intereses creados, repartiéndose los papeles entre los alumnos de la clase. Trece personajes aparecen en dicha escena. Los papeles más largos son los de Pantalón, Leandro, Silvia, el Doctor y Crispín.

C. Temas para desarrollar por escrito

Escríbanse cuatro oraciones sobre cada uno de los temas siguientes:
1. Elementos cómicos en la Escena Última.
2. La crítica de la sociedad en *Los intereses creados.*
3. Temas discutidos en el Diálogo B.

AUNQUE USTED NO LO CREA...

Los cansa más la automatización

El apretar botones en esta era de la automatización quizá canse más a la larga que el realizar un buen día de trabajo fuerte, según un médico alemán.

El Dr. Rolf Coerman, jefe del departamento de biotecnología del Instituto para Fisiología Industrial, en Dortmundo, Alemania, ha declarado que un estudio de los operadores de los tableros de control de las fundidoras de acero dio como resultado que los operadores jóvenes, quienes habían sido entrenados especialmente para sus labores, habían mostrado una marcada nerviosidad después de cinco años de estar trabajando en sus puestos.

El estudio también demostró que los trabajos que exigen un alto grado de esfuerzo mental imponen mayor tensión al corazón que el trabajo físico.

Preguntas

1. ¿Qué ha descubierto un médico alemán respecto de la automatización? 2. Descríbase el estudio que se realizó. 3. ¿Qué demostró el estudio respecto de los trabajos que exigen un alto grado de esfuerzo mental?

19

Camilo José Cela. Federico García Lorca

I. PRESENTACIÓN

A. Notas literarias

Terminamos nuestro estudio de la cultura española de nuestros días con algunas páginas de dos grandes figuras de la literatura contemporánea, el novelista, Camilo José Cela, y el poeta, Federico García Lorca.

1. Don Camilo José Cela nació en La Coruña en 1916. Estudió medicina, filosofía y derecho en varias universidades españolas. En 1942, a la edad de 26 años, publicó su primera novela, La familia de Pascual Duarte. *Con esta obra el Sr. Cela inició la novela de la postguerra en España. El éxito de* La familia de Pascual Duarte *ha sido confirmado con una larga lista de obras que dan fe de sus grandes dotes como novelista, poeta y ensayista. Debe recordarse también su labor como fundador y redactor de una de las mejores revistas literarias publicadas en español, su* Papeles de Son Armadans. *En 1957 fue elegido miembro de la Real Academia Española.*

Hoy día se le considera como uno de los novelistas más representativos de la España contemporánea. Sus obras han sido traducidas a muchos idiomas.

La producción novelística de Cela muestra muchos de los rasgos de la novela contemporánea europea. Uno de sus rasgos principales es la nota personal; otros son la presencia de preocupaciones morales y sociales y su dominio del lenguaje.

2. El poeta, Federico García Lorca (1898–1936), es, sin duda, el escritor contemporáneo español más conocido. Cultivó la música y la pintura, además de aportar elementos renovadores a la poesía y al teatro. Su obra lírica consta de Libro de poemas, Canciones, Romancero gitano, El poema del cante jondo, Poeta en Nueva York, *y* Llanto por Ignacio Sánchez Mejías.

García Lorca representa la síntesis de una rica tradición artística. Se combinan en su obra lo popular y lo literario; lo real y lo irreal; lo natural y lo estilizado; lo más lírico y un sentido profundo de las fuerzas de la naturaleza; lo clásico y lo romántico y elementos procedentes del simbolismo, junto con otros de aparente origen surrealista. Llegó a crear una nueva lengua poética que oscila entre la lengua poética y metafórica de sus canciones y romances y el simbolismo surrealista y barroco de Poeta en Nueva York.

La obra dramática de García Lorca es igualmente rica y variada. Sus obras más importantes son sus tres tragedias rurales, Bodas de sangre, Yerma, *y* La casa de Bernarda Alba.

B. Estudio de palabras

Estudien las aclaraciones siguientes:
1. **Aljibe** m. Depósito para el agua llovediza.
2. **Baranda** f. Barandilla, antepecho de los balcones, escaleras, etc.
3. **Funcionario** m. (**funcionaria** f.) Empleado (Empleada) público (–a).
4. **Lija** f. Piel de la lija, o papel preparado con vidrio molido o arena (papel de lija), para pulir metales y maderas.
5. **Mecanógrafo** m. (**mecanógrafa** f.) Persona que escribe con máquina. También se dice **dactilógrafo, dactilógrafa.**
6. **Perito,** –a. Experto en una ciencia o arte. **Perito** m. El que tiene título de tal en alguna materia, conferido por el estado.
7. **Puerto** m. Lugar de la costa dispuesto para dar abrigo a los barcos. Garganta o paso entre montañas.
8. **Talabartero** m. Guarnicionero, el que fabrica los talabartes, cinturones y arreos para caballerías.

C. *Modismos y frases útiles*

Estudien los modismos y frases siguientes y aprendan de memoria los ejemplos:

1. **A veces.** En alguna ocasión. ~ A veces hay un crimen tremendo.
2. **Cerrar un trato.** Darlo por terminado y firme. ~ Si yo pudiera, cerraría el trato.
3. **Declaración de amor.** ~ De siete a nueve se producen muchas declaraciones de amor.
4. **Esquela mortuoria.** Noticia de defunción. ~ Salen los periódicos con sus esquelas mortuorias.
5. **Hacer un recado.** Cumplir un encargo. ~ Acompañan a hacer recados a las criadas de servir.
6. **Pasear del brazo de.** ~ Pasean del brazo de las planchadoras. Se dice también **ir de (o del) brazo con uno.**
7. **Por lo común.** Generalmente. ~ De éstas se casan pocas, por lo común.
8. **Sección de sucesos.** Sección de noticias. ~ Salen los periódicos con su sección de sucesos.

II. LECTURAS

A. *De: Timoteo, el incomprendido*
Por Camilo José Cela

De siete a nueve, como en las exposiciones de la A.A.A., los estudiantes pasean del brazo de las planchadoras y de las pantaloneras; algunas se casan, y después son mujeres de un boticario o de un perito agrónomo.

De siete a nueve, como en las exposiciones de la A.A.A., los soldados acompañan a hacer recados a las criadas de servir; algunas se casan, y después son mujeres de un herrero o de un talabartero.

De siete a nueve, como en las exposiciones de la A.A.A., los empleados invitan a café con leche a las mecanógrafas; algunas se casan, y después son mujeres de un funcionario de Sindicatos o de un funcionario de Telégrafos.

De siete a nueve, como en las exposiciones de la A.A.A., los señoritos bailan con sus novias en Casablanca o en Pasapoga y hasta, si son muy finos, en Alazán;[1] algunas se casan, y después son mujeres de un jefe de producción de películas o del director-gerente de una gestoría.

De siete a nueve, como en las exposiciones de la A.A.A., los señores mayores se toman sus coñacs con sifón en Chicote, o en Pidoux, o en Cock,[2] al lado de unas mujeres bien vestidas y que huelen bien, pero que muy bien;[3] de éstas se casan pocas, por lo común, aunque tampoco falta nunca un roto para un descosido.[4]

De siete a nueve, como en las exposiciones de la A.A.A., salen los periódicos con sus letras grandes y sus malas noticias, sus listas de la lotería y sus avisos sobre el suministro, sus bodas y sus esquelas mortuorias, su sección de sucesos y sus informaciones sobre Corea, sobre Persia, sobre Egipto, sobre Túnez, sus chistes y sus crucigramas, sus comentarios deportivos y sus reseñas sobre la inauguración de un grupo escolar, o de un puerto, o de una central térmica.

De siete a nueve, como en las exposiciones de la A.A.A., se producen muchas declaraciones de amor; se escuchan anhelados y dulces « sís » y crueles y desesperadores « nos »; se abren las puertas a mil nacientes ilusiones y se hunden en el pozo negro y sin fondo del olvido miles y miles de amargos desengaños.

De siete a nueve, como en las exposiciones de la A.A.A., nacen muchos niños y se mueren muchos hombres y muchas mujeres.

De siete a nueve, como en las exposiciones de la A.A.A., se roban carteras y se pierden bolsos, llaveros, perros de lujo y niños rubitos y con zapatillas de fieltro, que no saben cómo se llaman.

De siete a nueve, como en las exposiciones de la A.A.A., a veces, hay un crimen tremendo.

De siete a nueve, como en las exposiciones de la A.A.A. . . .

De siete a nueve . . .

De siete a nueve, pero no como en las exposiciones de la A.A.A., algún visitante suele entrar en alguna exposición.

Preguntas

1. ¿Qué suelen hacer los estudiantes españoles de siete a nueve? 2. ¿Qué hacen los soldados de siete a nueve? 3. ¿Qué hacen los empleados de siete a nueve? 4. ¿Qué hacen los señoritos de siete a nueve? 5. ¿Qué hacen los señores mayores de siete a nueve? 6. ¿De qué partes se componen los periódicos? 7. Según este texto, ¿qué se escuchan de siete a nueve? 8. ¿Qué cosas suelen perderse de siete a nueve? 9. ¿Qué más acontece a veces de siete a nueve? 10. ¿Qué suele hacer algún visitante de siete a nueve?

---

[1] **en Casablanca . . . Alazán** (popular night clubs in Madrid). [2] **en Chicote . . . Cock** (fashionable bars in Madrid). [3] **bien, pero que muy bien** *not only well, but in fact exceedingly well.* [4] **tampoco . . . descosido** *there is always a ragged person for an unstitched one* (i.e., *even this kind of woman may find her mate*).

Antiguo arco de piedra, Almería, España

Cortesía, José Ortiz Echagüe

Manuela Vargas, famosa intérprete del flamenco Cortesía, Pabellón de España. Feria Mundial de Nueva York

Vista del Castillo de Bellver, Palma de Mallorca, España Cortesía, José Ortiz Echagüe

La Alhambra, Granada

Cortesía, José Ortiz Echagüe

B. *Romance sonámbulo*
Por Federico García Lorca

Verde que te quiero verde.
Verde viento. Verdes ramas.
El barco sobre la mar
y el caballo en la montaña.
Con la sombra en la cintura
ella sueña en su baranda,[1]
verde carne, pelo verde,
con ojos de fría plata.[2]
Verde que te quiero verde.
Bajo la luna gitana,
las cosas la están mirando
y ella no puede mirarlas.[3]

Verde que te quiero verde.
Grandes estrellas de escarcha
vienen con el pez de sombra
que abre el camino del alba.
La higuera frota su viento
con la lija de sus ramas,
y el monte, gato garduño,
eriza sus pitas agrias.
Pero ¿quién vendrá? ¿Y por dónde . . . ?
Ella sigue en su baranda,
verde carne, pelo verde,
soñando en la mar amarga.

— Compadre, quiero cambiar
mi caballo por su casa,
mi montura por su espejo,
mi cuchillo por su manta.
Compadre, vengo sangrando,
desde los puertos de Cabra.
— Si yo pudiera, mocito,
este trato se cerraba.[4]
Pero yo ya no soy yo,
ni mi casa es ya mi casa.

. . . .

Verde que te quiero verde,
verde viento, verdes ramas.
Los dos compadres subieron.
El largo viento dejaba
en la boca un raro gusto
de hiel, de menta y de albahaca.
— ¡Compadre! ¿Dónde está, dime,
dónde está tu niña amarga?
— ¡Cuántas veces te esperó!
¡Cuántas veces te esperara,
cara fresca, negro pelo,
en esta verde baranda!

Sobre el rostro del aljibe
se mecía la gitana.
Verde carne, pelo verde,
con ojos de fría plata.
Un carámbano de luna
la sostiene sobre el agua.
La noche se puso íntima[5]
como una pequeña plaza.
Guardias civiles borrachos
en la puerta golpeaban.
Verde que te quiero verde.
Verde viento. Verdes ramas.
El barco sobre la mar.
Y el caballo en la montaña.

Preguntas

1. Descríbase a la gitana. ¿Dónde se encuentra la gitana? 2. ¿Por qué no puede ella mirar las cosas? 3. ¿Qué abre el pez de sombra? 4. ¿Qué hacen la higuera y el monte, según el poeta? 5. ¿Qué quiere cambiar el gitano por la casa, el espejo y la manta? 6. ¿Qué más le dice a su compadre? 7. ¿Cómo describe el poeta el gusto que el viento dejaba en la boca del gitano? 8. ¿Qué contesta el compadre cuando el gitano le pregunta por su novia? 9. ¿Dónde estaba la gitana? 10. ¿Cómo se puso la noche?

[1] **en su baranda**=en su balcón.   [2] **con . . . plata.** Alude al hecho de que se trata de una sonámbula (la gitana está dormida).
[3] **no puede mirarlas.** También alude a una sonámbula.   [4] **se cerraba**=se cerraría (uso familiar del imperfecto por el condicional).
[5] **se puso íntima** *became filled with persons.*

III. PRÁCTICAS ORALES

A. Diálogo. *En el museo*

Graciela y Bartolo llegan al salón donde se inaugura una exposición de obras de alumnos de la escuela.

1. GRACIELA. (*Impaciente*). ¿Qué hora es ya, Bartolo?
2. BARTOLO. Hace un rato que dieron las siete.
3. GRACIELA. La apertura de la exposición es a las siete y media. ¿Qué les habrá pasado?
4. BARTOLO. Mira, por ahí vienen. (*Llegan Alfonso y Beatriz*).
5. BEATRIZ. Hola, ¿qué tal? ¿Hace tiempo que nos esperan?
6. GRACIELA. Estamos aquí desde las siete. Creíamos que no llegaban nunca.
7. ALFONSO. Pues falta casi un cuarto de hora.[1] Comienza a las siete y media, ¿verdad?
8. GRACIELA. Es que un amigo de Bartolo exhibe algunos cuadros. Le prometimos que le ayudaríamos a colocarlos.
9. ALFONSO. Pues, adelante. ¡Manos a la obra!

(Una hora después).

10. ALFONSO. ¡Qué raro que haya venido tan poca gente!
11. BEATRIZ. En eso mismo estaba yo pensando. ¡Me extraña mucho!
12. BARTOLO. Si no viene más gente, no van a vender muchos cuadros.
13. GRACIELA. Hay un cuadro que a mí me gusta mucho.
14. BARTOLO. ¿Sí? ¿Cuál?
15. GRACIELA. Aquél.
16. BARTOLO. Pues te lo vas a llevar.
17. GRACIELA. Tiene que valer mucho...
18. BARTOLO. No, para ti no vale nada. Es un regalo mío.
19. GRACIELA. Pero, Bartolo. ¡Es un regalo espléndido!
20. ALFONSO. Pues con esta venta la exposición ha sido un éxito. ¡Hay que felicitarle al pintor!

Preguntas

1. ¿Dónde se encuentran Graciela y Bartolo? 2. ¿Qué se inaugura en el museo? 3. ¿Qué hora es ya? 4. ¿Por qué está impaciente Graciela? 5. ¿Qué exhibe un amigo de Bartolo? 6. ¿Qué le habían prometido Graciela y Bartolo? 7. ¿Qué les parece raro a Alfonso y a Beatriz? 8. ¿Qué dice Graciela de uno de los cuadros? 9. ¿Qué anuncia Bartolo? 10. ¿Por qué ha sido un gran éxito la exposición?

B. Diálogo. *En casa del profesor Sánchez*

El profesor Sánchez ha invitado a su casa a sus alumnos de la clase de español. Graciela, Bartolo, Beatriz y Alfonso son los primeros que llegan.

1. PROFESOR. Buenas noches. ¡Pasen, pasen!
2. ALUMNOS. Buenas noches, Sr. Sánchez.
3. PROFESOR. Muy bien venidos todos. ¿Quieren pasar a la biblioteca? Podemos charlar un poco hasta que lleguen los demás.
4. BARTOLO. Con mucho gusto. Pero, ¡cuántos libros!
5. ALFONSO. Aquí veo algunas obras de García Lorca.
6. PROFESOR. Sí, las tengo casi todas. Ahí ve usted su *Romancero gitano*.
7. BEATRIZ. Esperamos con impaciencia las clases sobre García Lorca. Conocemos ya algunas de sus poesías.
8. BARTOLO. Hemos oído decir que Ud. le conocía personalmente. ¿Es verdad?
9. PROFESOR. Sí, le recuerdo de mi época de estudiante en Madrid. Él venía a menudo a la Residencia de Estudiantes en la Calle de Pinar.
10. GRACIELA. Era pintor, también, ¿verdad?
11. PROFESOR. Ya lo creo, y sabía mucho de música, también.
12. GRACIELA. El año pasado nos habló Ud. de unos discos arreglados por García Lorca.
13. PROFESOR. Se trata de otro aspecto interesante del arte de García Lorca. Tenía un conocimiento profundo del folklore español. Son canciones tradicionales españolas.
14. GRACIELA. ¿Podremos escucharlas?
15. PROFESOR. Creo que les interesarán, porque ilustran la riqueza y la variedad de su inspiración.
16. BEATRIZ. Hemos observado ese rasgo en las obras dramáticas que hemos leído.
17. ALFONSO. Sí, sobre todo en las tres tragedias rurales.
18. PROFESOR. Como se ha dicho muchas veces, la obra de García Lorca representa la síntesis de una rica tradición artística.
19. BARTOLO. Ya están los otros alumnos.
20. PROFESOR. Pues pasemos al comedor.

---

[1] **falta ... de hora** *we still have almost a quarter of an hour.*

Preguntas

1. ¿ Dónde se encuentran los cuatro alumnos, Graciela, Bartolo, Beatriz y Alfonso? 2. ¿ Qué libros le llaman la atención a Alfonso? 3. ¿ Qué esperan con impaciencia los alumnos, según Beatriz? 4. ¿ Dónde conoció el profesor a García Lorca? 5. ¿ Qué le pregunta Graciela al profesor? 6. ¿ De qué discos les había hablado el profesor? 7. ¿ Qué aspecto del arte de García Lorca ilustran estos discos? 8. ¿ En qué otras obras de García Lorca habían observado el mismo rasgo? 9. ¿ Cómo caracteriza el profesor la obra de García Lorca? 10. ¿ Por qué interrumpe Bartolo la conversación?

C. Temas para desarrollar oralmente

Preparar y aprender de memoria tres oraciones sobre cada uno de los temas siguientes para decirlas en clase:

1. La vida de los estudiantes en España desde las siete de la tarde hasta las nueve de la noche.
2. La vida de los funcionarios públicos en España desde las siete de la tarde hasta las nueve de la noche.
3. La vida y obra literaria de Camilo José Cela.
4. Los colores y las imágenes en la poesía de García Lorca.

IV. ASPECTOS GRAMATICALES

A. Oraciones reflexivas de verbos que no admiten otro modo de expresión

Para contestar afirmativamente:

Modelo: ¿ Se atreve Ud. a llamarla?

Sí, me atrevo a llamarla.

Profesor	*Estudiante*
¿ Te arrepientes de tu imprudencia?	Sí, me arrepiento de mi imprudencia.
¿ Se quejan los alumnos del examen?	
¿ Se jacta Bartolo de saberlo?	
¿ Se desviven ellos por complacerle?	

B. Oraciones reflexivas de verbos transitivos

Para cambiar a oraciones reflexivas:

Modelo: Bartolo acostó al niño.

Bartolo se acostó.

Profesor	*Estudiante*
Bartolo despertó al niño.	Bartolo se despertó.
Bartolo casó a su hermana.	
Bartolo sentó al niño en el sillón.	
Bartolo acercó la silla.	

C. El reflexivo en construcciones impersonales

Para contestar negativamente:

Modelo: ¿ Se puede salir por aquí?

No, no se puede salir por aquí.

Profesor	*Estudiante*
¿ Se permite fumar en esta sala?	No, no se permite fumar en esta sala.
¿ Se come bien en esta residencia?	
¿ Se entra por esta puerta?	
¿ Se está bien [1] en este hotel?	

[1] ¿ **Se está bien** . . . ? *Is one comfortable . . . ?*

D. **Olvidársele a uno una cosa**

Para contestar empleando las formas que correspondan a los pronombres indicados:

Modelo: *¿ A quién se le olvidó el libro ?   A ella se le olvidó el libro.*
         ¡ A ella !

Profesor		*Estudiante*
¿ A quién se le olvidó el libro ?	¡ A ti !	A ti se te olvidó el libro.
	¡ A ellos !	
	¡ A mí !	
	¡ A nosotros !	

E. Repaso de los verbos **soñar,**[23] **oler,**[47] **mecer,**[39] **reducir**[41] (como **reducir,** se conjuga **traducir**)

1. *Para cambiar al presente, al futuro y al condicional de indicativo:*

Modelo: *Ella soñaba en la mar amarga.   Ella sueña en la mar amarga.*
                                              Ella soñará en la mar amarga.
                                              Ella soñaría en la mar amarga.

Profesor	*Estudiante*
Olían muy bien.	Huelen muy bien. Olerán muy bien. Olerían muy bien.
Se mecía la gitana.	
Reducían sus gastos.	
Yo traducía la obra.	

2. *Para cambiar al imperfecto de subjuntivo después de Yo dudaba que:*

Modelo: *Él lo traducía.   Yo dudaba que él lo tradujera.*

Profesor	*Estudiante*
Bartolo soñaba en las vacaciones.	Yo dudaba que Bartolo soñara en las vacaciones.
Las flores olían muy bien.	
Se mecía el niño.	
Reducían sus gastos.	

V. EJERCICIOS ESCRITOS

A. Uso de modismos y frases hechas

1. *Úsense las palabras y modismos siguientes en oraciones completas:*

cerrar el trato   por lo común
declaración de amor   sección de sucesos
funcionario   soler
muy bien, pero que   zapatillas de fieltro
  muy bien

2. *Escríbanse oraciones completas empleando las frases siguientes como elemento inicial:*

Acompañaban a hacer . . .
Los empleados invitaban . . .
Me alegro de que . . .
Paseaban del brazo de . . .
Se escuchan . . .
Se iban construyendo . . .
Se tomaban . . .
Si yo pudiera . . .

B. Ejercicio de traducción

Traduzcan al español las frases siguientes, tratando de imitar las construcciones y fraseología de los textos:

1. The novelists invited the typists to dine with them at Casablanca.   2. The young lady married a film production manager.   3. Some well-dressed women would come here daily from six to eight.   4. This newspaper always has good crossword puzzles.   5. Many promises and declarations of love are made.   6. Every year a lot of books are stolen.   7. I am sure that she will forget everything.   8. We don't dare tell him not to carry it away.   9. He wakes up early, but I don't know when he gets up.   10. They serve very good meals in this dormitory.   11. How does one say that in Spanish?   12. Today they are considered as two of the greatest figures of contemporary European literature.

VI. VERIFICACIÓN Y REPASO

A. Dictado

Preguntas

1. ¿Qué se rompen al empezar el llanto de la guitarra?   2. ¿Qué es inútil o imposible?   3. ¿Cómo es el llanto de la guitarra?   4. Cite algunas de las cosas por las cuales llora la guitarra.   5. ¿A qué compara la guitarra?   6. ¿Qué representan las cinco espadas?

B. Concurso de recitación de versos

Repártanse las cinco estrofas del « Romance sonámbulo » entre cinco alumnos:

1. Cada alumno lee una estrofa, dedicando atención especial a la división de sílabas, a la acentuación rítmica y a la entonación.
2. Los alumnos tratan de aprender su respectiva estrofa de memoria para recitarla en clase.

C. Temas para un informe escrito

Escríbase un informe, de unas ciento veinte palabras, sobre uno de los temas siguientes:

1. Sucesos que ocurren en la escuela entre las tres y las cinco de la tarde.
2. Una visita a un museo de la localidad.
3. Breve resumen de uno de los dos diálogos.

DEL MUNDO ANCHO Y AJENO

(Para aprender de memoria)

A. Punto de vista

—Como yo manejo un camión de carga y hago viajes muy largos, prefiero las llantas muy duras y pesadas.

—Pues yo las prefiero suaves y blanditas.

—Pero, ¿qué vehículo maneja usted?

—Ninguno . . . Soy peatón.

Preguntas

1. ¿Por qué prefieren los camioneros las llantas duras?   2. ¿Por qué prefieren los peatones las llantas blanditas?

B. Cambio

—¿Y cuánto me va a cobrar por extraerme la muela?

—Treinta pesos.

—¡Treinta pesos! ¿Por una extracción en que va a tardar[1] sólo tres minutos? . . .

—Si usted quiere, le cobro tres pesos y tardo treinta minutos.

Preguntas

1. ¿Por qué cree el señor que le cobra mucho el dentista?   2. De los dos precios que propone el dentista, ¿cuál escogería Ud.?   3. ¿Por qué?

---

[1] **en que va a tardar** *which will take you.*

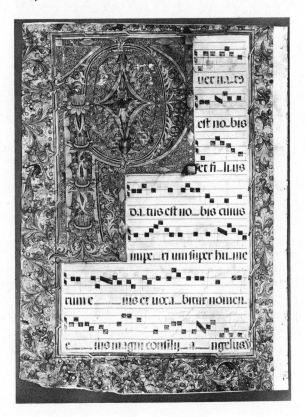

20

Repaso de Lecciones 16–19

I. DICTADO

(Se usará uno de los textos recomendados en el *Teacher's Key*.)

II. REPASO DE VERBOS

A. Conjugar en el imperfecto y pretérito de indicativo:

1. Yo seguía notando sensibles mejoras, etc.
2. Yo iba consiguiendo buenos resultados, etc.
3. Yo continuaba estudiando mucho, etc.
4. Yo andaba pagando mis deudas, etc.

B. Conjugar en el presente de indicativo:

1. Me acuesto a las diez de la noche, etc.
2. No me atrevo a pedírselo, etc.
3. No me arrepiento de haberlo dicho, etc.
4. Se me olvida que comienzo hoy mismo, etc.

III. ASPECTOS GRAMATICALES

A. Formas de mandato

1. *Traducir al español usando el pronombre* **vosotros**:

Modelo: *Favor him.*   *Favorecedle.*

Profesor	*Estudiante*
Ask her for it.	Pedídselo a ella.
Trust him.	
Read the report.	
Translate the sentences.	

2. *Traducir al español usando el pronombre* **vosotros**:

Modelo: *Don't trust him.*   *No confiéis en él.*

Profesor	*Estudiante*
Don't read the report.	No leáis el informe.
Don't translate the sentences.	
Don't favor him.	
Don't ask her for it.	

3. *Traducir al español usando el pronombre* **usted:**

Modelo: **Read the report.**   **Lea Ud. el informe.**

Profesor	*Estudiante*
Translate the sentences.	Traduzca Ud. las oraciones.
Favor him.	
Ask her for it.	
Trust him.	

4. *Traducir al español usando el pronombre* **usted:**

Modelo: **Don't translate the sentences.**   **No traduzca Ud. las oraciones.**

Profesor	*Estudiante*
Don't favor him.	No le favorezca Ud.
Don't ask her for it.	
Don't trust him.	
Don't read the report.	

B. Las cláusulas condicionales

1. *Para traducir al español:*

Modelo: **If he arrives, let him begin his work.**   **Si él llega, que comience su trabajo.**

Profesor	*Estudiante*
If he arrives, let him attend the concert.	Si él llega, que asista al concierto.
If he arrives, let him ask for the book.	
If he arrives, let him run in search of her.	
If he arrives, let him accompany us.	

2. *Para traducir al español:*

Modelo: **If we had time, we would review the lesson.**   **Si tuviéramos (tuviésemos) tiempo, repasaríamos la lección.**

Profesor	*Estudiante*
If we had time, we would go out for a walk.	Si tuviéramos (tuviésemos) tiempo, saldríamos a pasearnos.
If we had time, we would do what he says.	
If we had time, we would follow his advice.	
If we had time, we would continue working.	

IV. EJERCICIOS ORALES

A. Para definir

Defínanse o identifíquense brevemente:
1. la demanda, la fábrica. 2. el proteccionismo, las materias primas. 3. las galeras, la ley del talión. 4. el puerto, el papel de lija. 5. Silvia, Leandro. 6. *Bodas de sangre, La familia de Pascual Duarte.* 7. Jacinto Benavente, Federico García Lorca.

B. Para describir

Cítese alguna actividad industrial o comercial relacionada con las ciudades y regiones siguientes:
1. Asturias, las Provincias Vascongadas. 2. Alicante, Cataluña. 3. Bilbao, Málaga. 4. Andalucía, Murcia. 5. Barcelona, Jijona. 6. Córdoba, Jerez.

C. Diálogo y representación dramática

1. Recitación del Diálogo A, Lección 16. Un alumno desempeña el papel de Bartolo, y una alumna el de Beatriz.

2. Representación de la Escena Última de *Los intereses creados*. El profesor repartirá los papeles. Recuérdese que los papeles más largos son los de Pantalón, Leandro, Silvia, el Doctor y Crispín. Trece personajes aparecen en la escena.

V. EJERCICIOS ESCRITOS

A. Para traducir al español:

1. As a result of the progressive liberalization of the economic policy, Spanish industry is moving in a more unobstructed atmosphere. 2. If the increase in the number of tourists continues, it is possible that in Spain there will soon be as many tourists as inhabitants. 3. We have already seen that the standard of living has risen.

4. If Graciela's interpretation is correct, Benavente was trying to express the universal existence of evil. 5. Starting from this point of view, one can understand the significance of his works. 6. Consider what you are saying; I would kill her rather than marry her to Leandro.

7. Your grandchildren will be gentlemen . . . if they don't insist on taking after you. 8. If Crispín had not lacked money, he would not have imposed that condition. 9. If this were known in the city, everybody would be on our side.

10. Don't complain yet; they generally serve good meals in this dormitory. 11. We are glad that schools are constantly being built. 12. We were sure that she would forget everything.

B. Temas para desarrollar por escrito

Escríbanse cinco oraciones sobre cada uno de los temas siguientes:

1. Los personajes de la comedia del Arte italiana.
2. Resumen de la acción de la Escena Última del Cuadro Tercero de *Los intereses creados*.
3. Las secciones del periódico de la localidad.

Patio español

Cortesía, Ministerio de información y turismo español

21

Visión geográfica de Hispanoamérica

I. PRESENTACIÓN

A. *Ejercicio preliminar*

Localícense en los mapas, páginas 153 y 154, los términos siguientes:

1. Las Antillas, Colombia, Venezuela, el Ecuador, el Paraguay.
2. Bolivia, Nicaragua, Costa Rica, Caracas, Bogotá.
3. Lima, La Paz, Asunción, Tegucigalpa, Quito.
4. El Amazonas, el Orinoco, el Magdalena, el Paraná, el Río de la Plata.

B. *Estudio de palabras*

Estudien las aclaraciones siguientes:

1. **Amedrentar** *v. t.* Atemorizar.
2. **Clima, problema, sistema, tema.** A pesar de terminar en –a, son substantivos masculinos.
3. **Epopeya** *f.* Poema de asunto heroico; serie de sucesos heroicos.
4. **Orbe** *m.* Esfera; mundo.
5. **Indómito, –a.** Que no se puede domar o contener. Observen el valor negativo del prefijo **in–,** como en **inevitable, inexplotado,** etc.
6. **Pantano** *m.* Terreno de aguas estancadas.
7. **Páramo** *m.* Terreno desierto, elevado y sin vegetación. En Colombia y el Ecuador, « llovizna ».
8. **Sequía** *f.* Temporada en que no llueve.
9. **Huelga** (de **holgar**). Respecto a cosas inanimadas: **es innecesario.** *f.* Paro del trabajo por personas empleadas en el mismo oficio.

C. *Modismos y frases útiles*

Estudien los modismos y frases siguientes y aprendan de memoria los ejemplos:

1. **A medio conocer.** No enteramente conocido. **A medio explotar.** No enteramente explotado. ⁓ Estos elementos hacen de Hispano América todavía un territorio a medio conocer y a medio explotar.
2. **De ninguna manera.** ⁓ No queremos decir eso; de ninguna manera.
3. **De primera intención.** Al pronto; en el primer momento; provisionalmente. ⁓ No se trata solamente de un clima diferente, que de primera intención podría ser enervante.
4. **De suyo.** Naturalmente. ⁓ No incluimos a las islas antillanas, que por ser islas tienen de suyo una ventaja mayor.
5. **Distar de.** Estar apartada de o lejos de. ⁓ Hispano América dista mucho de ser una unidad geográfica.
6. **Influir en.** Ejercer influencia sobre. ⁓ Es preciso tener una visión de esta geografía que tanto ha influido en la historia y en la cultura americanas.
7. **Referirse a.** Aludir a. ⁓ Nos referimos a la ausencia de puertos naturales en ambas costas.
8. **Sobreponerse a.** Dominar, vencer. ⁓ Lo más extraordinario es que el hombre haya podido sobreponerse a esta naturaleza indómita.

II. LECTURAS

A. *Visión geográfica*

Por Richard Pattee

Hispano América [1] dista mucho de ser una unidad geográfica. Podría afirmarse que la geografía ha contribuido a hacer difíciles todos los esfuerzos del hombre hasta tal punto que el establecimiento y el progreso de la especie humana en muchas partes de México, Centro América y Sud América adquieren las proporciones de una verdadera epopeya. La geografía en muchas partes del vasto continente y en las regiones

[1] Hispanoamérica se escribe también Hispano América.

adyacentes, como el istmo centroamericano y las Antillas, es hostil al desarrollo del tipo de civilización a que el hombre estaba acostumbrado en Europa. No se trata solamente de un clima diferente, que de primera intención podría ser enervante, sino de un conjunto de condiciones naturales que estorban más bien que ayudan a la labor agrícola, comercial e industrial del hombre.

Es preciso tener una visión de esta geografía, a veces caprichosa y arbitraria, que tanto ha influido en la historia y en la cultura americanas. No queremos decir con esto que la naturaleza del hombre hispanoamericano haya sido determinada por la geografía. De ninguna manera. Lo más extraordinario es que el hombre, desde los primeros tiempos de la conquista y la colonización, haya podido sobreponerse a esta naturaleza indómita. Sin entrar en el tema, evidentemente discutible, del grado de la influencia del medio geográfico sobre el ser humano, basta afirmar que el hombre europeo mostró en América una capacidad notabilísima en su lucha contra estos elementos que tendían a estorbarle el paso y obstaculizar su obra.

El continente sudamericano, con Centro América y México, que hemos de llamar en adelante Hispano América, es una de las regiones menos privilegiadas de la tierra desde el punto de vista de ciertos factores naturales que normalmente favorecen la empresa civilizadora. Nos referimos principalmente a la ausencia de puertos naturales en ambas costas y de ríos navegables que fluyan hacia el Atlántico y el Pacífico, fácil penetración hacia el interior y un clima que ayude al hombre en la explotación de los recursos y su exportación al exterior.

Examínese un mapa del mundo hispanoamericano. Desde el extremo sur, al lado del Atlántico,[1] hasta el norte del Brasil, no hay más que dos puertos naturales donde la mano del hombre no haya sido necesaria para crearle facilidades al movimiento marítimo. [...] Al observar la costa del Pacífico, encontramos una situación muy análoga. Es evidente que Hispano América carece de puertos naturales, factor vital en la economía de toda nación. Comparada con Europa o con los Estados Unidos, su penuria es notable. Claro está que no incluimos en esta breve reseña a las islas antillanas, que por ser islas tienen de suyo una ventaja mayor.

Preguntas

1. ¿De qué trata esta lección? 2. ¿Qué afirmación general puede hacerse respecto de la geografía de Hispano América? 3. ¿Se trata solamente de un

[1] **al ... Atlántico** *on the side of the Atlantic Ocean.*

clima diferente? 4. ¿Por qué es preciso tener una visión de esta geografía? 5. Según el autor, ¿cuál es el hecho más extraordinario de la historia de Hispano América? 6. ¿Qué ha mostrado el hombre europeo en América? 7. ¿Qué puede afirmarse del continente sudamericano desde el punto de vista de ciertos factores naturales? 8. ¿A qué factores se refiere principalmente el autor? 9. ¿Cuántos puertos naturales hay en la costa del Atlántico? 10. ¿Cuál es la situación al lado del Pacífico?

B. *Visión geográfica   (Continuación)*

Huelga insistir en que la existencia de numerosos ríos y de sistemas fluviales adecuados ejerce una influencia marcada en el desarrollo de los pueblos. Hispano América tiene grandes ríos, pero casi sin excepción están todos mal situados. Parece una contradicción afirmar que hay falta de ríos en un continente por donde corren el Amazonas, el Orinoco, el Magdalena, el Paraná y otros de los más caudalosos ríos del orbe. La mera existencia de un río no basta. Es preciso que se combinen diversas circunstancias para que sus aguas sean utilizables para los fines de la sociedad. Los ríos sudamericanos son inmensos, pero la mayor parte se hallan en plena zona tropical, lo cual reduce su utilidad. [...]

La geografía de Hispano América contribuye a alejar y a separar en vez de unir. Selvas, desiertos, enormes páramos, inmensas llanuras y ríos caudalosos, todos se combinan para entorpecer la obra del hombre. La conquista tuvo que realizarse como un milagro de la tenacidad y la persistencia del hombre contra una naturaleza bravía y hostil. En toda su historia el mundo hispanoamericano ha tenido en contra de su progreso, desarrollo y bienestar esta geografía imponente. Todos los extremos se encuentran: cordilleras elevadísimas cuyos fríos e inaccesibilidad confunden y amedrentan al esfuerzo humano; desiertos cuyas sequías desalientan al más audaz y arrojado explorador; selvas, ríos, y pantanos que por su extensión y profundidad forman un valladar al libre movimiento del hombre y a la penetración de la vida organizada. Añádase a esto las distancias increíbles que favorecen a su vez un regionalismo intenso.

Las comunicaciones en Hispano América, aún en nuestros días, son deficientes y explican el atraso económico de muchas regiones. La geografía no ha permitido medios de comunicación fáciles y baratos que hubieran podido contribuir más que ningún otro factor al desenvolvimiento de estos países cuyos recursos muchas veces yacen inexplotados precisamente por la falta de medios

Vista de Caracas, Venezuela

Cortesía, *Delta Air Lines*

La Cámara de Diputados del Estado de Campeche, México

Cortesía, *American Airlines*

de transporte y de vías de comunicación. El servicio aéreo ha venido a resolver en parte este problema. Todavía es costoso y no está organizado para el transporte en gran escala. En algunos países la existencia de las líneas aéreas ha permitido por la primera vez la comunicación rápida entre regiones y ciudades del mismo territorio nacional.

No es posible sustraerse a la influencia inevitable de la geografía. Hispano América vive dentro de su marco geográfico. Esta geografía ha sido obstáculo y desafío. Ha constituido la razón de ser de la conquista y ocupación y ha entorpecido el mayor desarrollo de los pueblos.

Clima, aislamiento, topografía: he aquí en una síntesis los elementos que influyen para hacer de Hispano América todavía un territorio a medio conocer y a medio explotar.

Preguntas

1. ¿Qué otro factor ejerce una influencia marcada en el desarrollo de los pueblos? 2. ¿Qué puede afirmarse de los ríos de Hispano América? 3. ¿Cuáles son algunos de los grandes ríos de Hispano América? 4. ¿Qué elementos se combinan para entorpecer la obra del hombre? 5. ¿Cómo pueden describirse las cordilleras de Hispano América? 6. ¿Qué puede decirse de las comunicaciones en Hispano América? 7. ¿Por qué yacen inexplotados muchas veces los recursos de estos países? 8. ¿Qué ha venido a resolver en parte este problema? 9. ¿Qué forman, por su extensión y profundidad, las selvas, ríos y pantanos? 10. ¿Qué elementos influyen para hacer de Hispano América todavía un territorio a medio conocer y a medio explotar?

III. PRÁCTICAS ORALES

A. Diálogo. *En la biblioteca*

> *Bartolo y Graciela se encuentran en la biblioteca y charlan un poco antes de separarse.*

1. BARTOLO. ¡Hola, Graciela! ¿Todavía por aquí?
2. GRACIELA. He estado repasando la lección sobre la geografía de Hispano América. ¡Qué problemas más interesantes!
3. BARTOLO. Me interesó mucho lo que dice el autor sobre la poca utilidad de los ríos de Hispano América.
4. GRACIELA. A mí también. Es que casi todos los grandes ríos del continente se encuentran dentro de la zona tropical.
5. BARTOLO. El contraste con Norte América es notable.
6. GRACIELA. En realidad la mayor parte de Hispano América pertenece a la zona tropical o, por lo menos, a la subtropical.
7. BARTOLO. Como sabes, pienso asistir a una escuela de verano en México el año que viene. ¿Qué partes de México son tropicales?
8. GRACIELA. Yucatán, Campeche, Chiapas, y toda la costa del Pacífico y toda la del Golfo.
9. BARTOLO. Si recuerdo bien, hay en México dos zonas perfectamente definidas, la tropical y la templada. ¿Existe la misma situación en otras regiones?
10. GRACIELA. Sí; la situación es análoga en Centro América y en otras regiones. Bolivia, por ejemplo, está dividida entre la altiplanicie andina y el Oriente, que muestra las características de la zona tropical.
11. BARTOLO. ¿Cuáles son las características de la zona tropical?
12. GRACIELA. La vegetación es abundante, la lluvia copiosa y el calor intenso.
13. BARTOLO. La Argentina se halla dentro de la zona templada, ¿verdad?
14. GRACIELA. Por la mayor parte; pero el norte de la Argentina es también tropical.
15. BARTOLO. Y además de los bosques existen también extensos desiertos en muchas partes. Pero ya son las diez y no he preparado todavía el tema para mañana. Tengo que marcharme. Hasta mañana, Graciela.
16. GRACIELA. Hasta mañana, Bartolo.

Preguntas

1. ¿Dónde se encuentran Graciela y Bartolo? 2. ¿Qué ha estado repasando Graciela? 3. ¿Qué observación del autor ha interesado mucho a Bartolo? 4. ¿Dónde se encuentran casi todos los grandes ríos de Hispano América? 5. ¿Qué partes de México son tropicales? 6. ¿Qué piensa hacer Bartolo el año que viene? 7. ¿En qué dos zonas está dividida Bolivia? 8. ¿Cuáles son las características de la zona tropical? 9. ¿Se halla la Argentina dentro de la zona templada? 10. ¿Por qué tiene que marcharse Bartolo?

B. Diálogo. *Una discusión en la clase de español*

> *Los alumnos discuten con el profesor el problema de las comunicaciones en Hispano América.*

1. PROFESOR. Hoy vamos a discutir algunos de los factores que han influido en el desarrollo económico de Hispano América. ¿Cómo se explica la falta de comunicaciones adecuadas en muchas partes de Hispano América?
2. BARTOLO. La geografía no ha permitido medios de comunicación fáciles y baratos.
3. GRACIELA. La geografía contribuye a alejar y a separar en vez de unir. Nos referimos a la existencia de grandes selvas, desiertos, páramos y ríos.
4. PROFESOR. Tienen razón. ¿Quién puede citar algún ejemplo particular?
5. BEATRIZ. Un ejemplo claro es la República de Colombia.
6. PROFESOR. Muy bien. ¿Quién puede dar algunos detalles más?
7. ALFONSO. La cordillera andina se bifurca en territorio colombiano, dividiendo el país en regiones completamente separadas. Hasta hace poco la comunicación entre Medellín y Bogotá, por ejemplo, era sumamente difícil.
8. BARTOLO. ¿Cómo se ha resuelto hoy día este problema?
9. ALFONSO. Mediante el servicio aéreo.
10. PROFESOR. Muy bien. Se encuentra una situación análoga en otras regiones. El servicio aéreo va permitiendo por primera vez la comunicación rápida entre lugares del mismo territorio. ¿Quién recuerda algún ejemplo más?

11. GRACIELA. El servicio aéreo ha permitido la comunicación directa y rápida entre las diferentes repúblicas centroamericanas.

12. BARTOLO. La construcción de la Carretera Panamericana contribuirá a resolver este problema, ¿ no es verdad ?

13. PROFESOR. Seguramente; pero todavía es imposible ir por tierra de Nicaragua a Costa Rica, de ésta a Panamá, y de Panamá a Colombia. Esto explica, en parte, por qué las cinco repúblicas centroamericanas no han podido unirse en una sola nación.

14. BEATRIZ. Hay otros ejemplos importantes. Algunas capitales, como Bogotá, La Paz, Asunción y Tegucigalpa quedaban fuera de las rutas normales, produciéndose un aislamiento penoso.

15. BARTOLO. Ahora comprendemos mejor el problema del atraso económico de muchas regiones de Hispano América.

16. PROFESOR. Muy bien. Es ya la hora [1] y no podemos continuar la discusión hoy. Se trata de puntos interesantes que volveremos a discutir en otra ocasión.

Preguntas

1. ¿ Cuál es el tema de la discusión ? 2. ¿ Qué hecho explica en parte el atraso económico de muchas partes de Hispano América ? 3. ¿ Cómo se explica la falta de comunicaciones adecuadas en muchas partes de Hispano América ? 4. ¿ Qué país presenta un ejemplo claro de la falta de comunicaciones ? 5. ¿ Cómo se ha resuelto hoy día este problema ? 6. ¿ Qué va permitiendo por primera vez el servicio aéreo ? 7. ¿ Entre qué repúblicas permite el servicio aéreo una comunicación directa ? 8. ¿ Qué nueva obra producirá grandes beneficios para las repúblicas centroamericanas ? 9. ¿ Es posible ir por tierra de Nicaragua a Costa Rica ? 10. ¿ Qué capitales quedaban fuera de las rutas normales antes de existir el servicio aéreo ?

C. Temas para discutir en clase

Los alumnos discutirán entre sí los temas siguientes. Para poder iniciar y participar en la discusión, los alumnos prepararán cuatro o cinco preguntas, con sus respuestas respectivas, sobre cada uno de los temas.

1. Obstáculos geográficos que el hombre europeo encontró en América.
2. La escasez de puertos naturales en Hispano América.
3. La utilidad de los ríos sudamericanos.
4. El aislamiento de algunas capitales hispanoamericanas.
5. La importancia de la Carretera Panamericana.

IV. ASPECTOS GRAMATICALES

A. Las preposiciones con el infinitivo

1. *Para cambiar empleando la preposición indicada:*

Modelo: *¿ Quieres ir al cine después de cenar ? ¡ Antes de !* *¿ Quieres ir al cine antes de cenar ?*

Profesor	Estudiante
¿ Quieres ir al cine antes de cenar ? ¡ Sin !	¿ Quieres ir al cine sin cenar ?
¡ En vez de !	
¡ Además de !	
¡ En lugar de !	

2. *Para cambiar substituyendo la cláusula dependiente por una frase preposicional introducida por al:*

Modelo: *Él se acercó cuando salíamos nosotros del teatro.* *Él se acercó al salir nosotros del teatro.*

Profesor	Estudiante
Él se acercó cuando salía ella del teatro.	Él se acercó al salir ella del teatro.
Él se acercó cuando salía Ud. del teatro.	
Él se acercó cuando salía yo del teatro.	
Él se acercó cuando salías tú del teatro.	

[1] **Es ya la hora** *The time is up.*

B. El infinitivo en lugar de la cláusula substantiva

Para cambiar substituyendo la cláusula substantiva por el infinitivo:

Modelo: *Él mandó que yo volviera.*   *Él me mandó volver.* [1]

Profesor	*Estudiante*
Fue imposible que yo volviera.	Me fue imposible volver.
Ellos dejaron que yo volviera.	
Él impidió que yo volviera.	
Ellos permitieron que yo volviera.	

C. El infinitivo con verbos que indican percepción

Para contestar afirmativamente:

Modelo: *¿ Le vio Ud. alejarse ?*   *Sí, le vi alejarse.*

Profesor	*Estudiante*
¿ Le oyó Ud. abrir la ventana ?	Sí, le oí abrir la ventana.
¿ La vieron bailar ?	
¿ La oyeron tocar el piano ?	
¿ Se sintió Ud. caer ?	

D. Repaso de los verbos mostrar,[23] referirse,[28] incluir,[42] carecer[39]

1. *Para cambiar al presente de subjuntivo después de* **Es posible que:**

Modelo: *Él muestra interés.*   *Es posible que él muestre interés.*

Profesor	*Estudiante*
Alfonso se refiere a ello.	Es posible que Alfonso se refiera a ello.
Lo incluimos en el tema.	
Ellos carecen de dinero.	
Nos referimos al clima.	

2. *Para cambiar al imperfecto de subjuntivo después de* **Era posible que:**

Modelo: *Él mostraba interés.*   *Era posible que él mostrara (mostrase) interés.*

Profesor	*Estudiante*
Ellos carecían de dinero.	Era posible que ellos carecieran (careciesen) de dinero.
Nos referíamos al clima.	
Lo incluíamos en el tema.	
Ellos confiaban en nosotros.	

V. EJERCICIOS ESCRITOS

A. Uso de modismos y frases hechas

1. *Úsense las palabras y modismos siguientes en oraciones completas:*

a su vez	medios de transporte
de suyo	sobreponerse a
en gran escala	tener en contra
influir en	vías de comunicación

2. *Escríbanse oraciones completas empleando las frases siguientes como elemento inicial:*

Al marcharnos . . .	Era posible que . . .
Al observar la topografía . . .	Es posible que . . .
	Ha contribuido a . . .
Basta afirmar que . . .	No queremos decir
Dista mucho de ser . . .	que . . .

[1] Los verbos **mandar, dejar, impedir, permitir, prohibir, hacer,** y las expresiones **ser (im)posible, ser necesario,** etc., pueden usarse con el infinitivo en vez del subjuntivo.

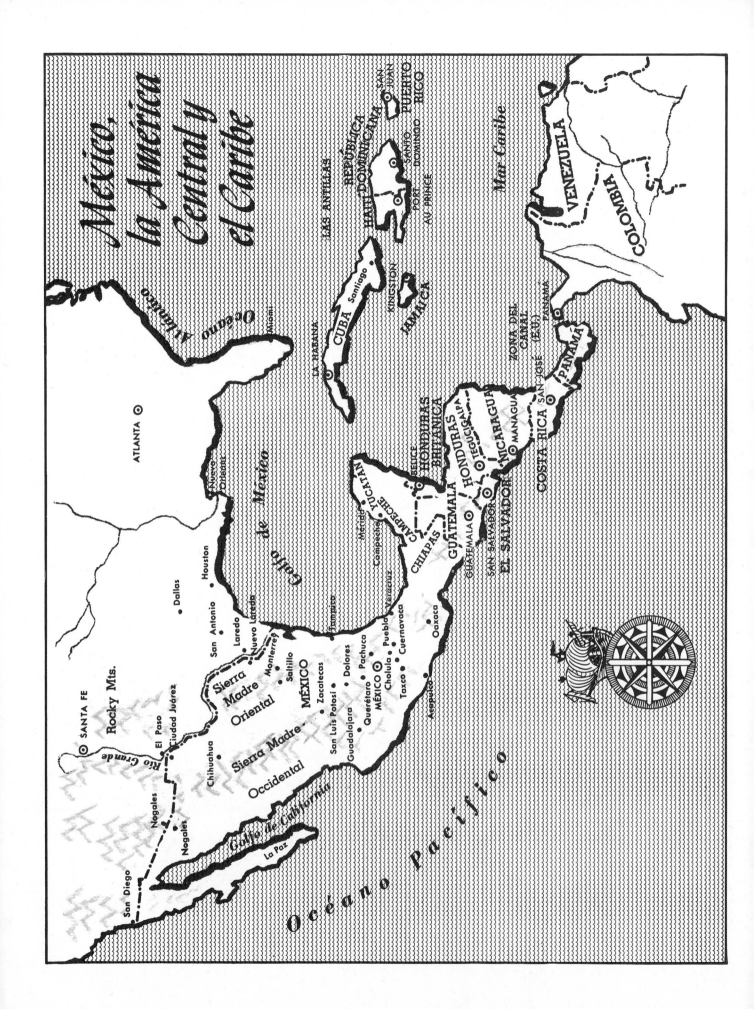

B. Ejercicio de traducción

Traduzcan al español los párrafos siguientes, tratando de imitar las construcciones y fraseología de los textos:

Our assignment for tomorrow is to write a brief report on the geography of Spanish America. The teacher has asked us to write it with our books closed. We must try to imitate the language of the text without copying it.

On studying the map of South America it is evident that geography tends to separate rather than unite the various regions. In many parts of South America geography has hampered the development of the type of civilization to which man is accustomed in Europe.

South America is one of the least privileged parts of the world from the point of view of certain natural factors that normally favor the development of a high civilization. The most extraordinary fact is that man has been able to subdue the deserts, jungles and vast plains of this continent.

Although it is difficult to overcome (*sobreponerse a*) the influence of geography, it is clear that the improvement of communications (*vías de comunicación*) will contribute markedly to the economic development of Spanish America.

VI. VERIFICACIÓN Y REPASO

A. Dictado

Preguntas

1. ¿Qué se ha forjado en torno a cada república de Hispano América? 2. ¿Qué puede afirmarse respecto de las riquezas inexplotadas y potenciales de cada nación? 3. ¿Qué afirma el autor respecto de los estudios de los recursos? 4. ¿Qué deficiencia debe notarse en cuanto a la riqueza del subsuelo? 5. ¿En qué países es importante la industria? 6. ¿De qué carece la Argentina, que aspira a una industrialización mayor?

B. Temas para desarrollar en forma de diálogos

1. Rasgos geográficos de Hispano América.
2. La influencia de la geografía sobre la historia y la cultura americanas.
3. Las comunicaciones en Hispano América.

C. Temas para un informe escrito

Escríbase un informe, de unas ciento cincuenta palabras, sobre uno de los temas siguientes:

1. Los factores naturales que normalmente favorecen la empresa civilizadora.
2. Los beneficios que produce el servicio aéreo en Hispano América.
3. Breve resumen del Diálogo B.

DEL FOLKLORE DEL MUNDO HISPÁNICO

(Para aprender de memoria)

ROMANCE DE LA MISA DE AMOR

Mañanita, mañanita,
mañanita de primor,
cuando damas y galanes
van a oír misa mayor.
Allá va la mi señora,[1]
entre todas la mejor.
Viste saya sobre saya,
mantellín de tornasol,
camisa con oro y perlas
bordada en el cabezón.
En la su boca[1] muy linda
lleva un poco de dulzor;
en la su cara tan blanca,
un poquito de arrebol,

y en los sus ojuelos garzos
lleva un poco de alcohol;
así entraba por la iglesia
relumbrando como un sol.
Las damas mueren de envidia,
y los galanes de amor.
El que cantaba en el coro
en el credo se perdió;
el abad que dice misa
ha trocado la *lición;*
monacillos que le ayudan
no aciertan responder, non,[2]
por decir amén, amén,
decían amor, amor.

---

[1] **la mi señora, la su boca.** El empleo del artículo con el posesivo es un arcaísmo.   [2] **no aciertan . . . non** *do not succeed in answering correctly.* La omisión de la preposición **a** después de **aciertan** es un arcaísmo, como también lo es la forma **non** por **no.**

22

La revolución boliviana

I. PRESENTACIÓN

A. *Nota biográfica*

Víctor Paz Estenssoro, político boliviano y presidente de la República en 1952 y 1960, nació en Tarija, Bolivia, en 1907. Abogado y profesor de economía, ha sido uno de los jefes más eminentes del Movimiento Nacionalista Revolucionario (el M.N.R.), que llegó al poder por primera vez en 1943. Desterrado en 1946, vivió seis años en la Argentina.

En 1952 fue elevado a la presidencia de Bolivia por una revolución organizada por el M.N.R. Apoyado por su partido se ha consagrado a realizar un vasto programa de reformas políticas, económicas y sociales: la nacionalización de las grandes compañías mineras, la iniciación de la reforma agraria, etc. Reelegido en 1960, fue derrocado por una junta militar en 1964.

Los párrafos siguientes forman parte de un discurso notable pronunciado por el Sr. Paz Estenssoro en la Universidad de Montevideo en septiembre de 1956.

B. *Estudio de palabras*

Estudien las aclaraciones siguientes:
1. **Altiplano** *m.* Voz americana por « altiplanicie, meseta alta ».
2. **Autosuficiencia** *f.* Neologismo por autarquía, « bastarse a sí mismo, no necesitar de otro ».
3. **Excedente** *adj.* Que excede o sobra.
4. **Inconciliable** *adj.* Que no puede conciliarse. Como en otros casos, noten el valor negativo del prefijo **in–**.
5. **Inconveniente** *m.* Obstáculo.

6. **Ingenio** *m.* Facultad de discurrir e inventar. También, « máquina », y en algunas partes de América, « fábrica de azúcar ».
7. **Parcela** *f.* Porción pequeña de terreno.
8. **Riesgo** *m.* Peligro, proximidad de un daño.

C. *Modismos y frases útiles*

Estudien los modismos y frases siguientes y aprendan de memoria los ejemplos:
1. **A medida que.** Al paso que. ~ Debíamos superar todos los inconvenientes a medida que se presentaran.
2. **Dar el paso.** Hacer la diligencia, tomar la medida. ~ Debíamos dar el trascendental paso.
3. **Dar impulso a.** Fomentar. ~ Hemos dado impulso a una política de migración interna.
4. **La distribución demográfica.** La distribución de la población. ~ Bolivia tiene una distribución demográfica absurda.
5. **Llevar adelante.** Desarrollar, dar impulso a. ~ Hemos llevado adelante programas de desarrollo para azúcar en el área de Santa Cruz.
6. **Ponerse en evidencia.** Manifestarse. ~ Son peligros que se han puesto en evidencia en todos los países que han adoptado una medida similar.
7. **Si se es.** Si uno es, si se trata de. ~ La obtención de capitales y de técnicos es posible si se es un país independiente y soberano.
8. **Tener en cuenta.** Considerar. ~ Si se tiene en cuenta la profundidad de la transformación experimentada, los trastornos son mínimos.

Fotografía de Herbert Lanks, *Black Star*

156

II. LECTURAS

A. *La revolución boliviana*
Por Víctor Paz Estenssoro

Cuando llegamos al Gobierno, con ese pasado que viene desde tan lejos, con esa realidad que era alarmante, teníamos que tomar las medidas que hemos tomado. Ellas estaban determinadas por la realidad boliviana; debíamos nacionalizar las minas; debíamos llevar a cabo la reforma agraria.

La nacionalización de las minas tenía riesgos evidentes, pero eran riesgos propios de nuestra situación de país atrasado, de país explotado durante tanto tiempo. No teníamos capital ni técnicos. Pero si nosotros hubiéramos esperado hasta contar con capital y técnicos, nunca habríamos podido nacionalizar las minas, porque precisamente por no ser dueños de nuestro destino es que no disponíamos de capital ni teníamos técnicos: debíamos dar el trascendental paso y superar todos los inconvenientes a medida que se presentaran, porque la obtención de capitales y de técnicos es posible si se es un país independiente y soberano.

La reforma agraria también implicaba peligros que se han puesto en evidencia en todos los países que han adoptado una medida similar, en todas las épocas de la historia. Un cambio fundamental en el régimen de propiedad de la tierra trae como consecuencia, en el período de transición inmediatamente posterior, un descenso en la producción. En Bolivia ha sido mínimo el trastorno, porque el campesino estaba adoctrinado y era consciente de sus responsabilidades; se ha esforzado porque sea mínima la baja[1] en la producción.

En este aspecto conviene hacer una aclaración. La revolución boliviana tiene enemigos inconciliables, enemigos que no se resignan a que se les escape de las manos[2] un país que, en el caso de la tierra, explotaban por 400 años,[3] o en el caso de las minas, por más de medio siglo. Uno de sus argumentos para atacarnos es que la reforma agraria ha traído tal hambre que estamos viviendo de la caridad de los Estados Unidos. La acusación es falsa por lo siguiente. La producción agrícola en Bolivia, en las fincas de los señores feudales o en las parcelas de los campesinos, estaba reducida a papas, cebada, quinua (un cereal típico del Altiplano) y maíz. Esta pro-

ducción no ha disminuido; al contrario, la de maíz ha aumentado, porque en otra faceta de la revolución nacional, hemos abierto una nueva zona del territorio boliviano donde, gracias a una nueva variedad genética, producimos tres cosechas al año.

Ahora bien, ¿qué nos dan los Estados Unidos? Nos dan trigo, que siempre hemos importado porque lo producido en Bolivia no era suficiente para el consumo del país. Nos dan arroz, algodón y aceites comestibles, artículos que nunca produjo el país precisamente por la política unilateral que siguió la minería. Nosotros, mediante el plan de desarrollo y diversificación de la economía, estamos tratando de llegar a la autosuficiencia en esos productos.

Que con la reforma agraria ha habido trastorno en el campo es evidente. Mas, si se tiene en cuenta la profundidad de la transformación experimentada, y se compara con los trastornos que causó la Revolución Mexicana, por ejemplo, o la Guerra de Secesión, que suprimió la esclavitud, son mínimos. En Bolivia hemos suprimido la servidumbre; hemos dado un salto de la época de la Edad Media a la Época Contemporánea.

Preguntas

1. ¿Qué cargos públicos ha ocupado el autor de estos párrafos? 2. ¿De qué grandes reformas habla en estos párrafos? 3. ¿Qué riesgos evidentes tenía la nacionalización de las minas? 4. ¿Cómo explica el autor la falta de capitales y de técnicos? 5. ¿Qué trae siempre como consecuencia un cambio fundamental en el régimen de propiedad de la tierra? 6. ¿Por qué ha sido mínimo el trastorno en Bolivia? 7. ¿Cuál es uno de los argumentos de los enemigos de la revolución boliviana? 8. ¿Con qué datos demuestra el autor que la acusación es falsa? 9. ¿Qué productos ha habido que importar de los Estados Unidos? 10. ¿Con qué ejemplos históricos contrasta los trastornos producidos por la reforma agraria?

B. *La revolución boliviana (Continuación)*

Otra fase de nuestro plan consiste en la integración de las diferentes regiones de Bolivia. Hemos construido una carretera desde Cochabamba hasta Santa Cruz; Cochabamba es una ciudad de los valles centrales, conectada por vía férrea con las otras ciudades del oeste del país, que están en el Altiplano, así como a los centros mineros. Santa Cruz está en los llanos, a 500

---

[1] **se ha . . . baja** *he has made strenuous efforts so that the decline is minimal.* [2] **que no . . . manos** *who do not resign themselves to losing.* [3] **explotaban . . . 400 años** *had been exploiting for 400 years.* Americanismo por **explotaban desde hacía 400 años.**

Vista aérea de La Paz, Bolivia
Cortesía, *Pan American World Airways System*

Una calle de La Paz en día de fiesta
Cortesía, *Pan American World Airways System*

El Palacio Legislativo de Bolivia
Cortesía, *Pan American World Airways System*

metros de altura, que reúnen condiciones óptimas para el desarrollo agropecuario. Esa carretera de 580 kilómetros integra económicamente dos partes de Bolivia; las integra también espiritualmente al facilitar el conocimiento y los viajes entre una y otra parte, pero, fundamentalmente nos ha permitido llevar a cabo el plan de desarrollo y diversificación de nuestra economía.

Dimos un primer impulso al petróleo. El petróleo, que fue nacionalizado en 1937, durante el tiempo transcurrido no había logrado ser importante en la producción boliviana. En los cuatro años últimos nuestro gobierno pudo elevar su producción once veces, y Bolivia, de importadora de petróleo, se ha convertido en exportadora.

Como en el caso del petróleo, hemos llevado adelante programas de desarrollo para azúcar en el área de Santa Cruz. En agosto último ha comenzado a funcionar un ingenio con capacidad de 20 mil toneladas de azúcar refinada.

La producción de arroz se ha duplicado.

Maderas no importamos más; estamos exportando.

Ha comenzado la producción de aceites comestibles.

Y, además, estamos llevando a cabo otro programa que es de gran interés. Bolivia tiene una distribución demográfica absurda, como consecuencia de que[1] la mayoría de la población nativa está en la Cordillera, en el Altiplano, en los Valles; son muchas gentes, y poca tierra, o tierra trabajada durante siglos. Estamos fomentando el movimiento cooperativista, pero a la vez, hemos dado mayor impulso aún a una política de migración interna. Los excedentes de la población[2] del Altiplano y de los valles centrales son llevados a las tierras bajas del oriente, donde la densidad demográfica es mínima.

Ese traslado tiene una enorme importancia para la economía boliviana, porque un habitante menos en el Altiplano es un consumidor menos al que hay que atender con alimentos o con materias llevados, hoy día desde el extranjero, o mañana desde la zona de Santa Cruz y, además, es un productor más en las tierras bajas.

Pero además de ese aspecto económico hay otro de carácter humano, de una proyección tanto o más grande.[3] En el Altiplano, porque las tierras no son fértiles, no hay muchas posibilidades de aumento del ingreso para el campesino, a pesar de su esforzado trabajo. En cambio, si le llevamos a las tierras bajas, que son tierras fértiles y de una mayor extensión, las cosechas serán abundantes. Con pocos años de esfuerzo, mejorará enormemente su situación económica. [. . .]

Preguntas

1. ¿De qué fases de la revolución boliviana habla en esta parte del discurso? 2. Describa la situación de Cochabamba. 3. ¿Cuál es la situación de Santa Cruz? 4. ¿Qué se ha logrado mediante la construcción de la carretera desde Cochabamba hasta Santa Cruz? 5. ¿Qué afirma el autor acerca de la producción boliviana de petróleo? 6. ¿Qué informes da acerca de la producción de azúcar y de arroz? 7. ¿En qué hechos se basa para decir que Bolivia tiene una distribución demográfica absurda? 8. ¿Qué ha fomentado el gobierno para tratar de resolver este problema? 9. ¿Adónde son llevados los excedentes de la población del Altiplano y de los valles centrales? 10. ¿Por qué tiene este traslado una enorme importancia para la economía boliviana?

III. PRÁCTICAS ORALES

A. Diálogo. ***En el comedor de la Residencia de Estudiantes***

Alfonso y Bartolo están almorzando juntos. Charlan sobre las lecturas de la clase de español.

1. ALFONSO. El discurso del Sr. Paz Estenssoro me parece un importante documento histórico.

2. BARTOLO. Tienes razón. Se está realizando en Bolivia un vasto programa de reformas políticas, económicas y sociales.

3. ALFONSO. Lo más interesante es que uno de los jefes del movimiento trate de explicar la historia de la revolución ante estudiantes extranjeros.

4. BARTOLO. Me impresionó lo que dice respecto de los riesgos de la nacionalización de la industria minera.

5. ALFONSO. Dice que se trataba de un círculo vicioso. No tenían capitales ni técnicos precisamente por no ser dueños de su destino.

6. BARTOLO. Por eso hubo que dar el trascendental paso.

---

[1] **como . . . de que** *as a result of the fact that.*   [2] **Los . . . población** *The surplus population.*

[3] **de una . . . grande** *of an effect which is just as great or greater.*

7. ALFONSO. Afortunadamente pudieron contar con la cooperación del campesino al iniciarse la reforma agraria.

8. BARTOLO. Es que el campesino estaba adoctrinado y era consciente de sus responsabilidades.

9. ALFONSO. Según el Sr. Paz Estenssoro la producción agrícola ha aumentado mucho.

10. BARTOLO. Es posible. Pero la revolución boliviana todavía tiene muchos enemigos inconciliables.

11. ALFONSO. Naturalmente. Los antiguos dueños no iban a resignarse a que se les escapara de las manos un país que, en el caso de la tierra, explotaban por cuatrocientos años, o en el caso de las minas, por más de medio siglo.

12. BARTOLO. Como sabes, el Sr. Paz Estenssoro tuvo que salir de Bolivia en 1946 y fue derrocado por una junta militar en 1964.

13. ALFONSO. Ya lo sé; pero se trata de breves interrupciones que ya no pueden cambiar el curso de la historia.

14. BARTOLO. Si se tiene en cuenta la profundidad de las transformaciones experimentadas, los trastornos parecen mínimos.

15. ALFONSO. Pues quisiera reflexionar un poco más sobre el discurso. Si quieres, podemos reunirnos después de cenar.

16. BARTOLO. Muy bien. Hasta entonces, Alfonso.

Preguntas

1. ¿Dónde se encuentran Alfonso y Bartolo? 2. ¿Sobre qué están charlando? 3. ¿Qué se está realizando en Bolivia? 4. ¿Qué le parece de mucho interés a Alfonso? 5. ¿Qué le ha impresionado a Bartolo? 6. ¿Cómo explica el autor la falta de capitales y de técnicos? 7. ¿Cómo se explica la cooperación del campesino al iniciarse la reforma agraria? 8. ¿Qué dice Alfonso de los antiguos dueños? 9. ¿Cuántas veces ha tenido que salir del país el Sr. Paz Estenssoro? 10. ¿Qué opina Bartolo de los trastornos producidos?

B. Diálogo. *Una discusión en una reunión del Club Español*

El profesor Sánchez ha dado una charla en el Club Español sobre la revolución boliviana. Varios alumnos se acercan a felicitarle y a hacerle algunas preguntas.

1. ALFONSO. Muchas gracias, Sr. Sánchez. Su charla me ha parecido excelente.

2. BEATRIZ. Y muy instructiva.

3. BARTOLO. Ya lo creo. Ahora comprendemos mejor la importancia de las reformas que se están realizando.

4. PROFESOR. Se trata de una serie de reformas básicas. Desde la Revolución Mexicana no se ha intentado nada semejante.

5. ALFONSO. La construcción de la carretera de Cochabamba a Santa Cruz da luz sobre el problema de las comunicaciones, que discutíamos el otro día.

6. PROFESOR. Facilita el conocimiento y los viajes entre una y otra parte, pero es más importante que permita llevar a cabo el plan de desarrollo y diversificación de la economía.

7. BEATRIZ. Pero, ¿es posible que el gobierno del M.N.R. haya podido elevar once veces la producción boliviana de petróleo?

8. PROFESOR. Al parecer; y se ha duplicado la producción de arroz.

9. ALFONSO. No comprendí bien lo que nos explicaba sobre la política de migración interna.

10. PROFESOR. Los excedentes de la población del Altiplano y de los valles centrales son llevados a las tierras bajas del oriente, donde la densidad demográfica es mínima.

11. GRACIELA. Y como Ud. explicó, ese traslado tiene una enorme importancia para la economía boliviana.

12. BEATRIZ. Un habitante menos en el Altiplano es un consumidor menos.

13. GRACIELA. Y es un productor más en las tierras bajas.

14. PROFESOR. Además, en el Altiplano, como las tierras no son fértiles, no hay muchas posibilidades de aumento del ingreso para el campesino.

15. ALFONSO. Ya comprendo. Como las tierras bajas son tierras fértiles y de una mayor extensión, mejorará enormemente la situación económica del campesino.

16. PROFESOR. Es claro que no se resolverán estos problemas en pocos años. Pero, como dice el Sr. Paz Estenssoro, se están creando las condiciones materiales y espirituales para que pueda existir la democracia en Bolivia.

Preguntas

1. ¿Cuál ha sido el tema de la charla del Sr. Sánchez? 2. ¿Qué comprenden mejor los alumnos, según Bartolo? 3. ¿Qué dice Alfonso acerca de la

construcción de la carretera desde Cochabamba hasta Santa Cruz? 4. ¿Qué permite llevar a cabo esta carretera, según el profesor? 5. ¿Qué pregunta hace Beatriz acerca de la producción boliviana de petróleo? 6. ¿Qué parte de la charla no comprendió bien Alfonso? 7. ¿Adónde son llevados los excedentes de la población del Altiplano y de los valles centrales? 8. ¿Cómo explica Beatriz la importancia de ese traslado para la economía boliviana? 9. ¿Por qué no hay muchas posibilidades de aumento del ingreso para el campesino en el Altiplano? 10. ¿Con qué observaciones termina el profesor la discusión?

C. Temas para un informe oral

Preparar un informe oral, de unas cien palabras, sobre uno de los temas siguientes (el profesor podrá distribuir los temas):

1. La carrera política del Sr. Paz Estenssoro.
2. Los peligros que implicaba el programa de la reforma agraria.
3. Los argumentos de los enemigos de la revolución boliviana.
4. El problema de la distribución demográfica en Bolivia.

IV. ASPECTOS GRAMATICALES

A. Las formas del subjuntivo en las cláusulas condicionales

1. *Para cambiar a la forma en –s– del imperfecto de subjuntivo en la cláusula condicional:*

Modelo: *Si viniera Alfonso, le enseñaría la parcela.*   *Si viniese Alfonso, le enseñaría la parcela.*

Profesor

Si estuviera Graciela aquí, le explicaría el programa.

Si llevaran adelante esas reformas, mejoraría la economía.

Si tuvieras en cuenta las dificultades, hablarías con tus padres.

Si estudiaras más, sacarías mejores notas.

Estudiante

Si estuviese Graciela aquí, le explicaría el programa.

2. *Hubiera en lugar de habría en la cláusula principal.   Para cambiar a la forma correspondiente de hubiera, etc.:*

Modelo: *Si hubiera (o hubiese) estado aquí, le habría dado el libro.*   *Si hubiera (o hubiese) estado aquí, le hubiera dado el libro.*

Profesor

Si hubiera (o hubiese) tenido dinero, habría comprado el coche.

Si hubiera vuelto, le habría invitado a cenar.

Si hubieran esperado, nunca habrían podido nacionalizar las minas.

Si hubieran adoptado esas medidas, las cosechas habrían sido más abundantes.

Estudiante

Si hubiera (o hubiese) tenido dinero, hubiera comprado el coche.

B. El imperfecto (y pluscuamperfecto) de subjuntivo después de **como si**

Para ampliar agregando una frase introducida por pero habla como si:

Modelo: *Bartolo no está enfermo.*   *Bartolo no está enfermo; pero habla como si estuviera enfermo.*

Profesor

A Juan no le gusta la música.

Carlos no sabe manejar.
María no es rica.
Alfonso no puede venir.

Estudiante

A Juan no le gusta la música; pero habla como si le gustara la música.

C. El presente de indicativo después de **si,** como equivalente del presente de subjuntivo después de **en caso (de) que, con tal (de) que**

Para cambiar la conjunción en caso (de) que o con tal (de) que a si:

Modelo: *En caso de que llueva, no iré.*   *Si llueve, no iré.*

Profesor	*Estudiante*
En caso que adopten estas medidas, las cosechas serán abundantes.	Si adoptan estas medidas, las cosechas serán abundantes.
Con tal que los trasladen a las tierras bajas, mejorará su situación económica.	
Con tal que nacionalicen la industria minera, serán dueños de su destino.	
En caso que se sea un país independiente, la obtención de capitales es posible.	

D. Repaso de los verbos **contar,**[23] **jugar,**[24] **distinguir,**[37] **reunir**

1. *Para cambiar al presente de subjuntivo después de Me aconseja el profesor que:*

Modelo: *Cuento las sílabas.*   *Me aconseja el profesor que cuente las sílabas.*

Profesor	*Estudiante*
Juego al tenis.	Me aconseja el profesor que juegue al tenis.
Distingo los usos.	
Me reúno con ellos.	
Lo tengo en cuenta.	

2. *Para cambiar al imperfecto de subjuntivo después de Me aconsejaba el profesor que:*

Modelo: *Yo me reunía con ellos.*   *Me aconsejaba el profesor que me reuniese con ellos.*

Profesor	*Estudiante*
Lo tenía en cuenta.	Me aconsejaba el profesor que lo tuviese en cuenta.
Yo distinguía los usos.	
Yo jugaba al tenis.	
Yo contaba las sílabas.	

V. EJERCICIOS ESCRITOS

A. Uso de modismos y frases hechas

1. *Úsense las palabras y modismos siguientes en oraciones completas:*

autosuficiencia	mediante
dar impulso a	ponerse en evidencia
durante	por lo siguiente
llevar adelante	tener en cuenta

2. *Escríbanse oraciones completas empleando las frases siguientes como elemento inicial:*

Al llegar al Gobierno . . .
A medida que . . .

Con pocos años de esfuerzo . . .
Conviene . . .
Gracias a la reforma agraria . . .
Por no ser . . .
Si hubiéramos podido . . .
Tomando estas medidas . . .

B. Ejercicio de traducción

Traduzcan al español los párrafos siguientes, tratando de imitar las construcciones y fraseología de los textos:

In this lecture, which Mr. Paz Estenssoro delivered at the University of Montevideo, he discusses the program of economic and social reforms which his party attempted to carry out. It is evident that his government had to take strong measures. It is also clear that they had to bear in mind the many risks.

He is sure that the Bolivians will overcome all obstacles as they occur. If certain measures are adopted, they will soon achieve economic self-sufficiency.

During the last few years the following has been achieved: a new railroad line links the two provinces; Bolivia has become an exporting nation; the production of wood has doubled.

The distribution of the population is another serious problem. In the eastern lowlands the land is more fertile and the density of the population is not great. If the surplus population of the Highlands and of the central valleys can be shifted to the lowlands, there is hope of raising the income of the farmer.

VI. VERIFICACIÓN Y REPASO

A. Dictado

Preguntas

1. ¿De qué tiene la plena certeza el Sr. Paz Estenssoro? 2. ¿Cómo describe las elecciones de 1956? 3. ¿Por qué dice que no podemos quedarnos preocupados exclusivamente de la realidad nacional? 4. ¿Qué responsabilidad tiene Bolivia en cuanto a las relaciones internacionales? 5. ¿Qué está creando un pueblo que busca salir de[1] la pobreza? 6. ¿Cuál debe ser ya una norma de orientación para las naciones de Hispano América?

B. Concurso entre dos grupos de estudiantes

1. *Identifíquense brevemente los siguientes términos geográficos:* Costa Rica, Puerto Rico, Medellín, La Paz, el Orinoco, Yucatán, Campeche, Chiapas, Bogotá, Nicaragua, el Brasil, Lima.

2. *Explíquese brevemente el significado de los siguientes términos:* sistema fluvial, la topografía, tierra de promisión, el M.N.R., el Altiplano, un neologismo, la densidad demográfica, la diversificación de la economía, la autosuficiencia, la Guerra de Secesión, la Edad Media, ingenio de azúcar.

C. Temas para un informe escrito

Escríbase un informe, de unas ciento cincuenta palabras, sobre uno de los temas siguientes:
1. La nacionalización de las compañías mineras en Bolivia.
2. El plan de desarrollo y diversificación de la economía boliviana.
3. El programa de migración interna en Bolivia.
4. Breve resumen de uno de los dos Diálogos.

DEL MUNDO ANCHO Y AJENO
(Para aprender de memoria)

A. Próspero

—Fíjese Ud. en mí, para que comprenda las virtudes del ahorro. Hace diez años llegué a México con un pantalón agujereado, y ahora tengo dos millones.

—¿Y para qué le sirven dos millones de pantalones agujereados?

Preguntas

1. ¿Cuándo llegó el señor a México? 2. ¿Cómo indica que llegó a México con poco dinero? 3. ¿Es posible que tenga ahora dos millones de pantalones agujereados?

B. Error

—Puedo asegurarle a usted — decía un juez a su contertulio —, que la justicia muy rara vez se equivoca. En todo caso, sus pequeños errores no son frecuentes.

—Me parece que está usted completamente equivocado.

—Tenga usted en cuenta que se lo aseguro yo, que soy juez.

—Tenga usted en cuenta que no lo creo yo, que he sido absuelto cuatro veces.

Preguntas

1. ¿Qué asegura el juez? 2. ¿Cómo sabe el contertulio que el juez está equivocado?

---

[1] **busca salir de** *is looking for a way out of.*

23

Benito Lynch

I. PRESENTACIÓN

A. *Nota literaria*

Después de Ricardo Güiraldes (1886–1927), autor de Don Segundo Sombra *(1926), una de las obras maestras de la literatura argentina, Benito Lynch (1885–1952) ocupa el primer lugar entre los autores gauchescos argentinos. Lynch conoce perfectamente el lenguaje y las costumbres de los habitantes de las pampas argentinas y los refleja en sus novelas. A veces presenta en ellas a algunos extranjeros, casi siempre ingleses.*

Entre sus obras más conocidas deben recordarse: Los caranchos de la Florida *(1920),* El inglés de los güesos *(1924), y* El romance de un gaucho *(1933), notable por sus momentos de emoción y el análisis psicológico. El cuento siguiente (del cual se reproduce sólo la mitad) aparece en su libro,* De los campos porteños *(1933).*

B. *Estudio de palabras*

Estudien las aclaraciones siguientes:
1. **Atinar.** Acertar.
2. **Compás** *m.* En la música, ritmo o cadencia.
3. **Despuntar.** Empezar a brotar las plantas, y, luego, empezar, en general.
4. **Domeñar.** Domar, sujetar.
5. **Mañero, –a.** Fácil de manejar.
6. **Mechón** *m.* Porción de pelo.
7. **Pasto** *m.* Hierba que come el ganado.
8. **Vórtice** *m.* Torbellino, remolino.

C. *Observaciones sobre el español de América*

Como Lynch está describiendo costumbres argentinas en el cuento siguiente, es natural que se encuentren en él varios usos del español hispanoamericano. (Se les dice « americanismos » a estos usos.) Es interesante observar, sin embargo, que en los párrafos reproducidos el novelista evita uno de los usos más característicos del lenguaje de la Argentina, el uso de **vos** por **tú** en el tratamiento familiar. Al dirigirse a Mario, en lugar de **vos**, la madre emplea **tú**, mientras que el padre emplea **usted**. En América este uso de **usted** con un niño puede expresar cariño o enojo; en España su uso indicaría solamente enojo.

Además de este uso especial de **usted**, pueden indicarse varios usos interesantes:

1. El uso frecuente de los diminutivos: **burrito, chicuelo, florecilla, plantita, pollito, potrillo.**

2. Hay palabras propias del español de América que no son corrientes en España. Ejemplos típicos son:

Comisario *m.* Inspector de policía.
Estancia *f.* Hacienda, finca de campo.
Hociquera *f.* Parte delantera del bozal.
Parejero *m.* Caballo corredor (Argentina).
Tranquera *f.* Valla de madera, y especie de puerta en la misma.

3. Hay palabras y construcciones que se emplean en América más corrientemente que en España:

Agarrar en lugar de **coger.**
Campo bruto. Terreno áspero, inculto.
De inmediato. Inmediatamente.
Es que, para introducir una frase.
Olvidarse que en lugar de **olvidarse de que.**
Por ventura. Acaso.

4. El uso frecuente de palabras tomadas del francés (se les dice « galicismos » a estas palabras):

Bordear. Orlar.
Brin *m.* Lona fina.
Radioso, –a. Radiante.

Otras palabras y formas reflejan el tono popular de la narración y deben considerarse como formas populares y familiares del español general y no como americanismos:

El qué en lugar de **qué. Pa** en lugar de **para.**
Lindezas *f. pl.* Insultos. **Zafarse.** Soltarse.

II. LECTURAS

A. *El potrillo roano*

Por Benito Lynch

¡Tan sólo Mario sabe lo que significa para él ese potrillo roano, que destroza las plantas, que muerde, que cocea, que se niega a caminar cuando se le antoja;[1] que cierta vez le arrancó de un mordisco un mechón de la cabellera, creyendo sin duda que era pasto; pero que come azúcar en su mano y relincha en cuanto le descubre a la distancia!

Es su amor, su preocupación, su norte, su luz espiritual . . . Tanto es así, que sus padres se han acostumbrado a usar del potrillo aquel como un instrumento para domeñar y encarrilar al chicuelo.

— Si no estudias, no saldrás esta tarde en el potrillo . . . Si te portas mal, te quitaremos el potrillo . . . Si haces esto o dejas de hacer aquello . . .

La amenaza puede tanto en su ánimo que de inmediato envaina sus arrogancias como un peleador cualquiera envaina su cuchillo a la llegada del comisario . . . ¡Y es que es también un encanto aquel potrillo roano, tan manso, tan cariñoso y tan mañero! . . .

Para Mario, es el mejor de todos los potrillos y la más hermosa promesa de *parejero* que haya florecido en el mundo; y es tan firme su convicción a este respecto que las burlas de su hermano Leo, que da en apodar al potrillo roano « burrito » y otras lindezas por el estilo, le hacen el efecto de verdaderas blasfemias.

En cambio, cuando el capataz de « La Estancia » dice, después de mirar al potrillo por entre sus párpados entornados:

— *Pa* mi gusto, va a ser un animal de mucha presencia éste . . . — a Mario le resulta el capataz el hombre más simpático y el más inteligente . . .

El padre de Mario quiere hacer un jardín en el patio de « La Estancia », y, como resulta que el « potrillo odioso » — que así le llaman ahora algunos, entre ellos la mamá del niño, tal vez porque le pisó unos pollitos recién nacidos — parece empeñado en oponerse al propósito, a juzgar por la decisión con que ataca las tiernas plantitas cada vez que se queda suelto, se ha recomendado a Mario desde un principio que no deje de atarlo por las noches; pero resulta también que Mario se olvida que se ha olvidado ya tantas veces, y al fin, una mañana, su padre, exasperado, le dice, levantando mucho el índice y marcando con él el compás de sus palabras:

[1] **cuando se le antoja** *when the notion strikes him.*

— El primer día que el potrillo vuelva a destrozar alguna planta, ese mismo día se lo echo al campo . . .

¡Ah, ah! . . . « ¡Al campo! » « ¡Echar al campo! » ¿Sabe el padre de Mario, por ventura, lo que significa para el niño eso de « echar al campo »? . . . Sería necesario tener ocho años como él, pensar como él piensa y querer como él quiere a su pctrillo roano, para apreciar toda la enormidad de la amenaza . . .

« ¡El campo! . . . ¡Echar al campo! . . .» El campo es para Mario algo proceloso, infinito, abismal; y echar el potrillo allí tan atroz e inhumano como arrojar al mar a un recién nacido . . .

Preguntas

1. ¿Qué idea nos da el autor del potrillo roano? 2. ¿Qué le hizo a su amo cierta vez? 3. ¿Qué se han acostumbrado a hacer los padres de Mario? 4. ¿Qué opina Mario de su potrillo? 5. ¿Qué dice a veces del potrillo el capataz de « La Estancia »? 6. ¿Qué quiere hacer en el patio el padre de Mario? 7. ¿Por qué le llaman algunos « el potrillo odioso »? 8. ¿Qué se le ha recomendado a Mario desde un principio? 9. ¿Qué le dice al fin una mañana su padre? 10. ¿Qué significa eso de « echar al campo » para Mario?

B. *El potrillo roano (Continuación)*

No es de extrañar, pues, que no haya vuelto a descuidarse y que toda una larga semana haya transcurrido, sin que el potrillo roano infiera la más leve ofensa a la más insignificante florecilla . . .

Despunta una radiosa mañana de febrero y Mario, acostado a través en la cama y con los pies sobre el muro, está « confiando » a su hermano Leo algunos de sus proyectos sobre el porvenir luminoso del potrillo roano cuando su mamá se presenta inesperadamente en la alcoba:

— ¡Ahí tienes! — dice muy agitada — . ¡Ahí tienes! . . . ¿Has visto tu potrillo? . . .

Mario se pone rojo y después pálido.

— ¿Qué? ¿El qué, mamá? . . .

— ¡Que ahí anda otra vez tu potrillo suelto en el patio y ha destrozado una porción de cosas! . . .

A Mario le parece que el universo se le cae encima.

— Pero . . . ¿cómo? — atina a decir — . Pero, ¿cómo?

— ¡Ah, no sé cómo — replica entonces la madre — pero no dirás que no te lo había prevenido hasta el cansancio![1] . . . Ahora tu padre . . .

—¡Pero si yo lo até![2] . . . ¡Pero si yo lo até! . . .

Como sonámbulo, como si pisase sobre un mullido colchón de lana, Mario camina con el potrillo del cabestro por medio de la ancha avenida en pendiente y bordeada de altísimos álamos, que termina allá, en la tranquera de palos blanquizcos que se abre sobre la inmensidad desolada del campo bruto . . .

¡Cómo martilla la sangre en el cerebro del niño; cómo ve las cosas semiborradas a través de una niebla y cómo resuena aún en sus oídos la tremenda conminación de su padre!

—¡Agarre ese potrillo y échelo al campo! . . .

Mario no llora porque no puede llorar, porque tiene la garganta oprimida por una garra de acero, pero camina como un autómata, camina de un modo tan raro, que sólo la madre advierte desde el patio . . .

Y es que, para Mario, del otro lado de los palos de aquella tranquera está la conclusión de todo; está el vórtice en el cual dentro de algunos segundos se van a hundir fatalmente, detrás del potrillo roano, él y la existencia entera . . .

Cuando Mario llega a la mitad de su camino,[3] la madre no puede más y gime, oprimiendo nerviosamente el brazo del padre que está a su lado:

—¡Bueno, Juan! . . . ¡Bueno! . . .

—¡Vaya! . . . ¡Llámelo! . . .

Pero, en el momento en que Leo se arranca velozmente, la madre lanza un grito agudo y el padre echa a correr desesperado.

Allá, junto a la tranquera, Mario, con su delantal de brin, acaba de desplomarse sobre el pasto, como un pájaro alcanzado por el plomo . . .

. . . Algunos días después y cuando Mario puede sentarse por fin, en la cama, sus padres, riendo, pero con los párpados enrojecidos y las caras pálidas por las largas vigilias, hacen entrar en la alcoba al potrillo roano,[4] tirándolo del cabestro y empujándolo por el anca . . .

Preguntas

1. ¿Cuánto tiempo transcurre sin que el potrillo destroce ninguna planta? 2. ¿Dónde se encuentra Mario una mañana cuando su madre se presenta inesperadamente? 3. ¿Qué le anuncia su madre? 4. ¿Cómo camina Mario con el potrillo del cabestro? 5. ¿En qué termina la ancha avenida? 6. ¿Qué resuena todavía en los oídos del niño? 7. ¿Por qué no puede llorar Mario? 8. Para Mario, ¿qué está del otro lado de los palos de la tranquera? 9. ¿Por qué lanza la madre un grito? 10. ¿Qué sucede algunos días después cuando Mario puede sentarse?

III. PRÁCTICAS ORALES

A. Diálogo. *En el cuarto de Bartolo*

Alfonso, sentado, espera a Bartolo. Éste, que regresa de un examen, entra apresuradamente.

1. ALFONSO. ¡Hola, Bartolo! Ya era hora.[5] ¿Qué tal te ha ido?[6]
2. BARTOLO. Hombre, estoy muy preocupado. El examen ha sido difícil y muy largo.
3. ALFONSO. Pero ya se acabó. Ahora puedes pensar en tus vacaciones. Cuéntame, ¿está todo dispuesto?
4. BARTOLO. Falta muy poco. Si me ayudas, hacemos la maleta en un momento.
5. ALFONSO. No te olvides de llevar las botas de montar. Me ha dicho Graciela que tiene muchos deseos de montar a caballo.
6. BARTOLO. Pues aquí están — llenas de lodo. Me las puse el jueves porque llovía.
7. ALFONSO. Me dicen que se trata de un lugar maravilloso.
8. BARTOLO. ¿Cuántos caballos tienen?
9. ALFONSO. Dice Graciela que tres. Y todos mansos y mañeros.
10. BARTOLO. Ojalá, porque no creo que Beatriz sepa andar a caballo.
11. ALFONSO. Si muerden, o cocean, o se niegan a caminar cuando se les antoja, no sabrá qué hacer.
12. BARTOLO. Habrá que buscarle un burrito manso.
13. ALFONSO. Pues dice Graciela que tienen un potrillo roano que es un encanto. Con

---

[1] **hasta el cansancio** *until I was worn out.* [2] **¡Pero . . . até!** *But I tied him up!* [3] **llega . . . camino** *reaches the mid-point of his journey.* [4] **hacen entrar . . . roano** *have the roan colt brought into the bedroom.* [5] **Ya era hora** *It was about time!* [6] **¿Qué tal te ha ido?** *How did it turn out?*

buenos compañeros y un tiempo espléndido lo vamos a pasar muy bien.[1]

14. BARTOLO. Ya lo creo. Y ¿ quién va a conducir ?

15. ALFONSO. El padre de Graciela. Pero date prisa; nos están esperando en el patio.

16. BARTOLO. Pues ya estoy listo. ¡ Vámonos !

Preguntas

1. ¿ Por qué se encuentra Alfonso en el cuarto de Bartolo ? 2. ¿ Quién entra apresuradamente ? 3. ¿ Qué tal le ha ido en el examen ? 4. ¿ En qué puede pensar ahora Bartolo ? 5. ¿ Qué le pide Bartolo a Alfonso ? 6. ¿ De qué no debe olvidarse Bartolo ? 7. ¿ Qué cuenta Alfonso de los caballos de la familia de Graciela ? 8. ¿ Por qué les agrada saber que los caballos son mansos ? 9. ¿ Por qué dice Alfonso que lo pasarán muy bien ? 10. ¿ Quién va a conducir ?

B. Diálogo. *Una discusión en una reunión del Club Español*

> *El profesor Sánchez ha dado una charla en el Club Español sobre el español de América. Varios alumnos se acercan a felicitarle y a hacerle algunas preguntas.*

1. ALFONSO. Muy interesante, señor profesor. Es evidente que el manejo de la lengua presenta muchos problemas.

2. BEATRIZ. Y no sólo entre España e Hispanoamérica, sino aun entre los mismos países hispanoamericanos.[2]

3. PROFESOR. Surgen los conflictos apenas se plantea el problema del carácter del español hispanoamericano.

4. GRACIELA. Me pareció muy justo lo que dijo Ud. sobre los diferentes puntos de vista que hay que tener en cuenta.

5. PROFESOR. Indudablemente hay algunos más. Pero para nosotros las tres visiones más importantes son las que mencioné: la visión del turista, la del purista, y la del filólogo.

6. ALFONSO. ¿ Y cuál ha de ser la del estudiante — particularmente la del estudiante norteamericano ?

7. PROFESOR. Para el estudiante norteamericano el uso general de los universitarios de cada país debe servir de norma.

8. BEATRIZ. Habrá algunas diferencias de un país a otro, ¿ verdad ?

9. PROFESOR. Naturalmente, pero menos que en el lenguaje popular.

10. BARTOLO. El lenguaje del novelista Lynch en este cuento no presenta grandes dificultades.

11. PROFESOR. Se trata de un lenguaje intermedio entre el literario y el regional. La familia de Mario no emplea la forma *vos*, que es de uso general en la Argentina; en la primera parte del cuento el gaucho que le regala el potrillo a Mario le dice, por ejemplo: —¡ *Ché, chiquilín !* . . . ¡ Si *querés*[3] el potrillo ese, te lo doy !

12. ALFONSO. Ha dicho Bernard Shaw que Inglaterra y los Estados Unidos están separados por la lengua común.

13. PROFESOR. No sé si puede afirmarse lo mismo de España e Hispanoamérica. Hablamos demasiado de las diferencias, y no nos fijamos suficientemente en la unidad esencial del idioma.

14. GRACIELA. Estoy de acuerdo. Hemos encontrado palabras y construcciones que no son corrientes en España, pero parecen menos importantes que las diferencias que se encuentran en España entre una región y otra.

15. PROFESOR. Pues todas estas diferencias son de interés para el filólogo. Hay que recordar que el lenguaje refleja la cultura y va transformándose constantemente.

16. ALFONSO. Muy agradecidos, señor Sánchez. Necesitaríamos más de estos breves momentos para tratar del tema adecuadamente.

Preguntas

1. ¿ Cuál ha sido el tema de la charla del profesor Sánchez ? 2. ¿ Qué es evidente, según Alfonso ? 3. ¿ Existen problemas solamente entre España e Hispanoamérica ? 4. ¿ Qué tres puntos de vista menciona el profesor ? 5. ¿ Cuál ha de ser la norma del estudiante ? 6. ¿ Qué dice Bartolo del lenguaje empleado por el novelista en este cuento ? 7. ¿ Qué observaciones hace el profesor sobre el lenguaje de este cuento ? 8. ¿ Qué afirmación de Bernard Shaw recuerda Alfonso ? 9. ¿ De qué hablamos demasiado, según el profesor ? 10. ¿ Qué hay que recordar respecto del idioma ?

---

[1] **lo vamos . . . bien** *we are going to have a fine time.* [2] **los . . . hispanoamericanos** *the Spanish American countries themselves.*

[3] **¡ Si querés . . . !** *If you want . . . !* (This archaic second person plural form is ordinarily used in Argentina, in familiar address, to correspond to the **tú** form.)

C. Temas para discutir en clase

Los alumnos discutirán entre sí los temas siguientes. Para poder iniciar y participar en la discusión, los alumnos prepararán cuatro o cinco preguntas, con sus respuestas respectivas, sobre cada uno de los temas.

1. Algunas características del potrillo roano.
2. El potrillo como instrumento para domeñar a Mario.
3. El episodio del jardín que quería hacer en el patio el padre de Mario.
4. La vida y obra literaria de Benito Lynch.

IV. ASPECTOS GRAMATICALES

A. Los adjetivos demostrativos — **este, ese, aquel**

Para emplear los adjetivos demostrativos y posesivos que correspondan a la persona de las frases indicadas:

Modelo: *Llevo un libro.*   *Este libro es mío.*
              Llevas un libro.   *Ese libro es tuyo.*
              Ella lleva un libro.   *Aquel libro es suyo.*

Profesor	*Estudiante*
Llevamos unos libros.	Estos libros son nuestros.
Uds. llevan unos libros.	Esos libros son suyos.
Ellos llevan unos libros.	Aquellos libros son suyos.
Llevo una guitarra.	
Llevas una guitarra.	
Él lleva una guitarra.	
Llevamos unas cajas.	
Uds. llevan unas cajas.	
Ellos llevan unas cajas.	
Llevo un mapa.	
Ud. lleva un mapa.	
Ella lleva un mapa.	

B. Los pronombres demostrativos — **éste, ése, aquél**

Para substituir los substantivos por los pronombres demostrativos correspondientes:

Modelo: *Prefiero el libro que llevo.*   *Prefiero éste.*
              Prefiero el libro que llevas.   *Prefiero ése.*
              Prefiero el libro que ella lleva.   *Prefiero aquél.*

Profesor	*Estudiante*
Prefiero los libros que llevo.	Prefiero éstos.
Prefiero los libros que llevas.	Prefiero ésos.
Prefiero los libros que él lleva.	Prefiero aquéllos.
Prefiero la guitarra que llevo.	
Prefiero la guitarra que llevas.	
Prefiero la guitarra que él lleva.	
Prefiero las cajas que llevo.	
Prefiero las cajas que llevas.	
Prefiero las cajas que él lleva.	
Prefiero el mapa que llevo.	
Prefiero el mapa que Ud. lleva.	
Prefiero el mapa que ella lleva.	
Prefiero el disco que llevo.	
Prefiero el disco que llevas.	
Prefiero el disco que él lleva.	

C. Los pronombres demostrativos neutros

Para formular preguntas con la frase ¿ Le gusta . . . ? seguida del pronombre neutro apropiado:

Modelos: *Estamos en una fiesta.*   ¿ *Le gusta esto ?*
Me dirijo a una alumna que está   ¿ *Le gusta eso ?*
ocupada en la disección de una
rana.
Observamos la construcción de un   ¿ *Le gusta aquello ?*
nuevo grupo escolar.

Profesor	*Estudiante*
Me dirijo a un amigo que está jugando a los naipes.	¿ Le gusta eso ?
Vemos patinar a unos estudiantes.	
Asistimos a un concierto.	
Hablamos del vuelo de los astronautas rusos.	

D. El presente histórico después de adverbios de tiempo

Para contestar empleando en la contestación los elementos indicados:

Modelo: ¿ *Qué hace el potrillo en cuanto*   *El potrillo relincha en cuanto descubre a Mario.*
descubre a Mario ? ¡ *Relinchar !*

Profesor	*Estudiante*
¿ Qué le pasa al niño cuando llega a la mitad de su camino? ¡ Desplomarse sobre el pasto !	Cuando llega a la mitad de su camino, el niño se desploma sobre el pasto.
¿ Qué hace el potrillo cuando se le antoja? ¡ Negarse a caminar !	
¿ Qué hace la madre en el momento en que Leo echa a correr? ¡ Lanzar un grito agudo !	
¿ Qué hacen los padres cuando Mario puede sentarse? ¡ Hacer entrar en la alcoba al potrillo !	

E. Repaso de los verbos **buscar,**[32] **morder,**[25] **gemir,**[30] **reír**[31] (como **reír**, se conjuga **sonreír**)

1. *Para cambiar al presente de subjuntivo después de Dudo que:*

Modelo: *Él lo busca.*   *Dudo que él lo busque.*

Profesor	*Estudiante*
Este perro muerde.	Dudo que este perro muerda.
La madre de Mario gime.	
Los padres ríen.	
Se refiere a costumbres gauchescas.	

2. *Para cambiar al imperfecto de subjuntivo después de Yo dudaba que:*

Modelo: *Los padres sonreían.*   *Yo dudaba que los padres sonriesen.*

Profesor	*Estudiante*
La madre de Mario gemía.	Yo dudaba que la madre de Mario gimiese.
Este perro le mordió.	
Bartolo la buscaba.	
Él se refería a costumbres gauchescas.	

V. EJERCICIOS ESCRITOS

A. Uso de modismos y frases hechas

1. *Úsense las palabras y modismos siguientes en oraciones completas:*

a este respecto	en cuanto
a la mitad de	hacer entrar
antojársele a uno	por el estilo
del otro lado	por ventura

2. *Escríbanse oraciones completas empleando las frases siguientes como elemento inicial:*

A juzgar por la decisión . . .
A Mario le parece que . . .
La amenaza puede tanto que . . .
No es de extrañar que . . .
Parece empeñado en . . .
Se le ha recomendado desde un principio que . . .
Tanto es así, que . . .
¡ Y es que . . . !

B. Ejercicio de traducción

Traduzcan al español los párrafos siguientes, tratando de imitar las construcciones y fraseología de los textos:

For Mario that colt was a delight. But I can't understand why he was so fond of him. He would destroy the plants, bite, kick, and refuse to walk when the notion struck him.

His brother persisted in giving him nicknames. His father told him repeatedly never to forget to tie him up at night. If the colt destroyed another plant, he would turn him loose in the country (*echarlo al campo*). This threat seemed to be a terrible thing to Mario, but nevertheless he would often forget to tie him up.

A whole week went by. Then one morning, when he was confiding to me some of his projects for the future, his mother appeared with the news that the colt was running about loose in the yard.

As Mario led the colt to the limits of the town, his father's order still rang in his ears. It is no wonder that he walked as if he were asleep! Beyond the fence was the vortex into which within a few moments he and all existence would sink.

His mother saw him fall to the ground. When he was able to get up, we had him come into the house.

VI. VERIFICACIÓN Y REPASO

A. Dictado

Preguntas

1. ¿ Qué cambio se va produciendo en la visión de Mario ? 2. ¿ Qué ha pisoteado el potrillo ? 3. ¿ Qué ha derribado con el anca ? 4. ¿ Qué ha arrancado de raíz ? 5. ¿ Qué se pone a hacer Mario, como en un sueño ? 6. ¿ Cómo se queda el potrillo ?

B. Concurso entre dos grupos de estudiantes

Gana el grupo que acierte a formular más oraciones completas sobre los temas siguientes:
1. El proyecto del padre y la oposición del potrillo.
2. Lo que significa para el niño eso de « echarlo al campo ».
3. La vida del campo argentino en el vocabulario del cuento.

C. Temas para un informe escrito

Escríbase un informe, de unas ciento cincuenta palabras, sobre uno de los temas siguientes:
1. Momentos de emoción en *El potrillo roano.*
2. Aspectos de la vida argentina reflejados en este cuento.
3. El uso que hace Benito Lynch de **tú, vos,** y **usted** en *El potrillo roano.*

Fotografía de Bell, Howarth, Ltd., *Black Star*

Rebaño de ovejas.   La Argentina es famosa por la producción de lana
Fotografía de Bell, Howarth Ltd., *Black Star*

DEL MUNDO ANCHO Y AJENO

(Para aprender de memoria)

A. Barato

— ¿ Y cuánto vale este mueble de sala ?

— Para que usted vea que ésta sí que es[1] una verdadera ganga, se lo voy a dejar[2] a la mitad del precio del catálogo . . .

— ¿ Y cuánto vale el catálogo ?

Preguntas

1. ¿ Qué busca el señor en la tienda ? 2. ¿ A cuánto se lo va a dejar el vendedor ? 3. Explique usted la confusión del señor.

[1] **sí que es** *is indeed.*   [2] **se lo voy a dejar** *I'll let you have it.*

B. Buen abogado

— ¿ El acusado se declara inocente o culpable ?

— Inocente, señor juez.[3]

— ¿ Cómo es eso ? ¡ Si ante mí mismo se declaró usted culpable cuando empezamos el juicio ! . . .

— Sí, señor juez; pero usted me designó un abogado defensor tan bueno que hasta a mí me convenció de que soy inocente.

Preguntas

1. ¿ Qué le pregunta el juez al acusado ? 2. ¿ Por qué se sorprende el juez ? 3. ¿ Por qué dice el acusado que el abogado defensor es muy bueno ?

[3] **señor juez** *your honor.*

24

Mariano Azuela

I. PRESENTACIÓN

A. *Nota literaria*

Mariano Azuela (1873–1952) ocupa el primer lugar entre los novelistas de la Revolución Mexicana. Se ha interesado por todas las fases del movimiento, desde los últimos años de Porfirio Díaz hasta la época de Lázaro Cárdenas.

Nació en Lagos de Moreno, Jalisco, y cursó la carrera de medicina en Guadalajara, donde comenzó a escribir sus primeras novelas. Regresó a Lagos de Moreno, donde combinó la carrera de medicina con la de novelista. En 1915 sirvió en uno de los bandos de Pancho Villa como médico militar. En 1916 se trasladó definitivamente a la ciudad de México.

La obra principal de Azuela es Los de abajo (1916), que trata de las hazañas militares de un caudillo típico, Demetrio Macías. Otras obras importantes son Mala yerba (1909), Los caciques (1917), y La luciérnaga (1932). Constituyen una interpretación notable de las luchas políticas y sociales que agitaron a México durante el primer tercio del siglo actual. Las páginas siguientes constituyen los párrafos finales de Los de abajo.

B. *Estudio de palabras*

Estudien las aclaraciones siguientes:
1. **Azoro** *m. Amer.* Sobresalto, turbación.
2. **Cañón** *m.* Tubo de la escopeta, y, en América, paso estrecho entre montañas.
3. **Desbarrancarse** *Amer.* Rodar por un barranco.
4. **Huraño, –a.** Poco sociable.
5. **Pitahayo** *m. Amer.* Planta de la familia de los cactos.
6. **Ramonear.** Comer los animales las hojas y las ramitas de los árboles.
7. **Rocalloso, –a.** Abundante en rocalla, es decir, en piedrecillas desprendidas de las rocas.
8. **Sollozo** *m.* Movimiento convulsivo que suele acompañar al llanto.

C. *Modismos y frases útiles*

Estudien los modismos y frases siguientes y aprendan de memoria los ejemplos:
1. **A millaradas.** A millares. ~ El enemigo, escondido a millaradas, desgrana sus ametralladoras.
2. **Dar un vuelco el corazón = darle a uno un vuelco el corazón.** Sentir de pronto sobresalto o alegría. ~ Y su corazón dio un vuelco cuando reparó en la reproducción de las mismas líneas de acero de su rostro.
3. **De gala.** De lujo, con sus joyas o adornos más ricos. ~ La sierra está de gala.
4. **Embargado (–a) por.** Estorbado (–a) por. ~ Permanecieron mudos; ella embargada por los sollozos y las lágrimas.
5. **Loco (–a) de alegría.** Excesivamente alegre. ~ La mujer de Demetrio Macías, loca de alegría, salió a encontrarlo.
6. **Llevar de la mano a.** ~ Salió a encontrarlo, llevando de la mano al niño.
7. **Pecho a tierra.** Tendido boca abajo. ~ Pecho a tierra, comienza a disparar.
8. **Volver grupas.** Volver atrás el que va a caballo. ~ Los reclutas vuelven grupas en desenfrenada fuga.

II. LECTURAS

A. *Los de abajo*

Por Mariano Azuela

La mujer de Demetrio Macías, loca de alegría, salió a encontrarlo por la vereda de la sierra, llevando de la mano al niño.

¡Casi dos años de ausencia!

Se abrazaron y permanecieron mudos; ella embargada por los sollozos y las lágrimas.

Demetrio, pasmado, veía a su mujer envejecida, como si diez o veinte años hubieran transcurrido ya. Luego miró al niño, que clavaba en él sus ojos con azoro. Y su corazón dio un vuelco[1] cuando reparó en la reproducción de las mismas líneas de acero de su rostro y en el brillo flamante de sus ojos. Y quiso atraerlo[2] y abrazarlo; pero el chiquillo, muy asustado, se refugió en el regazo de la madre.

— ¡Es tu padre, hijo! . . . ¡Es tu padre! . . .

El muchacho metía la cabeza entre los pliegues de la falda y se mantenía huraño.

Demetrio, que había dado su caballo al asistente, caminaba a pie y poco a poco con su mujer y su hijo por la abrupta vereda de la sierra.

— ¡Hora sí, bendito sea Dios que ya *veniste*[3]!

. . . ¡Ya nunca nos dejarás! ¿Verdad? ¿Verdad que ya te vas a quedar con nosotros? . . .

La faz de Demetrio se ensombreció.

Y los dos estuvieron silenciosos, angustiados.

Una nube negra se levantaba tras la sierra, y se oyó un trueno sordo.

Demetrio ahogó un suspiro. Los recuerdos afluían a su memoria como una colmena.

La lluvia comenzó a caer en gruesas gotas y tuvieron que refugiarse en una rocallosa covacha.

El aguacero se desató con estruendo y sacudió las blancas flores de San Juan, manojos de estrellas prendidos en los árboles, en las peñas, entre la maleza, en los pitahayos y en toda la serranía.

Abajo, en el fondo del cañón y a través de la gasa de la lluvia, se miraban las palmas rectas y cimbradoras; lentamente se mecían sus cabezas angulosas y al soplo del viento se desplegaban en abanicos. Y todo era serranía: ondulaciones de cerros que suceden a cerros, más cerros circundados de montañas y éstas encerradas en una muralla de sierra de cumbres tan altas que su azul se perdía en el zafir.

— ¡Demetrio, por Dios! . . . ¡Ya no te vayas!

. . . ¡El corazón me avisa que ahora te va a suceder algo! . . .

Y se deja sacudir[4] de nuevo por el llanto. El niño, asustado, llora a gritos, y ella tiene que refrenar su tremenda pena para contentarlo.

La lluvia va cesando; una golondrina de plateado vientre y alas angulosas cruza oblicuamente los hilos de cristal, de repente iluminados por el sol vespertino.

— ¿Por qué pelean ya, Demetrio?

Demetrio, las cejas muy juntas, toma distraído[5] una piedrecita y la arroja al fondo del cañón. Se mantiene pensativo viendo el desfiladero, y dice:

— Mira esa piedra cómo ya no se para . . .

Preguntas

1. ¿Por qué está loca de alegría la mujer de Demetrio Macías? 2. ¿Quién es Demetrio Macías? 3. ¿Qué impresión recibe Demetrio al ver a su mujer? 4. ¿Cuándo dice el autor que le dio un vuelco el corazón? 5. ¿Qué hizo su hijo cuando Demetrio quiso abrazarlo? 6. ¿Cuándo se le ensombreció la faz a Demetrio? 7. ¿Por qué tuvieron que refugiarse en una covacha? 8. Describa el panorama que miraban Demetrio y su mujer. 9. ¿Qué le rogó a Demetrio su mujer? 10. ¿Qué contesta Demetrio cuando su mujer le pregunta por qué pelean ya?

B. *Los de abajo* *(Continuación)*

Los hombres de Macías hacen silencio un momento. Parece que han escuchado un ruido conocido: el estallar lejano de un cohete; pero pasan algunos minutos y nada se vuelve a oír.

— En esta misma sierra — dice Demetrio —, yo, sólo con veinte hombres, les hice más de quinientas bajas a los federales . . . ¿Se acuerda, compadre Anastasio?

Y cuando Demetrio comienza a referir aquel famoso hecho de armas, la gente se da cuenta del grave peligro que va corriendo. ¿Conque si el enemigo, en vez de estar a dos días de camino todavía, les fuera resultando escondido entre las malezas de aquel formidable barranco, por cuyo fondo se han aventurado? Pero ¿quién sería capaz de[6] revelar su miedo? ¿Cuándo los hombres de Demetrio Macías dijeron: « Por aquí no caminamos » ?

Y cuando comienza un tiroteo lejano, donde va la vanguardia, ni siquiera se sorprenden ya.

---

[1] **su . . . vuelco** *his heart gave a start (i.e., he had a feeling of surprise).* [2] **quiso atraerlo** *he tried to draw him toward himself.* [3] **veniste** (Archaic form of **viniste**, still common in popular Spanish).

[4] **se . . . sacudir** *she allows herself to be shaken.* [5] **distraído** *absent-mindedly.* [6] **sería . . . de** *would dare to.*

Los reclutas vuelven grupas en desenfrenada fuga buscando la salida del cañón.

Una maldición se escapa de la garganta seca de Demetrio:

—¡Fuego! . . . ¡Fuego sobre los que corran! . . .

—¡A quitarles las alturas!¹— ruge después como una fiera.

Pero el enemigo, escondido a millaradas, desgrana sus ametralladoras, y los hombres de Demetrio caen como espigas cortadas por la hoz.

Demetrio derrama lágrimas de rabia y de dolor cuando Anastasio resbala lentamente de su caballo, sin exhalar una queja, y se queda tendido, inmóvil. Venancio cae a su lado, con el pecho horriblemente abierto por la ametralladora, y el Meco se desbarranca y rueda al fondo del abismo. De repente Demetrio se encuentra solo. Las balas zumban en sus oídos como una granizada. Desmonta, arrástrase por las rocas hasta encontrar un parapeto, coloca una piedra que le defienda la cabeza y, pecho a tierra, comienza a disparar.

El enemigo se disemina, persiguiendo a los raros fugitivos que quedan ocultos entre los chaparros.

Demetrio apunta y no yerra un solo tiro . . . ¡Paf! . . . ¡Paf! . . . ¡Paf! . . .

Su puntería famosa lo llena de regocijo; donde pone el ojo pone la bala. Se acaba un cargador y mete otro nuevo. Y apunta . . .

El humo de la fusilería no acaba de extinguirse.² Las cigarras entonan su canto imperturbable y misterioso; las palomas cantan con dulzura en las rinconadas de las rocas; ramonean apaciblemente las vacas.

La sierra está de gala; sobre sus cúspides inaccesibles cae la niebla albísima como un crespón de nieve³ sobre la cabeza de una novia.

Y al pie de una resquebrajadura enorme y suntuosa como pórtico de vieja catedral, Demetrio Macías, con los ojos fijos para siempre, sigue apuntando con el cañón de su fusil . . .

Preguntas

1. ¿Por qué hacen silencio un momento los hombres de Macías? 2. ¿Qué cuenta Demetrio de esta misma sierra? 3. ¿De qué se da cuenta la gente cuando Demetrio comienza a referir aquel hecho de armas? 4. ¿Qué no dijeron nunca los hombres de Demetrio Macías? 5. ¿Dónde comienza el tiroteo? 6. ¿Qué grita Demetrio cuando los reclutas vuelven grupas en desenfrenada fuga? 7. ¿Qué ruge después como una fiera? 8. ¿Cómo caen los hombres de Demetrio? 9. Al encontrarse solo, ¿qué hace Demetrio? 10. ¿Dónde se queda Demetrio, apuntando con el cañón de su fusil?

III. PRÁCTICAS ORALES

A. Diálogo. *En un salón de la Residencia de Estudiantes*

En un sofá están sentados Graciela y Bartolo. En dos sillones contiguos están Beatriz y Alfonso. Charlan sobre las lecturas de la clase de español.

1. BARTOLO. (*A Graciela.*) ¿Has preparado la tarea para mañana?

2. GRACIELA. Pienso repasarla una vez más. Y quiero pedirle a Alfonso que me preste su ejemplar de la novela completa.

3. ALFONSO. Está a tu disposición, Graciela. Y encontrarás igualmente interesantes otras novelas de Azuela.

4. BEATRIZ. Se le considera como el mejor intérprete de la realidad mexicana de aquellos años.

5. BARTOLO. ¿A que no saben⁴ dónde se publicó *Los de abajo* por primera vez?

6. ALFONSO. En El Paso, Texas, ¿verdad?, cuando Azuela huía de las tropas federales.

7. BEATRIZ. Hay otras novelas interesantes que tratan también de la Revolución Mexicana, como *El águila y la serpiente*, de Martín Luis Guzmán, y *El indio*, de Gregorio López y Fuentes.

8. ALFONSO. La obra de Martín Luis Guzmán es una serie de estampas de la Revolución pintadas con rasgos inolvidables.

9. BARTOLO. López y Fuentes se interesa principalmente por los problemas sociales, ¿verdad?

10. ALFONSO. Tienes razón. La obra de Azuela es más variada. Trata de todas las fases del movimiento.

11. BARTOLO. Me parecieron magníficas sus descripciones de la sierra y de la lluvia.

---

¹ **¡A . . . alturas!** *Let's deprive them of the high ground!*   ² **no . . . extinguirse** *has not disappeared completely.*   ³ **como un . . . nieve** *like a snow-white veil of crepe.*   ⁴ **¿A que no saben . . . ?** *I bet that you don't know . . . ?*

Chihuahua, México, vista por encima de la Catedral

Fotografía de Harold S. Jacobs, *Design Photographers International, Inc.*

12. Beatriz. Es notable su habilidad para combinar lo poético con lo más violento y terrible.

13. Graciela. A mí me impresionó su habilidad para describir las acciones más complicadas con un mínimo de elementos.

14. Beatriz. La caracterización de Demetrio resulta interesante aun en estos pocos párrafos. El momento del encuentro con su hijo revela mucho.

15. Graciela. Y no olvides la contestación que da a su mujer cuando le pregunta, « ¿ Por qué pelean ya, Demetrio ? »

16. Alfonso. Indudablemente es una obra maestra de emoción y de análisis psicológico.

Preguntas

1. ¿ Qué quiere pedirle Graciela a Alfonso ?
2. ¿ Qué dice Alfonso de otras novelas de Azuela ?
3. ¿ Qué dice Beatriz del novelista ? 4. ¿ Dónde se publicó *Los de abajo* por primera vez ? 5. ¿ Qué novela de Martín Luis Guzmán conoce Beatriz ?
6. ¿ Qué dice Alfonso de la novela de Martín Luis Guzmán ? 7. ¿ Qué dice de la obra de Azuela ?
8. ¿ Qué cualidad de Azuela le ha impresionado a Beatriz ? 9. ¿ Qué cualidad de Azuela le ha impresionado a Graciela ? 10. ¿ Cómo resume Alfonso la discusión ?

B. Diálogo. *En la clase de español*

El tema es el lenguaje del novelista Azuela. El profesor comienza la discusión.

1. Profesor. En el cuento anterior encontramos varios americanismos interesantes. En las páginas de Azuela tal vez sea más difícil reconocerlos. Usted, Bartolo, ¿ encontró algún ejemplo ?

2. Bartolo. No, señor; no encontré ninguno.

3. Profesor. Vamos a fijarnos primero en el vocabulario. ¿ Quién ha encontrado algún ejemplo ?

4. Graciela. No encontré la palabra *azoro* en mi diccionario.

5. Profesor. Muy bien. Se trata de un americanismo formado sobre el verbo azorar. Existe también la forma azoramiento.

6. Alfonso. *Pitahayo* es un caso evidente, por tratarse de una planta americana.

7. Beatriz. *Cañón*, en el significado de paso estrecho entre montañas, es un americanismo.

Secando la fibra del tule, cerca de la ciudad de México
Fotografía de H. Armstrong Roberts

8. PROFESOR. Muy bien. ¿ Quién ha encontrado algún ejemplo más ?

9. BEATRIZ. Parece que el verbo *desbarrancarse* es más corriente en América que en España.

10. ALFONSO. La mujer de Demetrio emplea dos formas que no me parecen literarias: *hora* en lugar de ahora, y *veniste* por viniste.

11. PROFESOR. Bien. Se trata de dos formas antiguas que se conservan en el lenguaje popular de algunas regiones. Ahora quiero mencionar dos usos gramaticales que se consideran como típicos de América. Son el empleo de *lo* en encontrarlo, por ejemplo (en España se diría encontrarle), y la preferencia por la forma en « –r– » del pasado de subjuntivo, como en « fuera, hubieran ».

12. GRACIELA. ¿ Es corriente la colocación del pronombre detrás del verbo, como en *arrástrase* por se arrastra ?

13. PROFESOR. Se trata de una afectación literaria que tal vez sea más frecuente en América que en España.

14. BARTOLO. No hemos encontrado muchas palabras de origen indio en nuestras lecturas.

15. PROFESOR. En otros textos encontraremos muchos ejemplos — se les dice indigenismos. Hay que recordar que el Valle de México fue el centro de uno de los grandes imperios indios de América. El nahuatl, lengua principal del imperio mexicano, ha dado muchas palabras al español, como *cacahuate*, *cacao*, *chocolate*, *chicle*, *coyote*, *hule*, y muchas más. Pero basta para hoy. Alfonso, ¿ quiere tratar de resumir lo que hemos aprendido sobre el vocabulario del español de América ?

16. ALFONSO. Pues, de lo que hemos dicho es evidente que los arcaísmos, los indigenismos y las formaciones nuevas dan un carácter especial al vocabulario del español hispanoamericano.

Preguntas

1. ¿ Cuál es el tema de la discusión ? 2. ¿ Qué habían encontrado en el cuento anterior ? 3. ¿ Qué americanismo ha encontrado Graciela ? 4. ¿ Qué ejemplo evidente ha notado Alfonso ? 5. ¿ Qué significado especial tiene la palabra cañón en América ? 6. ¿ Cuáles son los dos usos gramaticales que menciona el profesor ? 7. ¿ Qué dice el profesor sobre la colocación del pronombre detrás del verbo, como en arrástrase ? 8. ¿ Qué observación hace Bartolo sobre el vocabulario de las lecturas ? 9. ¿ Qué palabras de origen indio menciona el profesor ? 10. ¿ Cómo resume Alfonso los puntos importantes de la discusión ?

C. Temas para un informe oral

Preparar un informe oral, de unas cien palabras, sobre uno de los temas siguientes (el profesor podrá distribuir los temas):

1. El encuentro de Demetrio con su mujer y su hijo.
2. El simbolismo de la piedra arrojada por Demetrio.
3. El contraste entre la naturaleza y las luchas de los hombres.
4. Breve resumen del Diálogo A.

IV. ASPECTOS GRAMATICALES

A. Usos del imperfecto y del pretérito de indicativo

1. *Para cambiar, empleando en la cláusula principal la forma apropiada de los elementos indicados:*

Modelo: *Llovía cuando llegamos a Guada-* | *Hacía calor cuando llegamos a Guadalajara.*
lajara. ¡Hacer calor!

Profesor	Estudiante
Llovía cuando llegamos a Guadalajara. ¡Ya ser tarde!	Ya era tarde cuando llegamos a Guadalajara.
¡Estar nublado!	
¡No tener nosotros dinero mexicano!	
¡Ya salir el sol!	

2. *Para combinar en una sola oración mediante la conjunción y:*

Modelo: *El niño se asustó. Se refugia en el* | *El niño se asustó y se refugió en el regazo de su*
regazo de su madre. | *madre.*

Profesor	Estudiante
Comenzó un tiroteo lejano. Los reclutas vuelven grupas.	Comenzó un tiroteo lejano y los reclutas volvieron grupas.
Demetrio tomó una piedrecita. La arroja al fondo del cañón.	
Miró al niño. Repara en las líneas de su rostro.	
Comenzó a llover. Tenemos que recogernos en una covacha.	

B. El pretérito de verbos que expresan estados o condiciones (Véase Apéndice, p. 259)

Para cambiar el modo de expresión, empleando la forma apropiada de los verbos indicados:

Modelo: *Demetrio trató de abrazar a su hijo.* | *Demetrio quiso abrazar a su hijo.*
¡Querer!

Profesor	Estudiante
Tuvo lugar un accidente. ¡Haber!	Hubo un accidente.
¿Cómo sucedió eso? ¡Ser!	
Se negó a aceptar el regalo. ¡No querer!	
¿Cómo logró hacerlo? ¡Poder!	

C. Construcciones inglesas que corresponden al imperfecto y al pretérito en español

Para traducir al español:

Modelos: *She was coming out to meet him.* | *Ella salía a encontrarlo.*
She came out to meet him. | *Ella salió a encontrarlo.*

Profesor	Estudiante
They would often pursue the fugitives.	Perseguían muchas veces a los fugitivos.
They pursued the fugitives all day.	Todo el día persiguieron a los fugitivos.
Rain was beginning to fall.	
Rain began to fall at that moment.	
Demetrio used to look at his son.	
Demetrio looked at his son.	
His men would remain silent.	
On that occasion his men remained silent.	

D. Repaso de los verbos **errar,**[46] **volver,**[25] **permanecer,**[39] **mentir**[28]

1. *Para cambiar al futuro de indicativo después de Espero que:*

Modelo: *Él no yerra un solo tiro.*   *Espero que él no errará un solo tiro.*

Profesor	*Estudiante*
Los reclutas vuelven grupas.	Espero que los reclutas volverán grupas.
Ambos permanecen mudos.	
El niño no miente.	
El chiquillo sonríe.	

2. *Para cambiar al presente de subjuntivo después de Espero que, para expresar incertidumbre:*

Modelo: *El niño no miente.*   *Espero que el niño no mienta.*

Profesor	*Estudiante*
El chiquillo sonríe.	Espero que el chiquillo sonría.
Ellos no yerran un solo tiro.	
Los reclutas no vuelven grupas.	
Ambos permanecen mudos.	

V. EJERCICIOS ESCRITOS

A. Uso de modismos y frases hechas

1. *Úsense las palabras y modismos siguientes en oraciones completas:*

al pie de	estar de gala
embargado por	hacer silencio
errar	loco de alegría
escaparse de	volver a + infinitivo

2. *Escríbanse oraciones completas empleando las frases siguientes como elemento inicial:*

Cuando comenzó un tiroteo lejano . . .
Ella se dejó sacudir . . .
Le dio un vuelco el corazón . . .
Ni siquiera se sorprenden ya . . .
No acaba de . . .
Por eso los soldados . . .
Se refugiaron en . . .
Sigue apuntando . . .

B. Ejercicio de traducción

Traduzcan al español los párrafos siguientes, tratando de imitar las construcciones y fraseología de los textos:

When she learned that Demetrio had arrived, she came out to meet him mad with joy. His son fixed his large eyes on him with astonishment. Demetrio tried to hug his child, but he ran to his mother.

Demetrio's mind seethed with emotions and memories. When his wife asked why he insisted on leaving again, he tossed a stone down into the canyon. The two watched it fall endlessly.

The next day Demetrio led his men through the lower part of a dangerous ravine. They suddenly realized the great risk they were taking when machine guns began to chatter. The enemy was hidden in the thickets of the canyon. Demetrio's men started to drop like flies.

Although bullets were whining by, he crawled along the rocks until he found a parapet. His superb marksmanship would pick off an enemy soldier wherever he aimed. When the firing ended, the birds and locusts started again their mysterious singing. And Demetrio, with lifeless eyes, continued to point the barrel of his weapon.

VI. VERIFICACIÓN Y REPASO

A. Dictado

Preguntas

1. ¿Cómo describe el autor la mañana? 2. ¿Por dónde trotaban los potrillos brutos? 3. ¿Por dónde caminan los soldados de Demetrio? 4. ¿Qué rebulle en el alma de los soldados? 5. ¿Qué es lo necesario, lo único que importa? 6. ¿Con qué frases descriptivas indica el autor que había llovido toda la noche?

B. Concurso entre dos grupos de estudiantes

Gana el grupo que acierte a formular más oraciones completas sobre los temas siguientes:

1. La lucha desigual en el barranco.
2. La personalidad de Demetrio.
3. El vocabulario del español hispanoamericano.

C. Temas para un informe escrito

Escríbase un informe, de unas ciento cincuenta palabras, sobre uno de los temas siguientes:

1. Lo irónico de la emboscada en que muere Demetrio.
2. El empleo de la naturaleza, en los pasajes leídos, para reforzar los momentos de emoción.
3. Las imágenes y comparaciones empleadas por Azuela en las selecciones estudiadas.

AUNQUE USTED NO LO CREA...

Casamiento por computador

Un distinguido sociólogo insiste en que los matrimonios concertados a través de los computadores tienen más éxito que los hechos en el cielo.

Como resultado de pruebas acerca de la personalidad realizadas con los cálculos de un computador electrónico 0–82 IBM, el Dr. Eric Riss afirma que ha casado 730 parejas y que ha habido solamente dos divorcios. Está casando parejas desde hace ocho años.[1]

— La mayoría de las personas se enamoran y luego tratan de averiguar si son compatibles —, dijo este sociólogo. El método suyo es mucho más científico.

[1] **desde hace ocho años** *for eight years.*

El Dr. Riss traza el perfil de la personalidad del candidato y lo traslada a una tarjeta perforada. Colocada ésta en un clasificador de la IBM, se busca una tarjeta que represente un individuo del sexo opuesto, pero con los mismos gustos, estudios, temperamento, aspiraciones y metas. Si ambas tarjetas tienen los mismos datos, entonces se realiza el matrimonio.

Preguntas

1. ¿Qué clase de matrimonios tienen más éxito, según el Dr. Riss? 2. ¿Quién es el Dr. Riss? 3. ¿Cuántas parejas ha casado el Dr. Riss? 4. ¿Cuántos divorcios ha habido? 5. Explíquese el método que emplea el sociólogo.

Fotografía de Ewing Galloway

25

José Eustasio Rivera

I. PRESENTACIÓN

A. Nota literaria

El novelista colombiano José Eustasio Rivera nació en la ciudad de Neiva, en el sur de Colombia, en 1889. Cursó estudios de derecho y de ciencias políticas en la Universidad Nacional. En viajes oficiales, como miembro de comisiones del gobierno, pudo conocer directamente las regiones y tipos que describe en sus obras. Viajó también por Cuba y México. Falleció en Nueva York en 1928.

Rivera es autor de una de las novelas más importantes de la literatura hispanoamericana, La vorágine (1924). En ella aspira a crear la novela de la naturaleza americana. Su tema principal es la lucha del hombre para vencer la selva. Al mismo tiempo su obra constituye una denuncia apasionada de la vida trágica de las caucherías en las selvas del Amazonas en los primeros años de nuestro siglo. Rasgos notables de la novela son la poesía del estilo, el espíritu romántico, y el interés sociológico.

Rivera se ha distinguido también como poeta. En Tierra de promisión (1921), que es una de las mejores colecciones de sonetos producidas en América, pinta los trópicos y la selva con los mismos elementos realistas que caracterizan su gran novela. Su poesía tiene cierta relación con la escuela poética de Rubén Darío.

B. Estudio de palabras

Estudien las aclaraciones siguientes:
1. **Columbrar.** Percibir.
2. **Estallar.** Surgir de improviso.
3. **Inculpación** *f.* Acusación.
4. **Jadeo** *m.* Respiración dificultosa.
5. **Monte** *m.* Tiene dos significados: « grande elevación de terreno » y « bosque, selva ».
6. **Pepa** *f. Amer.* Pepita.
7. **Rumbero** *m. Amer.* Práctico de los caminos, guía.
8. **Tagua** *f. Amer.* Semilla de una especie de palma.

C. Modismos y frases útiles

Estudien los modismos y frases siguientes y aprendan de memoria los ejemplos:
1. **A la sordina.** En voz baja. ∼ Hablaban a la sordina, con un jadeo gutural y torpe.
2. **A sabiendas de.** Seguro (–a) de. ∼ ¡ Oh la tortura de pasar la noche con hambre, a sabiendas de que el bostezo ha de intensificarse al día siguiente !
3. **De este jaez.** De esta manera. ∼ Mientras unos plañían de este jaez, otros halábanlo de la cuerda.
4. **Entrar en chanzas con.** Bromear con. ∼ Entraron en chanzas con la floresta.
5. **Largarse para.** Marcharse para. ∼ Quería largarse para el Vaupés.
6. **Mesarse la greña.** Arrancarse el pelo con las manos. ∼ Mesábanse la greña.
7. **Retorcerse las falanges.** ∼ Retorcíanse las falanges.
8. **Volver trizas.** Hacer pedazos. ∼ Los exhortaba a volverlo trizas.

II. LECTURAS

A. La vorágine

Por José Eustasio Rivera

« Andamos perdidos ». Estas dos palabras tan sencillas y tan comunes hacen estallar, cuando se pronuncian entre los montes, un pavor que no es comparable ni al « sálvese quien pueda » de las derrotas. Por la mente de quien las escucha pasa la visión de un abismo antropófago, la selva misma, abierta ante el alma[1] como una boca que se engulle los hombres a quienes el hambre y el desaliento le van colocando entre las mandíbulas.

Ni los juramentos, ni las advertencias, ni las lágrimas del rumbero, que prometía corregir la ruta, lograban aplacar a los extraviados. Mesábanse la greña, retorcíanse las falanges, se mordían los labios, llenos de una espumilla sanguinolenta que envenenaba las inculpaciones:

—¡ Este viejo es el responsable ! ¡ Perdió el rumbo por querer largarse[2] para el Vaupés !

—¡ Viejo remalo, viejo bandido, nos llevabas con engañifas para vendernos quién sabe dónde !

—¡ Sí, sí, criminal ! ¡ Dios se opuso a tus planes !

Viendo que aquellos locos podían matarlo, el anciano Silva se dio a correr, pero un árbol cómplice lo enlazó por las piernas con un bejuco y lo tiró al suelo. Allí lo amarraron, allí Peggi los exhortaba a volverlo trizas. Entonces fue cuando don Clemente pronunció aquella frase de tanto efecto:

—¿ Queréis matarme ? ¿ Cómo podríais andar sin mí ? ¡ Yo soy la esperanza !

Los agresores, maquinalmente, se contuvieron.

—¡ Sí, sí, es preciso que viva para que nos salve !

—¡ Pero sin soltarlo, porque se nos va !

¡ Y aunque no le quitaron las ligaduras, postráronse de rodillas a implorarle la salvación y le limpiaban los pies con besos y llantos !

—¡ No nos desampare !

—¡ Regresemos a la barranca !

—¡ Si usted nos abandona, moriremos de hambre !

Mientras unos plañían de este jaez, otros halábanlo de la cuerda, suplicando el regreso. Las explicaciones de don Clemente parecían reconciliarlos con la cordura. Tratábase de un percance muy conocido de rumberos y de cazadores, y no era razonable perder el ánimo a la primera dificultad, cuando había tantos modos de solucionarla. ¿ Para qué lo asustaron ? ¿ Para qué se pusieron a pensar en el extravío ? ¿ No los había instruido una y otra vez en la urgencia de desechar esa tentación, que la espesura infunde en el hombre para trastornarlo ? Él les aconsejó no mirar los árboles, porque hacen señas, ni escuchar los murmurios, porque dicen cosas, ni pronunciar palabra, porque los ramajes remedan la voz.

Preguntas

1. ¿ Qué efecto producen en la mente de quien las escucha las palabras « Andamos perdidos » ? 2. ¿ Qué visión pasa por la mente de quien las escucha ? 3. ¿ Qué prometía el rumbero ? 4. ¿ Qué gritaban los extraviados, mesándose la greña ? 5. ¿ Qué le sucedió al anciano Silva al comenzar a correr ? 6. ¿ Por qué se contuvieron los agresores ? 7. ¿ Por qué no le quitaron las ligaduras al anciano Silva ? 8. ¿ Por qué no era razonable perder el ánimo a la primera dificultad ? 9. ¿ Por qué les aconsejó no mirar los árboles ? 10. ¿ Por qué les aconsejó no pronunciar palabra ?

B. *La vorágine (Continuación)*

Lejos de acatar esas instrucciones, entraron en chanzas con la floresta y les vino el embrujamiento, que se transmite como por contagio; y él también, aunque iba adelante, comenzó a sentir el influjo de los malos espíritus, porque la selva principió a movérsele,[3] los árboles le bailaban ante los ojos, los bejuqueros no le dejaban abrir la trocha, las ramas se le escondían bajo el cuchillo y repetidas veces quisieron quitárselo. ¿ Quién tenía la culpa ?

¿ Y ahora, por qué diablos se ponían a gritar ? ¿ Qué lograban con hacer tiros ? ¿ Quién sino el tigre correría a buscarlos ? ¿ Acaso les provocaba su visita ?[4] ¡ Bien podían esperarla al obscurecer !

Esto los aterró y guardaron silencio. Mas tampoco hubieran podido hacerse entender a más de dos yardas: a fuerza de dar alaridos, la garganta se les cerró, y, dolorosamente, hablaban a la sordina, con un jadeo gutural y torpe, como el de los gansos.

Antes de la hora en que el sol sanguíneo empenacha las lejanías, fueles imperioso encender la hoguera, porque entre los bosques la tarde se enluta. Cortaron ramas, y, esparciéndolas sobre el barro, se amontonaron alrededor del anciano Silva, a esperar el suplicio de las tinieblas. ¡ Oh la tortura de pasar la noche con hambre, entre el pensar y el bostezar,[5] a sabiendas de que el bostezo ha de intensificarse al día siguiente ! ¡ Oh la pesadumbre de sentir sollozos entre la sombra, cuando los consuelos saben a muerte ! ¡ Perdidos ! ¡ Perdidos ! El insomnio les echó encima[6] su tropel de alucinaciones. Sintieron la angustia del indefenso cuando sospecha que alguien lo

---

[1] **abierta . . . alma** *open before one.*   [2] **por . . . largarse** *because he wanted to sneak away.*

[3] **principió a movérsele** *began to move on him* (i.e., *to his disadvantage*).   [4] **les . . . visita** *it* (i.e., *the firing*) *provoked its visit* (*of the jaguar*) *for them.*   [5] **entre . . . bostezar** *between thinking and yawning.*   [6] **les echó encima** *cast upon them.*

Vista de la selva y los pantanos de Colombia

Fotografía de H. Koester, *Black Star*

Vista de la selva

Fotografía de Philip Gendreau

espía en lo oscuro. Vinieron los ruidos, las voces nocturnas, los pasos medrosos, los silencios impresionantes como un agujero en la eternidad.

Don Clemente, con las manos en la cabeza, estrujaba su pensamiento para que brotara alguna idea lúcida. Sólo el cielo podía indicarle la orientación. ¡Que le dijera[1] de qué lado nace la luz! Eso le bastaría para calcular otro derrotero. Por un claro de la techumbre,[2] semejante a una claraboya, columbró un retazo de éter azul, sobre el cual inscribía su varillaje una rama seca. Esta visión le recordó el mapa. ¡Ver el sol! ¡Ver el sol! Allí estaba la clave de su destino. ¡Si hablaran aquellas copas enaltecidas que todas las mañanas lo ven pasar! ¿Por qué los árboles silenciosos han de negarse a decirle al hombre lo que debe hacer para no morir? ¡Y, pensando en Dios, comenzó a rezarle a la selva una plegaria de desagravio!

Treparse por cualquiera de aquellos gigantes era casi imposible: los troncos tan gruesos, las ramas tan altas y el vértigo de la altura acechando en las frondas. Si se atreviera Lauro Coutinho, que nervioso dormía abrazándolo por los pies... Quiso llamarlo,[3] pero se contuvo: un ruidillo raro, como de ratones en madera fina, rasguñó la noche: ¡eran los dientes de sus compañeros que roían pepas de tagua!

Preguntas

1. ¿Qué les había pasado al entrar en chanzas con la floresta? 2. ¿Qué había comenzado a sentir el anciano Silva? 3. ¿Qué lograban con hacer tiros? 4. ¿Por qué no hubieran podido hacerse entender a más de dos yardas? 5. ¿Por qué cortaron ramas por la tarde? 6. ¿Por qué era un suplicio la noche? 7. ¿Cómo describe el novelista la angustia que sentían? 8. ¿Qué deseaba don Clemente que le indicara el cielo? 9. Pensando en Dios, ¿qué comenzó a hacer? 10. ¿Por qué no llamó a Lauro Coutinho?

---

[1] **¡Que le dijera . . . !** *If it would only tell him . . . !* [2] **la techumbre** *ceiling of branches.*

[3] **Quiso llamarlo** *He was about to call him.*

III. PRÁCTICAS ORALES

A. Diálogo. *En el Centro de Estudiantes*

> *Al entrar Bartolo en el Centro de Estudiantes se encuentra con Alfonso.*

1. BARTOLO. ¡Hola, Alfonso! ¡Tú por aquí!
2. ALFONSO. Estoy esperando a Beatriz. ¿Por qué no me acompañas un rato? Siéntate.
3. BARTOLO. Bueno, tomaré algo. Pero no puedo quedarme mucho tiempo. Me esperan en el campo de deportes a las tres.
4. ALFONSO. Se está muy bien aquí.[1] Hay que descansar de vez en cuando.
5. BARTOLO. A propósito, no terminaste la historia que nos contabas anoche — el susto que pasaron en la sierra, cuando se perdieron.
6. ALFONSO. ¡Hombre, eso le puede suceder a cualquiera! Seguramente a ti te ha pasado alguna vez.
7. BARTOLO. ¿Quiénes te acompañaban?
8. ALFONSO. Carlos y las dos muchachas. Ellas se portaron muy bien, aunque estarían muy asustadas.[2]
9. BARTOLO. ¡Me figuro lo asustadas que estarían!
10. ALFONSO. Nos deteníamos cada diez o quince minutos para tratar de orientarnos.
11. BARTOLO. ¿Y cómo lograron encontrar el camino?
12. ALFONSO. Se me ocurrió que el cielo podía indicarnos la orientación. Había que averiguar de qué lado nacía la luz.
13. BARTOLO. ¿Eso les bastó para calcular el camino?
14. ALFONSO. Exactamente; se trata de una solución muy conocida de los cazadores.
15. BARTOLO. Pues se ve que no es razonable perder el ánimo a la primera dificultad.
16. ALFONSO. Tienes razón. Y como ya sabes, estamos proyectando otra caminata por la sierra.

Preguntas

1. ¿Dónde se encuentran Bartolo y Alfonso?
2. ¿Por qué no puede quedarse Bartolo mucho tiempo? 3. ¿Qué quiere Bartolo que le cuente Alfonso? 4. ¿Qué le había pasado a Alfonso? 5. ¿Quiénes le acompañaban? 6. ¿Qué se le ocurrió por fin a Alfonso? 7. ¿Qué había que averiguar? 8. ¿Qué están proyectando Alfonso y sus amigos?

B. Diálogo. *En la clase de español*

> *Los alumnos acaban de leer* La vorágine. *El profesor inicia la discusión de la novela.*

1. PROFESOR. Hoy comenzamos el estudio de la obra de José Eustasio Rivera. ¿Quién puede decirnos si es extensa la producción literaria del novelista colombiano?
2. BEATRIZ. Si no estoy equivocada, se limita a un libro de versos, *Tierra de promisión*, y su novela, *La vorágine*.
3. PROFESOR. ¿Quién ha leído *Tierra de promisión*?
4. ALFONSO. Su tema es la naturaleza americana. Se divide el libro en tres partes, dedicadas respectivamente a la selva, a las cumbres y a los llanos.
5. BEATRIZ. Como poeta, parece que pertenece a la escuela modernista.
6. PROFESOR. Pasemos a su novela. ¿Quién quiere comenzar la discusión?
7. GRACIELA. Lo primero que se nota es el valor lírico de su prosa. Emplea muchas comparaciones muy poéticas.
8. BEATRIZ. Rivera se interesa mucho por las sensaciones visuales, auditivas y tactiles. Se expresan con gran efecto los reflejos de luz y las sombras.
9. PROFESOR. ¿Cuál es el tema principal de la novela?
10. BARTOLO. El tema de las caucherías, que ocupa la segunda mitad de la novela.
11. PROFESOR. ¿Parece haber algún simbolismo en la acción?
12. GRACIELA. La trama parece mostrar la impotencia del hombre al enfrentarse con las fuerzas de la naturaleza. La selva termina por devorar a los hombres.
13. PROFESOR. La última frase de Graciela nos recuerda otra característica de la novela. ¿Cuál es?
14. BEATRIZ. Se atribuyen acciones y cualidades propias del ser animado o del hombre a las cosas inanimadas.
15. PROFESOR. Exactamente. La selva posee características sobrenaturales. Las expli-

---

[1] **Se está . . . aquí** *It is very pleasant here.* [2] **estarían muy asustadas** *they were probably very much frightened.*

caciones del anciano Silva, que dota a la floresta de atributos mágicos y poderes dañinos, proporcionan un buen ejemplo. Una pregunta más: ¿ conocía Rivera directamente las regiones que describe?

16. ALFONSO. Ya lo creo. Como miembro de una comisión para la demarcación de la frontera entre Colombia y Venezuela hizo varios viajes por las regiones que describe.

Preguntas

1. ¿ Cuál es el tema de la discusión? 2. ¿ Cuál es la primera pregunta del profesor? 3. ¿ Cuál es la contestación de Beatriz? 4. ¿ Cómo caracteriza Alfonso *Tierra de promisión*? 5. ¿ Con qué escuela poética se relaciona Rivera? 6. ¿ Cuál es el tema principal de *La vorágine*? 7. ¿ Qué simbolismo hay en la acción? 8. ¿ Qué otra característica del arte de Rivera ha observado Beatriz?

C. Temas para discutir en clase

Los alumnos discutirán entre sí los temas siguientes. Para participar en la discusión los alumnos prepararán cuatro o cinco preguntas, con sus respuestas respectivas, sobre cada uno de los temas.

1. El significado del título, *La vorágine*.
2. La selva como personaje de la novela.
3. La tentativa de huida de don Clemente.
4. Modos de orientarse si se pierde uno en la selva.

IV. ASPECTOS GRAMATICALES

A. Pronombres y adjetivos relativos

1. *El cual, la cual, los cuales, las cuales. Para cambiar a la forma apropiada al substituirse los substantivos indicados:*

Modelo: *Ésta es la iglesia detrás de la cual se halla el parque. ¡Las iglesias!*   *Éstas son las iglesias detrás de las cuales se halla el parque.*

Profesor	*Estudiante*
Éste es el edificio detrás del cual se halla el parque. ¡Los edificios!	Éstos son los edificios detrás de los cuales se halla el parque.
¡ La torre!	
¡ Las torres!	
¡ El hotel!	

2. *Cuyo, cuya, cuyos, cuyas. Para cambiar la cláusula relativa, empleando el adjetivo cuyo, –a:*

Modelo: *Vi a los niños a la madre de los cuales había conocido.*   *Vi a los niños a cuya madre había conocido.*

Profesor	*Estudiante*
Es un alumno flojo, del paradero del cual no se sabe nada.	Es un alumno flojo, de cuyo paradero no se sabe nada.
Carlos se dirigió a la tienda en la planta baja de la cual se hallaba el restaurante.	
Demetrio describió el famoso hecho de armas, los efectos del cual habían sido tan desastrosos.	
El enemigo estaba escondido entre las malezas de aquel barranco por el fondo del cual se habían aventurado.	

B. Pronombres y adjetivos indefinidos (Véase Apéndice, p. 246)

1. *Alguien – alguno.* *Para contestar afirmativamente:*

Modelo: *¿ Vio Ud. a alguien en el cuarto ?* *Sí, vi a alguien en el cuarto.*

Profesor	*Estudiante*
¿ Vio Ud. a alguno de los alumnos en el cuarto ?	Sí, vi a alguno de los alumnos en el cuarto.
¿ Necesita Ud. algún libro ?	
¿ Necesita Ud. algunos libros ?	
¿ Espiaban a alguien en lo oscuro ?	
¿ Espiaban a alguno de Uds. en lo oscuro ?	

2. *Alguno – cualquiera.* *Para traducir al español:*

Modelos: *Give me some book.* *Déme Ud. algún libro.*
Give me any book (whatsoever). *Déme Ud. cualquier libro.*

Profesor	*Estudiante*
Some doctor will be able to help you.	Algún médico podrá ayudarle a Ud.
Any doctor will be able to help you.	Cualquier médico podrá ayudarle a Ud.
He will climb up some tree.	
He will climb up any tree (whatsoever).	
Read some novel.	
Read any novel (whatsoever).	
Read some novels.	
Read any novels (whatsoever).	
Someone will know his address.	
Anyone will know his address.	

C. Repaso de los verbos **corregir,**[30] **negar,**[26] **rezar,**[34] **roer**[22]

1. *Para cambiar al presente de subjuntivo después de Él desea que:*

Modelo: *El perro roe los huesos.* *Él desea que el perro roa (roiga o roya) los huesos.*

Profesor	*Estudiante*
Bartolo corrige sus faltas.	Él desea que Bartolo corrija sus faltas.
Beatriz lo niega.	
Yo rezo.	
Lo advertimos.	

2. *Para cambiar al imperfecto de subjuntivo después de Él deseaba que:*

Modelo: *Yo rezaba.* *Él deseaba que yo rezase.*

Profesor	*Estudiante*
Lo advertíamos.	Él deseaba que lo advirtiésemos.
El perro roía los huesos.	
Beatriz lo negaba.	
Bartolo corregía sus faltas.	

V. EJERCICIOS ESCRITOS

A. Uso de modismos y frases hechas

1. *Úsense las palabras y modismos siguientes en oraciones completas:*

a sabiendas de	lograr
darse a	mas
guardar silencio	negarse a
lejos de	volver trizas

2. *Escríbanse oraciones completas empleando las frases siguientes como elemento inicial:*

Aunque él iba adelante . . .
Él les aconsejó . . .
Entonces fue cuando . . .
No era razonable . . .
¿ Para qué se pusieron a . . .
Por la mente de quien . . .
Si usted nos abandona . . .
Si se atreviera Lauro a . . .

B. Ejercicio de traducción

Traduzcan al español los párrafos siguientes, tratando de imitar las construcciones y fraseología de los textos:

The weary travelers had journeyed far when they finally discovered the terrible truth. They were lost! "Lost!" A simple word that strikes terror when spoken in the jungle! Nothing could calm them. One of them shouted in rage: "It's the old man's fault!" They all rushed on the guide, who, filled with terror, started to run. But his foot became entangled in a vine, and he soon fell.

"Let's kill him now!" someone shouted. "You can't kill me," the old man cried out. "I'm your only hope for getting out alive." The truth of his words could not be contested. Somebody suggested that they tie him up.

Although they would not remove his bonds, some of them would continually beg him for help. He promised them nothing; but he advised them not to fall under the spell of the jungle if they were to survive. He told them not to listen to the many mysterious sounds of the jungle.

With the night a host of fearful visions came upon them. Before falling asleep, Don Clemente pondered over their situation. He knew that he would have to discover a way to see the sun. The sun was the key to their salvation. Unfortunately it would be almost impossible to climb up to the top of any of the huge trees of the dark jungle.

VI. VERIFICACIÓN Y REPASO

A. Dictado

Preguntas

1. ¿ Por qué resolvió D. Clemente darles a sus compañeros el alivio de la mentira? 2. ¿ Qué les dijo D. Clemente? 3. ¿ Qué frase repitieron los extraviados? 4. ¿ Qué comenzaron a hacer todos? 5. ¿ Qué recibió D. Clemente? 6. ¿ Qué querían atribuirse algunos?

B. Concurso entre dos grupos de estudiantes

Gana el grupo que acierte a formular más oraciones completas sobre los temas siguientes:
1. El efecto que produce en los extraviados las palabras, « Andamos perdidos ».

2. Las explicaciones y consejos del anciano Silva.
3. La vida y obra literaria de José Eustasio Rivera.

C. Temas para un informe escrito

Escríbase un informe, de unas ciento cincuenta palabras, sobre uno de los temas siguientes:
1. La acción que ejerce la selva sobre la imaginación de los extraviados.
2. La lucha del hombre con la naturaleza en *La vorágine.*
3. Los valores poéticos de la prosa de Rivera: las imágenes, comparaciones y metáforas empleadas por el novelista.

DEL MUNDO ANCHO Y AJENO

(Para aprender de memoria)

A. ¡ Sálvela !

Se está preparando el libreto de una película y el director le dice al autor:

— Esta línea, quítela. No me gusta.

— ¡ Déjela usted, señor ! Se lo ruego.

— Pero ¡ si se trata sólo de una línea !

— Sí, señor; pero es la última que queda de mi obra.

Preguntas

1. ¿ Qué se está preparando ? 2. ¿ Qué le pide al autor el director ? 3. ¿ Por qué se opone el autor ?

B. Sorpresa

— ¿ Por qué estás tan pensativa ?

— Quise darle una sorpresa a mi marido y le arrojé una cubeta de agua.

— ¿ Y se enojó ?

— Todavía no lo sé. Como la cubeta se me escapó de las manos, estoy esperando a que salga del hospital para preguntárselo.

Preguntas

1. ¿ Por qué está pensativa la señora ? 2. ¿ Qué había hecho la señora ? 3. ¿ Por qué está el marido en el hospital ?

El Chimborazo, uno de los grandes volcanes de los Andes

Cortesía, *Pan American World Airways System*

Playa de Ancón, Perú

Fotografía de Bell, Howarth Ltd., *Black Star*

Repaso de Lecciones 21-25

26

Repaso de Lecciones 21-25

I. DICTADO

(Se usará uno de los textos recomendados en el *Teacher's Key*.)

II. REPASO DE VERBOS

A. Conjugar en el presente y pretérito de indicativo:

1. Me refiero a la ausencia de ríos navegables, etc.
2. No incluyo las islas antillanas, etc.
3. Me río de las palabras del capataz, etc.
4. Corrijo la ruta, etc.

B. Conjugar en el imperfecto de subjuntivo después de **Era preciso que:**

1. Era preciso que yo permaneciera (o permaneciese), etc.
2. Era preciso que yo no errara (o errase) un solo tiro, etc.

C. Conjugar en el presente de subjuntivo después de **No es posible que:**

1. No es posible que yo juegue ahora, etc.
2. No es posible que yo los distinga, etc.

III. ASPECTOS GRAMATICALES

A. El infinitivo con las preposiciones

Substituir las cláusulas adverbiales por las frases preposicionales correspondientes:

Modelo: *Nos iremos después de que termine el concierto.*   *Nos iremos después de terminar el concierto.*

Profesor	*Estudiante*
Nos iremos antes de que cenen ellos.	Nos iremos antes de cenar ellos.
Nos iremos sin que nos pague él.	
Nos iremos después de que corrija ella los ejercicios.	
Nos iremos antes de que vuelva el profesor.	

B. El imperfecto (y pluscuamperfecto) de subjuntivo después de **como si**

Para cambiar, empleando la forma adecuada de los elementos indicados:

Modelo: ***Carlos se expresa como si fuera el***   *Carlos se expresa como si estudiara medicina.*
presidente. **¡ *Estudiar medicina* !**

Profesor	*Estudiante*
Carlos se expresa como si fuera el presidente. ¡ Haber asistido al concierto !	Carlos se expresa como si hubiera asistido al concierto.
¡ Gustarle la conferencia !	
¡ Haberlo tenido en cuenta !	
¡ Saber manejar !	

C. Usos del imperfecto y del pretérito de indicativo

Traducir al español, empleando los verbos indicados:

Modelo: *Llover.* ***It was raining.***   *Llovía.*
It rained all day.   *Llovió todo el día.*

Profesor	*Estudiante*
Saber. I knew the lesson.	Yo sabía la lección.
I learned the truth at that time.	Entonces supe la verdad.
Conocer. I was acquainted with her.	
I met her at the party.	
Querer. He didn't want to do it.	
He refused to do it.	
Haber. There were two policemen in the theatre.	
An accident occurred in the theatre.	
Tener. I had only five pesos.	
I received a letter from my sister.	

D. Pronombres y adjetivos relativos

Para combinar en una sola oración por medio de un pronombre o adjetivo relativo:

Modelo: ***Éste es el señor.*** *Vi a su madre*   *Éste es el señor a cuya madre vi esta mañana.*
esta mañana.

Profesor	*Estudiante*
Pasamos por la iglesia. El mercado está detrás de ella.	Pasamos por la iglesia detrás de la cual está el mercado.
Saludo a los niños. Conozco a su padre.	
Me dirijo al hotel. Al lado de él hay un restaurante.	
Llegamos a la plaza. En el centro de ella hay una fuente.	

IV. EJERCICIOS ORALES

A. Para localizar en el mapa

Localícense en los mapas, páginas 153–154, los términos siguientes:
1. Puerto Rico, Venezuela. 2. El Ecuador, el Uruguay. 3. Bogotá, Guadalajara. 4. Quito, Lima. 5. El Orinoco, el Río de la Plata. 6. El Magdalena, el Amazonas.

B. Para definir

Defínanse o identifíquense brevemente:
1. el páramo, el pantano. 2. la autosuficiencia, el inconveniente. 3. el ingenio, el campo bruto. 4. la cauchería, la pampa. 5. *El inglés de los güesos, Tierra de promisión.* 6. *Los caciques,* Demetrio Macías.

C. Los diálogos

1. Recitación del Diálogo B, Lección 22. Un alumno desempeña el papel del profesor, otro el de Alfonso, otro el de Bartolo, una alumna el de Graciela y otra el de Beatriz.
2. Un grupo de cinco alumnos (dos alumnas y tres alumnos) preparará un diálogo original, usando como modelo el Diálogo B, Lección 23, para recitarlo en clase. Las primeras cuatro o cinco frases se tomarán directamente del diálogo citado. (Nótese que los papeles más largos son los de Alfonso y del profesor.)

V. EJERCICIOS ESCRITOS

A. Para traducir al español:

1. After leaving class we continued to discuss the geographic conditions which in many parts of South America hamper, rather than favor, the development of agriculture, commerce and industry. Most of the rivers of Spanish America, for example, are situated in the tropical zone, a fact that limits their usefulness.

2. In Bolivia the government fostered vast programs which it hoped would maintain the process of economic growth at the desired level. We should bear in mind that nationalism should never be allowed to prevail over economic realities.

3. Since the colt would bite and kick whenever the notion struck him, Mario's father ordered him to turn him loose. On seeing Mario fall to the ground at the mid-point of his journey, the mother could endure it no longer and she whined, "That will do, John, that will do!"

4. The federal troops were hidden in the thickets of that formidable canyon, through the lower part of which Demetrio was leading his men. He was found stretched out face downward—as if he were still pointing the barrel of his weapon.

5. The travelers suddenly realized that they had lost their way. Some of them began to shout and rave; but this only increased their fears. Preoccupied with the strange noises of the night, they no longer paid any attention to the warnings and instructions of the guide.

B. Temas para un informe escrito

Escríbase un informe, de unas ciento cincuenta palabras, sobre uno de los temas siguientes:

1. Algunos factores geográficos que afectan el desarrollo económico de un país.
2. El problema de la integración de las diferentes regiones de Bolivia.
3. Breve comparación entre *El potrillo roano* y *Platero y yo.*

27

Mariano Latorre

I. PRESENTACIÓN

A. *Nota literaria*

No sólo la novela, sino el cuento, también, tiene un lugar importante en la literatura hispanoamericana del siglo XX. *Entre los muchos escritores excelentes que lo han cultivado se destacan el uruguayo Horacio Quiroga (1878–1937) y los chilenos Manuel Rojas (nació en 1896) y Mariano Latorre (1886–1955).*

El profesor y crítico literario Mariano Latorre es el autor de varias colecciones de cuentos en que ha retratado todos los tipos y todas las fases de la vida de Chile. En Cuna de cóndores (1918), por ejemplo, refleja la vida de los Andes, mientras que Chilenos del mar (1929) ilustra el valor marítimo del país. Otras obras notables suyas son: Cuentos del Maule (1912) y Hombres y zorros (1937). En general, el interés por el ambiente y por la naturaleza predomina sobre la caracterización y la descripción de costumbres.

El cuento siguiente forma parte de Chilenos del mar.

B. *Estudio de palabras*

Estudien las aclaraciones siguientes:
1. **Borda** *f. Mar.* Parte superior del costado de un barco. **Borde** *m.* Orilla de alguna cosa. **Bordo** *m. Mar.* Lado o costado exterior de un buque. **A bordo.** En la embarcación.
2. **Boza** *f. Mar.* Cable, cabo.
3. **Cuaderna** *f. Mar.* Costilla de la nave.
4. **Escobén** *m. Mar.* Nombre de los agujeros en la proa de un barco por donde pasan los cables o cadenas.

5. **Falucho** *m.* Embarcación costanera.
6. **Remolque** *m.* Barco remolcado. **Remolcador** *m.* Barco que remolca.
7. **Timón** *m. Mar.* Pieza que sirve para dar dirección a la embarcación. **Timonel** *m.* Marinero que gobierna el timón.
8. **Virar** *Mar.* Cambiar de rumbo.

C. *Modismos y frases útiles*

Estudien los modismos y frases siguientes y aprendan de memoria los ejemplos:
1. **Aferrarse a.** Agarrar fuertemente, adherirse a. ~ Parece un nadador a cuya pierna se ha aferrado un agonizante.
2. **Capear las olas.** *Mar.* Eludir o sortear el mal tiempo con adecuadas maniobras. ~ El peso del remolque le impedía capear las olas.
3. **Correr peligro.** Estar expuesto (–a) a él. ~ Me daba cuenta del peligro que corríamos.
4. **De un golpe.** De una sola vez o en una sola acción. ~ Cerró la ventanilla de un golpe.
5. **Encapillar agua.** *Mar.* Llenarse de agua. ~ El remolcador está encapillando agua.
6. **Levantar el vuelo.** Echar a volar. ~ En vano movía sus alas para levantar el vuelo.
7. **Picar la boza.** *Mar.* Cortarla a golpe de hacha. ~ No queda sino picar[1] la boza.
8. **Prestar auxilio.** ~ No era posible prestarles auxilio alguno.

---

[1] **No . . . picar** *No other course is left but to cut.*

193

II. LECTURAS

A. *El piloto Oyarzo*

Por Mariano Latorre

El patrón Oyarzo, nervioso, observaba a través de los gruesos vidrios de la cámara hacia la popa. Preveía con ojo experto la ola peligrosa y, mediante enérgicas evoluciones de la rueda, lograba reducir al mínimum el ataque de esos monstruos de babeante espuma. El mar se había agitado en tal forma que, a veces, la comba de la ola interrumpía la serenidad del horizonte, donde el viento del sur parecía mellar su helada dentadura. Ahora no era una sola. Eran muchas, rápidas, incansables. Ya no se veían las lanchas entre sus alborotados borbotones; eso sí, a cada vaivén, aparecía,[1] chorreante, la gruesa boza, como si alguien tirase del fondo del mar al remolcador para hacerlo desaparecer. [...] Bajo este surazo implacable, el remolque no se divisaba. Su hijo iba en la lancha más próxima y era su único hijo. Recordé la mirada orgullosa del patrón cuando vio al muchacho en la popa del falucho, la caña en la mano. Era la continuación de sí mismo; su heredero en los remolcadores de la Casa Milnes y más quizá. Sonó el timbre melodioso, rápido, del telégrafo. Apareció el piloto que, en los turnos de alta mar, reemplaza al patrón, especie de segundo del remolcador. La voz de Oyarzo denotó una extraña debilidad:

— ¿Se ve el remolque por la popa, Pérez?

— A ratos se le divisa el bulto a la primera lancha.

— ¿No han hecho señales?

— Ninguna.

Mi estado de nerviosa tensión hacíame recoger estas observaciones dispersas y agrandarlas, en forma fantástica; pero me daba exacta cuenta del peligro que corríamos, de la lucha angustiosa, callada, que se libraba en el alma de Oyarzo. Nuevas olas, no ya espumosas y sonoras, sino agresivas e insidiosas, afirmaban sus tentáculos en las salientes del remolcador. Se acercaban hasta el puente, que chorreaba por las esquinas como bajo el manto de una lluvia torrencial. Una columna de espuma llegó hasta la negra nube de la humareda, especie de abanico que se perdía en el cabrestante, deshaciéndose sobre el mar. Resonó de nuevo la voz del piloto; se abrió la ventanilla de estribor; se oyeron estas palabras:

— El remolcador está encapillando agua.

Oyarzo respondió:

— Hay que virar.

Un maquinista, sudoroso, tiznado de carbón,[2] limpiando sus dedos con un trapo sucio, asomó su cabeza en ese instante por la pequeña puerta de las máquinas. Su voz gritó agresivamente, sin consideración alguna: « No queda sino picar la boza, aunque se pierda el remolque y se hunda el que se hunda ».

Oyarzo cerró la ventanilla de la cabina de un golpe. Sus dientes se hundieron en los labios con un gesto de rabia y de impotencia al mismo tiempo. Fue el único movimiento que denunció algo su estado interior. Sus facciones regulares, que recordaban el lejano ascendiente español de las islas, no se contrajeron. Sólo las descoloraba una palidez semejante a la de la inmensa bóveda celeste, barrida por el viento del sur.

Preguntas

1. ¿Dónde tiene lugar la acción de este cuento? 2. ¿Qué trataba de reducir al mínimum el patrón Oyarzo? 3. ¿Por qué no se veían ya las lanchas? 4. ¿Quién iba en la lancha más próxima? 5. ¿Qué le preguntó Oyarzo al piloto? 6. ¿De qué se daba exacta cuenta el narrador? 7. ¿Hasta dónde se acercaban las olas? 8. ¿Qué anunció el piloto? 9. ¿Qué gritó el maquinista que asomó su cabeza en ese instante? 10. ¿Qué movimiento de Oyarzo denunció algo su estado interior?

B. *El piloto Oyarzo (Continuación)*

Sonó una vez más la campanilla del telégrafo. La aguja giró en el cuadrante al máximum de tensión. La proa del remolcador comenzó a enfrentar el noroeste. Era la última probabilidad de salvar al remolque y de salvar a los timoneles, a quienes no podía prestarse auxilio alguno. Al poco rato, las olas, precipitadas, furiosas, rompían en el costado del « Caupolicán »; y arrojaban sobre cubierta su vómito helado y ruidoso. A un balance contrario, esta agua, sucia en su contacto con cordeles y hierros, vaciábase por la borda. Notaba que el vaporcito se defendía mal de las olas. Producíame la impresión de un pájaro atado a una pata[3] que en vano mueve sus alas para levantar el vuelo. Era, sin duda, el peso muerto del remolque el que apagaba su vitalidad y le impedía capear las olas. El balance era verdaderamente angustiante. Cada dos segundos, el rectángulo barnizado de la cabina perdía su línea horizontal, para inclinarse ya a un costado,

---

[1] **eso sí . . . aparecía** *what one could see was.*

[2] **tiznado de carbón** *coal-blackened.*   [3] **atado a una pata** *tied by one leg.*

ya al otro, formando un ángulo obtuso con el horizonte. Empecé a sentir, muy luego, las bascas del mareo. Un sudor frío me bañaba el cuerpo entero; me senté en el pequeño canapé adherido al muro de madera y sujeto al borde cerré los ojos un momento. No obstante el velo de inconsciencia que se tendió entre el mundo exterior y yo, recogí detalles que, aunque aislados, me permitieron reconstruir lo que sucedió más tarde. Advertí voces apremiantes, coléricas, que, según supe después, noticiaban a Oyarzo que una de las lanchas, precisamente la que gobernaba su hijo, hacía las señales convenidas. Fue en un momento de calma que logró verse[1] la banderola roja en el lomo de una ola. Esta bandera podía significar o que el timón estaba roto, que las cuadernas se habían aflojado y que el agua invadía la bodega, o que el compañero de más atrás[2] se había hundido ya en el mar. Se arrojaron salvavidas al mar por si alguno de los timoneles alcanzaba a cogerlos al hundirse su lancha. Recuerdo la cabeza sudorosa de Oyarzo, cabeza desgreñada, descompuesta, que se asomó a la ventanilla y dictó, con una voz ronca, la sentencia de muerte de su hijo:

— ¡ Piquen la boza !

No oí el golpe del hacha al cortar la espía y dejar las lanchas entregadas a su suerte, en medio de este blanco torbellino de espuma, bajo la impasible serenidad de un día estival. Nunca olvidaré, sí, la cabeza deshecha de ese hombre, la frente apoyada en el relieve de la rueda del timón, entre dos cabillas, y el jadeo convulsivo de sus espaldas poderosas.

Libre de ese peso que lo hundía en el mar, tal como un nadador a cuya pierna se ha aferrado un agonizante y se liberta de pronto, el remolcador se encaramó en las olas ágilmente, como alegre de su libertad. Su proa de hierro, agujereada por enormes escobenes que vomitaban constantemente agua, rompió la masa blanca del oleaje con todas las fuerzas de sus poderosos pulmones.

Preguntas

1. ¿ Qué hizo Oyarzo para tratar de salvar el remolque ? 2. Al poco rato, ¿ qué observaba el narrador ? 3. ¿ Qué le impedía al vaporcito capear las olas ? 4. ¿ Qué le pasaba cada dos segundos al rectángulo barnizado de la cabina ? 5. ¿ Qué empezó a sentir el narrador ? 6. ¿ Qué noticiaban a Oyarzo las voces apremiantes ? 7. ¿ Qué podía significar la banderola roja ? 8. ¿ Qué arrojaron al mar ? 9. ¿ Qué orden dictó por fin Oyarzo ? 10. ¿ Qué no olvidará nunca el narrador ?

III. PRÁCTICAS ORALES

A. Diálogo. *Una llamada telefónica*

Beatriz llama por teléfono a Alfonso.

1. BEATRIZ. *(Marcando el número en el teléfono.)* 32 1645.
2. BARTOLO. ¡ Diga !³
3. BEATRIZ. ¿ Está Alfonso ? ¿ Podría hablar con él ?
4. BARTOLO. ¿ De parte de quién, me hace el favor ?
5. BEATRIZ. Soy Beatriz. Quisiera hablar con Alfonso.
6. ALFONSO. ¡ Hola, Beatriz ! ¿ Qué hay de nuevo ?
7. BEATRIZ. Acabo de recibir una noticia estupenda. Como recordarás, tengo muchos deseos de ir a Acapulco durante las vacaciones. Pues me escriben de casa que me mandan el pasaje.
8. ALFONSO. ¡ Enhorabuena, Beatriz ! ¡ Cómo te vas a divertir !
9. BEATRIZ. Será una excursión magnífica. Espero que no me maree.
10. ALFONSO. En esa época el mar está muy tranquilo. Y la vida de a bordo es fantástica.
11. BEATRIZ. Me dicen que hay una serie continua de bailes, películas, conciertos, y otras diversiones. Y todo el mundo se conoce en seguida.
12. ALFONSO. Acapulco te va a encantar. La vista desde el barco es maravillosa.
13. BEATRIZ. Además de bañarnos y tomar el sol, haremos excursiones por las cercanías.
14. ALFONSO. No dejes de ir a ver « el clavado ». Es un espectáculo emocionante.
15. BEATRIZ. Pues sólo quería darte la noticia. Podrás figurarte lo contenta que estoy. Hasta pronto, Alfonso.
16. ALFONSO. Hasta luego, Beatriz. ¡ Felicitaciones otra vez !

---

[1] **Fue . . . verse** *It was in a moment of calm when they managed to see.* [2] **de más atrás** *farther back.* [3] **¡ Diga !** *Hello !* También se dice ¡ aló !

Preguntas

1. ¿Quién hace la llamada telefónica? 2. ¿Qué le pregunta a Bartolo? 3. ¿Qué le pregunta Bartolo a Beatriz? 4. ¿Qué le cuenta Beatriz a Alfonso? 5. ¿Cómo describe Alfonso la vida de a bordo? 6. ¿Qué le han contado a Beatriz de la vida de a bordo? 7. ¿Qué cuenta Alfonso de Acapulco? 8. ¿Cómo pasarán el tiempo en Acapulco? 9. ¿Qué le recomienda Alfonso a Beatriz? 10. ¿Qué es « el clavado »?

B. Diálogo. *En la clase de español*

Se inicia una discusión sobre la pronunciación del español de América.

1. PROFESOR. Hoy quiero continuar nuestra discusión sobre el español de América. Hemos hablado de algunos rasgos del vocabulario. Otro tema importante es el de la pronunciación. Como ustedes saben, un problema que preocupa a muchos profesores es si los que estudian el español deben observar la pronunciación española de España o bien han de preferir la modalidad hispanoamericana. Pero antes de discutir este problema, hay uno previo que debemos resolver. ¿Cuál es?

2. ALFONSO. Pues me parece que el primer problema que debe plantearse es si podemos hablar de una modalidad hispanoamericana del español.

3. PROFESOR. Exactamente. ¿Podemos hablar de una pronunciación uniforme del español en Hispanoamérica?

4. BARTOLO. Me parece que hay diferencias entre el español de Cuba o Puerto Rico, por ejemplo, y el de La Argentina.

5. ALFONSO. Sí, hay que reconocer que no es igual el habla cubana que la argentina.

6. GRACIELA. Ni es igual la de un mexicano que la de un peruano o chileno.

7. BEATRIZ. Sí, pero cuando hablamos del español de América, creo que pensamos en una modalidad de lenguaje distinta de la del español peninsular, sobre todo de la corriente en el Norte y centro de España.

8. ALFONSO. Me parece que Beatriz tiene razón. No queremos decir que el español de América sea uniforme.

9. BARTOLO. Sin embargo, la expresión agrupa matices muy diversos.

10. PROFESOR. Muy bien. Hemos llegado a nuestra primera conclusión. Aunque no exista absoluta uniformidad lingüística en Hispanoamérica, hay algunos rasgos que contribuyen a producir una impresión de comunidad general. Y ¿cuáles son algunos de estos rasgos?

11. ALFONSO. Como en dialectos del Sur de España, no se distinguen la « s » y la « z », y en algunas regiones se aspira la « s » final de sílaba y de palabra.

12. PROFESOR. Es cierto. La confusión de palabras como *casar* y *cazar* es general, y en algunas partes de América se dice *loj campoj* por los campos. ¿Qué otros rasgos recuerdan?

13. BEATRIZ. En extensas zonas de América la « ll » ha pasado a « y ». Y en algunas ha adquirido el sonido de la « z » inglesa en *azure*.

14. GRACIELA. En el habla vulgar se confunden la « r » y la « l » en posición final o en combinación con otra consonante: *solpresa* por sorpresa. O pueden perderse en posición final de palabra.

15. ALFONSO. En el lenguaje rústico de algunas regiones se conserva la « h » aspirada del español antiguo: *jumo* por humo.

16. PROFESOR. Muy bien. Pero ya es la hora, y como se trata de una materia muy complicada, podremos continuar nuestra discusión otro día.

Preguntas

1. ¿Cuál es el tema de la discusión? 2. ¿Qué problema relativo a la pronunciación del español preocupa a muchos profesores y alumnos? 3. ¿Qué problema previo plantea el profesor? 4. ¿Qué opina Bartolo sobre este problema? 5. ¿Qué aclaración importante hace Beatriz? 6. ¿A qué conclusión llegan en la primera parte de la discusión? 7. ¿Cuáles son los rasgos fonéticos del español de América que cita Alfonso? 8. ¿Qué ejemplos cita el profesor? 9. ¿Qué otros rasgos cita Beatriz? 10. ¿Qué rasgo cita Graciela?

C. Temas para discutir en clase

Los alumnos discutirán entre sí los temas siguientes. Para participar en la discusión los alumnos prepararán cuatro o cinco preguntas, con sus respuestas respectivas, sobre cada uno de los temas.

1. La misión del remolcador.
2. El hijo de Oyarzo.
3. El episodio del maquinista.
4. Lo que indica la banderola roja.
5. Imagínese que usted es Oyarzo; ¿mandaría usted picar la boza?

IV. ASPECTOS GRAMATICALES

A. La construcción reflexiva

1. Puede usarse para traducir la voz pasiva del inglés (cuando no se expresa el agente) o el sujeto indefinido *one, they, you, we, people.*

Para cambiar a la construcción reflexiva:

Modelos: *No veían la lancha.*   *No se veía la lancha.*
            No pudieron hablarles.   *No se les pudo hablar.*

Profesor	*Estudiante*
Perdieron los remolques.	Se perdieron los remolques.
Oyeron estas palabras.	
Nunca supieron de los timoneles.	
No podían prestarles auxilio.	
Ya no divisaban la bandera roja.	

2. Como equivalente de la construcción intransitiva del inglés.

Para traducir al español:

Modelos: *The submarine sinks the ship.*   *El submarino hunde el barco.*
            The ship sinks.   *El barco se hunde.*

Profesor	*Estudiante*
Carlos moved away the table.	Carlos mudó la mesa.
Carlos moved to another district.	Carlos se mudó a otro barrio.
Bartolo empties the water.	
The water empties into the sea.	
I bend the branch.	
The ship leans to one side.	
Draw up a chair.	
Come close to the window.	

3. Como equivalente de expresiones del inglés con *become (get, grow).*

Para traducir al español:

Modelo: *The sea had become rough.*   *Se había agitado el mar.*

Profesor	*Estudiante*
Don't get excited!	¡No se excite Ud.!
We soon grew tired.	
The frames had become loose.	
The soup is getting cold.	
We became bored.	

B. El presente de indicativo después de **por si** *in case*

Usar en la cláusula principal los substantivos indicados, haciendo los cambios necesarios:

Modelo: *Arrójeles Ud. una pelota por si*   *Arrójeles Ud. unas monedas por si alguno*
      alguno alcanza a cogerla. ¡*Unas*   *alcanza a cogerlas.*
      monedas !

Profesor	*Estudiante*
Arrójeles Ud. unas monedas por si alguno alcanza a cogerlas. ¡Unos centavos!	Arrójeles Ud. unos centavos por si alguno alcanza a cogerlos.
¡Una naranja!	
¡Unos cacahuetes!	
¡Un salvavidas!	

C. Repaso de los verbos **cerrar,**[26] **llegar,**[33] **oír,**[10] **vaciar**[44]

1. *Para cambiar al presente de subjuntivo después de* **Es lástima que:**

Modelo: *El patrón cierra la ventanilla de la*   *Es lástima que el patrón cierre la ventanilla de la*
        cabina.   *cabina.*

Profesor	*Estudiante*
Ella oye los gritos.	Es lástima que ella oiga los gritos.
El agua llega hasta el puente.	
Bartolo vacía la botella.	
No se ven las lanchas.	

2. *Para cambiar al imperfecto de subjuntivo después de* **Era lástima que:**

Modelo: *Bartolo vaciaba la botella.*   *Era lástima que Bartolo vaciara (vaciase) la*
                                               botella.

Profesor	*Estudiante*
No se veían las lanchas.	Era lástima que no se vieran (viesen) las lanchas.
El patrón cerró la ventanilla de la cabina.	
Ella oyó los gritos.	
El agua llegaba hasta el puente.	

V. EJERCICIOS ESCRITOS

A. Uso de modismos y frases hechas

1. *Úsense las palabras y modismos siguientes en oraciones completas:*

a ratos	no obstante
como si alguien	prestar auxilio
eso sí	semejante a
especie de	tal como

2. *Escríbanse oraciones completas empleando las frases siguientes como elemento inicial:*

El remolcador se encaramó en . . .

Empecé a sentir . . .

Mi estado hacíame . . .

No queda sino . . .

Notaba que el vaporcito . . .

Preveía con ojo experto . . .

Se arrojaron salvavidas . . .

Ya no se veían . . .

B. Ejercicio de traducción

Traduzcan al español los párrafos siguientes, tratando de imitar las construcciones y fraseología de los textos:

The pilot skillfully steered his boat so as to reduce the impact of the huge waves which crashed against the bow. Nevertheless, the waves came faster and faster. He looked back, but he was unable to see the boats which were in tow. Because of the rain and the darkness they were no longer visible.

He swore softly. The raging sea continued to intensify its fury. He looked back again. Nothing! A cold sweat bathed his body as he thought about his only son — his heir and his immortality. The closest boat being towed carried his son.

He heard the sea roaring with greater force. Soon mountains of foam reached almost to the bridge. A coal-blackened machinist appeared suddenly and shouted: "We have to swing about!"

The pilot's features betrayed no emotion. He realized at once that their only hope was to swing northeast.

Following its new course, the small steamboat unsuccessfully fought the waves. The dead weight of its towage prevented it from avoiding the waves. Oyarzo looked around nervously. A red flag had suddenly appeared on his son's boat. It meant that there was no longer any hope of saving it.

Oyarzo clenched his fists and with a hoarse voice shouted the death sentence of his son: "Cut the towline!"

VI. VERIFICACIÓN Y REPASO

A. Dictado

Preguntas

1. ¿Cuándo viraron en busca de los náufragos?
2. ¿Qué esperanza quedaba? 3. ¿Adónde llegaron al mediodía? 4. ¿Qué pregunta le hizo al narrador su amigo Pedro González? 5. Describa el aspecto de Oyarzo mientras subía al malecón. 6. ¿Qué perdió la Casa Milnes?

B. Concurso entre dos grupos de estudiantes

Gana el grupo que acierte a formular más oraciones completas sobre los temas siguientes:

1. La lucha que se libraba en el alma de Oyarzo.
2. El vocabulario marítimo del autor.
3. Las comparaciones usadas por Latorre.

C. Temas para un informe escrito

Escríbase un informe, de unas ciento ochenta palabras, sobre uno de los temas siguientes:

1. Los esfuerzos del vaporcito para capear las olas.
2. La personalidad de Oyarzo.
3. Observaciones sobre la pronunciación del español de América.

DEL MUNDO ANCHO Y AJENO
(Para aprender de memoria)

A. Táctica

— ¿Por qué has pintado tu automóvil azul de un lado y rojo de otro?

— Por táctica. Fíjate que en caso de que tenga algún accidente, los testigos se confundirán.

Preguntas

1. ¿Qué ha hecho el dueño del automóvil? 2. Explique usted la táctica del dueño. 3. ¿Qué le parece esta táctica?

B. Situación diferente

Marido y mujer han ido al cine a ver una película de Marlon Brando. La señora queda profundamente conmovida. Al salir del cine llueve con intensidad y el marido propone:

— Espera aquí un momento mientras busco un taxi.

— No hace falta, Marlon. Caminemos un poco bajo la lluvia.

— Permíteme que te recuerde que no soy Marlon Brando sino tu marido.

— Entonces, ¿qué esperas, idiota, que no traes pronto ese taxi?

Preguntas

1. ¿Qué película han visto? 2. Al salir del cine, ¿qué propone el marido? 3. ¿Qué palabras de la señora indican que ella quedó muy conmovida? 4. ¿Qué indica que ella ha vuelto a la realidad?

28

La epopeya del café

I. PRESENTACIÓN

A. Nota cultural

Los pasajes siguientes sobre el cultivo del café en la América Central forman parte de la novela La tempestad, *del jurisconsulto, escritor y diplomático guatemalteco, don Flavio Herrera (nació en 1895). Profesor de Derecho romano en la Universidad Nacional de Guatemala, y embajador en la Argentina en 1945, es autor de varias obras de interés histórico y social, como* José Rodó y el americanismo, El Derecho Castellano y el Derecho Indiano, La realidad social desde la Colonia, *y* Cosmos Indio. *Los textos muestran su conocimiento de la vida rural de Guatemala y su interés por los problemas económicos y sociales.*

B. Estudio de palabras

Estudien las aclaraciones siguientes:
1. **Almácigo** *m.* Criadero, lugar donde se siembran las semillas de las plantas para trasplantarlas después a otro sitio.
2. **Cafeto** *m.* Árbol cuya semilla es el café.
3. **Enfurruñado, –a** *fam.* Encapotado (dícese del cielo cubierto de nubes negras o tempestuosas).
4. **Filo** *m.* Arista, borde agudo.
5. **Habilitador** *m.* El que habilita. **Habilitar.** Adelantar o anticipar dinero por cuenta de trabajos a los peones rurales.

6. **Pautar.** Dar reglas para la ejecución de una cosa.
7. **Semillero** *m.* Lugar donde se siembran las semillas de las plantas.
8. **Tablón** *m. Amer.* Cuadro de tierra en que se siembran semillas.
9. **Verdasca** *f.* Vara o ramo delgado.

C. Modismos y frases útiles

Estudien los modismos y frases siguientes y aprendan de memoria los ejemplos:
1. **Avezarse a.** Acostumbrarse a. ∼ Se ha avezado a los azares del ambiente.
2. **Echar cuerpo.** Crecer. ∼ Allí vivirá dos años echando cuerpo. **Echar raíces.** Criar raíces. ∼ Echa raíces en la tierra.
3. **En eso está el busilis** *fam.* En eso consiste lo importante o lo difícil del asunto.
4. **En razón de.** Según, de acuerdo con. ∼ Hacen el reparto de faenas en razón de aptitudes.
5. **En son de.** A manera de. ∼ Irá en son de disciplina hacia el almácigo.
6. **Meterse en agua el tiempo, el día,** etc. Hacerse lluvioso. ∼ Mayo vino metido en aguas.
7. **Ni pintado, –a.** Muy a propósito. ∼ A sembrar, pues, que, para sembrar, el tiempo ni pintado.
8. **Sembrar en estaca.** Poblar un terreno de plantas ya crecidas. ∼ ¡Ésos que siembran cafetos en estaca !1

II. LECTURAS

A. La epopeya del café

Por Flavio Herrera

Los afanes comienzan desde la selección de la semilla. Todo hombre de conciencia agraria,2 todo agricultor de verdad, sabe muy bien que en eso está el busilis y ésa es la clave del éxito de una plantación. ¡Ésos que compran los almácigos !3 ¡Ésos que siembran cafetos en estaca ! Y luego, hay cierto orgullo, y muy legítimo, en presidir el curso genealógico de la planta que, a

---

1 ¡ **Ésos . . . estaca !** *Those persons who use already grown coffee plants !*   2 **de . . . agraria** *who understands agriculture.*   3 ¡ **Ésos que . . . almácigos !** *Those who buy their plants from a nursery !*

tiempo que vive y echa raíces en la.tierra, las va echando en nuestro corazón.

¡Semilleros! Decimos semilleros y la palabra lleva implícito un sentido de esperanza. Semilleros de café . . . ¡De aquí a cinco años! . . . Y alma y pensamiento ágiles saltan desde un limbo de nociones confusas, abismales, con dos resortes — fantasía, entusiasmo — derritiéndose en quiméricas fruiciones de holgura y de triunfo. Entusiasmo. Motor maravilloso para la mano que echa el granito original de sano, limpio y vigoroso linaje, y, como el espíritu se mece en muelles de optimismo, se prepara con primor el nido. Tierra suelta, blanda y rica. Fósforo y potasa. Detritus vegetales y ceniza.

Pero el filo del sol es un amago de muerte para el futuro brote, endeble y tierno y, sobre el tablón — Isla de Liliput entre arroyitos de nacimiento[1] — se tiende el ala tutelar de la sombra; pero sombra fresca porque las hay aviesas[2] y maléficas.

Pasarán días de inquietud y de punzante espera; pero uno de tantos días, la tierra del tablón comenzará a puntearse como si le brotara una erupción,[3] y de pronto el tablón entero está erizado de millones de alambritos vibrátiles de un tierno verdegay, alambritos en asa con un botón en la punta. Los del campo les llaman soldados. Sí, soldados de Liliput, y cada soldadito iráse luego en son de disciplina hacia el almácigo.

He aquí que a cada soldado se le ha abierto la cabeza[4] y del granito brótanle dos alas. Tiene una mariposa en la cabeza, y no era bien seguir apretujados, rozándose la piel con sus hermanos.[5] Sofocándose, quemándose. Ahora el soldadito está plantado en filas tácticas y alegres.

Va sintiendo frío[6] y una mano — hada propicia que preside su infancia — le alza la tapa de su techo, por donde se cuela la sonrisa del sol. El sol amigo le estira el zancajo, lo hace petulante. Está muy perejil y currutaco con sus cuatro hojitas y allí vivirá dos años su niñez echando cuerpo. Entonces cada hoja, cada yema es para el alma clave de ilusiones, y cada día que pasa, un hito de impaciencia. El soldadito ha crecido, ha engordado, se ha avezado a los azares del ambiente. Ya no le teme al sol y se lo bebe a ratos sin quemarse.

Preguntas

1. ¿En qué país tiene lugar la acción de esta narración? 2. Describa la situación geográfica de Guatemala. 3. ¿Cuál es la clave del éxito de una plantación? 4. ¿En qué hay cierto orgullo luego? 5. ¿Qué lleva implícito la palabra semilleros? 6. ¿Qué representa el filo del sol para el futuro brote? 7. ¿De qué se cubrirá algún día el tablón? 8. ¿Qué nombre dan los del campo a estos alambritos? 9. Cuando van sintiendo frío, ¿qué hace una mano propicia? 10. Después de dos años, ¿qué cambios han ocurrido?

B. *La epopeya del café* (*Continuación*)

Si un cafeto supiera que su vida es razón y pivote de otra vida. Que cada pulgada de su tallo pauta un sueño y cada yema suya empluma una ilusión; que hay siempre un alma que ajusta su latido al ritmo de su savia; que sus días son claves de angustia o de confianza.

¡Siembra, siembra! . . . Mayo vino metido en aguas y pasa enfurruñado hasta darle miedo al sol,[7] que no brilla sino a ratos y, eso,[8] con tímida inconstancia. A sembrar, pues, que, para sembrar, el tiempo ni pintado.[9] Mejor si está lloviendo. Reparto de faenas en razón de aptitudes. ¡Piloneros! Esos indios de mano suave y mañosa que meten en la tierra la cutacha cortándola sin estropear, sin lastimar una sola raicecita, y con pujo escultórico tallan un cilindro y sacan neto el pilón. Y otros, los envolvedores, que, con burguesa prestancia, encamisan los pilones en hojas del bijague, y hay otros indios más robustos o más toscos que a lomos y en cacaxtes acarrean estos pilones a la siembra.

La matita ya está allí junto a su hueco, esperando con dura incertidumbre la solución de su destino, tiene sed, inclina su verdasca macilenta, le duele el pie y espera, espera. De pronto viene un indio, no aquel indio robusto que la trajo, sino otro indio con un azadón, le quita a veces la camisa a su pilón y la mete en su hueco. ¡Qué fresco! Está mojado. ¡Alivio! El fondo es muelle como de plumas. Dos azadonazos de tierra en derredor, la apretujan contra el suelo y ya está.[10] Mira en torno y ve a sus hermanos en hilera; pero más lejos.

Y ahora se empeña la lucha — o mejor — sigue; pero más dura, con nuevo frente. Una lucha proteica, larga, tenaz, llena de incidencias;

---

[1] **de nacimiento** *like those in Nativity representations.* [2] **porque . . . aviesas** *because there are those that are malignant.* [3] **como . . . erupción** *as though it were breaking out in a rash.* [4] **a cada . . . cabeza** *each soldier's head has split open.* [5] **rozándose . . . hermanos** *rubbing up against one's brothers.* [6] **Va . . . frío** *He is beginning to feel cold.*

[7] **hasta . . . sol** *to the point of intimidating the sun.* [8] **y, eso,** *and when it does.* [9] **el tiempo ni pintado** *the weather could not be better.* [10] **y ya está** *and that's all.*

de crisis; de alternativas ya fatales, ya optimistas. Lucha con todo. Con todos, con los hombres y los elementos. Acreedores, banqueros, peones, habilitadores . . . Con la naturaleza: cada mata es un blanco. La selva, la selva adversa y formidable; saturada de riesgo y ponzoñas: la selva madura su acechanza, soslaya el ataque o lo descarga crudo.[1] Un bejuco alevoso — culebra vegetal — se arrastra hasta el pie del nuevo huésped — la matita de café recién sembrada — para besarle el talluelo, luego lo abraza, trepa hasta las hojas y va apretando sus anillos hasta estrangularla.

La rabia del sol lo prolifera todo. El monte se ve crecer, el monte, el monte viene de todos los contornos de la siembra, la rodea, la abraza, la sofoca. Mete sus puntas agresivas entre cada surco. Crece, sube, sube, tapa, ahoga y el hombre se inquieta, se afana, limpia, limpia; pero el monte tiene una tenacidad fatídica, una obstinación fatal, con fatalidad de castigo; una implacabilidad ciega, rasante, ineluctable.

Preguntas

1. ¿De qué es razón y pivote la vida de un cafeto?
2. ¿Cuál es la mejor época para la siembra?
3. ¿Qué hacen los piloneros? 4. ¿Qué hacen los envolvedores? 5. ¿Qué hacen otros indios más robustos? 6. ¿Qué hace el indio del azadón?
7. Al mirar en torno, ¿a quiénes ve la matita?
8. ¿Por qué dice el autor que la lucha es más dura ahora? 9. ¿Qué hace a veces algún bejuco alevoso?
10. ¿Por qué representa el monte un peligro?

III. PRÁCTICAS ORALES

A. Diálogo. *En la clase de español*

El profesor inicia la discusión sobre La epopeya del café.

1. PROFESOR. Acabamos de leer *La epopeya del café*, de Flavio Herrera. ¿Qué importancia tiene el café en la economía de Guatemala?
2. BARTOLO. Es el producto principal del país.
3. ALFONSO. El café constituye más del 60 por ciento de los productos de exportación de Guatemala.
4. PROFESOR. Según el texto, ¿qué sabe muy bien todo agricultor de verdad?
5. BARTOLO. Que la selección de la semilla es la clave del éxito.
6. PROFESOR. Sí. Herrera insiste en la validez de esta afirmación. ¿Qué procedimientos de algunos agricultores critica el autor?
7. ALFONSO. Algunos agricultores compran los almácigos o siembran los cafetos en estaca.
8. PROFESOR. ¿Qué dice el autor de la preparación de los semilleros?
9. ALFONSO. Se preparan con tierra suelta, blanda y rica, con fósforo y potasa, detritus vegetales y ceniza.
10. PROFESOR. ¿Qué hay que evitar en los primeros días?
11. ALFONSO. El filo del sol es un amago de muerte para el brote tierno.
12. PROFESOR. ¿Qué nombre da la gente del campo a los alambritos verdes que por fin aparecen sobre el tablón?
13. BARTOLO. La gente del campo les llama soldados.
14. PROFESOR. ¿Qué es preciso hacer cuando les brotan alas en la cabeza?
15. BARTOLO. Hay que plantarlos en filas tácticas, porque no deben seguir apretujados.
16. PROFESOR. Excelente. Parece que les ha interesado el tema. Después de un breve descanso continuaremos la discusión.

Preguntas

1. ¿Cuál es el tema de la discusión? 2. ¿Quién es el autor del texto? 3. ¿Cuál es la primera pregunta del profesor? 4. ¿Qué contestan Bartolo y Alfonso? 5. ¿Cómo caracteriza el autor a los agricultores de verdad? 6. ¿Qué es un semillero? 7. ¿Cómo se prepara la tierra de los semilleros? 8. ¿Qué representa un amago de muerte para el brote tierno? 9. ¿Por qué les dicen soldados a los alambritos que aparecen sobre el tablón? 10. ¿Por qué es necesario plantarlos en filas tácticas?

B. Diálogo. *En la clase de español*

Continuación de la discusión anterior.

1. PROFESOR. Volvemos a nuestra discusión del texto. Hablábamos de los soldaditos — las matitas — en sus filas tácticas. ¿Cuánto tiempo permanecen en el semillero?

---

[1] **o lo descarga crudo** *or releases it with all its strength.*

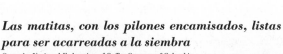

En este momento se mete la matita de café en su hueco

Cortesía, *National Federation of Coffee Growers of Colombia*

Las matitas, con los pilones encamisados, listas para ser acarreadas a la siembra

Cortesía, *National Federation of Coffee Growers of Colombia*

2. BARTOLO. Permanecen allí dos años.

3. PROFESOR. ¿Qué cambios pueden observarse durante esos dos años?

4. GRACIELA. Ya necesitan el calor del sol, y se alza la tapa del techo del semillero.

5. BEATRIZ. El soldadito crece, engorda y se aveza a los azares del ambiente.

6. PROFESOR. ¿Qué expresiones emplea el autor para indicar que la vida del cafeto es razón y pivote de la vida del finquero?

7. GRACIELA. Dice que cada pulgada de su tallo pauta un sueño y que cada yema suya empluma una ilusión.

8. BEATRIZ. Y que siempre hay un alma que ajusta su latido al ritmo de su savia.

9. PROFESOR. ¿Por qué es el mes de mayo la mejor época para la siembra?

10. GRACIELA. Porque mayo viene metido en aguas y el sol no brilla sino a ratos.

11. PROFESOR. ¿Cuál es la primera faena que describe el autor?

12. BARTOLO. La de los piloneros, que tallan un cilindro alrededor de la plantita para sacar neto el pilón.

13. PROFESOR. ¿Qué otras faenas son necesarias?

14. BARTOLO. Hay que encamisar los pilones en hojas del bijague, acarrearlos a la siembra y luego plantarlos de nuevo.
15. PROFESOR. ¿Qué lucha se empeña ahora?
16. GRACIELA. La lucha con todos: con los hombres y con los elementos.
17. BEATRIZ. De una parte con acreedores, banqueros, peones y habilitadores; de otra con la naturaleza.
18. PROFESOR. Muy bien. Pero ya es la hora. Basta de soldaditos y de luchas. Hasta mañana.

Preguntas

1. ¿De qué hablaban los alumnos en el diálogo anterior? 2. ¿Dónde permanecen los soldaditos dos años? 3. ¿Por qué hay que alzar la tapa del techo del semillero? 4. ¿A qué se aveza la plantita? 5. ¿Qué quiere decir el autor al indicar que hay siempre un alma que ajusta su latido al ritmo de la savia del cafeto? 6. ¿Qué significa la frase, « Mayo vino metido en aguas »? 7. ¿Qué nombre dan a los que sacan las plantitas del semillero? 8. ¿Adónde hay que acarrear los pilones? 9. ¿Por qué puede decirse que se empeña ahora la lucha con todos? 10. ¿Con qué frase concluye el profesor la discusión?

C. Temas para un informe oral

Preparar un informe oral, de unas ciento veinte palabras, sobre uno de los temas siguientes (el profesor podrá distribuir los temas):
1. El significado del título, *La epopeya del café.*
2. La clave del éxito de una plantación de café.
3. La preparación de los semilleros de café.
4. La lucha implacable con el monte.

IV. ASPECTOS GRAMATICALES

A. Adjetivos y pronombres posesivos

El pronombre con el artículo definido después del verbo **ser** para distinguir la cosa poseída. *Para contestar:*

Modelo: *Este abanico es mío. ¿Cuál es el de Ud. (o el suyo)?*   *Aquél es el mío.*

Profesor	*Estudiante*
Esta camisa es mía. ¿Cuál es la de él?	Aquélla es la de él.
Este coche es nuestro. ¿Cuál es el de Uds.?	
Estos caballos son nuestros. ¿Cuáles son los de ellos?	
Este anillo es de Ud. (o suyo). ¿Cuál es el mío?	

B. El empleo del artículo definido en lugar del adjetivo posesivo

Para contestar afirmativamente:

Modelo: *¿Levantó Beatriz la mano?*   *Sí, Beatriz levantó la mano.*

Profesor	*Estudiante*
¿Asomó la cabeza el maquinista?	Sí, el maquinista asomó la cabeza.
¿Abrió la boca el niño?	
¿Cerró Bartolo los ojos un momento?	
¿Recibió el soldado una herida en el pecho?	

C. El dativo del pronombre personal para expresar al poseedor cuando se emplea el artículo en lugar del posesivo

Para contestar empleando los pronombres y substantivos indicados:

Modelo: *¿Quién te limpió la cara? ¡Ella!*   *Ella me limpió la cara.*

Profesor	*Estudiante*
¿Qué te duele? ¡El pie!	Me duele el pie.

Profesor	*Estudiante*
¿ Quiénes le estrechaban la mano ? ¡ Sus amigos !	
¿ Qué le bañaba el cuerpo ? ¡ Un sudor frío !	
¿ Qué le bailaba ante los ojos ? ¡ Los árboles !	

D. Los pronombres **lo, la, los, las** con valor partitivo, especialmente tras **haber** y **tener** (El inglés omite el pronombre o emplea *some, any, such,* etc. Véase también la Lección 12, página 78.)

Para contestar negativamente:

Modelo: *¿ Tiene miedo Bartolo ?*   **No, no lo tiene.**

Profesor	*Estudiante*
¿ Hay sombra en la plaza ?	No, no la hay.
¿ Tienen Uds. cigarrillos ?	
¿ Hay árboles en el patio ?	
¿ Tienen ellos vergüenza ?	
¿ Hay billetes para mañana ?	

E. Repaso de los verbos **sembrar,**[26] **llover,**[25] **abrazar,**[34] **sacar** [32]

    1. *Para cambiar al presente y al pretérito de indicativo:*

Modelo: *Yo sembraba los cafetos.*   *Yo siembro los cafetos.*   *Yo sembré los cafetos.*

Profesor	*Estudiante*
Llovía mucho.	Llueve mucho. Llovió mucho.
Yo sacaba la planta.	
Yo abrazaba al niño.	
Yo corregía los ejercicios.	

    2. *Para cambiar al presente de subjuntivo después de Me alegro de que:*

Modelo: *El indio saca la planta.*   *Me alegro de que el indio saque la planta.*

Profesor	*Estudiante*
El niño me abraza.	Me alegro de que el niño me abrace.
El profesor corrige los ejercicios.	
Ellos siembran cafetos.	
Llueve mucho.	

V. EJERCICIOS ESCRITOS

A. Uso de modismos y frases hechas

    1. *Úsense las palabras y modismos siguientes en oraciones completas:*

        a tiempo que
        echar cuerpo
        en razón de
        en son de
        en torno
        meterse en aguas
        ni pintado
        por donde

    2. *Escríbanse oraciones completas empleando las frases siguientes como elemento inicial:*

        El sol amigo . . .
        La palabra lleva implícito . . .
        La rabia del sol . . .
        La tierra comenzará . . .
        Motor maravilloso para . . .
        Si un cafeto supiera . . .
        Todo agricultor de verdad . . .
        Una lucha larga, tenaz . . .

B. Ejercicio de traducción

Traduzcan al español los párrafos siguientes, tratando de imitar las construcciones y fraseología de los textos:

First the seeds had to be selected. Then the real work began. The growth of each plant was watched with pride and love. A nest was carefully prepared with rich, loose soil, phosphorus and potash. Shade was necessary, also, in order to protect the future sprouts from the harsh rays of the sun.

Weeks of anxious waiting followed. But one fine day the seedbed would suddenly erupt with millions of tender green sprouts—tiny soldiers—, reaching for the sun. Each of these Lilliputian soldiers would put forth wings. They were brave little soldiers and soon they no longer feared the sun; at times they soaked it up, without getting burned.

Each inch of growth represented a dream or an illusion for somebody. With these illusions to sustain them, the coffee-growers continued to sow, however unfavorable the conditions might be.

Soon another tenacious and protean struggle started. The jungle would become a fierce and stubborn enemy. Treacherous vines would creep in and embrace the plants, strangling them. The jungle seemed to close in from all sides. The men would struggle constantly to remove it, but the growth would keep moving in relentlessly.

VI. VERIFICACIÓN Y REPASO

A. Dictado

Preguntas

1. ¿Con qué se topan los brazos del cafeto? 2. ¿Qué siente el cafeto en su pie? 3. De repente, ¿qué cambio ocurre en su vida? 4. ¿Cómo se lo llevan? 5. ¿Por qué puede decirse que se está mejor[1] en el nuevo sitio? 6. Sobre todo, ¿qué puede ver ya?

B. Concurso entre dos grupos de estudiantes

Gana el grupo que acierte a formular más oraciones completas sobre los temas siguientes:
1. La importancia del café en la economía de Guatemala.

2. Las frases empleadas por el autor para indicar la aparición y desarrollo de los brotes sobre el tablón.
3. El reparto de las faenas de la siembra en razón de aptitudes.

C. Temas para un informe escrito

Escríbase un informe, de unas ciento ochenta palabras, sobre uno de los temas siguientes:
1. La fantasía y el entusiasmo como resortes que necesita el finquero.
2. Breve resumen de los primeros dos años de la vida de la matita de café.
3. Estudio de las imágenes y comparaciones empleadas por el autor.

AUNQUE USTED NO LO CREA...

El estacionamiento de coches en Río

La policía de tránsito de Río de Janeiro ha iniciado una campaña típicamente brasileña para hacer que se acaten[2] las disposiciones de tránsito. Anunció que sacaría el aire a las llantas de los coches que estuviesen estacionados ilegalmente. De esta manera sería imposible mover los automóviles hasta que llegaran los camiones de remolque.

Se puso en vigor esta medida el 10 de junio. Rápidamente produjo los siguientes resultados:

1. La policía comenzó a desinflar una llanta de cada coche que estaba estacionado ilegalmente.

2. Resultó un buen negocio para los muchachos, que, al alejarse la policía, se presentaban a los dueños de los autos y se ofrecían a reinflar las llantas por cincuenta centavos.

3. Al enterarse de esto la policía, comenzó a desinflar primero dos y finalmente las cuatro llantas de los coches estacionados ilegalmente.

4. Los muchachos subieron el precio, exigiendo dos dólares por reinflar las llantas.

5. La policía comenzó a quitar las válvulas de las llantas.

Por último la policía de Río ha amenazado con someter a un examen psiquiátrico a los conductores de vehículos que estacionen sus coches ilegalmente.

Preguntas

1. ¿Qué ha iniciado la policía de tránsito de Río de Janeiro? 2. ¿Qué anunció la policía de Río? 3. ¿Cuándo se puso en vigor la medida? 4. ¿Por qué decidió la policía desinflar primero dos y finalmente las cuatro llantas de los coches? 5. ¿Qué hicieron entonces los muchachos? 6. ¿Cuál es la nueva medida que anuncia la policía?

[1] **se está mejor** *one is more comfortable.*   [2] **para . . . acaten** *to enforce compliance with.*

La América española 1

A la izquierda, arriba: Parte superior del altar mayor de la Iglesia
de la Compañía, en Quito, Ecuador, una bellísima combinación
de los estilos barroco y mudéjar. Centro: La Plaza de la Independencia, en Quito. Abajo: La Iglesia de San Francisco, en la
misma ciudad. A la derecha: Mural del artista ecuatoriano Osvaldo
Guayasamín, en un edificio de la Universidad Central, Quito.

2 Cerca de Paraguaipoa, Venezuela, se tejen tapices de extraordinaria belleza. Arriba, a la izquierda: Un artesano prepara el dibujo. A la derecha: Se coloca la tela en un bastidor de madera y los artesanos van llenando las formas con lanas de distintos colores. Abajo: El tapiz ya terminado.

3 Arriba, a la izquierda: Estudiantes trabajando en un laboratorio moderno en la Universidad de Chile. A la derecha: Una joven toma apuntes en la misma Universidad. Abajo: El empleo de la maquinaria moderna ha contribuido a la riqueza agrícola de la Argentina.

A la izquierda, arriba: El interior de la Iglesia de San Agustín, en Bogotá, Colombia. Centro: En esta casa del Cuzco vivió el famoso escritor, Garcilaso de la Vega, el Inca. Abajo: La llama es el animal de carga de los Andes; este grupo se halla cerca de Puno, en el Perú. A la derecha, arriba: Unas mujeres examinan las telas en el mercado de Huancayo, en los Andes del Perú. Centro: Esta calle del Cuzco recuerda las de cualquier ciudad antigua de España. Abajo: Piraguas en que se transportan productos del país por el Río Dagua, cerca de Buenaventura, Colombia.

4

5

A la izquierda, arriba: Patio de la famosa Universidad de San Marcos, en Lima, fundada en 1551. Abajo: La calle principal de Santiago de Atitlán, Guatemala. A la derecha, arriba: Un muchacho indio tocando una flauta rústica, junto a las ruinas incas de Tambomachay, cerca del Cuzco. Abajo: Bellos ejemplos de la arquitectura colonial en Lima; la Iglesia de San Francisco, a la derecha, es de la época de Pizarro.

A la izquierda, arriba: Casa de veraneo en Viña del Mar, cerca de Valparaíso, Chile. Abajo: Un vapor comienza a pasar por el Canal de Panamá. A la derecha, arriba: Cerca de Bogotá la carretera atraviesa los Andes, que aquí parecen estar cubiertos de terciopelo verde. Centro: En este puesto del mercado de Pisac, cerca del Cuzco, se venden pieles de distintas clases. Abajo: Vista general de La Habana, desde El Morro.

29

La epopeya del café

I. PRESENTACIÓN

A. *Estudio de palabras*

Estudien las aclaraciones siguientes:

1. **Aspaventado, –a.** Asombrado, –a, asustado, –a (dícese del que hace grandes demostraciones de espanto o de admiración).
2. **Dulzaina** *f.* Dulzura, olor dulce.
3. **Ejecución** *f.* Procedimiento judicial con embargo y venta de bienes para pago de deudas.
4. **Ladino, –a.** Astuto, –a.
5. **Machote** *m. Amer.* Modelo.
6. **Marrullero, –a.** Astuto, –a, taimado, –a (dícese del que halaga a uno para engañarle).
7. **Pilote** *m.* Madero que se hinca en tierra para consolidar los cimientos.
8. **Redomado, –a.** Muy cauteloso, –a.

B. *Modismos y frases útiles*

Estudien los modismos y frases siguientes y aprendan de memoria los ejemplos:

1. **Aprestarse (a, para).** Prepararse (para). ~ Ahora hay que aprestarse a la cosecha.
2. **Boya de salvamento** *f. Mar.* Guindola, boya de salvavidas. ~ Sale con la cartera repleta, aferrando las manos al bolsillo como[1] a una boya de salvamento.
3. **Corren buenas nuevas.** ~ Cunden, se propagan buenas nuevas.
4. **De cajón.** Corriente. ~ La escritura es la normal, con las cláusulas de cajón.
5. **Embozar.** Disfrazar, ocultar. ~ La perfidia se emboza en el galimatías.
6. **Pardea la gramática.** La gramática deja la expresión ambigua. (Compárese la expresión, gramática parda *fam.* Astucia.)
7. **Promedia el año.** El año llega a su mitad.

8. **Taparle salidas a uno.** Impedir que uno encuentre una escapatoria. ~ Previendo fraudes o desgracias, le taparon todas las salidas.

C. *Observaciones sobre el español de América*

En su descripción del cultivo del café en Guatemala, el Sr. Herrera ha producido un texto de interés para el estudio del español de América. Entre los usos y rasgos más interesantes pueden citarse los siguientes:

1. Es muy frecuente el uso de los diminutivos: **alambrito, arroyito, angelito, granito, hojita, indiecito, matita, raicecita, soldadito, talluelo, tropilla.** En dos casos, **cabecilla** y **violineta**, el sufijo ya no tiene valor de diminutivo.
2. Hay formas y palabras propias del español de América que no son corrientes en España. Ejemplos son:

> **Achatarse.** Acobardarse.
> **Apurarse.** Apresurarse.
> **Chamarrudo, –a.** Se dice del que lleva un poncho de manta burda.
> **Boqueo** *m.* Boqueada.
> **Boya de salvamento** *f.* Boya de salvavidas.
> **Habilitador, habilitar.** (Véase pág. 200.)
> **Peón** *m.* El que trabaja en una hacienda.
> **Pilón** *m.* Porción de tierra en forma de cono truncado.
> **Surco** *m.* Caballón, lomo en una huerta. (En España es la cortadura que hace el arado.)
> **Tablón** *m.* Cuadro de tierra en que siembran semillas.

3. Hay frases y construcciones que se emplean en América más frecuentemente que en España:

> **De aquí a** por **dentro de.**
> **A tiempo que** por **a la vez que, mientras.**
> **Aprestarse a** en lugar de **aprestarse para.**

---

[1] **aferrando ... como** *clutching his pocket as though it were.*

La colocación del pronombre después del verbo, como en **brótale, iráse, trájola.**

4. Son frecuentes las palabras tomadas de las lenguas indígenas (se les dice « indigenismos » a estas palabras):

Bijague *m.* (o **bijagua** *f.*). Planta con hojas parecidas a las del plátano (las hojas se usan para envolver).

Cacaxte, cacaxtle *m.* Armazón de madera para transportar cosas a cuestas.

Cutacha *f.* Cuchillo largo.

Chachal *m.* Gargantilla de cuentas grandes de un solo color.

Machote *m.* Modelo.

5. Son frecuentes los anglicismos y los galicismos:

Avatar *m.* Galicismo por **transformación.**

Pivote *m.* Galicismo por **gorrón, espiga de un eje.**

Resorte *m.* Galicismo por **medio para lograr un objeto.**

Standard es voz inglesa.

Otras palabras y formas deben considerarse como formas populares y familiares del español general, y no como americanismos:

Apretujar *fam.* Apretar mucho.

Atrapar *fam.* Coger; conseguir.

Busilis *m. fam.* Secreto, punto en que estriba la dificultad de un asunto.

Currutaco, –a *fam.* Elegante, con afectación.

Enfurruñado *fam.* Encapotado.

Galimatías *m. fam.* Lenguaje oscuro.

Marrullero, –a *fam.* Astuto, –a, taimado, –a.

II. LECTURAS

A. *La epopeya del café* (Continuación)

Promedia el año. Corren buenas nuevas, rumores optimistas . . . « Este año el café valdrá » . . . Lo dicen por ahí; luego, cunde la noticia. Alguien bien informado la difunde. Trájola de la metrópoli. Una onda cordial distiende los ánimos. El finquero ya sonríe y va a Guatemala a indagarse de precios. Si es posible, a vender.

Allá el finquero va de Herodes a Pilatos[1] con el bolsillo repleto de paquetes con la muestra. Discurre entre corredores y oficinas. Ofrece, objeta, regatea y vuelve con la mueca escéptica. ¡No es como decían! Bueno, el precio ha alzado un poco, mejor que el año pasado; pero no lo esperado. Los compradores . . . indiferentes. No hay interés por el café, ofrecen, por tratarse de un cliente; pero la oferta defrauda; en fin, que algo se hizo.

Media cosecha vendida, sólo media cosecha por si el precio monta. Ingenua cautela que sabe el cazador — comprador —, intuyendo los recursos de la presa — finquero —, adivinando sus tácticas pueriles. La presa da un rodeo, un pataleo y al fin cae. Ley biológica. ¡Dios Santo, y qué contrato, qué escritura aquélla! — Escritura *standard* — dice el abogado —. La casa tiene su machote . . . Por lo demás, las cláusulas de cajón. Se ponen, por los malos clientes; ¡pero usted, qué va![2] . . . Tratándose de usted, nunca la casa llegaría hasta . . .

En la escritura el comprador aparece como un angelito de Dios, con sus dineros expuestos,[3] y el hombre de campo como un redomado ladino de quien hay que sospecharlo todo y prevenirse tapándole salidas, previendo fraudes o desgracias. El caso fortuito no cuenta . . . El deudor debe renunciar a todo, incluso a la vida — todo esto adobado en una jerga idiota, confusa, en que la perfidia se emboza en el galimatías; cojea la justicia y el código se achata, pardea la gramática, y la lógica acaba tuerta y zurda.

Al fin, hay que vivir, dice el finquero, con el soñado cheque o la cartera repleta, aferrando las manos al bolsillo como a una boya de salvamento. Sale de manos del expoliador con el gesto radiante como si hubiera atrapado una fortuna. Ahora, a prepararse. Carta pues al habilitador y a remitirle un cheque. Lo que pida y que se apure, que se mueva; eso sí. Muy puntual con la gente al avisarle, ¡que habilite, que habilite!

Ya pintan en las matas los primeros granos. Primero fue un punteo de oro en los palos . . . Todo el cafetal amanece un día salpicado de estrellas. La alquimia del sol trasmutó en oro la nieve de las flores. Ahora este oro lo trasmuta en granates y rubíes. Visión de gloria, sí, a la que se yuxtapone otra visión.[4] Cada granate, cada rubí como un goterón de sangre. Sangre del amo, sangre del indio, fundidas en el tiempo y trasfundidas a las matas por la eficacia de dos osmosis: la vital y la del dolor.

---

[1] **de Herodes a Pilatos** *from pillar to post.*

[2] ¡ . . . **qué va!** *what an idea!*

[3] **con sus dineros expuestos** *risking his money.*

[4] **a la . . . visión** *beside which another vision arises.*

Preguntas

1. Al promediar el año, ¿qué nuevas corren?
2. ¿Qué decide hacer el finquero? 3. ¿Qué descubre, después de discurrir entre corredores y oficinas? 4. ¿Por qué vende sólo media cosecha?
5. ¿Qué dice el abogado respecto del contrato?
6. ¿Cómo aparece el comprador en la escritura?
7. ¿Cómo aparece el finquero? 8. ¿Qué dice el autor del lenguaje en que está adobada la escritura?
9. ¿Por qué remite el finquero un cheque al habilitador? 10. ¿Qué se observa un día en el cafetal?

B. *La epopeya del café* (Continuación)

Ahora hay que aprestarse a la cosecha. Toda cosecha se levanta sobre dos pilotes fatales, robustos, indefectibles. Dinero, maíz — que, en verdad, se confunden en uno solo: ¡Dinero! ¡Ya vienen las cuadrillas! Se avisó al habilitador. El amo espera. La finca espera. Todos esperan. Un día asomará por el camino una tropilla alegre y cromática. Prietos gabanes. Tintineo de chachales. Procesión de fatiga pautada por[1] el sollozo de una violineta que toca un indiecito a la zaga. Cada día es una inquietud que punza en el ánimo como una espina. El amo blasfema. Ha venido una carta de tierra fría. La gente no viene aún. [...]

El patrón tiene una inquietud expectante como la del reo antes del fallo. Por fin . . . llegó la cuadrilla.

— ¡Ahí vienen los chamarrudos! — dijo un día un colono aspaventado. El cabecilla se apresta con[2] una carta para el amo.

— ¡Maldición! Pero, ¿cómo? ¡Ni la mitad de la gente habilitada![3] No puede ser. Ese canalla . . . con tanto dinero que recibió. No puede ser.

Y sí es. Quedaron algunos rezagados, marrulleros; pero, ¿vendrán? Claro que han de venir . . . y nunca llegan. ¿Qué hacer,[4] en tanto, con tan poca gente? Esto es un timo. Pero, en fin, paciencia, y el amo sofoca su impaciencia, ahoga su desazón en otro boqueo de esperanza. ¡Peor es nada! Y ahora, a no perder tiempo.[5] [...]

¡Fin de cosecha! Liquidación por restas. Otra liquidación: la espiritual.[6] El habilitador,

¡bellaco!, no cumplió. Ni siquiera respondía a las últimas cartas. Caía el café y hubo que rescatar lo posible a precios absurdos por crecidos.[7] Para colmo el mal tiempo. Todo en contra, conspirando como ex profeso. ¡Cuándo un mes sin llover en estas épocas! Maduración repentina. Total, media cosecha en el suelo. El amo siente una garra en el pecho y un vaho de coraje, un vaho picante que se le sube a los ojos[8] cuando recorre los surcos sobre una alfombra de café podrido que exhala una agria dulzaina en el aire cuajado de mosquitos. ¡Liquidación por restas! Fracaso de cuentas e ilusiones. La esperanza se embota en la fatalidad de los guarismos. Y ahora, la cosecha íntegra para el acreedor a riesgo de multas y falsas comisiones y hasta ejecución.

¿Con qué seguir trabajando entonces si hay labores perentorias, inmediatas? Poda, limpia, descombro. Y tanto esfuerzo, ¿vano? Tanto sueño, ¿fallido? Un año más con la ilusión en derrota. Un año más; pero en este año el finquero vivió diez. La cabeza es más blanca. Entre las cejas, esa arruga, como un tajo, comenta noches sin sueño y afanes sin fin. Luego un dolor . . . sí, aquí, en el sitio del hígado. Claro, el trópico. La vida perra del finquero, las penas, malas digestiones . . . azares de la brega, jornadas sin descanso. No vale la pena. Sin embargo, . . . no puede rehuirse la lucha, hay que vivir, y ¿quién sabe . . . el año próximo? . . . Acaso el tiempo mejore, la situación se aclare . . . Sí, sí, hay que seguir . . .

Preguntas

1. ¿Qué necesita el finquero para aprestarse a la cosecha? 2. ¿Por qué se impacienta el amo?
3. ¿Quiénes asomarán un día por el camino?
4. ¿Qué dice el amo al leer la carta que trae el cabecilla? 5. ¿Cuándo llegarán los rezagados?
6. ¿Cómo ahoga el finquero su desazón? 7. ¿Qué hubo que hacer cuando ya caía el café? 8. ¿Cuándo siente el amo un vaho de coraje? 9. ¿Por qué dice el autor que en este año el finquero vivió diez?
10. ¿Por qué sigue trabajando el finquero?

---

[1] **Procesión . . . por** *A weary procession marching in time to.*
[2] **se apresta con** *comes over with.* [3] **de . . . habilitada** *of the men the agent had promised.* [4] **¿Qué hacer . . . ?** *What can be done . . . ?* [5] **a no perder tiempo** *there's no time to lose.* [6] **la espiritual** *the one in terms of suffering.*

[7] **hubo que rescatar . . . crecidos** *they had to salvage what they could at an absurdly high price (i.e., in wages).* [8] **que se le sube a los ojos** *that makes his eyes smart.*

III. PRÁCTICAS ORALES

A. Diálogo. *En la clase de español*

> *El profesor continúa la discusión sobre* La epopeya del café.

1. PROFESOR. ¿Qué aspectos del texto de hoy les han interesado?
2. BARTOLO. Me ha parecido uno de los textos más informativos que hemos leído.
3. PROFESOR. Bien, y ¿qué detalles o informes les han llamado la atención?
4. GRACIELA. Me parece un texto de gran interés para el conocimiento de la vida rural de Guatemala.
5. BARTOLO. A mí me han interesado los detalles acerca del cultivo del café.
6. ALFONSO. El lenguaje es interesante también. Me han impresionado la energía de la expresión y la riqueza del vocabulario.
7. PROFESOR. Dejando para más adelante la discusión del lenguaje, ¿qué detalles del cultivo del café les han llamado la atención?
8. ALFONSO. El reparto de faenas en razón de aptitudes. Al describirlo nos proporciona el autor una serie de estampas inolvidables.
9. BEATRIZ. A mí me interesó el uso de las hojas del bijague para envolver los pilones.
10. PROFESOR. Las hojas son parecidas a las del plátano. Se usan todavía para envolver diferentes cosas.
11. BARTOLO. Es interesante el papel del habilitador. ¿Es corriente todavía esa costumbre?
12. PROFESOR. Ya va desapareciendo. ¿Qué se advierte en el episodio del contrato?
13. BEATRIZ. Se nota que el Sr. Herrera es profesor de derecho.
14. PROFESOR. ¿Y nada más?
15. BEATRIZ. Muestra su interés por los problemas económicos y sociales.
16. PROFESOR. Muy bien. Pero ya es la hora. Continuaremos nuestra discusión después de un breve descanso.

Preguntas

1. ¿Cuál es el tema de la discusión? 2. ¿Qué opina Bartolo del texto de hoy? 3. ¿Qué aspectos del texto le han interesado a Graciela? 4. ¿Qué aspecto le ha interesado a Alfonso? 5. ¿Qué faenas describe el autor? 6. ¿Qué emplean para envolver los pilones? 7. ¿Cuál es el papel del habilitador? 8. ¿Qué dice el profesor acerca de la costumbre del habilitador? 9. ¿En qué episodio se advierte que el autor es abogado? 10. ¿Por qué tienen que interrumpir la discusión?

B. Diálogo. *En la clase de español*

> *Continuación de la discusión anterior.*

1. PROFESOR. Al discutir *La epopeya del café*, alguno de ustedes mencionó el interés del lenguaje. Creo que se refirió a la energía de la expresión. ¿A qué podemos atribuir esta impresión de energía?
2. BEATRIZ. Creo que se explica por el uso frecuente de oraciones breves, a veces incompletas.
3. PROFESOR. Muy bien. ¿Habrá alguna explicación más?
4. ALFONSO. El autor emplea series de substantivos o de verbos, a veces sin conjunciones.
5. BEATRIZ. Sí. Recuerdo la frase en que describe la invasión del monte: « . . . el monte viene de todos los contornos de la siembra, la rodea, la abraza, la sofoca.»
6. GRACIELA. A mí me han impresionado las imágenes y metáforas empleadas por el autor.
7. PROFESOR. ¿Quiere darnos algún ejemplo?
8. GRACIELA. Me parece muy bella la personificación de las matitas de café.
9. ALFONSO. A mí me parece de gran efecto la descripción del bejuco alevoso — la culebra vegetal.
10. PROFESOR. ¿Qué americanismos han observado?
11. BARTOLO. Es interesante el uso de palabras típicas de la América Central, como *bijague, cacaxte, cutacha* y *chachal.*
12. PROFESOR. ¿De qué lenguas indígenas proceden estas palabras?
13. ALFONSO. En Guatemala se juntan palabras que vienen de diversas partes: hay palabras del caribe, del nahuatl y del maya.
14. PROFESOR. ¿Notaron algunos anglicismos y galicismos?
15. BARTOLO. Se notan algunos, como *standard, resorte, pivote* y *avatar.*

16. **PROFESOR.** Muy bien. Habrán notado también los frecuentes diminutivos, como arroyito, alambritos, soldadito, raicecita. Es interesante también el empleo de construcciones del español popular, como « de aquí a cinco años » por « dentro de cinco años ».

Preguntas

1. ¿ De qué trata este diálogo ? 2. ¿ Qué había mencionado uno de los alumnos respecto del lenguaje ? 3. ¿ A qué atribuyen los alumnos esta impresión de energía ? 4. ¿ Cómo describe el autor la invasión del monte ? 5. ¿ Qué imágenes emplea para describir la matita de café ? 6. ¿ Qué metáfora emplea para caracterizar el bejuco ? 7. Cite usted algunos americanismos que se emplean en el texto.

8. ¿ De qué lenguas indígenas proceden las palabras citadas por Bartolo ? 9. ¿ Qué anglicismos y galicismos se emplean ? 10. ¿ Qué otros rasgos del español de América menciona el profesor ?

C. Temas para discutir en clase

Los alumnos discutirán entre sí los temas siguientes. Para participar en la discusión los alumnos prepararán cuatro o cinco preguntas, con sus respuestas respectivas, sobre cada uno de los temas.

1. Las buenas nuevas que llegan al finquero respecto del café.
2. Las cláusulas de los contratos.
3. Las cuadrillas que trabajan en las fincas de café.
4. Las reflexiones del finquero al concluir la cosecha.

IV. ASPECTOS GRAMATICALES

A. Cláusulas relativas

1. El empleo del indicativo en la cláusula relativa cuando el antecedente es una persona o cosa definida o conocida. *Para traducir al español usando* **usted** *como sujeto:*

Modelo: *Send him what he is asking for.*   *Mándele Ud. lo que él pide.*

Profesor	*Estudiante*
Give him what he is asking for.	Déle Ud. lo que él pide.
Pay him what he is asking for.	
Serve him what he is asking for.	
Remit to him what he is asking for.	

2. El empleo del subjuntivo en la cláusula relativa cuando el antecedente es una persona o cosa indeterminada o no conocida aún.

a. Para traducir al español usando **usted** *como sujeto:*

Modelo: *Pay him whatever he may demand.*   *Páguele Ud. lo que él pida.*

Profesor	*Estudiante*
Serve him whatever he may order.	Sírvale Ud. lo que él pida.
Remit to him whatever he may request.	
Send him whatever he may order.	
Give him whatever he may ask for.	

b. Cambiar el verbo de la cláusula principal al imperfecto de indicativo:

Modelo: *Busco una novela que describa la vida rural.*   *Yo buscaba una novela que describiera (describiese) la vida rural.*

Profesor	*Estudiante*
Necesitamos trabajadores que vengan en seguida.	Necesitábamos trabajadores que vinieran (viniesen) en seguida.

Profesor	*Estudiante*

Buscamos un alumno que haya terminado su
informe.

Deseo leer un libro que trate de Guatemala.

Quiero visitar una finca donde se cultive el café.

3. El empleo del subjuntivo después de un superlativo para dar énfasis a la expresión. *Para cambiar empleando los substantivos indicados:*

Modelo: *Es el niño más inteligente que* | *Es la niña más inteligente que yo haya conocido.*
| *yo haya conocido. ¡ La niña !* |

Profesor	*Estudiante*

Es el estudiante más inteligente que yo | Es la alumna más inteligente que yo haya conocido.
haya conocido. ¡ La alumna !

¡ El profesor !

¡ El agricultor !

¡ El político !

¡ El abogado !

B. El subjuntivo con acaso, quizás (o quizá), y tal vez *perhaps*

Para contestar con una oración introducida por acaso (quizás o tal vez):

Modelo: ¿ Mejorará el tiempo ? | *Acaso (Quizás, Tal vez) mejore.*

Profesor	*Estudiante*

¿ Vendrá Bartolo ? | Acaso (Quizás, Tal vez) venga.

¿ Se aclarará la situación ?

¿ Va Ud. al cine esta tarde ?

¿ Escribirá Carlos ?

¿ Recibirá la carta ?

C. Repaso de los verbos contar,[23] tocar,[32] continuar,[45] valer[19]

1. *Para cambiar al futuro y al pretérito de indicativo:*

Modelo: *El finquero sonreía.* | ***El finquero sonreirá. El finquero sonrió.***

Profesor	*Estudiante*

Yo tocaba el violín. | Tocaré el violín. Toqué el violín.

El café valía más.

Carlos continuaba trabajando.

Contábamos los días.

Su esposa se acostaba tarde.

2. *Para cambiar al presente de subjuntivo después de acaso, quizás (o quizá), tal vez:*

Modelo: *Continúan trabajando.* | ***Acaso (Quizás, Tal vez) continúen trabajando.***

Profesor	*Estudiante*

Ella cuenta los días. | Quizás (Acaso, Tal vez) cuente ella los días.

Sonríe el finquero.

Ella toca el violín.

El café vale más este año.

Él continúa trabajando.

Él lo explica claramente.

El sol se cuela a través de los árboles y hace crecer la matita de café
Fotografía de Ewing Galloway

Este hombre escoge, con cuidado, los granos maduros de café y respeta los verdes
Cortesía, *National Federation of Coffee Growers of Colombia*

El grano de café, seco y listo para el mercado
Cortesía, *National Federation of Coffee Growers of Colombia*

V. EJERCICIOS ESCRITOS

A. Uso de modismos y frases hechas

1. *Úsense las palabras y modismos siguientes en oraciones completas:*

a la zaga	indagarse de
a riesgo de	lo esperado
buenas nuevas	por lo demás
en contra	regatear

2. *Escríbanse oraciones completas empleando las frases siguientes como elemento inicial:*
Adivinando las tácticas del vendedor . . .
Al promediar el año . . .
¿Con qué seguir trabajando . . .
El comprador aparece como . . .
El finquero va discurriendo . . .
No hay interés por . . .
Para colmo . . .
Por si el precio monta . . .

B. Ejercicio de traducción

Traduzcan al español los párrafos siguientes, tratando de imitar las construcciones y fraseología de los textos:

One heard the rumors everywhere. "The price of coffee will go up this year." Encouraged by the good news, the farmers headed for the city to check the prices. They would go from buyer to buyer, bargaining in order to obtain the best possible price. But there seemed to be little interest in coffee. Prices were disappointing.

Finally, one day, the coffee fields were transmuted into a spectacular vision of countless red rubies. It was necessary to prepare for the harvest. No time could be wasted. The harvesting crews were sent for immediately, and all waited anxiously for their arrival.

At last they arrived. But only half of them showed up. This created a serious problem, but the farmers knew that they could not wait any longer. They all set to work at once.

Everything seemed to go against them. Bad weather plagued them. Then, with the premature arrival of the rains, the berries began to fall to the ground. Soon half of the berry crop had been lost. Once again all their illusions had been shattered.

Stoically they surveyed the damage and calculated their losses, and once again they began to rebuild their illusions. Perhaps next year would be better. After all, it was a part of the fabric of life to go on living and struggling and building new illusions.

VI. VERIFICACIÓN Y REPASO

A. Dictado

Preguntas

1. ¿Cómo hay que luchar, según don Ramón? 2. ¿Qué puede suceder algún día? 3. ¿Qué refrán cita don Ramón? 4. ¿Qué cuenta don Ramón del viejo de «La Riqueza»? 5. ¿Qué ponderan los vecinos? 6. ¿Por qué dice que a menudo parece que un genio maléfico preside los acontecimientos?

B. Concurso entre dos grupos de estudiantes

1. *Defínanse brevemente los siguientes términos:*
   a. Ladino, marrullero, pilonero, habilitador.
   b. Adobar, racha, sesgo, almácigo.
   c. Ejecución, liquidación, cosecha, cautela.

2. *Explíquense brevemente el origen y el significado de las siguientes palabras:*
   a. Apretujar, raicecita, anglicismo, galicismo.
   b. Pivote, avatar, cretino, resorte.
   c. Bijague, chachal, cacaxte, cutacha.

C. Temas para un informe escrito

Escríbase un informe, de unas ciento ochenta palabras, sobre uno de los temas siguientes:
1. El viaje que hace el finquero a la metrópoli.
2. La cosecha del café: problemas y dificultades.
3. Breve resumen del Diálogo B.

DEL MUNDO ANCHO Y AJENO

(Para aprender de memoria)

A. Sabiduría

— Papá, ¿quién fue Hamlet?

— ¡Ignorante! Tráeme la Biblia y te diré quién fue . . .

Preguntas

1. ¿Qué quiere saber el niño? 2. ¿Qué le contesta su padre? 3. ¿Quién fue Hamlet? 4. ¿Quién es el ignorante, el niño o el papá?

B. Respeto

El camión va completamente lleno. Varias personas viajan de pie, entre ellas una ancianita que, indudablemente, está enferma. Un mozalbete fuerte, en cambio, va junto a ella cómodamente sentado. Un caballero se indigna al ver aquella escena y le dice al muchacho:

— Te doy dos pesos por tu asiento.

— Hecho.

El muchacho recibe el dinero y se pone de pie. Entonces el caballero se dirige a la anciana:

— Siéntese, señora, por favor. «Compré» el asiento para darle una lección a este muchacho. Ud. puede ir sentada.

La anciana titubea, pero el muchacho que ha vendido el asiento la anima:

— Anda, mamá, siéntate . . .

Preguntas

1. ¿Por qué se indigna el caballero? 2. ¿Qué hace el caballero? 3. ¿Por qué lo hace? 4. ¿Cómo sabemos quién es la ancianita?

Las orquídeas crecen adheridas a los troncos de los árboles y florecen protegidas por la sombra de las ramas

Cortesía, Richard C. Bartlett

30

El carácter del mexicano

I. PRESENTACIÓN

A. *Nota biográfica*

Don José E. Iturriaga, autor de los siguientes párrafos, forma parte de la Dirección de Investigaciones Económicas de la Nacional Financiera, de México. Como ensayista le atraen las grandes causas: la educación, la integración social y política de los diversos elementos de la sociedad, las lecciones del pasado.

Nació en México, D.F., en 1914. Cursó la carrera de leyes e hizo estudios de filosofía. En su juventud fue un fervoroso admirador del pensador español, D. José Ortega y Gasset. Sus ensayos y estudios han aparecido en revistas culturales y en los diarios de la ciudad de México. Los párrafos siguientes, que aparecieron en su libro La estructura social y cultural de México *(1951), se hallan en una importante colección de ensayos,* El ensayo mexicano moderno, *editada por José Luis Martínez.*

B. *Estudio de palabras*

Estudien el significado de las palabras y frases siguientes:

1. **Aborigen** *adj.*   Originario del país en que vive.
2. **Apriorístico, –a.**   Se dice de la conclusión en que se desciende de las causas a los efectos.
   Apriorismo *m.*   Razonamiento a priori (de la frase latina **a priori** **por lo que precede**).
3. **Cacique** *m.*   Jefe en algunas tribus de indios; persona que en un pueblo o comarca ejerce excesiva influencia en asuntos políticos.
   Cacicazgo *m.*   Dominación o influencia de los caciques.
4. **Capuchino, –a** *adj. y s.*   Religioso de la orden de San Francisco.
5. **Escollo** *m.*   Peñasco a flor de agua; dificultad, obstáculo.
6. **Fuerza de gravitación.**   Fuerza en virtud de la cual se atraen recíprocamente todos los cuerpos.

7. **Mestizo, –a.**   Nacido de padres de raza diferente. **Mestizaje** *m.*   Cruzamiento de razas.
8. **Orografía** *f.*   Descripción, o sistema, de las montañas.
9. **Rebasar.**   Pasar de cierto límite, superar.
10. **Supeditar.**   Someter, subordinar.
11. **Titubear.**   Vacilar, dudar.
12. **Vasallo** *m.*   Persona sujeta a un señor. **Vasallaje** *m.*   Condición o deberes del vasallo; sujeción.

C. *Observaciones sobre el español de América*

En el texto del Sr. Iturriaga pueden notarse varios usos y rasgos del español hispanoamericano.

1. Hay palabras propias del español de América que no son corrientes en España:
   Abarrotes *m. pl.*   Comestibles y artículos menudos de primera necesidad.
   Improvisado, –a.   Improvisador, –ora.
   Oriundez *f.*   Origen, ascendencia.

2. Hay frases y construcciones que se emplean en América más frecuentemente que en España:
   A efecto de que por **a fin de que, con objeto de que.**
   Contrastar de por **contrastar con.**
   Dejar de lado por **dejar a un lado.**
   En cuya virtud por **en virtud del cual (de la cual,** etc.**).**
   Parejamente a por **paralelo a.**

3. Hay palabras de origen indígena:
   Cacique, cacicazgo.

4. Es frecuente el uso de palabras nuevas (se les dice « neologismos » a estas palabras). En el caso de este texto el uso de neologismos como **apriorístico, caracterológico, mimético, tecnificación,** etc., se debe al carácter técnico del ensayo.

216

II. LECTURAS

A. *El carácter del mexicano*
Por José E. Iturriaga

CONSIDERACIONES GENERALES

Ha sido un tema de vasta meditación la existencia de un carácter nacional de cada pueblo, en cuya virtud los individuos que van brotando y formándose en su seno poseen un sello inconfundible que los distingue de los otros pueblos. Parejamente a esta tesis o, mejor aún, en oposición a ella, existe otra teoría según la cual un hombre — independientemente de su oriundez — en último análisis es igual e idéntico a cualquiera otro.

Pero dejando de lado la actitud polémica que ambas tesis representan, y alejándonos igualmente de todas las implicaciones estrictamente filosóficas que una y otra tesis sugieren, sí puede afirmarse que cada pueblo tiene, en efecto, un carácter nacional distintivo, un sistema de reacciones específico suscitado por la circunstancia vital en que se halla colocado, a saber: su medio geográfico, económico, histórico, social, político y jurídico.

A través de los distintos ensayos de descripción del carácter nacional de algunos pueblos, puede notarse que hay una serie de generalizaciones aprioristicas y juicios arbitrarios fácilmente refutables (ver Salvador de Madariaga: *Ingleses, franceses y españoles*) de tal modo que describir el carácter del mexicano resulta una tarea difícil de emprender, aparte de que concurren otras razones que la obstruyen todavía más. Entre esos escollos pueden mencionarse los siguientes: a) la complejidad de nuestro pasado histórico; b) la multiplicidad de grupos aborígenes que habitaban nuestro territorio antes de la llegada de los españoles; c) el hecho de que el conquistador no era plenamente europeo sino mestizo de celtíbero y árabe; d) la circunstancia de que España no había aún rebasado el estilo de vida medieval cuando conquistó y colonizó estas tierras, en virtud de su vigoroso movimiento de Contrarreforma; e) el ser México vecino[1] de un país como Norteamérica, cuya estructura cultural tiene su origen en la Reforma y en el *libre examen*, antecedente directo y decisivo de su auge científico, tecnológico y económico, que contrasta tan radicalmente de nosotros en poder político y económico; y f) como si no fuese bastante todo ello, un territorio pobre en su mayor parte, fragmentado en una pluralidad de regiones bien delimitadas y aisladas por la orografía.

Mas a todos estos factores históricos, raciales, culturales, internacionales y geográficos — que han producido un hombre con una fisonomía psicológica tan llena de matices y rica en ingredientes, muchos de éstos contradictorios — hay que agregar uno más y que se deriva de nuestro mestizaje inconcluso: las dos sangres que llevamos dentro no se han apaciguado todavía, se hallan en perpetuo conflicto.

Preguntas

1. ¿Cuál es el tema de este ensayo? 2. ¿Quién lo escribió? 3. ¿Recuerda Ud. el título de una obra del Sr. de Madariaga sobre un tema análogo? 4. ¿Qué teoría existe en oposición a la de la existencia de un carácter nacional de cada pueblo? 5. ¿Cuáles son algunos factores que hacen difícil el estudio del carácter del mexicano? 6. ¿Se había logrado la unidad racial y cultural de los españoles en la época de la conquista y colonización del Nuevo Mundo? 7. ¿Qué otros escollos pueden mencionarse? 8. ¿Qué interés tiene la orografía de México en relación con el tema de este ensayo? 9. ¿Qué clase de hombre han producido todos estos factores? 10. ¿Qué factor adicional no debe olvidarse?

B. *El carácter del mexicano (Continuación)*

RASGOS CARACTEROLÓGICOS DEL MEXICANO

De los grandes valores de la cultura — la verdad, la bondad, la justicia, la belleza, la santidad —, el mexicano no titubea en su preferencia: la belleza constituye una fuerza de gravitación que lo atrae, de tal suerte que los otros valores le quedan supeditados[2] . . .

El mexicano tiene un gran poder de absorción o de adaptación, es mimético y posee una poderosa facultad de imitación. Ahora bien, cuando algo se imita, según ha dicho Samuel Ramos, es porque se cree que merece ser imitado, pues existe en la conciencia una valoración previa que coloca a la propia cultura en una jerarquía inferior a la que se pretende imitar. Éste sería el mecanismo del llamado *malinchismo*, que consiste, como se sabe, en considerar superior todo lo extranjero sólo por el hecho de ser extranjero. A este respecto es muy ilustrativa una observación de Humboldt sobre una costumbre de los sacristanes [indios] de los capuchinos, quienes, « deseando parecerse a sus dueños absolutos, los frailes, » diariamente se afeitaban la barba rala a efecto de que les creciese y semejar así en

---

[1] **el ser México vecino** *the fact that Mexico is a neighbor.*

[2] **le quedan supeditados** *are subordinated to it.*

Este grupo de mexicanas pertenece al conocido « Ballet Folklórico de México »

Fotografía de Stern, *Black Star*

aspecto a los españoles; a este mismo mecanismo obedece el ceceo de los dependientes indígenas de panaderías y tiendas de abarrotes propiedad de españoles.

El mexicano es improvisado; mejor aún, se distingue por su sorprendente facilidad para hacer lo que previamente desconoce — recuérdese el *Periquillo Sarniento*, personaje de Fernández de Lizardi —, virtud cuyas raíces habría que buscar tanto en su acusada adaptabilidad como en su reconocida habilidad manual y en su riqueza de imaginación; todo lo cual le permite ejecutar con relativo éxito las más opuestas actividades. Esta aptitud para la improvisación obviamente es resultado de la falta de una especialización diferenciada de los oficios y profesiones, tal como se da en países de mayor desarrollo económico y técnico, pues la ausencia de esa división del trabajo obliga al mexicano a desempeñar toda clase de actividades. Todo intento de improvisación llevado a cabo por un pueblo dotado de menor imaginación que el nuestro sería de resultados catastróficos, aunque gracias a ella se eviten grandes males. El refrán de « Tan pronto sirve para un barrido como para un fregado » describe tan singular aptitud; em-

pero, muchos desastres administrativos deben cargarse a la cuenta de la improvisación. Mas, por fortuna, la creciente tecnificación de la Administración Pública, el desarrollo económico registrado en los últimos años y la creación de nuevas carreras en los nuevos institutos tecnológicos y universidades del país que se han creado irán desterrando la utilización de tan pintoresca y supletoria aptitud.

Preguntas

1. De los grandes valores de la cultura, ¿cuál es el que atrae más al mexicano ? 2. ¿Qué facultad tiene el mexicano en alto grado, según el autor ? 3. ¿Qué existe en la conciencia de la persona que imita algo ? 4. ¿Qué es el llamado *malinchismo* ? 5. ¿Qué observación de Humboldt ilustra este fenómeno ? 6. ¿Qué otro ejemplo del mismo fenómeno cita el autor ? 7. ¿Cómo explica el autor la sorprendente facilidad del mexicano para hacer lo que previamente desconoce ? 8. ¿Qué circunstancia social y económica obliga al mexicano a desempeñar toda clase de actividades ? 9. ¿Qué refrán describe la aptitud del mexicano para la improvisación ? 10. ¿Por qué puede decirse que irá desapareciendo la necesidad de tan pintoresca aptitud ?

III. PRÁCTICAS ORALES

A. Diálogo. *En la biblioteca*

1. ALFONSO. Hola, Graciela, te veo muy atareada.
2. GRACIELA. Sí, hombre; estoy preparando mi lección de español para mañana. Es una lección muy difícil.
3. ALFONSO. ¿Qué estás leyendo?
4. GRACIELA. Un ensayo sobre el carácter del mexicano.
5. ALFONSO. Lo recuerdo. Lo leí en una de mis clases el año pasado. Es de un profesor mexicano.
6. GRACIELA. Sí, el Sr. Iturriaga, autor de varios estudios sociológicos.
7. ALFONSO. Si recuerdo bien, el autor deja a un lado un problema muy importante, a saber, si cada pueblo tiene realmente un carácter nacional distintivo.
8. GRACIELA. No olvides que menciona la teoría contraria, según la cual un hombre, en último análisis, es idéntico a cualquiera otro.
9. ALFONSO. Es verdad. Y ¿cómo explica el autor el origen del carácter nacional de cada pueblo?
10. GRACIELA. Lo explica como el resultado de la « circunstancia vital » en que se halla colocado cada pueblo.
11. ALFONSO. ¿Comprendes lo que quiere decir con la « circunstancia vital » de cada pueblo?
12. GRACIELA. Sí, se refiere a su medio geográfico, económico, histórico y social.
13. ALFONSO. Veo que has comprendido el ensayo.
14. GRACIELA. Es que el tema me interesa mucho.
15. ALFONSO. Bueno, no te molesto más. ¡ Que tengas mucha suerte !
16. GRACIELA. Gracias. Hasta la vista.

Preguntas

1. ¿Dónde se encuentran Alfonso y Graciela? 2. ¿Qué le pregunta Alfonso a su amiga? 3. ¿Cuándo había leído Alfonso el ensayo? 4. ¿Qué recuerda Graciela de los estudios del autor del ensayo? 5. ¿Qué problema deja a un lado el autor? 6. ¿Cómo explica el autor el origen del carácter nacional de cada pueblo? 7. ¿Qué entiende Ud. por la « circunstancia vital » de un pueblo? 8. ¿Qué contesta Graciela cuando le dice Alfonso que ha comprendido bien el ensayo? 9. Al despedirse, ¿qué le dice Alfonso a Graciela?

B. Diálogo. *Esperando al profesor . . .*

Dos alumnos llegan a clase temprano y charlan mientras esperan al profesor.

1. JUAN. Punto muy interesante me pareció el amor del mexicano por la belleza.
2. LUIS. Creo que es el aspecto que más impresiona al turista que viaja por México.
3. JUAN. ¿Por qué no dedicaría el autor más espacio a este rasgo?
4. LUIS. Sin duda por ser un rasgo tan obvio. Y no olvides que lo relaciona con las aptitudes del mexicano que estudia después.
5. JUAN. ¿Te refieres a la facultad imitativa del mexicano?
6. LUIS. Sí, como también a su habilidad manual y a su riqueza de imaginación.
7. JUAN. ¿Leíste lo que dice del *malinchismo*?
8. LUIS. Sí, que los mexicanos consideran superior todo lo extranjero por el mero hecho de ser extranjero.
9. JUAN. En realidad me parece que se trata de un rasgo universal.
10. LUIS. Hay refranes ingleses que se refieren al mismo fenómeno.
11. JUAN. Tienes razón. Es un rasgo universal codiciar lo que poseen nuestros vecinos.
12. LUIS. Pero tal vez exista en alto grado entre los mexicanos.
13. JUAN. Es una pregunta que podremos hacerle al profesor.
14. LUIS. Desgraciadamente se trata de problemas que no han sido estudiados de un modo científico.
15. JUAN. Lo peor es que muchos problemas sociales y filosóficos no pueden resolverse de un modo científico.
16. LUIS. Tienes razón. A ver qué nos explica el profesor.

Preguntas

1. ¿Dónde se encuentran los dos alumnos? 2. ¿A quién están esperando? 3. ¿Qué punto del ensayo le interesó a Juan? 4. ¿Por qué no dedicaría el autor más espacio a este rasgo? 5. ¿Con qué aptitudes del mexicano relaciona el autor este rasgo? 6. ¿Qué otro rasgo discuten los dos alumnos? 7. ¿Se trata de un rasgo exclusivamente mexicano? 8. ¿Sabe Ud. qué refrán inglés expresa la misma idea? 9. ¿Qué observación hace Luis sobre algunos de los problemas mencionados en el ensayo? 10. ¿Qué dificultad especial presentan muchos problemas sociales y filosóficos?

C. Temas para un informe oral

Preparar un informe oral, de unas ciento cincuenta palabras, sobre uno de los temas siguientes (el profesor podrá distribuir los temas):

1. Los factores que contribuyen a producir en un pueblo un carácter nacional distintivo.

2. La importancia del mestizo en la población mexicana.
3. Manifestaciones del amor del mexicano por la belleza.
4. La aptitud del mexicano para la improvisación.

El Departamento de Comunicaciones de México

Cortesía, *Pan American World Airways System*

IV. ASPECTOS GRAMATICALES

A. Cláusulas adverbiales

1. El empleo del subjuntivo en las cláusulas temporales, después de **así que, en cuanto, luego que, cuando, después (de) que, hasta que, mientras que,** cuando se refiere uno al tiempo futuro. *Para cambiar al futuro:*

Modelo: *Cuando fui a México, le visité.*　　*Cuando yo vaya a México, le visitaré.*

Profesor	*Estudiante*
En cuanto recibí su carta, le contesté.	En cuanto yo reciba su carta, le contestaré.

La esperé hasta que llegó.
Mientras que tú te vistes, yo miro la televisión.
Después que cenamos, fuimos al concierto.

2. El empleo del subjuntivo en las cláusulas concesivas, después de **aunque, a pesar de que,** para referirse a una situación hipotética o para dar énfasis a la expresión. *Para cambiar a la expresión hipotética o enfática:*

Modelo: *Aunque (A pesar de que) llueve, iré al teatro.*　　*Aunque (A pesar de que) llueva, iré al teatro.*

Profesor	*Estudiante*
Aunque (A pesar de que) hace mucho calor, iré al teatro.	Aunque (A pesar de que) haga mucho calor, iré al teatro.

Aunque (A pesar de que) es muy caro, iré al teatro.

| *Profesor* | *Estudiante* |

Aunque (A pesar de que) la compañía es mala, iré al teatro.

Aunque (A pesar de que) tengo mucho que hacer, iré al teatro.

3. Se emplea el subjuntivo siempre después de **antes (de) que; para que; sin que; a menos que; a no ser que; con tal (de) que.**

   a. Para cambiar, empleando las conjunciones indicadas:

Modelo: ***Escriba Ud. el informe antes de que*** | ***Escriba Ud. el informe sin que lo sepa el profesor.***
lo sepa el profesor. ¡ Sin que !

| *Profesor* | *Estudiante* |

Escriba Ud. el informe antes de que lo sepa el | Escriba Ud. el informe para que lo sepa el profesor.
profesor. ¡ Para que !

¡ A menos que !

¡ Con tal de que !

¡ A no ser que !

¡ Sin que !

   b. Cambiar el verbo de la cláusula principal al pretérito de indicativo:

Modelo: ***Escribiré el informe antes de que lo*** | ***Escribí el informe antes de que lo supiera (su-***
sepa el profesor. | ***piese) el profesor.***

| *Profesor* | *Estudiante* |

Escribiré el informe sin que lo sepa el profesor. | Escribí el informe sin que lo supiera (supiese) el profesor.

Escribiré el informe para que lo sepa el profesor.

Escribiré el informe con tal de que lo sepa el profesor.

B. El presente en lugar del presente perfecto inglés, y el imperfecto en lugar del pluscuamperfecto inglés, en expresiones de tiempo con **hacer, llevar, ¿ Desde cuándo . . . ?**

   1. *Para cambiar, empleando las frases indicadas:*

Modelo: ***Hace dos meses que vivimos aquí.*** | ***Hace dos semanas que vivimos aquí.***
¡ Dos semanas !

| *Profesor* | *Estudiante* |

Hace dos meses que vivimos aquí. ¡ Mucho | Hace mucho tiempo que vivimos aquí.
tiempo !

¡ Varios días !

¡ Veinte años !

¡ Un par de meses !

   2. *Para contestar, empleando en la contestación la frase dos semanas:*

Modelo: ***¿ Cuánto tiempo llevas en Guada-*** | ***Llevo dos semanas en Guadalajara.***
lajara ?

| *Profesor* | *Estudiante* |

¿ Cuánto tiempo llevan ellos estudiando (el) | Ellos llevan dos semanas estudiando (el) español.
español ?

¿ Cuánto tiempo lleva Ud. en México ?

¿ Cuánto tiempo llevan Uds. trabajando aquí ?

¿ Cuánto tiempo llevas sin ver a tu novia ?

3. *Para contestar, empleando en la contestación la frase varios años:*

Modelo: *¿ Desde cuándo vives en Palo Alto ?*   *Vivo en Palo Alto desde hace varios años.*

Profesor	*Estudiante*
¿ Desde cuándo solicita él el nombramiento ?	Él solicita el nombramiento desde hace varios años.
¿ Desde cuándo toca Beatriz la guitarra ?	
¿ Desde cuándo reside tu padre en México ?	
¿ Desde cuándo son ustedes novios ?	

4. *Para contestar, empleando en la contestación la frase dos años:*

Modelo: *¿ Cuánto tiempo hacía que estudiaba ella (el) español ?*   *Hacía dos años que estudiaba ella (el) español.*

Profesor	*Estudiante*
¿ Cuánto tiempo hacía que vivían ellos aquí ?	Hacía dos años que vivían ellos aquí.
¿ Cuánto tiempo hacía que solicitaba él el nombramiento ?	
¿ Cuánto tiempo hacía que no tocaba Ud. el violín ?	
¿ Cuánto tiempo hacía que no asistía Bartolo a clase ?	

C. Repaso de los verbos **sugerir**,[28] **merecer**,[39] **agregar**,[33] **apaciguar** [35]

1. *Para cambiar al presente y pretérito de indicativo:*

Modelo: *Bartolo lo sentía mucho.*   *Bartolo lo siente mucho.   Bartolo lo sintió mucho.*

Profesor	*Estudiante*
Yo agregaba otros factores.	Yo agrego otros factores. Agregué otros factores.
La tesis sugería otras implicaciones.	
El presidente no apaciguaba a los rebeldes.	
Ellos merecían ser imitados.	

2. *Para cambiar al presente de subjuntivo después de **Tal vez**:*

Modelo: *Apaciguamos a los rebeldes.*   *Tal vez apacigüemos a los rebeldes.*

Profesor	*Estudiante*
Ella merece ser imitada.	Tal vez ella merezca ser imitada.
Ellos agregan otros factores.	
Sugerimos otras implicaciones.	
Ellos lo sienten mucho.	

V. EJERCICIOS ESCRITOS

A. Uso de modismos y frases hechas

1. *Úsense los modismos y frases siguientes en oraciones completas:*

con objeto de
consistir en
cursar la carrera de
dejar a un lado
distinguirse por
en oposición a

en virtud de
formar parte de
parecerse a
tratarse de

2. *Escríbanse oraciones completas empleando las frases siguientes como elemento inicial:*

Concurren otras razones que . . .
Es cierto que . . .
Existe otra teoría según la cual . . .
Lo mejor (peor) de México . . .
Lo subraya cuando dice . . .
Puede afirmarse que . . .
Resulta una tarea difícil . . .
Según el Sr. Iturriaga . . .

B. Ejercicio de traducción

Tradúzcase al español, tratando de imitar las construcciones y fraseología del texto de las lecturas:

Mr. Iturriaga's essay deals with the traits of the Mexican people and the influences that historical, racial, and cultural factors have exerted on the development of the Mexican character.

Can one speak of a Mexican character, as opposed to a North American or Argentine character? It is perhaps more exact to affirm that in the final analysis all men are alike, regardless of their origin.

Overlooking for the moment the philosophical implications that the two theses pose, the author maintains that it is possible to affirm that each nation has developed what may be called a national character, based on the "vital circumstance" in which it is situated.

In Mexico a multiplicity of factors have produced a man with very distinctive traits. Among the most interesting traits one should mention the marked artistic sense of the Mexican, his great power of absorption or adaptation, and his aptitude for improvisation. In all these aspects the Mexican differs radically from his North American neighbor. As Mexico develops in economic and political power, it is obvious that these differences will gradually disappear.

VI. VERIFICACIÓN Y REPASO

A. Dictado

Preguntas

1. ¿Qué siente con exaltación el mexicano?
2. ¿Por qué puede decirse que el mexicano carece de una clara conciencia de patria? 3. ¿Cómo explica el autor este fenómeno? 4. ¿Por qué puede esperarse que se irá remediando la desarticulación geográfica? 5. ¿Qué otras razones pueden citarse para explicar el fenómeno? 6. Cuando se halla en el poder, ¿cómo suele conducirse el mexicano? 7. ¿Cómo explica este rasgo la psicología moderna?

B. Temas para desarrollar en forma de diálogos o de debates

1. La existencia de un carácter nacional de cada pueblo. Un alumno a favor y uno en contra.

2. Contraste entre el carácter del mexicano y el del norteamericano.
   Un alumno a favor de los mexicanos y otro a favor de los norteamericanos.
3. Cambios e influencias que anuncian la posible desaparición de algunos de los rasgos caracterológicos del mexicano.

C. Temas para un informe o composición

Escríbase un informe o composición, de unas doscientas palabras, sobre uno de los temas siguientes:

1. Origen y mecanismo del malinchismo.
2. Breve resumen del Diálogo B.
3. Composición libre sobre un tema relacionado con la Lección 30.

DEL FOLKLORE DEL MUNDO HISPÁNICO

LOS HUEVOS FRITOS

Éste era un caminante que llegó a una posada y pidió de comer. Y el posadero le puso de cenar[1] dos huevos fritos. Al marcharse, el caminante, distraído, no se acordó de pagar la comida. El caminante tardó un año en volver por allí. Y al llegar se saludan como buenos amigos. Le pide comida otra vez, y al pagarle la cuenta de ese mismo día, le dice:

— Oye, ¿no te acuerdas de que te debo dos huevos del año pasado? ¿Cuánto te debo?

— ¡Cuidado! — le dice el posadero —. Habrá que sacar la cuenta. Esos huevos hubieran podido ser gallinas,[2] y esas gallinas sacar otros huevos . . .

[1] **le puso de cenar** *served him for supper.*

[2] **hubieran podido ser gallinas** *could have been hens.*

En fin, le puso una cuenta de quinientas pesetas. Y cuando el caminante se negó a pagarle tal cantidad, le amenazó con llevarle a los tribunales. El caminante, asustado, se sale de allí y se encuentra con un pastor.

— ¿ Qué te pasa, hombre, que estás muy asustado ? — le dijo el pastor.

— ¡ Hombre ! . . . ¿ Sabe usted lo que pasa ? Hace un año que me comí dos huevos fritos en casa del posadero, y ahora vengo a pagárselos y me pone una cuenta de quinientas pesetas, porque dice que esos huevos hubieran podido ser gallinas y esas gallinas sacar otros huevos . . . Y dice que me va a poner la demanda.

Y dice el pastor:

— ¡ Nada, nada ! ¡ Que te la ponga ! Dime a qué hora es el juicio, que yo te defiendo . . .

— Pues, mañana a las once te espero.

Al día siguiente el juez, el posadero y el caminante se presentan en el juzgado. Dan las once y no aparece el pastor. Se quedan esperándole, y se presentó a la una menos cuarto, cuando ya iban a cerrar. Entra allí.

— Buenos días.

— Buenos días — contesta el juez — . ¿ No sabe usted que no son horas de venir,[1] que estaba citado para las once de la mañana ?

— Usted me dispense, usía,[2] que he estado cociendo una caldera de judías para después de que salga de aquí ir a sembrar.

— ¡ Hombre ! En mi vida he visto otra cosa como ésa — le dice el juez — , que las alubias, después de cocidas,[3] vayan a nacer.

Y salta el pastor:

— Pues, eso digo yo: que los huevos, después de fritos no crían pollos ni gallinas.

---

[1] **que no son horas de venir** *that this is no time to arrive.*   [2] **—Usted me dispense, usía** *May your honor excuse me.*   [3] **después de cocidas** *after they have been cooked.*

31

Rubén Darío. José Vasconcelos

I. PRESENTACIÓN

A. *Notas literarias*

1. El poeta nicaragüense Rubén Darío es el maestro reconocido del modernismo, el movimiento literario que hacia fines del siglo XIX contribuye, junto con los escritores de la generación del '98, a la renovación de las letras hispánicas a ambos lados del Atlántico.

Darío nació en Metapa, Nicaragua, en 1867. Su nombre verdadero era Félix Rubén García; tomó de un pariente el nombre más poético de Rubén Darío. Educado por tíos suyos, adquirió una fuerte preparación literaria. Salió joven de su patria y fue corresponsal de grandes periódicos en Santiago de Chile y Buenos Aires y después en España, que visitó por primera vez en 1892. En Chile publicó su primera obra importante, Azul (1888), en verso y prosa. Volvió a Buenos Aires como diplomático y después se trasladó a Europa. En 1908 fue nombrado ministro de Nicaragua en España. Después de una visita a Nueva York, murió en Nicaragua en 1916.

El desarrollo del arte de Rubén Darío fue constante y seguro. En Azul se advierten la influencia de las nuevas corrientes europeas y un intenso anhelo de renovación artística y espiritual. Prosas profanas (1896) marca el apogeo de la influencia francesa en la poesía española, con el empleo de formas métricas nuevas, la exaltación de lo raro y lo exótico, y la atención al color y a la musicalidad del verso. En Cantos de vida y esperanza (1905), quizás su obra mas perfecta, se agrega a la belleza de los libros anteriores una inspiración más honda y personal. En ella llega también a ser un poeta « social », al tratar del tema del porvenir de los pueblos hispánicos, y contribuyendo de esta manera al movimiento de unidad cultural y sentimental de los países de habla española.

Dotado de un perfecto sentido musical y un dominio extraordinario del idioma, Rubén Darío experimentó con todas las posibilidades de versos y ritmos. Entre las innovaciones de los poetas modernistas debe recordarse el desarrollo alcanzado por el verso alejandrino (empleado en la « Sonatina ») y por los versos de doce y de nueve sílabas (el dodecasílabo, como en la « Letanía », y el eneasílabo). En las dos poesías reproducidas la forma estrófica no es nueva; se trata del sexteto agudo (AAE:BBE) usado frecuentemente por los poetas del siglo XIX.

Darío es considerado como el poeta de más trascendencia en la poesía de lengua española en los tiempos modernos. Impuso una renovación amplia y profunda, tanto de fondo como de forma. Su influencia sobre los poetas jóvenes fue decisiva y su obra inicia una nueva época en las literaturas hispánicas.

2. El mexicano José Vasconcelos (1881–1959) se distinguió como escritor, político, educador y pensador. Fue rector de la Universidad Nacional de México. Como Ministro de Educación Pública (de 1920 a 1925) bajo el Presidente Obregón, defendió principios revolucionarios en apoyo de la educación de los indios. A partir de 1925 viajó extensamente por toda la América hispana, pronunciando discursos sobre los problemas críticos de los pueblos de habla española. Reúne sus ideas sobre estos problemas en sus libros La raza cósmica (1925), Indología (1927), y Bolivarismo y Monroísmo (1934), en que trata de formular un programa que garantice un porvenir de paz y de progreso para el hemisferio occidental.

Vasconcelos escribió también poesías, cuentos y obras de teatro. Es autor, además, de una notable serie de memorias, cuyo primer tomo, Ulises criollo, apareció en 1935.

Como pensador refleja claramente la influencia de Schopenhauer. En la existencia humana da el primer lugar a la acción. En su interpretación de la historia de México su obra es francamente hispanófila. Por la amplitud de su visión, la nobleza de sus ideas y su lucha constante por los intereses superiores de la humanidad, es una de las figuras más interesantes de la América hispana.

B. *Estudio de palabras*

Estudien las aclaraciones siguientes:

1. **Áfono, –a.** Falto (–a) de voz o de sonido.
2. **Clave** *m.* Clavicordio, instrumento musical parecido al piano.
3. (el) **Hampa** *f. fam.* Gente maleante.
4. **Laudo** *m.* Decisión, sentencia. **Laudo papal.** Decisión del papa.
5. **Libélula** *f.* Insecto llamado vulgarmente caballito del diablo.
6. **Malsín** *m. fam.* Bribón, malhechor.
7. **Parabién** *m.* Felicitación.
8. **Pugna** *f.* Lucha.
9. **Teclado** *m.* Conjunto de las teclas de un instrumento.
10. **Yelmo** *m.* Pieza de la armadura antigua que cubría toda la cabeza y el rostro.

II. LECTURAS

A. *Rubén Darío*

SONATINA

La princesa está triste . . . ¿Qué tendrá la
    princesa[1]?
Los suspiros se escapan de su boca de fresa,
que ha perdido la risa, que ha perdido el color.
La princesa está pálida en su silla de oro,
está mudo el teclado de su clave sonoro;
y en un vaso olvidada se desmaya una flor.

El jardín puebla el triunfo de los pavos reales.[2]
Parlanchina, la dueña, dice cosas banales,
y vestido de rojo piruetea el bufón.
La princesa no ríe, la princesa no siente;
la princesa persigue por el cielo de Oriente
la libélula vaga de una vaga ilusión.

¿Piensa acaso en el príncipe de Golconda o
    de China
o en el que ha detenido su carroza argentina
para ver de sus ojos la dulzura de luz,
o en el rey de las islas de las rosas fragantes,
o en el que es soberano de los claros diamantes,
o en el dueño orgulloso de las perlas de Ormuz?

¡Ay! la pobre princesa de la boca de rosa
quiere ser golondrina, quiere ser mariposa,
tener alas ligeras, bajo el cielo volar;
ir al sol por la escala luminosa de un rayo,
saludar a los lirios con los versos de Mayo,
o perderse en el viento sobre el trueno del mar.

Ya no quiere el palacio, ni la rueca de plata,
ni el halcón encantado, ni el bufón escarlata,
ni los cisnes unánimes en el lago de azur.
Y están tristes las flores por la flor de la corte;
los jazmines de Oriente, los nelumbos del Norte,
de Occidente las dalias y las rosas del Sur. [. . .]

LETANÍA DE NUESTRO SEÑOR DON QUIJOTE

Rey de los hidalgos, señor de los tristes,
que de fuerza alientas y de ensueños vistes,[3]
coronado de áureo yelmo de ilusión;
que nadie ha podido vencer todavía,
por la adarga[4] al brazo, toda fantasía,
y la lanza en ristre, toda corazón.

Noble peregrino de los peregrinos,
que santificaste todos los caminos
con el paso augusto de tu heroicidad,
contra las certezas, contra las conciencias
y contra las leyes y contra las ciencias,
contra la mentira, contra la verdad . . .

Caballero errante de los caballeros,
barón de varones, príncipe de fieros,
par entre los pares, maestro, ¡salud!
¡Salud, porque juzgo que hoy muy poca tienes,
entre los aplausos o entre los desdenes,
y entre las coronas y los parabienes
y las tonterías de la multitud! [. . .]

De tantas tristezas, de dolores tantos,
de los superhombres de Nietzsche, de cantos
áfonos,[5] recetas que firma un doctor,
de las epidemias de horribles blasfemias
de las Academias,
¡líbranos, señor!

De rudos malsines,
falsos paladines,
y espíritus finos y blandos y ruines,
del hampa que sacia
su canallocracia
con burlar la gloria, la vida, el honor,
del puñal con gracia,
¡líbranos, señor! [. . .]

---

[1] **¿Qué tendrá la princesa?** *What do you suppose is the matter with the princess?* [2] **El jardín . . . reales** *The spread of the peacocks' tails fills the garden.*

[3] **que de . . . vistes** *whose breath is courage and whose dress consists of dreams.* [4] **por la adarga** *because of* (i.e., *thanks to*) *the oval shield.* [5] **de cantos áfonos** *from songs sung by persons who have no voice.*

¡Ora por nosotros, señor de los tristes,
que de fuerza alientas y de ensueños vistes,
coronado de áureo yelmo de ilusión;
que nadie ha podido vencer todavía,
por la adarga al brazo, toda fantasía,
y la lanza en ristre, toda corazón!

Preguntas

1. ¿Cómo describe el poeta a la princesa? 2. ¿Qué dice del «teclado de su clave sonoro»? 3. ¿Qué persigue la princesa «por el cielo de Oriente»? 4. ¿Qué quiere hacer la princesa? 5. ¿Cómo reflejan las flores el estado de ánimo de la princesa? 6. ¿Cuáles son las armas de nuestro señor D. Quijote? 7. ¿Contra qué cosas santificó D. Quijote todos los caminos? 8. ¿Por qué juzga el poeta que D. Quijote tendrá muy poca salud? 9. ¿De qué peligros pide el poeta que nos libre D. Quijote? 10. ¿De qué clases de personas pide que nos libre D. Quijote?

B. *José Vasconcelos*

La raza cósmica

Desde los primeros tiempos, desde el descubrimiento y la conquista, fueron castellanos y británicos, o latinos y sajones, para incluir por una parte a los portugueses y por otra al holandés, los que consumaron la tarea de iniciar un nuevo período de la historia conquistando y poblando el hemisferio nuevo. Aunque ellos mismos solamente se hayan sentido colonizadores, trasplantadores de cultura, en realidad establecían las bases de una etapa de general y definitiva transformación. Los llamados latinos, poseedores de genio y de arrojo, se apoderaron de las mejores regiones, de las que creyeron más ricas, y los ingleses, entonces, tuvieron que conformarse con lo que les dejaban gentes más aptas que ellos. Ni España ni Portugal permitían que a sus dominios se acercase el sajón, ya no digo para guerrear,[1] ni siquiera para tomar parte en el comercio. El predominio latino fue indiscutible en los comienzos. Nadie hubiera sospechado, en los tiempos del laudo papal que dividió el Nuevo Mundo entre Portugal y España, que unos siglos más tarde ya no sería el Nuevo Mundo portugués ni español, sino más bien inglés. Nadie hubiera imaginado que los humildes colonos del Hudson y el Delaware, pacíficos y hacendosos, se irían apoderando paso a paso de las mejores y mayores extensiones de la tierra hasta formar la República que hoy constituye uno de los mayores imperios de la Historia.

Pugna de latinidad contra sajonismo ha llegado a ser, sigue siendo, nuestra época; pugna de instituciones, de propósitos y de ideales. Crisis de una lucha secular que se inicia con el desastre de la Armada Invencible y se agrava con la derrota de Trafalgar. Sólo que desde entonces el sitio del conflicto comienza a desplazarse y se traslada al continente nuevo, donde tuvo todavía episodios fatales. Las derrotas de Santiago de Cuba y de Cavite y Manila son ecos distantes pero lógicos de las catástrofes de la Invencible y de Trafalgar. Y el conflicto está ahora planteado totalmente en el Nuevo Mundo. En la Historia, los siglos suelen ser como días; nada tiene de extraño que no acabemos todavía de salir[2] de la impresión de la derrota. Atravesamos épocas de desaliento, seguimos perdiendo, no sólo en soberanía geográfica, sino también en poderío moral. Lejos de sentirnos unidos frente al desastre, la voluntad se nos dispersa en pequeños y vanos fines. La derrota nos ha traído la confusión de los valores y los conceptos; la diplomacia de los vencedores nos engaña después de vencernos; el comercio nos conquista con sus pequeñas ventajas. Despojados de la antigua grandeza, nos ufanamos de un patriotismo exclusivamente nacional, y ni siquiera advertimos los peligros que amenazan a nuestra raza en conjunto. [...] No sólo nos derrotaron en el combate; ideológicamente también nos siguen venciendo. Se perdió la mayor de las batallas el día en que cada una de las repúblicas ibéricas se lanzó a hacer vida propia, vida desligada de sus hermanos, concertando tratados y recibiendo beneficios falsos, sin atender a los intereses comunes de la raza. [...] No advertimos el contraste de la unidad sajona frente a la anarquía y soledad de los escudos iberoamericanos.

Indología

Puestas una frente a otra por el destino las dos grandes culturas de América, la sajónica y la hispánica, veremos que se vuelve a repetir la vieja ley de todo conflicto, según la cual aparentemente triunfa el fuerte y aparentemente perece el débil; pero en el fondo los dos contendientes se dañan y se destruyen; o bien, ¿será posible que en el continente de las novedades la historia tuerza su ruta y el conflicto de destructor se torne en creador? Sin presunción alguna de profecía, digamos que si el choque destructor es irremediable, entonces no vale la pena discutirlo,

[1] **ya no digo para guerrear** *and I don't mean in order to wage war.*

[2] **nada ... salir** *it is not at all strange that we should not yet have emerged completely.*

« *Tehuana* » por **Roberto Monte-
negro**
Cortesía, *International Business Machines Collection*

« *Cabeza de muchacha* » por
Emilio Amero
Cortesía, *International Business Machines Collection*

El lago Atitlán, Guatemala
Cortesia, *Pan American World Airways System*

porque las potencias del exterminio no han menester de pensamiento: les basta el apetito para seguir adelante con su abominación. Pero si hemos de colocarnos en el punto de vista que corresponde a quienes estamos obligados a hablar en nombre de los intereses superiores de la especie, procuremos que nuestro pensamiento se exprese con tal diafanidad que no quede ninguna excusa a los que sólo están atentos a las fatalidades del hecho y gustan de ignorar el ideal y el derecho . . .

Digamos en primer término que el conflicto de las ideas resulta constantemente fecundo y que el encuentro de dos razas no lleva necesariamente en sí los gérmenes de la oposición y la discordia: únicamente las rivalidades de intereses suelen provocar las rivalidades y la guerra . . . Proclamamos la doctrina de la cooperación de las razas y las culturas, enfrente de la vieja y desacreditada doctrina de lucha por el predominio del más fuerte. Mientras la América no rebase de póblación, no será fatal la guerra,[1] y la América puede comenzar desde ahora su tarea de controlar el número en beneficio de la calidad y para garantía del espacio. Mucho espacio libre: que tal sea una ley social de la América.

No aceptemos la tesis de la fatalidad de los conflictos armados. Busquemos más bien las causas que fomentan el odio y que preparan la guerra, y quizás, si logramos desenmascararlas, podremos paralizar una gran parte de su nefasto poder.

La eliminación de las causas del odio es cuestión muy fácil para la inteligencia, muy grata para el sentimiento y difícil sólo en la práctica, porque la práctica posee sus maneras lentas y tortuosas que no siempre es posible vencer de inmediato.

Preguntas

1. ¿Qué tarea consumaron latinos y sajones desde los primeros tiempos del descubrimiento y la conquista de América? 2. ¿De qué se apoderaron los llamados latinos? 3. ¿Qué no permitían ni España ni Portugal? 4. ¿Qué no hubiera sospechado nadie en los tiempos del laudo papal que dividió el Nuevo Mundo entre Portugal y España? 5. ¿Qué ha llegado a ser nuestra época, según Vasconcelos? 6. ¿Qué ha traído la derrota? 7. ¿Cuándo se perdió la mayor de las batallas, según Vasconcelos? 8. ¿Qué deben procurar hacer quienes están obligados a hablar en nombre de los intereses superiores de la especie? 9. ¿Qué resulta constantemente fecundo, según Vasconcelos? 10. ¿Qué doctrina proclama Vasconcelos? 11. ¿Qué ley social propone Vasconcelos para América? 12. ¿Por qué es difícil en la práctica la eliminación de las causas del odio?

III. PRÁCTICAS ORALES

A. Diálogo. *En la clase de español*

Los alumnos han leído algunas selecciones de Rubén Darío. El profesor inicia la discusión.

1. PROFESOR. La obra de Rubén Darío representa el triunfo del modernismo en la literatura hispanoamericana. ¿Cómo podríamos caracterizar la época en que escribe este gran poeta?
2. BEATRIZ. El fin del siglo XIX es una época de grandes cambios. Se advierte un intenso anhelo de renovación artística y espiritual.
3. GRACIELA. Varios poetas, bajo la influencia de diversas corrientes, sobre todo francesas, están tratando de crear nuevas formas poéticas.
4. ALFONSO. El ideal del arte por el arte reemplaza el realismo de la época anterior.
5. PROFESOR. Y ¿qué entiende Ud. por esa frase?
6. ALFONSO. Creo que quiere decir que en el arte los valores de la creación estética se ponen por encima de las ideas y de los fines sociales.
7. PROFESOR. Es cierto. El culto de la belleza y el afán de la perfección verbal llegan a ser los fines supremos. ¿Qué otros rasgos debemos mencionar?
8. BEATRIZ. Es un momento individualista. El subjetivismo toma el lugar de la observación y de la descripción realista.
9. PROFESOR. Muy bien. Darío, por ejemplo, afecta desdeñar la realidad de su tiempo y trata de escapar a un mundo imaginario de belleza ideal.
10. BEATRIZ. Al evadirse de la existencia real, se refugia en el pasado o en el futuro.

---

[1] **no será fatal la guerra** *war will not be unavoidable.*

11. ALFONSO. Otro aspecto importante de la poesía modernista es la identificación de la poesía con la música.

12. PROFESOR. ¿Cómo podríamos resumir la contribución de Rubén Darío a la literatura hispánica? ¿Beatriz?

13. BEATRIZ. Pues, yo diría que supo fundir todas sus experiencias poéticas en una forma artística nueva y profundamente hispánica.

14. PROFESOR. Bien. ¿Y hemos encontrado el tema de lo hispánico en su obra?

15. GRACIELA. Tenemos un buen ejemplo en la « Letanía de nuestro señor don Quijote ». Con la obra de Unamuno que ya conocemos marca una nueva etapa en la interpretación del Quijote.

16. PROFESOR. Exactamente. Don Quijote pasa a ser un símbolo del idealismo español, soñador y heroico. Bueno, terminamos en este punto nuestro estudio de la obra de Darío. Recuerden que su arte constituye una verdadera revolución estética y que influyó de una manera decisiva en toda la poesía hispánica posterior.

Preguntas

1. ¿Cuál es la primera pregunta del profesor? 2. ¿Cómo caracteriza Beatriz el fin del siglo XIX en la literatura hispanoamericana? 3. ¿De qué país procedían las corrientes renovadoras en la poesía? 4. ¿Cómo explica Alfonso la frase, « el arte por el arte »? 5. ¿Qué otros rasgos de la época deben mencionarse? 6. ¿Qué afecta desdeñar Darío? 7. ¿Adónde trata de evadirse? 8. ¿Cómo resume Beatriz la contribución de Rubén Darío a la literatura hispánica? 9. ¿Qué ejemplo del tema de lo hispánico cita Graciela? 10. ¿Qué pasa a ser D. Quijote?

B. Diálogo. *En la clase de español*

La lección versa sobre la obra de José Vasconcelos. El profesor inicia la discusión.

1. PROFESOR. D. José Vasconcelos se distinguió sobre todo como ensayista. ¿Saben si el ensayo tiene mucha importancia en nuestros días?

2. ALFONSO. Ya lo creo. Hay muchos ensayistas. Recuerdo a los argentinos Manuel Ugarte y Ricardo Rojas. En Alfonso Reyes México tiene a uno de los grandes intelectuales del mundo hispánico.

3. PROFESOR. ¿Cómo se explica la popularidad del ensayo en nuestra época?

4. BEATRIZ. En parte se tratará de una reacción contra la doctrina del arte por el arte. Los escritores se sienten obligados a ocuparse en el análisis de los grandes problemas de Hispanoamérica.

5. PROFESOR. ¿Y cuáles son algunos de estos problemas?

6. ALFONSO. Pues, los problemas políticos y económicos, y, sobre todo, el problema de la tierra y el de las poblaciones indígenas.

7. PROFESOR. Pasando ahora a Vasconcelos, ¿en qué obras podemos estudiar su vida y su personalidad?

8. GRACIELA. En los cuatro volúmenes titulados *Ulises criollo*, *La tormenta*, *El desastre* y *El preconsulado*.

9. PROFESOR. ¿Cuáles son algunos de los problemas que estudia en sus libros *La raza cósmica* e *Indología*?

10. BEATRIZ. El problema de las poblaciones indígenas y el de la falta de unidad política de los pueblos de habla española.

11. PROFESOR. ¿Propone algún programa de acción?

12. GRACIELA. Sí. Afirma que el raciocinio más elemental indica que los hispanoamericanos deben apresurarse a integrar su raza, levantando el nivel social de sus hermanos indígenas.

13. ALFONSO. También aconseja que estrechen « los lazos que un torpe nacionalismo político mantiene deshechos ».

14. BEATRIZ. Sostiene que hay que poblar las tierras de América y explotarlas con inteligencia, con justicia y generosidad.

15. PROFESOR. Una pregunta final: ¿Cree indispensable el conflicto con Norteamérica?

16. ALFONSO. De ninguna manera. Admite que la primera gran razón del conflicto es el desequilibrio de las fuerzas. Propone « la doctrina de la cooperación de las razas y las culturas, enfrente de la vieja y desacreditada doctrina de lucha por el predominio del más fuerte ».

Preguntas

1. ¿Cuál es el tema de la discusión? 2. ¿Recuerda Ud. el nombre de otro gran ensayista mexicano de nuestros días? 3. ¿Cuáles son algunos de los temas que les preocupan a los ensayistas? 4. ¿De qué trata la obra *Ulises criollo*? 5. ¿Cuáles son los títulos de las grandes obras de Vasconcelos sobre cuestiones filosóficas y sociales? 6. ¿Qué reco-

mienda Vasconcelos acerca del problema de las poblaciones indígenas? 7. ¿Qué recomienda con respecto a la desunión política? 8. ¿Qué sostiene respecto del problema de la tierra? 9. ¿Cree indispensable el conflicto con Norteamérica? 10. ¿Cuál es la doctrina que propone?

C. Temas para discutir en clase

Los alumnos discutirán entre sí los temas siguientes. Para participar en la discusión los alumnos prepararán cuatro o cinco preguntas, con sus respuestas respectivas, sobre cada uno de los temas.

1. El ambiente literario en Hispanoamérica hacia fines del siglo XIX.
2. La vida y obra de Rubén Darío.
3. Las múltiples actividades culturales de Vasconcelos.
4. El conflicto entre latinos y sajones en el Nuevo Mundo.

IV. ASPECTOS GRAMATICALES

A. El futuro y condicional de probabilidad [1]

1. *Cambiar al futuro para expresar probabilidad en el presente:*

Modelo: *¿Qué tiene la princesa?*   *¿Qué tendrá la princesa?*

Profesor	*Estudiante*
Ella quiere ser golondrina.	Ella querrá ser golondrina.
La princesa está triste.	
Piensa en un príncipe de la China.	
¿Es indispensable el conflicto?	

2. *Cambiar al condicional para expresar probabilidad en el pasado:*

Modelo: *¿Qué tenía la princesa?*   *¿Qué tendría la princesa?*

Profesor	*Estudiante*
Ella quería ser golondrina.	Ella querría ser golondrina.
¿Pensaba en un príncipe de la China?	
La princesa estaba triste.	
¿Era indispensable el conflicto?	

B. El subjuntivo después de **ojalá (u ojalá que)** y **quiera Dios que** [2]

1. *Cambiar al presente de subjuntivo después de* **ojalá** *para expresar un deseo que consideramos realizable:*

Modelo: *¿Hará buen tiempo?* [3]   *Ojalá haga buen tiempo.*

Profesor	*Estudiante*
¿Llegará Bartolo a tiempo?	Ojalá llegue Bartolo a tiempo.
¿Podrá vencerle?	
¿Se sentirán felices?	
¿Seguirán ganando?	

---

[1] El futuro de indicativo, el condicional, y los tiempos compuestos correspondientes pueden usarse para expresar probabilidad. Varias expresiones inglesas traducen esta idea. **¿Qué tendrá la princesa?** *What do you suppose is the matter with the princess? I wonder what is the matter with the princess.* **Ella querrá ser golondrina.** *She must want to be a swallow. I guess she wants to be a swallow.* **¿Qué habrá pasado?** *What can have happened? What do you suppose has happened?* **Lo habría leído ya.** *No doubt he had read it already. He had probably read it already.*

Obsérvese que el futuro expresa una acción como posible o probable en el presente, sin referirse para nada al tiempo futuro. Para traducir al español la idea de probabilidad, el alumno omitirá las expresiones *I wonder, I suppose, must, can (could),* etc., y pondrá el verbo dependiente (o el verbo principal en el caso de *no doubt, perhaps, probably*) en el futuro (condicional, o tiempos compuestos correspondientes). [2] **Ojalá** es una expresión de origen árabe que significa **Quiera Dios.** [3] **¿Hará buen tiempo?** *Will it be good weather? Will the weather be good?*

2. *Cambiar al imperfecto de subjuntivo después de* **ojalá** *para expresar un deseo cuya realización tenemos por imposible:*

Modelo: ¿ Hace buen tiempo ?   *Ojalá hiciera buen tiempo.*

Profesor	*Estudiante*
¿ Llegará Bartolo a tiempo ?	Ojalá llegara Bartolo a tiempo.
¿ Puede vencerle ?	
¿ Se sienten felices ?	
¿ Siguen ganando ?	

C. Repaso de los verbos **alentar**[26] (como **alentar,** se conjuga **desalentar**); **iniciar, destruir,**[42] **torcer**[25, 38] (como **torcer,** se conjuga **retorcer**)

1. *Para cambiar al presente de subjuntivo después de* **Él pide que:**

Modelo: Ellos alientan a los extraviados.   **Él pide que alienten a los extraviados.**

Profesor	*Estudiante*
Ud. inicia el programa.	Él pide que Ud. inicie el programa.
No destruimos su obra.	
La historia tuerce su ruta.	
No nos desalentamos.	

2. *Para cambiar al imperfecto de subjuntivo después de* **Ojalá:**

Modelo: Ud. inicia el programa.   **Ojalá Ud. iniciara el programa.**

Profesor	*Estudiante*
No destruimos su obra.	Ojalá no destruyéramos su obra.
La historia tuerce su ruta.	
No nos desalentamos.	
Ellos alientan a los extraviados.	

V. EJERCICIOS ESCRITOS

A. Uso de modismos y frases hechas

1. *Úsense las palabras y modismos siguientes en oraciones completas:*

atento a	parabienes
evadirse de	receta
hacia fines de	según
ni . . . ni	ya no

2. *Escríbanse oraciones completas empleando las frases siguientes como elemento inicial:*

Aunque él mismo . . .
Desde la conquista . . .
La República hoy constituye . . .
Nada tiene de extraño . . .
Nadie hubiera sospechado . . .
No sólo nos derrotaron . . .
¿ Será posible que . . . ?
Se vuelve a repetir . . .

B. Ejercicio de traducción

Traduzcan al español los párrafos siguientes, tratando de imitar las construcciones y fraseología de los textos:

"How time flies! Do you realize that this is our last lesson?"

"It is also the hardest one we have had to study! I wish *(Ojalá)* I had studied a little harder during the year! Why do you suppose the teacher has asked us to read the *Sonatina?*"

"No doubt because the *Sonatina* is one of the most popular poems in Spanish literature. And don't forget to read it aloud, in order to be able to appreciate the beauty of the rhythm and the language."

"The teacher explained to us that it marks the high point of the *modernista* movement. But what does the princess represent?"

"Perhaps she represents the yearning for an imaginary, ideal world. This is one of the basic traits of the poets of the *modernista* school."

« *Universidades* » por *Marino Di Teana*

Cortesía, *Eric Sutherland—Walker Art Center, Minneapolis*

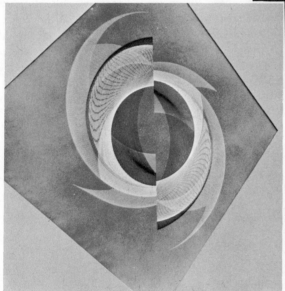

« *Pintura generadora* » por *Eduardo A. Mac Entyre*

Cortesía, *AMERICAS magazine*

« *Luz continua* » por *Julio Le Parc*

Cortesía, *Julio Le Parc, Howard Wise Gallery y Walker Art Center, Minneapolis*

"On the other hand, José Vasconcelos seems to reject the principle of 'art for art's sake.' He concerns himself with the basic problems of Spanish America. His active and stormy life is a good example of his philosophy, namely, that action, governed by moral precepts, should have the first place in human existence. His works on philosophical and social matters should be read by all those who wish to speak on behalf of the higher interests of humanity."

"Who would have imagined, when I started studying Spanish four years ago, that today I would be writing in Spanish about literary matters and social and philosophical questions!"

VI. VERIFICACION Y REPASO

A. Dictado

Preguntas

1. Según Vasconcelos, ¿cuál es la primera gran razón del conflicto entre latinos y sajones en el Nuevo Mundo? 2. ¿Qué sostiene respecto de las poblaciones indígenas? 3. ¿Qué contraste observa en el campo político? 4. ¿Qué contraste advierte respecto de las tierras que ocupan latinos y sajones? 5. ¿Cómo resume Vasconcelos el problema básico de Hispanoamérica? 6. ¿Qué ejemplo cita Vasconcelos como la más tremenda acusación que se puede formular contra las formas de vida en Hispanoamérica?

B. Debates entre grupos de estudiantes

Fórmense varios grupos de estudiantes para participar en debates sobre los temas siguientes:

1. Los profesores y universitarios (como Unamuno y Vasconcelos), que constituyen la inteligencia de los pueblos, deben participar activamente en las cuestiones políticas. Un grupo a favor, y otro en contra.

2. Es necesaria una nueva valuación de la obra de Rubén Darío. Un grupo sostiene que se trata de una literatura de « evasión ». Otro grupo sostiene que la opinión expresada en el texto es correcta.

3. Hay que permitir que los hispanoamericanos resuelvan sus propios problemas. Un grupo a favor; sostiene que el esfuerzo tiene que venir de los hispanoamericanos mismos. Otro grupo sostiene que es necesaria la ayuda de otros países, como Norteamérica, por ejemplo.

C. Temas para un informe o composición

Escríbase un informe o composición, de unas doscientas palabras, sobre uno de los temas siguientes:

1. Algunas características de la poesía modernista.
2. Las ideas de don José Vasconcelos, a base de las selecciones de *La raza cósmica* e *Indología*.
3. Composición libre sobre un tema relacionado con la Lección 31.

DEL MUNDO ANCHO Y AJENO

(Para aprender de memoria)

A. Indirecta

Hace tiempo que el marido está en casa, esperando a la señora. Está ya muy enojado. Por fin regresa la señora y, sin dejarle articular palabra, le dice:

— Calla, calla, no me molestes. Vengo cansadísima.

— Pero, ¿dónde has estado?

— En el salón de belleza. ¡Me entretuvieron cuatro horas!

— ¿Y se dieron por vencidos?

Preguntas

1. ¿Por qué está furioso el marido? 2. ¿Por qué regresa tarde la señora? 3. ¿Qué es un salón de belleza? 4. Explique usted la « indirecta » del marido.

B. Peligro

Dos vagabundos pasan por una casa solitaria en medio del campo en momentos en que el hambre los acosa en forma terrible.

— Pidamos algo de comer.

— No. Ya me he acercado en otras ocasiones y sé que son vegetarianos.

— Y eso, ¿qué tiene de particular?[1] Podrían darnos legumbres o frutas . . .

— Los dueños son vegetarianos; pero el perro sigue siendo carnívoro . . .

Preguntas

1. ¿Dónde se encuentran los vagabundos? 2. ¿Por qué no quiere acercarse a la casa uno de los vagabundos? 3. ¿Qué podrían darles los vegetarianos? 4. ¿Qué es un perro carnívoro?

---

[1] **Y eso, ¿qué tiene de particular?** *What is extraordinary about that?*

Repaso de Lecciones 27-31

32

Repaso de Lecciones 27–31

I. DICTADO

(Se usará para el dictado uno de los textos recomendados en el *Teacher's Key*.)

II. REPASO DE VERBOS

Para conjugar:

1. Sugiero que Juan toque ahora, etc.
2. Hace años que continúo practicando, etc.
3. Hace mucho tiempo que llegué, etc.
4. Cerraré la ventanilla cuando oiga la campana, etc.

5. Ojalá merezca yo un aumento de sueldo, etc.
6. Tal vez los apacigüe yo, etc.
7. Dudo que yo valga tanto, etc.
8. Ojalá no destruyera yo sus ilusiones, etc.

III. ASPECTOS GRAMATICALES

A. La construcción reflexiva

Para traducir al español:

Modelos: *Can the boats be seen?*   *¿ Se ven las lanchas ?*

          When do they close the library ?   *¿ Cuándo se cierra la biblioteca ?*

Profesor	*Estudiante*
When will they repeat the program?	¿ Cuándo se repetirá el programa ?
Many houses have been destroyed.	
The novel was published long ago.	
When do they clean the rooms?	
Several tugboats were lost.	
One could hear these words.	

B. El subjuntivo en las cláusulas relativas

Para contestar afirmativamente, agregando una frase con el verbo en la forma de mandato seguido de lo que, el que, etc. más el subjuntivo:

Modelos: *¿ Le envío a él los libros ?*   *Sí, envíele Ud. los que él pida.*

          ¿ Le presto a él el dinero ?   *Sí, préstele Ud. lo que él pida.*

Profesor	*Estudiante*
¿ Le doy a él los boletos ?	Sí, déle Ud. los que él pida.
¿ Le sirvo a él un poco de chocolate ?	
¿ Le remito a él el cheque ?	
¿ Le mando a ella los discos ?	

**En Lima, Perú, encontramos estos balcones cerrados, típicos de la
arquitectura española de los días de la colonia**

Fotografía de Herbert Lanks, *Black Star*

C. Las cláusulas concesivas

Para cambiar al pasado:

Modelo: *Aunque tengamos mucho que ha-*   *Aunque teníamos mucho que hacer, fuimos al*
cer, iremos al cine.   *cine.*

Profesor	*Estudiante*
Aunque la compañía sea mala, iremos al teatro.	Aunque la compañía era mala, fuimos al teatro.

Aunque haga mucho frío, iremos al partido de
fútbol.
Aunque yo no sepa nadar, iré a la playa.
Aunque llueva, iremos a la fiesta.

D. Expresiones de tiempo con **hacer, llevar, desde cuándo,** etc.

Para traducir al español:

Modelos: *We have been here for two weeks.*   *Hace dos semanas que estamos aquí.*
We saw him two months ago.   *Le vimos hace dos meses.*

Profesor	*Estudiante*
How long have you been studying Spanish?	¿ Desde cuándo estudia Ud. (el) español ? o ¿ Cuánto tiempo llevas estudiando (el) español ?

I have studied Spanish for several months.
I arrived a couple of years ago.
How long had they lived there when that hap-
pened?
They had been living there for a long time.
We had been in Guadalajara for six weeks.

IV. EJERCICIOS ORALES

A. Para definir

Defínanse o identifíquense brevemente:
1. el timón, el remolcador. 2. la boza, la popa.
3. pautar, marrullero. 4. el tablón, el habilitador. 5. el cacaxte, el chachal. 6. el escollo, el
malinchismo. 7. el yelmo, la pugna. 8. Horacio Quiroga, *Azul.* 9. *Cantos de vida y espe-*
ranza, Ulises criollo.

B. Los diálogos

1. Recitación del Diálogo A, Lección 31. Un
alumno desempeña el papel del profesor, otro el
de Alfonso, una alumna el de Beatriz y otra el de
Graciela.

2. Un grupo de tres alumnos (representando los
papeles de Beatriz, Bartolo y Alfonso) preparará
un diálogo original, usando como modelo el Diálogo A, Lección 27, para recitarlo en clase. Las
primeras cuatro o cinco frases se tomarán directamente del diálogo citado. (Nótese que los papeles más largos son los de Beatriz y Alfonso.)

Fotografía de Dick Kent

V. EJERCICIOS ESCRITOS

A. Para escribir en español:

1. Because of the violence of the storm, the pilot was unable to save the boat that was being towed. He finally ordered that the towline be cut. Free of the weight that pulled it down into the sea, the tugboat rose up on the waves, as if it were happy with its freedom; but I shall never forget the gesture of rage of the pilot and the convulsive heaving of his powerful shoulders. His only son was the helmsman of the boat that had sunk.

2. Since prices were not so high as they had expected, and the buyers seemed to show little interest, some of the farmers decided that they would sell only half of their crop. They were sure that it would be better to wait, in case prices would rise. This meant that they had to sign a very complicated contract. It was necessary to protect the buyer against fraud and deception on the part of the seller.

3. Carlos suggested that we all acquire copies of the essay, but unfortunately there weren't any in the bookstore. It is one of the most interesting essays that I have ever read. In it Mr. Iturriaga has attempted a scientific analysis of the historical, racial and cultural factors that have influenced the development of the Mexican character.

4. According to Mr. Vasconcelos, the New World has become the battleground between two ways of life—the Latin and the Anglo-Saxon. Who would have suspected, in the time of the papal bull that divided the New World between Spain and Portugal, that several centuries later an English-speaking people would possess the richest and most powerful part of the Western Hemisphere. In the sixteenth century the Latin peoples thought that they had taken possession of the best regions, and they would not permit the Anglo-Saxons to approach their dominions. In modern times the modest colonies of the north have formed one of the most powerful states that has ever existed, whereas the Latin nations to the south—although they have a promising future—still have many problems to solve.

B. Temas para un informe escrito

Escríbase un informe, de unas doscientas palabras, sobre uno de los temas siguientes:

1. El drama humano que se desarrolla alrededor del cultivo del café.
2. La complejidad de la historia mexicana.
3. La vida y personalidad de José Vasconcelos, como un notable « documento humano ».

« *El descubrimiento de América por Cristóbal Colón* » *por Salvador Dalí*

Cortesía, *The Gallery of Modern Art, including the Huntington Hartford Collection*

APPENDIX

SPANISH LETTER WRITING

FORMULAE for dates:

Stanford, California
10 de febrero de 1972

Stanford, California
10 de febrero, 1972

Washington, 10 de febrero de 1973

FORMULAE for addresses:

Sres. Juan González y Cía.
Calle Tetuán, 36
San Juan, Puerto Rico

Sres. Manuel Cintrón e Hijos
Calle Fortaleza, 101
Ponce, Puerto Rico

Sr. Pedro Pedralva
Maceo, 50
Santiago, Cuba

Srta. María Bermúdez
Florida, 66
Buenos Aires, Argentina

Sra. Alicia Martínez de López
Preciados, 11
Madrid, España

Sr. don Ángel Quintero
Rodríguez Peña, 18
Sucre, Bolivia

FORMULAE for salutations:

Estimados señores: (*to a firm*) Gentlemen:
Muy señores nuestros: (*from a firm to another*) Gentlemen:
Muy señores míos: (*to a firm*) Gentlemen:
Muy señor mío: Dear Sir:
Muy señor nuestro: (*from a firm*) Dear Sir:
Muy señores nuestros y amigos: (*from one firm to another*) Dear Sirs:

Some friendly salutations:

Estimado amigo:
Querido amigo:
Estimado Bartolo:
Querido Bartolo:
Estimada señorita López:
Estimada Graciela:

Querida Graciela:
Mi querida Graciela:
Mi querida amiga:
Mi muy estimada amiga:
Estimada Sra. López:

As is to be expected, friendly salutations will vary according to the degree of friendship existing between the persons exchanging letters.

FORMULAE for complimentary closings:

In Spanish letter writing it is not uncommon to find the following initials as part of complimentary closings:

S.S.S.—Su seguro servidor
S.S.—Seguro servidor
SS. SS.—Seguros servidores
Q.B.S.M.—Que besa sus manos
Q.S.M.B.—Que sus manos besa
Q.B.S.P.—Que besa sus pies
Q.S.P.B.—Que sus pies besa

af$^{mo.}$ – **afectísimo,** af$^{mos.}$ – **afectísimos**
a$^{tto.}$ – **atento,** a$^{ttos.}$–**atentos**

*Used before the signature of a
letter addressed to a gentleman.*
*Used before the signature of a
letter addressed to a lady.*

243

Following are some common complimentary closings:

Quedo de Ud. afectísimo y S. S.	I remain, Very sincerely yours,
Soy de Ud. afectísimo y S. S. **Soy de Ud. af^{mo.} y S. S.** }	I am, Very sincerely yours,
Somos de ustedes atentos amigos **y seguros servidores,**	We are, Very sincerely yours,
Quedamos de Ud. atentos y SS.SS. **Quedamos de Ud. a^{ttos.} y SS.SS.** }	We remain, Sincerely yours,

Soy de Ud. S. S. S.
    Q.S.M.B.
	I am,
	    Respectfully yours,

Sin otro particular, se ofrece **a sus órdenes su a^{tto.} y S.S.S.**	This is all for the present. I beg to remain, Sincerely yours,
Quedo de Ud. muy atentamente.	I remain, Very truly yours,

Some friendly closings are:

Recibe un abrazo de tu amigo	Cordially yours,
Cariñosos saludos de tu amigo	Cordially yours,
Recibe un fuerte apretón de **manos de tu amigo**	Very cordially yours,

As with salutations, friendly complimentary closings will vary with the degree of friendship existing between the persons writing the letters.

NUMERALS

Cardinals

0	**cero**	18	**diez y ocho**	42	**cuarenta y dos**
1	**uno, –a**	19	**diez y nueve**	50	**cincuenta**
2	**dos**	20	**veinte**	60	**sesenta**
3	**tres**	21	**veinte y uno, –a**[1]	70	**setenta**
4	**cuatro**	22	**veinte y dos**	80	**ochenta**
5	**cinco**	23	**veinte y tres**	90	**noventa**
6	**seis**	24	**veinte y cuatro**	100	**ciento**
7	**siete**	25	**veinte y cinco**	101	**ciento uno, –a**
8	**ocho**	26	**veinte y seis**	102	**ciento dos**
9	**nueve**	27	**veinte y siete**	103	**ciento tres**
10	**diez**	28	**veinte y ocho**	200	**doscientos, –as**
11	**once**	29	**veinte y nueve**	300	**trescientos, –as**
12	**doce**	30	**treinta**	400	**cuatrocientos, –as**
13	**trece**	31	**treinta y uno, –a**	500	**quinientos, –as**
14	**catorce**	32	**treinta y dos**	600	**seiscientos, –as**
15	**quince**	33	**treinta y tres**	700	**setecientos, –as**
16	**diez y seis**[1]	40	**cuarenta**	800	**ochocientos, –as**
17	**diez y siete**	41	**cuarenta y uno**	900	**novecientos, –as**

[1] Also **dieciséis, diecisiete, dieciocho, diecinueve; veintiún, veintiuno, veintiuna, veintidós, veintitrés, veinticuatro, veinticinco, veintiséis, veintisiete, veintiocho, veintinueve.**

1000 mil
2000 dos mil
3000 tres mil
50.000 cincuenta mil
100.000 cien mil
101.000 ciento un mil

1.000.000 un millón (de)
2.101.000 dos millones ciento
un mil
1.000.000.000 mil millones (de)[1]
1.000.000.000.000 un billón (de)[1]

Ordinals

1st	primero, –a	17th	décimo séptimo, –a
2nd	segundo, –a	18th	décimo octavo, –a
3rd	tercero, –a	19th	décimo noveno, –a;
4th	cuarto, –a		décimo nono, –a
5th	quinto, –a	20th	vigésimo, –a
6th	sexto, –a	21st	vigésimo primero, –a
7th	séptimo, –a	30th	trigésimo, –a
8th	octavo, –a	40th	cuadragésimo, –a
9th	noveno, –a; nono, –a	50th	quincuagésimo, –a
10th	décimo, –a	60th	sexagésimo, –a
11th	undécimo, –a[2]	70th	septuagésimo, –a
12th	duodécimo, –a	80th	octogésimo, –a
13th	décimo tercero, –a	90th	nonagésimo, –a
14th	décimo cuarto, –a	100th	centésimo, –a
15th	décimo quinto, –a	1,000th	milésimo, –a
16th	décimo sexto, –a	1,000,000th	millonésimo, –a

Abbreviations: 1°, 2°, 3°, 4°, 12°, etc. *for the masculine.*
1^a, 2^a, 3^a, 4^a, 12^a, etc. *for the feminine.*

Fractions

½ (un) medio, una mitad
⅓ un tercio, una tercera parte
¼ un cuarto, una cuarta parte
⅕ un quinto, una quinta parte
⅙ un sexto, una sexta parte
³⁄₇ tres séptimos, tres séptimas partes
²⁄₉ dos novenos, dos novenas partes
¹⁄₁₀ un décimo, una décima parte
¹⁄₁₁ un onzavo,[3] una undécima parte
⁵⁄₁₂ cinco dozavos, cinco duodécimas partes
³⁄₂₀ tres veintavos, tres vigésimas partes
6½ = 6,5 seis y medio
50³⁄₁₀ = 50,3 cincuenta y tres décimas partes
60⁷⁵⁄₁₀₀₀ = 60,075 sesenta y setenta y cinco milésimas partes
55³⁴⁄₁₀₀ = 55,34 cincuenta y cinco y treinta y cuatro centésimas partes

---

[1] Notice that **mil millones** is equivalent to our *one billion*, and **un billón** is equivalent to our *trillion*. The Spanish **billón** is **un millón de millones** *one million millions.*   [2] Remember that after TENTH one may use the cardinal number instead of the ordinal.   [3] Notice that after ¹⁄₁₀ fractions are formed by adding the ending **–avo** to the cardinal number.

INDEFINITES AND NEGATIVES

INDEFINITE FORMS	NEGATIVE COUNTERPARTS
alguien (somebody, someone, anybody)	**nadie** (nobody, no one, not . . . anybody, [anyone])
algún (some, any)	**ningún** (no)
alguno (some [of], someone *m.*)	**ninguno** (none, no one *m.*)
alguna (some [of], someone *f.*)	**ninguna** (none, no one *f.*)
algunos (some, several *m. pl.*)	**ninguno** ⎫ (*no plural negatives*)
algunas (some, several *f. pl.*)	**ninguna** ⎭
algo (something, anything)	**nada** (nothing, not . . . anything)
siempre (always)	**nunca, jamás** (never, not . . . ever)
también (also)	**tampoco** (neither, not . . . either)
o. . . o (either . . . or)	**ni . . . ni** (neither . . . nor)

IRREGULAR COMPARISON

Adjectives		Adverbs	
POSITIVE	COMPARATIVE	POSITIVE	COMPARATIVE
bueno good	**mejor** better	**mucho** much	**más** more
malo bad	**peor** worse	**poco** little	**menos** less
grande great, large	**mayor (más grande)** larger, greater	**bien** well	**mejor** better
pequeño small	**menor (más pequeño)** smaller, younger	**mal** ill, badly	**peor** worse

VERB APPENDIX

I. REGULAR VERBS

INFINITIVE

estudiar, *to study*	**comer,** *to eat*	**vivir,** *to live*

PRESENT PARTICIPLE

estudiando, *studying*	**comiendo,** *eating*	**viviendo,** *living*

PAST PARTICIPLE

estudiado, *studied*	**comido,** *eaten*	**vivido,** *lived*

Simple Tenses

INDICATIVE

PRESENT

I study, do study, am studying	*I eat, do eat, am eating*	*I live, do live, am living*
estudio	como	vivo
estudias	comes	vives
estudia	come	vive
estudiamos	comemos	vivimos
estudiáis	coméis	vivís
estudian	comen	viven

PRETERITE

I studied, did study	*I ate, did eat*	*I lived, did live*
estudié	comí	viví
estudiaste	comiste	viviste
estudió	comió	vivió
estudiamos	comimos	vivimos
estudiasteis	comisteis	vivisteis
estudiaron	comieron	vivieron

IMPERFECT

I was studying, used to study, studied	*I was eating, used to eat, ate*	*I was living, used to live, lived*
estudiaba	comía	vivía
estudiabas	comías	vivías
estudiaba	comía	vivía
estudiábamos	comíamos	vivíamos
estudiabais	comíais	vivíais
estudiaban	comían	vivían

FUTURE

I shall (will) study	*I shall (will) eat*	*I shall (will) live*
estudiaré	comeré	viviré
estudiarás	comerás	vivirás
estudiará	comerá	vivirá
estudiaremos	comeremos	viviremos
estudiaréis	comeréis	viviréis
estudiarán	comerán	vivirán

CONDITIONAL

I should (would) study	*I should (would) eat*	*I should (would) live*
estudiaría	comería	viviría
estudiarías	comerías	vivirías
estudiaría	comería	viviría
estudiaríamos	comeríamos	viviríamos
estudiaríais	comeríais	viviríais
estudiarían	comerían	vivirían

SUBJUNCTIVE

PRESENT

(that) I may study	*(that) I may eat*	*(that) I may live*
estudie	coma	viva
estudies	comas	vivas
estudie	coma	viva
estudiemos	comamos	vivamos
estudiéis	comáis	viváis
estudien	coman	vivan

IMPERFECT

(that) I might study		*(that) I might eat*		*(that) I might live*	
estudiara	estudiase	comiera	comiese	viviera	viviese
estudiaras	estudiases	comieras	comieses	vivieras	vivieses
estudiara	estudiase	comiera	comiese	viviera	viviese
estudiáramos	estudiásemos	comiéramos	comiésemos	viviéramos	viviésemos
estudiarais	estudiaseis	comierais	comieseis	vivierais	vivieseis
estudiaran	estudiasen	comieran	comiesen	vivieran	viviesen

COMMANDS

study	eat	live
estudie Ud.	coma Ud.	viva Ud.
estudien Uds.	coman Uds.	vivan Uds.
estudia tú	come tú	vive tú
estudiemos nosotros, –as	comamos nosotros, –as	vivamos nosotros, –as
estudiad vosotros, –as	comed vosotros, –as	vivid vosotros, –as

Compound Tenses

INDICATIVE

PRESENT PERFECT

I have studied, eaten, lived

he estudiado, comido, vivido
has estudiado, comido, vivido
ha estudiado, comido, vivido

hemos estudiado, comido, vivido
habéis estudiado, comido, vivido
han estudiado, comido, vivido

PRETERITE PERFECT

I had studied, eaten, lived

hube estudiado, comido, vivido
hubiste estudiado, comido, vivido
hubo estudiado, comido, vivido

hubimos estudiado, comido, vivido
hubisteis estudiado, comido, vivido
hubieron estudiado, comido, vivido

PLUPERFECT

I had studied, eaten, lived

había estudiado, comido, vivido
habías estudiado, comido, vivido
había estudiado, comido, vivido

habíamos estudiado, comido, vivido
habíais estudiado, comido, vivido
habían estudiado, comido, vivido

FUTURE PERFECT

I shall (will) have studied, eaten, lived

habré estudiado, comido, vivido
habrás estudiado, comido, vivido
habrá estudiado, comido, vivido

habremos estudiado, comido, vivido
habréis estudiado, comido, vivido
habrán estudiado, comido, vivido

CONDITIONAL PERFECT

I should (would) have studied, eaten, lived

habría estudiado, comido, vivido
habrías estudiado, comido, vivido
habría estudiado, comido, vivido

habríamos estudiado, comido, vivido
habríais estudiado, comido, vivido
habrían estudiado, comido, vivido

SUBJUNCTIVE

PRESENT PERFECT

(that) I may have studied, eaten, lived

haya estudiado, comido, vivido
hayas estudiado, comido, vivido
haya estudiado, comido, vivido

hayamos estudiado, comido, vivido
hayáis estudiado, comido, vivido
hayan estudiado, comido, vivido

PLUPERFECT

(that) I might have studied, eaten, lived

hubiera *or* hubiese estudiado, comido, vivido
hubieras *or* hubieses estudiado, comido, vivido
hubiera *or* hubiese estudiado, comido, vivido

hubiéramos *or* hubiésemos estudiado, comido, vivido
hubierais *or* hubieseis estudiado, comido, vivido
hubieran *or* hubiesen estudiado, comido, vivido

The Reflexive Verb

desayunarse, *to have breakfast*

PRES. IND.	me desayuno, te desayunas, se desayuna, etc.
PRES. SUBJ.	me desayune, te desayunes, se desayune, etc.
PRETERITE	me desayuné, te desayunaste, se desayunó, etc.
IMP. SUBJ.	me desayunara, te desayunaras, se desayunara, etc.
	me desayunase, te desayunases, se desayunase, etc.
IMPERFECT	me desayunaba, te desayunabas, se desayunaba, etc.
FUTURE	me desayunaré, te desayunarás, se desayunará, etc.
CONDITIONAL	me desayunaría, te desayunarías, se desayunaría, etc.

SOME COMMON REFLEXIVE VERBS

Notice that se attached to an infinitive indicates that the verb is used as a reflexive.

acordarse (ue) de	*to remember*	lavarse	*to wash up*
acostarse (ue)	*to go to bed*	levantarse	*to get up*
alegrarse de	*to be glad of (to)*	llamarse	*to be called*
callarse	*to keep quiet*	pasearse	*to take a walk*
desayunarse	*to have breakfast*	peinarse	*to comb one's hair*
despertarse (ie)	*to wake up*	sentarse (ie)	*to sit down*

II. IRREGULAR VERBS

(Tenses not listed are regular. The irregular forms are given in heavy type.)

1. andar, *to go, walk*

PRETERITE	anduve	anduviste	anduvo	anduvimos	anduvisteis	anduvieron
IMP. SUBJ.	anduviera	anduvieras	anduviera	anduviéramos	anduvierais	anduvieran
	anduviese	anduvieses	anduviese	anduviésemos	anduvieseis	anduviesen

2. caber, *to fit, be contained in*

PRES. IND.	quepo	cabes	cabe	cabemos	cabéis	caben
PRES. SUBJ.	quepa	quepas	quepa	quepamos	quepáis	quepan
FUTURE	cabré	cabrás	cabrá	cabremos	cabréis	cabrán
CONDITIONAL	cabría	cabrías	cabría	cabríamos	cabríais	cabrían
PRETERITE	cupe	cupiste	cupo	cupimos	cupisteis	cupieron
IMP. SUBJ.	cupiera	cupieras	cupiera	cupiéramos	cupierais	cupieran
	cupiese	cupieses	cupiese	cupiésemos	cupieseis	cupiesen

3. caer, *to fall*

PRES. IND.	caigo	caes	cae	caemos	caéis	caen
PRES. SUBJ.	caiga	caigas	caiga	caigamos	caigáis	caigan
PRETERITE	caí	caíste	cayó	caímos	caísteis	cayeron
IMP. SUBJ.	cayera	cayeras	cayera	cayéramos	cayerais	cayeran
	cayese	cayeses	cayese	cayésemos	cayeseis	cayesen
PRES. PART.	cayendo	PAST PART. **caído**				

4. dar, *to give*

PRES. IND.	doy	das	da	damos	dais	dan
PRES. SUBJ.	dé	des	dé	demos	deis	den
PRETERITE	di	diste	dio	dimos	disteis	dieron
IMP. SUBJ.	diera	dieras	diera	diéramos	dierais	dieran
	diese	dieses	diese	diésemos	dieseis	diesen

5. decir, *to say, tell*

PRES. IND.	digo	dices	dice	decimos	decís	dicen
PRES. SUBJ.	diga	digas	diga	digamos	digáis	digan
FUTURE	diré	dirás	dirá	diremos	diréis	dirán
CONDITIONAL	diría	dirías	diría	diríamos	diríais	dirían
PRETERITE	dije	dijiste	dijo	dijimos	dijisteis	dijeron
IMP. SUBJ.	dijera	dijeras	dijera	dijéramos	dijerais	dijeran
	dijese	dijeses	dijese	dijésemos	dijeseis	dijesen
IMPERATIVE		di			decid	

PRES. PART. **diciendo**   PAST PART. **dicho**

6. estar, *to be*

PRES. IND.	estoy	estás	está	estamos	estáis	están
PRES. SUBJ.	esté	estés	esté	estemos	estéis	estén
PRETERITE	estuve	estuviste	estuvo	estuvimos	estuvisteis	estuvieron
IMP. SUBJ.	estuviera	estuvieras	estuviera	estuviéramos	estuvierais	estuvieran
	estuviese	estuvieses	estuviese	estuviésemos	estuvieseis	estuviesen
IMPERATIVE		está			estad	

7. haber, *to have* (auxiliary)

PRES. IND.	he	has	ha	hemos	habéis	han
PRES. SUBJ.	haya	hayas	haya	hayamos	hayáis	hayan
FUTURE	habré	habrás	habrá	habremos	habréis	habrán
CONDITIONAL	habría	habrías	habría	habríamos	habríais	habrían
PRETERITE	hube	hubiste	hubo	hubimos	hubisteis	hubieron
IMP. SUBJ.	hubiera	hubieras	hubiera	hubiéramos	hubierais	hubieran
	hubiese	hubieses	hubiese	hubiésemos	hubieseis	hubiesen

8. hacer, *to do, make*

PRES. IND.	hago	haces	hace	hacemos	hacéis	hacen
PRES. SUBJ.	haga	hagas	haga	hagamos	hagáis	hagan
FUTURE	haré	harás	hará	haremos	haréis	harán
CONDITIONAL	haría	harías	haría	haríamos	haríais	harían
PRETERITE	hice	hiciste	hizo	hicimos	hicisteis	hicieron
IMP. SUBJ.	hiciera	hicieras	hiciera	hiciéramos	hicierais	hicieran
	hiciese	hicieses	hiciese	hiciésemos	hicieseis	hiciesen
IMPERATIVE		haz			haced	

PAST PART. **hecho**

9. ir, *to go*

PRES. IND.	voy	vas	va	vamos	vais	van
PRES. SUBJ.	vaya	vayas	vaya	vayamos	vayáis	vayan
IMP. IND.	iba	ibas	iba	íbamos	ibais	iban
PRETERITE	fui	fuiste	fue	fuimos	fuisteis	fueron
IMP. SUBJ.	fuera	fueras	fuera	fuéramos	fuerais	fueran
	fuese	fueses	fuese	fuésemos	fueseis	fuesen
IMPERATIVE		ve			id	

PRES. PART. **yendo**   PAST PART. **ido**

10. oír, *to hear*

PRES. IND.	oigo	oyes	oye	oímos	oís	oyen
PRES. SUBJ.	oiga	oigas	oiga	oigamos	oigáis	oigan
PRETERITE	oí	oíste	oyó	oímos	oísteis	oyeron
IMP. SUBJ.	oyera	oyeras	oyera	oyéramos	oyerais	oyeran
	oyese	oyeses	oyese	oyésemos	oyeseis	oyesen
IMPERATIVE		oye			oíd	

PRES. PART. **oyendo**   PAST. PART. **oído**

11. **poder,** *to be able*

PRES. IND.	puedo	puedes	puede	podemos	podéis	pueden
PRES. SUBJ.	pueda	puedas	pueda	podamos	podáis	puedan
FUTURE	podré	podrás	podrá	podremos	podréis	podrán
CONDITIONAL	podría	podrías	podría	podríamos	podríais	podrían
PRETERITE	pude	pudiste	pudo	pudimos	pudisteis	pudieron
IMP. SUBJ.	pudiera	pudieras	pudiera	pudiéramos	pudierais	pudieran
	pudiese	pudieses	pudiese	pudiésemos	pudieseis	pudiesen
PRES. PART.	pudiendo					

12. **poner,** *to put, place*

PRES. IND.	pongo	pones	pone	ponemos	ponéis	ponen
PRES. SUBJ.	ponga	pongas	ponga	pongamos	pongáis	pongan
FUTURE	pondré	pondrás	pondrá	pondremos	pondréis	pondrán
CONDITIONAL	pondría	pondrías	pondría	pondríamos	pondríais	pondrían
PRETERITE	puse	pusiste	puso	pusimos	pusisteis	pusieron
IMP. SUBJ.	pusiera	pusieras	pusiera	pusiéramos	pusierais	pusieran
	pusiese	pusieses	pusiese	pusiésemos	pusieseis	pusiesen
IMPERATIVE	pon				poned	
PAST. PART.	puesto					

13. **querer,** *to wish, love*

PRES. IND.	quiero	quieres	quiere	queremos	queréis	quieren
PRES. SUBJ.	quiera	quieras	quiera	queramos	queráis	quieran
FUTURE	querré	querrás	querrá	querremos	querréis	querrán
CONDITIONAL	querría	querrías	querría	querríamos	querríais	querrían
PRETERITE	quise	quisiste	quiso	quisimos	quisisteis	quisieron
IMP. SUBJ.	quisiera	quisieras	quisiera	quisiéramos	quisierais	quisieran
	quisiese	quisieses	quisiese	quisiésemos	quisieseis	quisiesen

14. **saber,** *to know*

PRES. IND.	sé	sabes	sabe	sabemos	sabéis	saben
PRES. SUBJ.	sepa	sepas	sepa	sepamos	sepáis	sepan
FUTURE	sabré	sabrás	sabrá	sabremos	sabréis	sabrán
CONDITIONAL	sabría	sabrías	sabría	sabríamos	sabríais	sabrían
PRETERITE	supe	supiste	supo	supimos	supisteis	supieron
IMP. SUBJ.	supiera	supieras	supiera	supiéramos	supierais	supieran
	supiese	supieses	supiese	supiésemos	supieseis	supiesen

15. **salir,** *to go out, leave*

PRES. IND.	salgo	sales	sale	salimos	salís	salen
PRES. SUBJ.	salga	salgas	salga	salgamos	salgáis	salgan
FUTURE	saldré	saldrás	saldrá	saldremos	saldréis	saldrán
CONDITIONAL	saldría	saldrías	saldría	saldríamos	saldríais	saldrían
IMPERATIVE	sal				salid	

16. **ser,** *to be*

PRES. IND.	soy	eres	es	somos	sois	son
PRES. SUBJ.	sea	seas	sea	seamos	seáis	sean
IMPERFECT	era	eras	era	éramos	erais	eran
PRETERITE	fui	fuiste	fue	fuimos	fuisteis	fueron
IMP. SUBJ.	fuera	fueras	fuera	fuéramos	fuerais	fueran
	fuese	fueses	fuese	fuésemos	fueseis	fuesen
IMPERATIVE	sé				sed	

17. tener, *to have, possess*

PRES. IND.	tengo	tienes	tiene	tenemos	tenéis	tienen
PRES. SUBJ.	tenga	tengas	tenga	tengamos	tengáis	tengan
FUTURE	tendré	tendrás	tendrá	tendremos	tendréis	tendrán
CONDITIONAL	tendría	tendrías	tendría	tendríamos	tendríais	tendrían
PRETERITE	tuve	tuviste	tuvo	tuvimos	tuvisteis	tuvieron
IMP. SUBJ.	tuviera	tuvieras	tuviera	tuviéramos	tuvierais	tuvieran
	tuviese	tuvieses	tuviese	tuviésemos	tuvieseis	tuviesen
IMPERATIVE		ten			tened	

18. traer, *to bring*

PRES. IND.	traigo	traes	trae	traemos	traéis	traen
PRES. SUBJ.	traiga	traigas	traiga	traigamos	traigáis	traigan
PRETERITE	traje	trajiste	trajo	trajimos	trajisteis	trajeron
IMP. SUBJ.	trajera	trajeras	trajera	trajéramos	trajerais	trajeran
	trajese	trajeses	trajese	trajésemos	trajeseis	trajesen
PRES. PART.	trayendo	PAST PART. **traído**				

19. valer, *to be worth*

PRES. IND.	valgo	vales	vale	valemos	valéis	valen
PRES. SUBJ.	valga	valgas	valga	valgamos	valgáis	valgan
FUTURE	valdré	valdrás	valdrá	valdremos	valdréis	valdrán
CONDITIONAL	valdría	valdrías	valdría	valdríamos	valdríais	valdrían
IMPERATIVE		val(e)			valed	

20. venir, *to come*

PRES. IND.	vengo	vienes	viene	venimos	venís	vienen
PRES. SUBJ.	venga	vengas	venga	vengamos	vengáis	vengan
FUTURE	vendré	vendrás	vendrá	vendremos	vendréis	vendrán
CONDITIONAL	vendría	vendrías	vendría	vendríamos	vendríais	vendrían
PRETERITE	vine	viniste	vino	vinimos	vinisteis	vinieron
IMP. SUBJ.	viniera	vinieras	viniera	viniéramos	vinierais	vinieran
	viniese	vinieses	viniese	viniésemos	vinieseis	viniesen
IMPERATIVE		ven			venid	
PRES. PART.	viniendo					

21. ver, *to see*

PRES. IND.	veo	ves	ve	vemos	veis	ven
PRES. SUBJ.	vea	veas	vea	veamos	veáis	vean
PRETERITE	vi	viste	vio	vimos	visteis	vieron
IMP. IND.	veía	veías	veía	veíamos	veíais	veían
PAST PART.	visto					

22. roer,[1] *to gnaw*

	roo					
PRES. IND.	roigo	roes	roe	roemos	roéis	roen
	royo					
	roa[2]	roas	roa	roamos	roáis	roan
PRES. SUBJ.	roiga	roigas	roiga	roigamos	roigáis	roigan
	roya	royas	roya	royamos	royáis	royan

[1] See **creer**.   [2] Preferred form.

III. RADICAL-CHANGING VERBS

CLASS "A" (–ar, –er)

Verbs in this class belong to the first and second conjugations. These verbs change the stem vowel (the vowel which immediately precedes the infinitive ending) thus: stressed **e** becomes **ie**, and stressed **o** becomes **ue**. These changes occur in the singular and third person plural of the present indicative and present subjunctive, and in the imperative singular.

23. contar, *to count*

PRES. IND.	**cuento**	**cuentas**	**cuenta**	contamos	contáis	**cuentan**
PRES. SUBJ.	**cuente**	**cuentes**	**cuente**	contemos	contéis	**cuenten**
IMPERATIVE		**cuenta**			contad	

Like **contar**: acordar, *to decide*; acordarse de, *to remember*; acostarse, *to go to bed*; almorzar (c), *to take lunch*; avergonzar (üe; c), *to shame*; colgar (gu), *to hang up*; costar, *to cost*; demostrar, *to show*; descolgar (gu), *to take down*; encontrar, *to find*; mostrar, *to show*; probar, *to try*; recordar, *to remember*; soltar, *to release*; sonar, *to ring, sound*; resonar, *to ring*; soñar, *to dream*; volar, *to fly*; volcar (qu), *to overturn, upset*.

24. jugar, *to play* (a game)

PRES. IND.	**juego**	**juegas**	**juega**	jugamos	jugáis	**juegan**
PRES. SUBJ.	**juegue**	**juegues**	**juegue**	juguemos	juguéis	**jueguen**
IMPERATIVE		**juega**			jugad	

25. mover, *to move*

PRES. IND.	**muevo**	**mueves**	**mueve**	movemos	movéis	**mueven**
PRES. SUBJ.	**mueva**	**muevas**	**mueva**	movamos	mováis	**muevan**
IMPERATIVE		**mueve**			moved	

Like **mover**: conmover, *to move* (emotionally); devolver, *to return* (a thing); llover, *to rain*; morder, *to bite*; resolver, *to resolve*; soler, *to be accustomed to*; torcer (z), *to twist, turn*; volver, *to return* (of a person; p.p. **vuelto**).

26. pensar, *to think*

PRES. IND.	**pienso**	**piensas**	**piensa**	pensamos	pensáis	**piensan**
PRES. SUBJ.	**piense**	**pienses**	**piense**	pensemos	penséis	**piensen**
IMPERATIVE		**piensa**			pensad	

Like **pensar**: acertar, *to guess right*; alentar, *to encourage*; apretar, *to tighten*; atravesar, *to cross*; cerrar, *to close*; comenzar (c), *to begin*; despertar, *to awaken*; despertarse, *to wake up*; empezar (c), *to begin*; enmendarse, *to make amends*; enterrar, *to bury*; gobernar, *to govern*; manifestar, *to show*; negar (gu), *to deny*; recomendar, *to recommend*; sembrar, *to sow*; sentarse, *to sit down*; tentar, *to tempt*.

27. perder, *to lose*

PRES. IND.	**pierdo**	**pierdes**	**pierde**	perdemos	perdéis	**pierden**
PRES. SUBJ.	**pierda**	**pierdas**	**pierda**	perdamos	perdáis	**pierdan**
IMPERATIVE		**pierde**			perded	

Like **perder**: atender a, *to take care of*; descender, *to descend, go down*; entender, *to understand*; extender, *to extend*; tender a, *to tend to*.

CLASS "B" (–ir)

Verbs in this class belong to the third conjugation. These verbs change the stem vowel (the vowel which immediately precedes the infinitive ending) thus: stressed **e** becomes **ie**, and stressed **o** becomes **ue**; unstressed **e** becomes **i** if the syllable that follows it has **a**, **ie**, or **ió**, and unstressed **o** becomes **u** if the syllable that follows it has **a**, **ie**, or **ió**. These changes occur in the singular and third person plural of the present indicative, in the imperative singular, in the third person singular and plural of the preterite indicative, in all the persons of the present and imperfect subjunctive, and in the present participle.

28. sentir, to feel

PRES. IND.	**siento**	**sientes**	**siente**	sentimos	sentís	**sienten**
PRES. SUBJ.	**sienta**	**sientas**	**sienta**	**sintamos**	**sintáis**	**sientan**
IMPERATIVE		**siente**			sentid	
PRETERITE	sentí	sentiste	**sintió**	sentimos	sentisteis	**sintieron**
IMP. SUBJ.	**sintiera**	**sintieras**	**sintiera**	**sintiéramos**	**sintierais**	**sintieran**
	sintiese	**sintieses**	**sintiese**	**sintiésemos**	**sintieseis**	**sintiesen**
PRES. PART.	**sintiendo**					

Like **sentir**: adquirir,[1] *to acquire;* advertir, *to warn, advise;* consentir, *to consent, permit;* convertirse en, *to become;* diferir, *to differ;* divertirse, *to amuse oneself;* herir, *to wound;* mentir, *to tell lies;* preferir, *to prefer;* referir, *to refer;* sugerir, *to suggest.*

29. dormir, to sleep

PRES. IND.	**duermo**	**duermes**	**duerme**	dormimos	dormís	**duermen**
PRES. SUBJ.	**duerma**	**duermas**	**duerma**	**durmamos**	**durmáis**	**duerman**
IMPERATIVE		**duerme**			dormid	
PRETERITE	dormí	dormiste	**durmió**	dormimos	dormisteis	**durmieron**
IMP. SUBJ.	**durmiera**	**durmieras**	**durmiera**	**durmiéramos**	**durmierais**	**durmieran**
	durmiese	**durmieses**	**durmiese**	**durmiésemos**	**durmieseis**	**durmiesen**
PRES. PART.	**durmiendo**					

Like **dormir**: morir, *to die.* (The past participle of **morir** is **muerto**.)

CLASS "C" (–ir)

Verbs in this class belong to the third conjugation. These verbs change the stem vowel (the vowel which immediately precedes the infinitive ending) thus: stressed **e** becomes **i**, and unstressed **e** becomes **i** if the syllable that follows it has **a**, **ie**, or **ió**. These changes occur in the singular and third person plural of the present indicative, in the imperative singular, in the third person singular and plural of the preterite indicative, in the present and imperfect subjunctive, and in the present participle.

30. pedir, to ask

PRES. IND.	**pido**	**pides**	**pide**	pedimos	pedís	**piden**
PRES. SUBJ.	**pida**	**pidas**	**pida**	**pidamos**	**pidáis**	**pidan**
IMPERATIVE		**pide**			pedid	
PRETERITE	pedí	pediste	**pidió**	pedimos	pedisteis	**pidieron**
IMP. SUBJ.	**pidiera**	**pidieras**	**pidiera**	**pidiéramos**	**pidierais**	**pidieran**
	pidiese	**pidieses**	**pidiese**	**pidiésemos**	**pidieseis**	**pidiesen**
PRES. PART.	**pidiendo**					

Like **pedir**: conseguir (g), *to get, obtain;* corregir (j), *to correct;* despedirse, *to take leave;* elegir (j), *to elect;* gemir, *to whine, moan;* impedir, *to prevent;* perseguir (g), *to pursue;* reñir (3rd. person pret. **riñó, riñeron;** pres. part. **riñendo**), *to fight;* repetir, *to repeat;* revestir, *to take on;* seguir (g), *to follow;* servir, *to serve;* vestir, *to dress;* vestirse, *to get dressed.*

---

[1] By exception, verbs ending in **-irir**, like **adquirir** (*to acquire*), **inquirir** (*to inquire*), change stressed **i** to **ie**, like verbs of this class, in the first, second, third and sixth persons of the present indicative and the present subjunctive, and in the imperative singular, but are regular in all the other tenses.

31. reír, *to laugh*

PRES. IND.	río	ríes	ríe	reímos	reís	ríen
PRES. SUBJ.	ría	rías	ría	riamos	riáis	rían
IMPERATIVE		ríe			reíd	
PRETERITE	reí	reíste	rió	reímos	reísteis	rieron
IMP. SUBJ.	riera	rieras	riera	riéramos	rierais	rieran
	riese	rieses	riese	riésemos	rieseis	riesen
PRES. PART.	riendo					

Like **reír:** sonreír, *to smile.*

IV. VERBS WITH CHANGES IN SPELLING

Some verbs undergo changes in spelling in order to preserve the sound of the final consonant of the stem. Study the verbs given below; the changes are indicated in heavy type.

32. Verbs ending in –car change c to qu before e.

buscar, *to look for*

PRETERITE	busqué	buscaste	buscó	buscamos	buscasteis	buscaron
PRES. SUBJ.	busque	busques	busque	busquemos	busquéis	busquen

Like **buscar:** acercar, *to bring near;* acercarse, *to approach;* aplacar, *to calm;* colocar, *to place, set;* dedicar, *to devote;* desembocar, *to empty* (intrans.); duplicar, *to double;* equivocarse, *to be mistaken;* evocar, *to evoke;* explicar, *to explain;* indicar, *to indicate;* intensificar, *to intensify;* marcar, *to mark;* pescar, *to fish;* publicar, *to publish;* remolcar, *to tow;* sacar, *to take out;* secar, *to dry;* significar, *to mean;* tocar, *to play* (music), *touch.*

33. Verbs ending in –gar change g to gu before e.

llegar, *to arrive*

PRETERITE	llegué	llegaste	llegó	llegamos	llegasteis	llegaron
PRES. SUBJ.	llegue	llegues	llegue	lleguemos	lleguéis	lleguen

Like **llegar:** agregar, *to add, join;* apagar, *to turn off;* colgar (ue), *to hang up;* descolgar (ue), *to take down;* embargar, *to attach;* indagarse de, *to check;* jugar (ue), *to play* (a game); navegar, *to sail;* negar (ie), *to deny;* obligar, *to oblige, compel;* pagar, *to pay;* prolongar, *to prolong;* rogar (ue), *to beg.*

34. Verbs ending in –zar change z to c before e.

cruzar, *to cross*

PRETERITE	crucé	cruzaste	cruzó	cruzamos	cruzasteis	cruzaron
PRES. SUBJ.	cruce	cruces	cruce	crucemos	crucéis	crucen

Like **cruzar:** abrazar, *to embrace;* alcanzar, *to overtake, reach;* almorzar (ue), *to have lunch;* alzar, *to rise, go up;* avergonzar (üe), *to shame;* bautizar, *to baptize;* cazar, *to hunt;* comenzar (ie), *to begin;* desplazar, *to shift;* destrozar, *to destroy;* empezar (ie), *to begin;* enlazar, *to lace, connect;* erizarse, *to bristle;* gozar, *to enjoy;* lanzar, *to hurl;* lanzarse, *to rush;* organizar, *to organize;* realizar, *to carry out;* rechazar, *to reject;* rezar, *to pray;* simbolizar, *to symbolize.*

35. Verbs ending in –guar change gu to gü before e.

averiguar, *to find out*

PRETERITE	averigüé	averiguaste	averiguó	averiguamos	averiguasteis	averiguaron
PRES. SUBJ.	averigüe	averigües	averigüe	averigüemos	averigüéis	averigüen

Like **averiguar:** apaciguar, *to pacify, calm.*

36. Verbs ending in –ger or –gir change g to j before a and o.

escoger, *to choose*

PRES. IND.	escojo	escoges	escoge	escogemos	escogéis	escogen
PRES. SUBJ.	escoja	escojas	escoja	escojamos	escojáis	escojan

Like **escoger:** coger, *to pick up;* proteger, *to protect;* recoger, *to pick up, gather, collect.*

dirigir, *to direct*

PRES. IND.	**dirijo**	diriges	dirige	dirigimos	dirigís	dirigen
PRES. SUBJ.	**dirija**	**dirijas**	**dirija**	**dirijamos**	**dirijáis**	**dirijan**

Like **dirigir:** dirigirse a, *to go to;* elegir (i, i), *to elect;* exigir, *to demand;* surgir, *to appear.*

37. Verbs ending in –guir change gu to g before a and o.

distinguir, *to distinguish*

PRES. IND.	**distingo**	distingues	distingue	distinguimos	distinguís	distinguen
PRES. SUBJ.	**distinga**	**distingas**	**distinga**	**distingamos**	**distingáis**	**distingan**

Like **distinguir:** conseguir (i, i) *to obtain;* perseguir (i, i), *to pursue;* seguir (i, i), *to follow.*

38. Verbs ending in –cer or –cir preceded by a consonant change c to z before a and o.

vencer, *to subdue, overcome*

PRES. IND.	**venzo**	vences	vence	vencemos	vencéis	vencen
PRES. SUBJ.	**venza**	**venzas**	**venza**	**venzamos**	**venzáis**	**venzan**

Like **vencer:** convencer, *to convince;* ejercer, *to practice* (a profession), *exert,* torcer (ue), *to twist, turn.*

esparcir, *to scatter*

PRES. IND.	**esparzo**	esparces	esparce	esparcimos	esparcís	esparcen
PRES. SUBJ.	**esparza**	**esparzas**	**esparza**	**esparzamos**	**esparzáis**	**esparzan**

39. When –cer or –cir are preceded by a vowel, z is inserted before c when c is followed by a or o.

conocer, *to know*

PRES. IND.	**conozco**	conoces	conoce	conocemos	conocéis	conocen
PRES. SUBJ.	**conozca**	**conozcas**	**conozca**	**conozcamos**	**conozcáis**	**conozcan**

Like **conocer:** agradecer, *to be grateful for;* aparecer, *to appear;* carecer, *to lack, be in need of;* crecer, *to grow;* desaparecer, *to disappear;* entorpecer, *to hamper;* establecer, *to establish;* favorecer, *to favor, help;* florecer, *to flower;* merecer, *to deserve;* nacer, *to be born;* obedecer, *to obey;* ofrecer, *to offer;* parecer, *to seem;* permanecer, *to stay, remain;* pertenecer, *to belong;* prevalecer, *to prevail;* reconocer, *to recognize, admit.*

EXCEPTION: **mecer,** *to swing, rock*

PRES. IND.	**mezo**	meces	mece	mecemos	mecéis	mecen
PRES. SUBJ.	**meza**	**mezas**	**meza**	**mezamos**	**mezáis**	**mezan**

Like **mecer:** cocer (ue), *to cook.*

lucir, *to shine*

PRES. IND.	**luzco**	luces	luce	lucimos	lucís	lucen
PRES. SUBJ.	**luzca**	**luzcas**	**luzca**	**luzcamos**	**luzcáis**	**luzcan**

Like **lucir:** relucir, *to shine brightly.*

40. Verbs ending in –quir change qu to c before a and o.

delinquir, *to transgress, be guilty*

PRES. IND.	**delinco**	delinques	delinque	delinquimos	delinquís	delinquen
PRES. SUBJ.	**delinca**	**delincas**	**delinca**	**delincamos**	**delincáis**	**delincan**

41. Verbs ending in –ducir have the same changes as verbs ending in –cir preceded by a vowel, plus other changes in the preterite and imperfect subjunctive.

producir, *to produce*

PRES. IND.	**produzco**	produces	produce	producimos	producís	producen
PRES. SUBJ.	**produzca**	**produzcas**	**produzca**	**produzcamos**	**produzcáis**	**produzcan**
PRETERITE	**produje**	**produjiste**	**produjo**	**produjimos**	**produjisteis**	**produjeron**
IMP. SUBJ.	**produjera**	**produjeras**	**produjera**	**produjéramos**	**produjerais**	**produjeran**
	produjese	**produjeses**	**produjese**	**produjésemos**	**produjeseis**	**produjesen**

Like **producir:** conducir, *to drive, lead;* reducir, *to reduce;* traducir, *to translate.*

42. Verbs ending in **–uir** (but not **–guir**) insert **y** between the **u** of the stem and **a, e,** and **o** in the present indicative, the present subjunctive, and the imperative. The unstressed **i** of the ending of the preterite indicative, the imperfect subjunctive, and the present participle becomes **y** before **e,** and **o.**

construir, *to construct*

PRES. IND.	**construyo**	**construyes**	**construye**	construimos	construís
	construyen				
PRES. SUBJ.	**construya**	**construyas**	**construya**	**construyamos**	**construyáis**
	construyan				
IMPERATIVE		**construye**			construid
PRET. IND.	construí	construiste	**construyó**	construimos	construisteis
	construyeron				
IMP. SUBJ.	**construyera**	**construyeras**	**construyera**	**construyéramos**	**construyerais**
	construyeran				
	construyese	**construyeses**	**construyese**	**construyésemos**	**construyeseis**
	construyesen				
PRES. PART.	**construyendo**				

Like **construir:** contribuir, *to contribute;* destruir, *to destroy, ruin;* disminuir, *to diminish;* huir, *to flee;* incluir, *to include;* influir en, *to influence;* reconstruir, *to rebuild.*

43. Some verbs ending in **–er** preceded by a vowel change the unstressed **i** of the ending of the preterite indicative, the imperfect subjunctive, and the present participle to **y** before **e,** and **o.**

creer, *to believe*

PRETERITE	creí	**creíste**	**creyó**	**creímos**	**creísteis**	**creyeron**
IMP. SUBJ.	**creyera**	**creyeras**	**creyera**	**creyéramos**	**creyerais**	**creyeran**
	creyese	**creyeses**	**creyese**	**creyésemos**	**creyeseis**	**creyesen**
PRES. PART.	**creyendo**	PAST PART.	**creído**			

Like **creer:** leer, *to read;* poseer, *to possess;* roer, *to gnaw.*

44. A few verbs ending in **–iar** require a written accent on the **i** in the tenses shown below:

enviar, *to send*

PRES. IND.	**envío**	**envías**	**envía**	enviamos	enviáis	**envían**
PRES. SUBJ.	**envíe**	**envíes**	**envíe**	enviemos	enviéis	**envíen**
IMPERATIVE		**envía**			enviad	

Like **enviar:** confiar, *to confide, entrust;* desvariar, *to rave;* enfriar, *to cool;* enfriarse, *to get cold;* extraviarse, *to lose one's way;* guiar, *to guide, lead;* resfriarse, *to catch cold;* vaciar, *to empty;* variar, *to vary.*

45. A few verbs ending in **–uar** require a written acent on the **u** in the same tenses as those shown for **enviar.**

continuar, *to continue*

PRES. IND.	**continúo**	**continúas**	**continúa**	continuamos	continuáis	**continúan**
PRES. SUBJ.	**continúe**	**continúes**	**continúe**	continuemos	continuéis	**continúen**
IMPERATIVE		**continúa**			continuad	

Like **continuar:** actuar, *to act, perform a function;* situar, *to situate.*

46. **Errar** is a radical-changing verb "Class A," but initial **ie** changes to **ye.**

errar, *to err*

PRES. IND.	**yerro**	**yerras**	**yerra**	erramos	erráis	**yerran**
PRES. SUBJ.	**yerre**	**yerres**	**yerre**	erremos	erréis	**yerren**
IMPERATIVE		**yerra** (hardly ever used)			errad	

47. **Oler** is a radical-changing verb "Class A," but initial **ue** is written **hue.**

oler, *to smell, emit an odor*

PRES. IND.	**huelo**	**hueles**	**huele**	olemos	oléis	**huelen**
PRES. SUBJ.	**huela**	**huelas**	**huela**	olamos	oláis	**huelan**
IMPERATIVE		**huele**			oled	

V. VERBS WITH IRREGULAR PAST PARTICIPLES

abrir: **abierto**

componer: **compuesto**

cubrir: **cubierto**

decir: **dicho**

descomponer: **descompuesto**

describir: **descrito**

descubrir: **descubierto**

devolver: **devuelto**

disolver: **disuelto**

entreabrir: **entreabierto**

entrever: **entrevisto**

envolver: **envuelto**

escribir: **escrito**

freír: **frito** (freído)

hacer: **hecho**

imprimir: **impreso**

inscribir: **inscrito**

morir: **muerto**

poner: **puesto**

proveer: **provisto** (proveído)

resolver: **resuelto**

revolver: **revuelto**

romper: **roto**

satisfacer: **satisfecho**

ver: **visto**

volver: **vuelto**

VI. VERBS WITH COMPLEMENTARY INFINITIVE

No PREPOSITION BEFORE INFINITIVE:

acordar
decidir
determinar
resolver } *to decide to, resolve to*

acostumbrar
soler } *to be accustomed to, be in the habit of*

afectar
fingir } *to pretend to*

conseguir
lograr } *to succeed in*

deber, *ought to, should* (obligation)

dejar
permitir } *to allow to, let*

desear
querer } *to want to, wish to*

esperar, *to hope to*

hacer, *to cause to, have*

impedir, *to prevent from*

mandar, *to order to, have*

necesitar, *to need to*

olvidar, *to forget to*

pensar, *to intend to, plan to*

poder, *to be able to, can*

preferir, *to prefer to*

prometer, *to promise to*

saber, *to know how to, can*

a REQUIRED BEFORE INFINITIVE:

acertar a, *to happen to, succeed in*

acostumbrar a, *to accustom* (someone) *to*

acostumbrarse a, *to become accustomed to*

aprender a, *to learn to*

atinar a, *to manage to, succeed in*

atreverse a, *to dare to*

ayudar a, *to help to*

comenzar a
darse a
empezar a
ponerse a
principiar a } *to begin to, start to*

condenar a, *to condemn to*

consagrarse a, *to devote oneself to*

correr a, *to run to*

enseñar a, *to teach to*

invitar a, *to invite to*

ir a, *to go to*

negarse a, *to refuse to*

pararse a, *to stop to*

pasar a, *to go on to, stop by to*

resignarse a, *to resign oneself to*

salir a, *to go or come out to*

venir a, *to come to*

volver a, *to return to, to do something again*

de REQUIRED BEFORE INFINITIVE:

acabar de, *to have just*
acordarse de, *to remember to*
alegrarse de, *to be glad to*
arrepentirse de, *to repent*
cesar de ⎱ *to cease, stop*
dejar de ⎰
deber de, *must* (probability)
disfrutar de ⎱ *to enjoy*
gozar de ⎰
distar de, *to be far from*
gustar de, *to like to*
haber de, *to be to, be expected to*

ocuparse de, *to bother to*
olvidarse de, *to forget to*
tratar de, *to try to*

en REQUIRED BEFORE INFINITIVE:

cansarse en, *to get tired* (+ *pres. part.*)
consentir en, *to agree to, consent to*
convenir en, *to agree to*
dar en, *to begin to, persist in*
empeñarse en ⎱ *to insist on*
insistir en ⎰
ocuparse en, *to concern oneself with*
persistir en, *to persist in*

VII. VERBS WITH SPECIAL MEANING IN THE PRETERITE

Because of the difference between the preterite and the imperfect tenses, certain verbs which express states or conditions, such as **conocer, saber, poder, tener, haber, ser, estar** and **querer,** may acquire special meanings when used in the preterite. In the preterite the beginning or the end of the state or condition is stressed, and thus an action, rather than a state or condition, is expressed.

	EXAMPLE	PRETERITE MEANING
conocer, *to know, be acquainted with*	**Le conocí ayer.**	*I met (became acquainted with) him yesterday.*
saber, *to know*	**Lo supe ayer.**	*I learned it (found it out) yesterday.*
poder, *to be able*	**Pude verla.**	*I succeeded in seeing her.*
tener, *to have, possess*	**Ayer tuve carta de mi padre.**	*I received a letter from my father yesterday.*
haber, *to be* (impersonal)	**Ayer hubo un accidente.**	*An accident occurred (happened) yesterday.*
ser, *to be*	**¿Cuándo fue eso?**	*When did that happen?*
estar, *to be*	**Estuve allí una semana.**	*I remained there a week.*
querer, *to wish, want*	**Quiso abrazarlo.**	*He tried to embrace him.*

The special meaning of the preterite of these verbs is especially frequent in the negative:

no querer, *not to wish or want*	**No quiso verla.**	*He refused to see her.*

VIII. RIDDLES (Adivinanzas)

Page 17: La araña. La violeta. La campana.
Page 50: En que tiene columnas. En que no es pera (espera). En el mes de febrero.

VOCABULARY

VOCABULARY

Spanish-English

The following types of words have been omitted from this vocabulary: (a) articles; (b) subject and object pronouns; (c) possessive adjectives and pronouns; (d) demonstrative adjectives and pronouns; (e) cardinal numbers under one hundred; (f) adverbs ending in **-mente** when the corresponding adjective is listed; (g) verb forms other than the infinitive except some past participles with special meanings when used as adjectives; (h) identical or easily recognizable cognates; (i) well-known proper and geographical names; (j) common diminutives and superlatives unless they have a special meaning; (k) a few simple words of high frequency.

Abbreviations used:

adj. adjective
adv. adverb
Amer. Americanism, America
Angl. Anglicism
arch. archaic
coll. colloquial
com. commercial
comp. comparative
conj. conjunction
dim. diminutive
eccl. ecclesiastical
e.g. for example
f. feminine
fig. figurative
Gal. Gallicism
gram. grammatical
impers. impersonal
inf. infinitive
interj. interjection

intrans. intransitive
irr. irregular
m. masculine
Mex. Mexico, Mexican
mil. military
mus. music
naut. nautical
neol. neologism
part. participle
pl. plural
pol. political
p. p. past participle
prep. preposition
pres. present
pron. pronoun
reflex. reflexive
rel. relative
var. variant

A

a to, at, by, in, on
  a causa de because of, on account of
  ¿a dónde? (to) where?
  a efecto de que in order that, so that
  a eso de at about (*time*)
  a la larga in the long run
  a la mano at hand, within reach; easy to understand
  a lanzadas with lance thrusts
  a largo plazo long term
  a la vez at the same time
  a la zaga behind, in the rear
  a manera de in the manner of
  a media voz in a whisper
  a medias half-and-half
  a medida que according as, as
  a modo de as, like, in the manner of, in the order of
  a no ser que unless
  a pesar de (que) in spite of (the fact that)
  a propósito by the way; apropos, fitting
  a ratos from time to time

  a riesgo de at the risk of
  a saber namely, to wit
  a su vez in his (her, its, etc.) turn
  a tiempo in or on time
  a (*or* **de**) **través** crosswise, sidewise
  a ver let's see
  al amanecer at daybreak
  al contrario on the contrary
  al lado de beside; on the side of
  al menos at least
  al parecer apparently
  al paso que according as; while
  al poco rato after a short while
  al por mayor wholesale
  al propio tiempo at the same time
  al punto at once, immediately
  al raso in the open air or country
  al sol puesto at dusk
la **A.A.A.,** *or* los **Amigos del Arte Abstracto** Friends of Abstract Art, *an association of artists in Cela's Timoteo, el incomprendido*
el **abad** abbot; (*Galicia, Navarra*) priest
abajo below; downstairs

  boca abajo face downward
  de abajo below; downstairs
  los de abajo the underdogs
  más abajo below, farther down
el **abanico** fan
abarcar (**qu**) to include, take in
los **abarrotes** (*Amer.*) groceries
la **abeja** bee
la **abertura** opening
abierto, –a (*p. p. of* **abrir**) opened; open
abismal abysmal; vague
el **abismo** abyss
ablandar to soften; *reflex.* be softened, relent
el **abogado** lawyer
  el **abogado defensor** counsel for the defense
el **abono** fertilizer
aborigen aboriginal, native
abrazar (**c**) to embrace, hug
el **abrazo** embrace, hug
abreviar to abbreviate
el **abrigo** shelter; overcoat

263

abrir to open; *reflex.* open (*intrans.*), split open
> **se me abre el alma** my heart opens (*e.g.*, as a flower)

abrupto, –a abrupt, craggy, rugged; unconnected; suddenly cut off

la **absorción** absorption

absuelto, –a (*p. p. of* **absolver**) absolved

la **abulia** abulia, lack of will power

abundar to abound

acabadero, –a that ends
> **no acabadero, –a** unending

acabado, –a finished; perfect
> **acabado, –a de lavar** freshly washed

acabar to end, finish; put an end to; *reflex.* come to an end, be exhausted
> **acabar de + *inf.*** to have just + *p. p.*, finish + *pres. part.*
> **que no acaba de entrar** which doesn't come in completely
> **ya se acabó** it's all over now

acampar to camp

Acapulco *resort city in state of Guerrero, in southern Mexico*

acariciar to caress

acarrear to transport

acaso maybe, perhaps; by chance

acatar to respect; bear in mind, observe

acceder to accede, agree

la **acción** act, action
> la **acción de gracias** thanksgiving

la **acechanza** lying in ambush, waylaying

acechar to spy on; lie in ambush

el **aceite** oil, olive oil

la **aceituna** olive

acelerar to accelerate

el **acento** accent, stress; stamp, tone

acentuado, –a accented, stressed

acentuar to accent; *reflex.* to be accentuated; increase

aceptar to accept

la **acequia** channel; irrigation ditch

la **acera** sidewalk

acerca de about, concerning

acercar (qu) to bring close or near, draw up
> **acercarse a *or* hasta** to approach

el **acero** steel

acertar (ie) to hit upon; do right, guess right
> **acertar a + *inf.*** to happen to + *inf.*, succeed in + *pres. part.*

el **acertijo** riddle

la **aclaración** explanation

aclarar to clarify; *reflex.* to brighten; improve

acobardarse to be or become intimidated

el **acompañamiento** accompaniment

aconsejar to advise
> **aconsejar + *inf.*** to advise to + *inf.*

acontecer (zc) to happen, occur

el **acontecimiento** event

acopiar to gather, collect

acordar (ue) to decide
> **acordar + *inf.*** to decide to + *inf.*, resolve to + *inf.*
> **acordarse de** to remember
> **acordarse de + *inf.*** to remember to + *inf.*

acosar to harass

acostado, –a lying down

acostar (ue) to put to bed; *reflex.* to go to bed

acostumbrado, –a accustomed

acostumbrar to accustom
> **acostumbrar + *inf.*** to be accustomed to + *inf.*
> **acostumbrarse a + *inf.*** to become accustomed to + *inf.*

acrecer (zc) to increase, enlarge; *reflex.* to increase (*intrans.*), grow larger

el **acreedor** creditor

la **actitud** attitude

la **actuación** action; activity

actual present, present-day

la **actualidad** present time
> **de actualidad** of the moment
> los **sucesos de actualidad** current events

actualmente at present, at the present time

actuar to act, take action; behave
> **se actúa** action is taken

acudir to go or come (*in response to a call*)

el **acuerdo** agreement
> **de acuerdo con** in accord with, according to
> **estar (*irr.*) de acuerdo (con)** to agree (with), be in agreement (with)

acumular to accumulate

acusado, –a accused; marked

acusar to show, denounce, acknowledge (*a letter*)

achatarse (*Amer.*) to be cowed, be intimidated

la **adaptabilidad** adaptability

la **adarga** oval-shaped leather shield

adecuado, –a adequate, appropriate, proper, suitable

adecuar to fit, adapt
> **adecuarse a** to fit, satisfy

adelantado, –a advanced
> **por adelantado** in advance

adelantar to advance

adelante ahead, forward; **¡adelante!** go ahead! let's go!
> **en adelante** henceforth
> **llevar adelante** to carry on, develop, foster
> **más adelante** later, farther on
> **salir (*irr.*) adelante** to get ahead

adelfos (*Greek*) brother

adelgazar (c) to get thin, lose weight

además besides, furthermore
> **además de** in addition to

adherido, –a (a) attached (to)

adherirse (ie, i) a to adhere to, cling to

la **adición** addition

la **adivinanza** riddle

adivinar to guess, conjecture, divine, see through

el **adjetivo gentilicio** adjective denoting nationality

administrar to administer, take care of

la **admiración** admiration; amazement, wonder

el **admirador** admirer

admitir to admit; accept

adobado, –a prepared; drawn up

adoctrinar to indoctrinate

la **adolescencia** adolescence, youth

¿adónde? (to) where?

Adonis Adonis, *handsome young man*

adoptar to adopt

adorado, –a adored, beloved, dear

adorar to adore, worship

adornar to adorn

el **adorno** adornment

adquirir (*irr.*) to acquire

la **adscripción** assignment, attribution

adverso, –a adverse, hostile

la **advertencia** notice, remark; advice, warning

advertir (ie, i) to notice, observe; point out; advise, notify, warn

adyacente adjacent

el **afán** zeal, eagerness; hard work; anxiety, concern, worry

afanarse to busy oneself; toil, labor

la **afectación** affectation

afectar to affect
> **afectar + *inf.*** to pretend to + *inf.*

el **afecto** affection, friendship, love

afeitarse to shave

aferrar to fasten
> **aferrarse a** to cling to, clutch

la **afición** fondness, liking; zeal, ardor

aficionado, –a fond
> **ser (*irr.*) aficionado, –a a *or* de** to be fond of

afín like, similar; related

la **afirmación** statement

afirmar to affirm, state; fasten

aflojar to loosen; *reflex.* to come or become loose

la **afluencia** influx, flow

afluir (y) (a) to flow (into); crowd (into)

áfono, –a aphonic; *of persons who have no voice*

afortunado, –a fortunate, lucky

agarrar to grasp; (*Amer.*) catch, take

ágil active, agile, nimble

la **agilidad** agility, skill

agitado, –a agitated; stormy

agitar to agitate; shake; *reflex.* to get excited; get rough (*said of the sea*)

el **agonizante** dying person

agradar to please

agradecer (zc) to be grateful for

agradecido, –a grateful, thankful

el **agrado** pleasure

agrandar to enlarge; exaggerate, magnify

agrario, –a agrarian, agricultural

agravarse to become aggravated; get worse

el **agravio** wrong, grievance, injustice

agregar (gu) to add

el **agresor** aggressor

agrícola agricultural

agrio, –a bitter, sour

el **agro** land, countryside

el **agrónomo** agronomist
> el **perito agrónomo** expert on agriculture

agropecuario, –a farm, farming (*pertaining to cattle and crop production*)

agrupar to group, combine

el **agua** (*f.*) water
> el **agua de las nubes,** el **agua llovediza** rain water

el **aguacero** downpour, heavy shower

aguardar to await, wait for

agudo, –a sharp; with sharp features; (*gram.*) *with a word accented on the last syllable*

el águila (f.) eagle

la aguja needle

agujereado, –a pierced, with holes

el agujero gap, hole

ahí there

    por ahí there, that way; all over, everywhere

ahogar (gu) to drown; choke, smother, stifle; *reflex.* drown (*intrans.*); die down

ahora now

    ahora bien now then

    ahora mismo right now

el ahorro economy, thrift

la aijada (*var. of aguijada*) goad

el aire air, current of air, draft; aspect; (*mus.*) air, melody, tune

    el aire de balada ballad tune

    al aire in full play

    al aire libre in the open air

aislado, –a isolated

el aislamiento isolation

ajeno, –a alien; of another, of others

    ajeno, –a de detached from, foreign to

el ajo garlic

    el ajo blanco cold garlic soup

ajustar to adjust

el ala (f.) wing

el alajú *paste made of nuts, honey, and spices*

el alambre wire

el alambrito tiny wire

el álamo poplar

el alarido scream, shout, yell

    dar (*irr.*) **alaridos** to cry out, scream, shout

alarmante alarming

el alba (f.) dawn

la albahaca basil

el albaricoque apricot

Albéniz, Isaac *Spanish pianist and composer (1860–1909)*

albísimo, –a very white

la albóndiga meat ball, fish ball

    la albóndiga de picadillo minced pork ball

el albor dawn

alborotado, –a raging, rough, tumultuous

Alcalá (de Henares) *city in province of Madrid, in central Spain*

alcanzado, –a achieved, attained

alcanzar (c) to reach, attain, achieve, obtain

    alcanzar a + *inf.* to manage to + *inf.*

la Alcarria *mountainous area of the provinces of Guadalajara and Cuenca, in central Spain*

la alcoba bedroom

el alcohol alcohol; cosmetic (*for pencilling eyebrows, coloring around the eyes*)

la aldea village

el aledaño border, limit

la alegoría allegory

alegórico, –a allegorical

alegrarse (de) to be glad (of)

    alegrarse de + *inf.* to be glad to + *inf.*

alegre gay, happy, joyful; bright

la alegría gaiety, happiness

el alejandrino Alexandrine (*verse of 14 syllables, divided into two halves of 7 syllables*)

alejar to move away, keep at a distance; *reflex.* remove oneself, draw or move away

alemán, –ana German

alentar (ie) to breathe; encourage

alevoso, –a treacherous

el alfajor *paste made of nuts, honey, and spices*

la alfombra carpet

algo something; (*adv.*) somewhat

el algodón cotton

el alguacil bailiff

alguien somebody, someone

algún, alguno, –a some, any; (*after noun*) any

la Alhambra *hill, and Moorish fortress and palace in Granada, in southern Spain*

Alicante *province, and capital of the same, in southeastern Spain*

el aliento breath

    sin aliento breathless

la alimaña small animal (*usually predatory*)

alimenticio, –a food (*adj.*) *of or pertaining to foodstuffs*

el alimento food

    los alimentos foodstuffs

el alivio relief

el aljibe cistern

el alma (f.) soul, heart, spirit, mind; human being, person

    mi alma my love, sweetheart

el almácigo plant nursery, seedbed

la almendra almond

el almendro almond tree

Almería *province, and capital of the same, in southeastern Spain*

el almíbar syrup

    los almíbares fruit preserves

Almonte *town in province of Huelva, in southwestern Spain*

almorzar (ue; c) to lunch, have lunch

alpino, –a Alpine

la alquimia alchemy

alrededor about, around

    alrededor de around, about; approximately

alterar to alter, change; *reflex.* become agitated (angry)

la alternativa alternative, option

    las alternativas ups and downs

la altiplanicie high plateau; (*Amer.*) highland plain

el Altiplano (*Amer.*) high plateau

alto, –a high, tall; lofty; great, superior

    alta mar high seas

    altos y bajos the upper and the lower classes

    en alto on high, in a high place

la altura height; elevation

    a 500 metros de altura at an elevation of 500 meters

la alubia bean; string bean

la alucinación hallucination, fearful vision

aludir to allude

alumbrar to illuminate; give light

el alza (f.) advance, rise

    en alza advancing, on the increase

alzado, –a high, raised

alzar (c) to lift up, raise; go up

allá there, over there, yonder

    más allá de beyond

allí there

    por allí around there, that way

el ama (f.) mistress (*of the house*)

la amada beloved, sweetheart

el amago menace, threat

amanecer (zc) to dawn, awaken; appear (*at dawn*)

    al amanecer at daybreak

    amanece the dawn appears

amanerado, –a affected

el amante lover

amantísimo, –a most loving

amar to love

amargo, –a bitter; distressful

la amargura grief, sorrow; bitterness

amarrar to tie up

el ámbar amber

el ambiente atmosphere, environment

ambiguo, –a ambiguous

el ámbito bounds, limits

ambos, –as both

amedrentar to frighten

la amenaza threat

amenazar (c) to threaten

    amenazar con + *inf.* to threaten to + *inf.*

el americanismo Americanism (*word or usage peculiar to America*)

americano, –a American; Spanish American

la ametralladora machine gun

amigo, –a friendly

    ser (*irr.*) **amigo, –a de** to be fond of, have a liking for

la amistad friendship

el amo master; owner; planter

amontonarse to pile up; crowd

el amor love; love affair

    el amor propio love of self, self-esteem

amoroso, –a loving

amotinarse to mutiny

el amparo protection, aid, favor; shelter

    al amparo de favored by

ampliamente broadly

ampliar to amplify, expand, increase

amplio, –a broad, wide

la amplitud amplitude, breadth

el análisis (*pl.* **análisis**) analysis

analizar (c) to analyze

análogo, –a analogous

el anca (f.) croup, haunch

la ancianita little old lady

anciano, –a old

anclar to anchor

ancho, –a broad, wide

    de ancho in width

la anchura breadth, width

Andalucía Andalusia, *territory of southern Spain, including the Sierra Nevada and the valley of the Guadalquivir*

andaluz, –uza Andalusian

el andaluz Andalusian; Andalusian (*dialect*)

andante errant, walking

la andanza fate, fortune; happening

    tristes andanzas bad fortune

andar (*irr.*) to walk, go about, go on, run about, travel; pass (*of time*); be (*before adj. or pres. part.*)

   andar + *pres. part.* to go around (be) + *pres. part.*

   andar a caballo to ride horseback

   con el andar de los siglos as the centuries pass (or passed)

andino, –a Andean

anegado, –a flooded

   anegado, –a de azul bathed in blue

anegar (**gu**) to flood

el angelito little angel

   el angelito de Dios babe in arms

el ángelus (*pl.* **ángelus**) Angelus

el anglicismo Anglicism (*word taken from the English*)

angosto, –narrow

la anguila eel

la angula young eel, grig

el ángulo angle

anguloso, –a angular

la angustia anguish

   muerto, –a de angustia dying of anguish

angustiado, –a distressed, grieved

angustiante distressing

angustioso, –a painful

anhelado, –a longed for

anhelar to crave, desire eagerly

el anhelo (*eager*) desire; yearning

el anillo ring

animado, –a animate; animated, lively

animar to cheer, encourage

el ánimo soul, spirit; intention; mind; courage

   perder (**ie**) **el ánimo** to become disheartened

aniquilar to annihilate; destroy

el anís anise-flavored brandy

Annobón (*Portuguese for* **año bueno** *New Year's Day*) *island in the Gulf of Guinea*

anoche last night

anómalo, –a anomalous

la anonimidad anonymity

anónimo, –a anonymous

   lo anónimo what is (*things that are*) anonymous

anotar to list, write down

el ansotano *native or inhabitant of the valley of Ansó, in the province of Huesca in northern Spain*

el ante elk; elkskin

ante before, in front of, in the face of, in the presence of; in regard to

   ante todo first of all

anteayer day before yesterday

el antepecho railing

anteponer (*irr.*) to place before; place . . . above, prefer

Antequera *city in province of Málaga, in southern Spain*

anterior preceding, previous, front

antes before; previously; first; rather

   antes de Jesucristo before Christ, B.C.

   antes (de) que before

   cuanto antes as soon as possible

anticipar to anticipate; advance

   anticiparse a to anticipate

antideportivo, –a antisports

la antigüedad antiquity; long experience, long usage

antiguo, –a ancient, old; former

el español antiguo Old Spanish (*Spanish language before the year 1500*)

antillano, –a Antillean, West Indian

las Antillas the Antilles

antimarinero, –a against sailors

antimilitarista antimilitarist

antojársele a uno to take a fancy (notion) to

el antojo fancy, whim

   a su antojo as much as he likes

la antología (*spelled* **antolojía** *by J. R. Jiménez*) anthology

antropófago, –a cannibalistic

añadir to add

el año year

   el año que viene next year

   todos los años every year

apacentar (**ie**) to pasture; to feed

apaciblemente peacefully

apaciguar (**gü**) to pacify, appease; *reflex.* become peaceful, calm down

apagar (**gu**) to put out; nullify

el aparato device, set; show

   con aparatos de under cover of

aparecer (**zc**) to appear

aparente apparent

la aparición appearance

apartado, –a distant, remote; separated

apartar to separate; turn aside

   apartarse de to break away from, leave

aparte (*adj.*) separate

aparte (*adv.*) apart, aside from, besides

   aparte de besides

   aparte de que apart from the fact that

apasionado, –a impassioned; passionate, emotional, intense

apenado, –a distressed, grief-stricken

apenas (*adv.*) hardly, scarcely; with difficulty; (*conj.*) as soon as, no sooner

el apero equipment, tools

la apertura opening

el apetito appetite

   tener (*irr.*) **apetito** to be hungry

aplacar (**qu**) to appease, calm

el aplauso applause

aplicar (**qu**) to apply

apodar to nickname

apoderarse de to seize, take possession of

el apogeo apogee, height, high point

aportar to contribute

el aposento room

apoyado, –a en *or* **por** leaning on, supported by

apoyar to support

el apoyo support

apreciar to appreciate; estimate

apremiante insistent, pressing

el apremio pressure

aprender to learn

   aprender a + *inf.* to learn to + *inf.*

aprestarse a *or* **para** to prepare (oneself) for, get ready for

apresurado, –a hurried

apresurarse to hasten, hurry

   apresurarse a + *inf.* to hasten to + *inf.*

apretadamente closely, in close contact

apretado, –a close (together)

apretar (**ie**) to press, squeeze; clutch; push (*a button*)

   quien mucho abarca, poco aprieta grasp all, lose all

apretujado, –a (*coll.*) crowded (together)

apretujar (*coll.*) to press hard

el apriorismo apriorism

apriorístico, –a aprioristic

apropiado, –a appropriate, suitable

el aprovechamiento use; profit, advantage

aprovechar to take advantage of, make good use of

aproximadamente approximately

la aptitud ability, aptitude

apto, –a able, apt

apuntar to jot down, take note of; aim (*a firearm*)

el apunte note

apurarse (*Amer.*) to hurry

aquejar to afflict

aquí here

   aquí mismo right here

   de aquí a cinco años (*Amer.*) five years from now

   por aquí here, hereabouts; this way

el ara (*f.*) altar

   en aras de in honor of

el árabe Arab

el arado plow

Aragón *region, and former kingdom, in northeastern Spain*

el aragonés Aragonese; Aragonese (*dialect*)

Aranjuez *city in province of Madrid, in central Spain*

la araña spider

arañar to scratch

arbitrario, –a arbitrary

el arbitrio means, expedient, compromise

el arbolado woodland

   la mancha de arbolado wooded patch

Arbós, Enrique Fernández, *famous Spanish orchestra conductor (1853–1939)*

el arbusto shrub

arcaico, –a archaic

el arcaísmo archaism

el arcano secret

arder to burn

   arder de *or* **en** to burn with (*love, hate*)

ardiente burning

la arena sand

la argamasa mortar

argentino, –a silvery, of silver; Argentine

la argucia subtlety; trick

árido, –a arid, dry

la arista awn; edge

Ariza *town in province of Zaragoza, in northeastern Spain*

Arlequín Harlequin

el arma (*f.*) arm, weapon

   el hecho de armas feat of arms

armado, –a armed

la armadura armor

la armazón frame

el aroma aroma, fragrance

arraigado, –a rooted

arraigar (**gu**) to establish; take root

arrancar (**qu**) to pull out, snatch away,

tear away or out; uproot; *reflex.* start out

arrastrar to drag, draw, pull; *reflex.* drag oneself, crawl

el **arrebol** rouge; rosiness (*of cheeks*)

arreglar to arrange; settle

los **arreos** harness, trappings

arrepentirse (ie, i) (de) to repent; regret

arrestar to arrest

arriba up, upward; above, on high

  hacia arriba up, upward

arriesgado, –a dangerous, risky

arriesgar (se) (gu) to expose (oneself) to danger; undertake a venture

el **arrimo** aid, protection, support

arrodillado, –a kneeling

arrodillarse to kneel down

la **arrogancia** arrogance; arrogant act or way

arrojado, –a bold, fearless

arrojar to cast, hurl, throw, toss; *reflex.* plunge, rush, rush recklessly

el **arrojo** boldness, fearlessness

el **arrope** grape syrup; honey syrup

arrostrar to face

el **arroyito** rivulet, tiny stream

el **arroz** rice

  el **arroz con leche** dessert of milk and rice, rice pudding

la **arruga** crease, wrinkle

arruinado, –a destroyed, in ruins

arruinar to ruin

artero, –a sly, artful

el **artesano** artisan, craftsman

articular to articulate, utter

el **artificio** artifice, device

la **artista** artist (*f.*)

el **artista** artist (*m.*)

arzobispal archiepiscopal

el **asa** (*f.*) handle (*of jug, basket*)

  en asa in the form of a handle

asado, –a roasted

  el **lechón asado** roast suckling pig

asaltar to assault

la **ascendencia** descent, extraction, parentage

ascender (ie) to ascend

  ascender a to amount to

el **ascendiente** ancestor

asegurar to assure, assert

asentar (ie) to establish

el **asentimiento** assent; compliance

así so, thus; that way; that's the way

  así como just as; as well as

  así . . . como both . . . and

  así es como that is how

  así que and so; as soon as

asiático, –a Asian, Asiatic

el **asiento** seat

asignar to assign

asimismo likewise, in similar manner

el **asistente** assistant; orderly

asistir a to attend

asomar to appear, begin to appear; poke out; *reflex.* look out

  asomarse a to look out from

asombrado, –a astonished

el **asombro** astonishment

la **asonancia** assonance

aspaventado, –a astonished; excited

el **aspecto** aspect, appearance

áspero, –a harsh; rough

la **aspiración** aspiration; (*pronunciation as an aspirate "h"*)

aspirado, –a aspirate

aspirar to aspire; aspirate

  aspirar a to aspire after or to

  aspirar a + inf. to aspire to + inf.

Astorga *city in province of León, in northwestern Spain*

el **astronauta** astronaut

la **astucia** astuteness, cunning

asturiano, –a Asturian

Asturias *region, and former kingdom, in northern Spain*

astúrico, –a Asturian

  los **Montes Astúricos** Asturian Mountains

la **Asunción** the Assumption (*of the Virgin Mary*)

  Asunción *capital of Paraguay*

el **asunto** affair, matter; subject

asustado, –a frightened

asustar to frighten, scare; *reflex.* to become frightened

atacar (qu) to attack

el **ataque** attack; impact

atar to tie

atareado, –a busy

el **ataúd** casket, coffin

atemorizar (c) to frighten, scare

la **atención** attention

  las **atenciones** acts of courtesy

  llamar la atención to attract attention, stand out

  prestar atención a to pay attention to

atender (ie) (a) to attend (to), heed, listen (to), pay attention (to), take care (of)

atento, –a attentive, alert

aterrar to terrify

atinar to find, come upon; guess right

  atinar a + inf. to manage to + inf., succeed in + pres. part.

atosigado, –a harassed, oppressed

atracar (qu) en (*naut.*) to come alongside of

atractivo, –a attractive

el **atractivo** attraction

atraer (irr.) to attract, draw

atrapar (*coll.*) to catch; pick up

atrás back, backward; behind

  más atrás farther back

atrasado, –a backward

el **atraso** backwardness

atravesado, –a por experienced by

atravesar (ie) to cross, go through, pass through; experience

atreverse to dare

  atreverse a venture, dare to undertake

  atreverse a + inf. to dare to + inf.

atribuir (y) to attribute; assign

el **atributo** attribute

atroz (*pl.* **atroces**) atrocious

audaz (*pl.* **audaces**) bold

la **audiencia** courthouse

auditivo, –a auditory

el **auge** apogee; great importance

augusto, –a august

aumentar to increase

el **aumentativo** (*gram.*) augmentative

el **aumento** augmentation, increase

  ir (irr.) en aumento to be on the increase

aun even

aún still, yet

  aún no not . . . yet

aunque although, even though

el **aura** (*f.*) gentle breeze

áureo, –a golden

la **aurora** dawn

el **aurrescu** Basque dance

la **autarquía** self-sufficiency

el **auto** automobile; mystery play

el **autómata** automaton

la **automatización** automation

autónomo, –a autonomous, independent

autorizar (c) authorize; permit

la **autosuficiencia** self-sufficiency

auxiliar auxiliary

el **auxilio** help, aid

  prestar auxilio to give or render help

el **avance** advance

avanguardado, –a preceded

  estar (irr.) avanguardado, –a de to have in front, be preceded by

avanzar (c) to advance

el **avatar** (*Gal.*) avatar, change

el **ave** (*f.*) bird

  las **aves** fowl

la **avecilla** little bird

la **avellana** hazelnut

aventajar to excel, surpass

aventurarse to venture

el **aventurero** adventurer

avergonzado, –a ashamed

averiguar (gü) to ascertain, find out

avezarse (c) a to accustom oneself to, become accustomed to

avieso, –a malignant

Ávila *city, and province of the same name, in central Spain*

Avilés *seaport in province of Oviedo, in northern Spain*

avisar to advise, inform, notify; warn

el **aviso** information, notice, announcement; warning

el **ay** (*pl.* **ayes**) sigh; *interj.* alas !

la **ayuda** aid, help

ayudar to aid, assist, favor, help

  ayudar a + inf. to help + inf.

el **azabache** jet

  de azabache jet-black

la **azada** hoe

el **azadón** hoe, mattock

el **azadonazo** blow with a hoe; hoeful

el **azafrán** saffron

el **azahar** orange blossom

el **azar** chance, danger, hazard; accident; fate

el **azoramiento** confusion, excitement

azorar to disturb; excite

el **azoro** (*Amer.*) astonishment, confusion, excitement

la **azotea** flat roof; terrace

el (la) **azúcar** sugar

el **azufre** sulphur

lo **azul** blueness, what is blue

azulado, –a blue, bluish

el **azulejo** glazed colored tile

el **azur** azure

B

babeante driveling, slavering

el **bacalao** codfish

la **baja** loss, casualty; decline, falling off

bajar to come (go) down, descend; reduce; drop (*in price*)

bajar al proscenio to go toward the front of the stage

bajar de peso to lose weight
la **bajeza** base act, vileness
bajo, –a low, lowered; base
  altos y bajos the upper and the lower classes
  la **planta baja** ground floor
bajo (*prep.*) beneath, under
la **bala** bullet
la **balada** ballad
  el **aire de balada** ballad melody
el **balance** swaying, swinging movement
la **balanza** balance, scales
  la **balanza de comercio** balance of trade
Balboa, Vasco Núñez de, *Spanish explorer (1475–1517); discovered the Pacific Ocean in 1513*
el **balcón** balcony, *large window with a balcony*
balear Balearic
  las **Baleares** Balearic Islands
la **balumba** great pile, heap
el **ballestero** crossbowman
banal commonplace
la **bandejita** small tray
la **bandera** flag
la **banderola** (*Gal.*) banderole; signalling flag
el **bando** band
la **bandurria** (*mus.*) bandurria (*instrument of lute family*)
el **banquero** banker
bañar to bathe; *reflex.* bathe (*intrans.*), go swimming
la **baranda** banister, balustrade (*of a staircase, balcony*)
la **barandilla** balustrade, banister
barato, –a cheap, inexpensive
la **barba** chin; beard, whiskers
bárbaramente barbarously, wildly
la **barbaridad** barbarism; outrage
  ¡ **Qué barbaridad !** How terrible !
bárbaro, –a barbaric, barbarous
Barcelona *province, and capital of the same, in northeastern Spain*
Bárcena, Catalina *noted Spanish actress, of Cuban birth, of the 1920's*
el **barco** boat, ship
  el **barco de guerra** warship
Barco de Ávila *town in province of Ávila, in central Spain*
barnizado, –a varnished
el **barón** baron
la **barranca** ravine, gorge, gully
el **barranco** ravine, gorge, gully; (*Amer.*) cliff, precipice
la **barrera** barrier
el **barrido** sweeping
barrido, –a swept
el **barrio** district
el **barro** mud, wet ground
barroco, –a baroque
el **bartolillo** *small three-cornered meat or cream pie*
basar (en) to base (on)
  basarse en to base oneself on, be based on
la **basca** nausea
la **base** base; basis, foundation
  a base de based on, on the basis of, with a basis of
básico, –a basic
bastante enough; (*adv.*) quite, rather

bastar to be enough, suffice
  ¡ **basta !** stop ! that's enough !
  bastar a + *inf.* to be sufficient to + *inf.*
  bastar con + *inf.* to suffice to + *inf.*
  bastarse a sí mismo to be self-sufficient
  baste recordar let it suffice to remember
el **bastidor** frame (*embroidery*)
la **batalla** battle
  dar (*irr.*) **la batalla** to fight in the battle
la **batería** battery; storage battery; (*mus.*) percussion section
el **baturro** peasant (*from Aragón*)
el **bautizo** baptism; christening party
beber to drink; *reflex.* drink up; soak up
Bécquer, Gustavo Adolfo (*1836–1870*), *Spanish postromantic poet*
Béjar *town in province of Salamanca, in west central Spain*
el **bejuco** liana, runner, vine
el **bejuquero** (*Amer.*) liana, runner, vine
el **bellaco** scoundrel, knave
el **bellacón** big scoundrel
la **belleza** beauty
bello, –a beautiful
bendecir (*irr.*) to bless
bendito, –a blessed
  bendito sea Dios blessed be God
el **beneficio** benefit; profit, yield
  a *or* **en beneficio de** for the benefit of
el **bergante** rascal, ruffian
la **berza** cabbage
besar to kiss; (*coll.*) touch
el **beso** kiss
el **besugo** sea bream (*fish*)
bético, –a Andalusian
bien well; correctly, properly; very; all right, good, fine
  ahora bien now then, so then
  bien . . . bien either . . . or
  bien entendido que although it should be understood that
  bien venido, –a welcome
  más bien rather
  o bien or else
  pues bien well then
  si bien although, while
el **bien** good, welfare
  haz bien y no mires a quién do good disinterestedly
los **bienes** property, riches, wealth; assets
  los **bienes de equipo** capital goods, industrial equipment
el **bienestar** welfare, well-being
bifurcarse (**qu**) to divide into two branches
el **bijague** (*also,* la **bijagua**) (*Central America*) *tropical plant with large leaves like those of the banana*
Bilbao *capital of Basque province of Vizcaya, in northern Spain*
el **billete** ticket
el **billón** British billion; trillion (*in U.S.A.*)
biológico, –a biological
la **biotecnología** biotechnology
el **bizcocho** biscuit; cake

el **bizcocho borracho** tipsy cake
el **blanco** target
lo **blanco** whiteness, white part
el **blancor** whiteness
la **blancura** whiteness
blandito, –a (*dim. of* **blando, –a**) nice and soft, very soft
blando, –a soft; gentle, mild
blanqueado, –a whitened
blanquizco, –a whitish
blasfemar to curse
la **blasfemia** blasphemy
el **blasón** coat of arms
la **boca** mouth; (*Andalusia*) species of shrimp
  boca abajo face downward
  de la mano a la boca se pierde la sopa there's many a slip twixt the cup and the lip
  hacerle (*irr.*) **a uno agua la boca** to make one's mouth water
la **boda** marriage, wedding
  Bodas de sangre Blood Wedding
la **bodega** wine cellar; (*naut.*) hold (*of ship*)
Bogotá *capital of the Republic of Colombia*
la **bola** ball; meat ball
el **boleto** ticket
boliviano, –a Bolivian
el **bolsillo** pocket
el **bolso** purse
la **bondad** goodness, kindness
el **bonito** bonito, striped tunny
la **boqueada** gasp
el **boqueo** gasp
el **boquerón** anchovy
el **borbotón** boiling, bubbling
la **borda** (*naut.*) gunwale
bordado, –a embroidered
el **borde** (*outer*) edge; (*naut.*) board
bordear (*Gal.*) to border, trim with a border
el **bordo** (*naut.*) board; side of ship (*from waterline to gunwale*)
  a bordo on board
borracho, –a drunk, drunken
  el **bizcocho borracho** tipsy cake (*cake soaked in wine*)
borrar to erase; to do away with
el **bosque** forest, woods
  los **bosques** forests; forestry
bostezar (**c**) to yawn
el **bostezo** yawn, yawning
la **bota** boot
  la **bota de montar** riding boot
el **boticario** druggist
el **botón** button; knob, knot
la **bóveda** vault
  la **bóveda celeste** canopy of heaven
el **boxeo** boxing
la **boya** (*naut.*) buoy
  la **boya de salvamento** (*or de salvavidas*) (*naut.*) life preserver
la **boza** (*naut.*) cable, hawser, towline
el **bozal** muzzle; (*Amer.*) headstall
Brahe, Ticho : Tycho Brahe, *Danish astronomer (1546–1601)*
brasileño, –a Brazilian
bravío, –a ferocious, wild
el **Bravo :** Río Bravo (*Mexican name of river known as Río Grande in U.S.A.*), *river in southwestern part of United States, forming more*

*than half of boundary between the
United States and Mexico*

el **brazo** arm

ir (*irr.*) **de** (*or* **del**) **brazo con uno**
to walk arm in arm with someone

pasear del brazo de to stroll arm in
arm with someone

la **brega** struggle

la **Bretaña** Great Britain

breve brief

la **brevedad** brevity

el **bribón** rascal

brillar to shine, sparkle

el **brillo** brightness, brilliance

el **brin** (*Gal.*) fine canvas, sail-cloth

el **brío** spirit; elegance

la **brisa** breeze

el **británico** Briton, British

bromear to jest, joke

brotar to sprout, appear, break out; be
produced, originate

el **brote** bud, shoot

el **brujo** sorcerer

bruto, –a rough; stupid; (*Amer.*) wild

el **campo bruto** (*Amer.*) rough, uncultivated land

buen(o), –a good; kind; well; **bueno**
(*adv.*) well, very well, fine, all
right; (*interj.*) all right! no more!
that'll do!

¡ **buenas**! greetings!

el **bueno de Juan** good old John

el **buey** ox, steer

el **bufón** jester

el **bulto** form (*object not clearly dis-
cerned*); parcel

bullicioso, –a boisterous, lively, tumultuous

l urdo, –a coarse

burgalés, –esa of or from Burgos

el **burgo** (*arch.*) small town, village

Burgos *province, and capital of the
same, in northern Spain*

burgués, –esa bourgeois, middle-class

la **burguesía** bourgeoisie, middle class

la **burla** joke, scoffing

burlar to deceive; ridicule, scoff at

burlesco, –a comic

el **burrito** little donkey

la **busca** search

en busca de in search of

buscar (**qu**) to look for, seek

el **busilis** (*coll.*) difficulty, problem;
key, secret

en eso está el busilis that's the problem

la **butifarra** Catalonian sausage

C

cabalístico, –a cabalistic

cabalmente precisely

la **caballería** mount, riding beast; chiv-
alry, knighthood

el **caballero** gentleman; knight, nobleman

el **caballero andante** *or* **errante**
knight errant

el **caballito** little horse

el **caballito del diablo** dragonfly

el **caballo** horse

a caballo on horseback

ir (*irr.*) **a caballo** to ride horseback

el **caballón** ridge (*between furrows*)

la **cabaña** cabin, hut

el **cabecilla** chief, leader; foreman

la **cabellera** head of hair, hair

el **cabello** hair

el **cabello de ángel** *preserve of fruit
cut into small threads*

caber (*irr.*) to fit

cabe decir it is possible, fitting, or
fair, to say

el **cabestro** halter

la **cabeza** head; top; capital

a la cabeza at the head

cubierta la cabeza with one's hat on

el **cabezón** neck, collar (*of a garment*)

la **cabilla** (*naut.*) belaying pin

la **cabina** (*Gal.*) cabin

el **cabo** end; (*naut.*) rope

llevar a cabo to accomplish, carry
out

la **cabra** goat

Cabra *city in province of Córdoba, in
south central Spain*

Cabrales *town in province of Oviedo, in
northern Spain*

el **cabrestante** (*naut.*) capstan

el **cacahuete** peanut

el **cacaxte** (*also,* el **cacaxtle**) (*Mex.*)
*wooden frame to transport objects
on one's back*

la **cacería** hunt, hunting expedition

el **cacicazgo** (*coll.*) bossism

el **cacique** Indian chief; political boss

el **cacto** (*better than* el **cactus**) cactus

cada each, every

cada uno, –a each one, each

cada vez + *comp.* more and more

la **cadena** chain

la **cadencia** cadence

Cádiz *province, and capital of the same,
in southwestern Spain*

caer (*irr.*) to fall

caer sobre to attack

caérsele encima a uno to fall on one

el **café** coffee; café

tomar un café to have a cup of
coffee

el **cafetal** coffee field, coffee grove

el **cafeto** coffee tree

la **caída** drop, fall

la **ley de la caída** law of free falling
bodies

el **cajero** cashier

el **cajón** drawer

de cajón usual

la **cal** lime

el **calabazo** (*also,* la **calabaza**) squash

los **Caladiños** (*Galician for* los **calla-
ditos**) silent ones

Calahorra *city in province of Logroño,
in north central Spain*

la **calandria** lark

Calatayud *city in province of Zaragoza,
in northeastern Spain*

la **calavera** skull

calcular to calculate, estimate; plot

el **cálculo** calculation

la **caldeirada marinera** (*Galician*)
*stew of sea food, with onions and
peppers*

la **caldera** pot, kettle

el **caldo** broth, soup

el **caldo gallego** Galician boiled dinner

la **calidad** quality; character, nature,
qualities; nobility, rank

cálido, –a warm

caliente hot, warm

la **calificación** qualification; grade,
rating

calificar to qualify, rate

calmar to calm

el **calor** (la **calor**, *as an archaism*) heat,
warmth

hacer (*irr.*) **calor** to be warm or hot
(*weather*)

tener (*irr.*) **calor** to be warm or hot
(*of persons*)

la **caloría** calorie

calumnioso, –a slanderous

calzar (**c**) to put shoes on

con el zancajo calzado with his
shoes on

el **calzón** trousers, pants

el **calzón corto** knee breeches

callado, –a quiet, silent, still

callar to keep silent; silence, stop
(*from playing*, etc.)

la **calleja** alley, lane

la **cámara** chamber; (*naut.*) cabin

la **orquesta de cámara** chamber orchestra

el **camarón** shrimp

Cambados *town in province of Pontevedra, in northwestern Spain*

cambiar to change; exchange

cambiar de rumbo to change direction

cambiar por to exchange for

el **cambio** change; exchange

en cambio on the other hand

la **camelia** camellia

el **caminante** traveler

caminar to walk, journey, ride, travel

la **caminata** hike

el **camino** road; way; journey

camino de on the way to

en su camino in his way

el **camión** truck; bus

el **camión de remolque** tow truck

el **camionero** truck driver

la **camisa** shirt; chemise; shirtwaist;
wrapping

la **campana** bell

el **campaneo** bell ringing

la **campanilla** small bell

la **campanita** small bell

la **campaña** campaign

Campeche *state, and capital of the
same, in southeastern Mexico*

el **campesino** farmer; country person

campesino, –a rural, country (*adj.*)

la **campiña** countryside

el **campo** field; country, countryside

el **campo de deportes** athletic field

el **hombre de campo** country-
man

la **Tierra de Campos** *central and
southern part of the province of
Palencia, in north central Spain*

los **del campo** countryfolk

el **canalla** (*coll.*) scoundrel, cur

la **canallocracia** (*neol.*) rule by the riff-
raff

el **canapé** (*Gal.*) seat, settee

las **Canarias** Canary Islands

canario, –a Canarian

el **canario** Canarian; Canarian (*dialect*); canary, canary bird

la **canción** song; folksong

la **canción de gesta** epic poem

Candelario *town in the province of Salamanca, in west central Spain*

candoroso, –a artless, simple and sincere

cansado, –a tired, weary; faded

el **cansancio** fatigue, weariness

cansar to tire; *reflex.* to become tired

cantábrico, –a Cantabrian
  el **Mar Cantábrico** Bay of Biscay
  los **Montes Cantábricos** Cantabrian Mountains

el **cantante** singer (*m.*)

la **cantante** singer (*f.*)

el **cantar** song; epic, epic poem

el **Cantar de Mío Cid** *Spanish epic poem that narrates the adventures of the Cid*

cantar to sing; crow
  a los gallos cantar at cockcrow

el **cante** *Andalusian folk singing*
  el **cante hondo (or jondo)** *Andalusian gypsy singing*

el **cantero** (*Amer.*) flower bed, garden

la **cantidad** quantity, amount
  en cantidad in a large amount or number

el **canto** round stone, pebble; song; chant, singing

la **caña** cane, reed; bamboo; (*naut.*) tiller

el **cañón** tube, pipe; cannon; barrel (*of gun*); (*Amer.*) canyon, narrow pass

cañonear to cannonade, fire on, torpedo

la **capacidad** capacity; ability, capability

el **capataz** foreman, overseer

capaz (*pl.* **capaces**) capable

capear (*naut.*) to lay to
  capear las olas to avoid, or minimize the action of, the waves

el **capital** capital (*money*); investment

la **capital** capital (*city*)

caprichoso, –a capricious

captar to catch; capture; understand

el **capuchino** Capuchin, *monk of the Franciscan Order*

la **cara** face

Caracas *capital of the Republic of Venezuela*

el **carácter** (*pl.* **caracteres**) character, nature; type; characteristic, quality, trait

caracterizar (**c**) to characterize

caracterológico, –a (*neol.*) characterological

¡ **caramba** ! gracious ! heavens !

el **carámbano** icicle

el **carancho** (*Amer.*) *kind of hawk*

el **carbón** coal; coal dust

carbonero, –a pertaining to coal or charcoal

el **carbonero** charcoal maker

Cárdenas, Lázaro (1895–   ), *Mexican general and politician, president of Mexico (1934–40).*

carecer (**zc**) (**de**) to lack, be lacking (in)

la **carencia** lack, need, want; deprivation

la **carga** load; freight

el **cargador** clip (*of a rifle*)

cargar (**gu**) to load; charge

cargar sobre to fall on, rest on

cargarse a la cuenta de to be charged to the account of, be attributed to

el **cargo** position, post, job, office

el **caribe** Carib, Cariban (*language of South American Indians found from the Lesser Antilles and Central America to Brazil*)

la **caricia** caress

la **caridad** charity

el **carmín** deep crimson
  encendido, –a en vivos carmines blushing to a deep crimson color

la **carne** meat; flesh
  la **carne de cerdo** pork
  la **carne de res** beef

el **carnero** sheep; mutton

carnívoro, –a carnivorous

caro, –a expensive

el **carpintero** carpenter

la **carrera** race; course; career
  las **carreras** horse racing

la **carreta** coach; cart, wagon

la **carretera** highway

el **carretero** driver

la **carroza** coach

la **cartera** billfold, wallet

el **cartón** cardboard

la **casa** house, home; household, family; firm
  casa de veraneo summer house
  la **Casa de Contratación** Board of Trade (*court for dealing with cases concerning commerce with the Spanish American colonies*)
  de casa from home

la **casaca** cloak

casado, –a (con) married (to)

el **casamiento** marriage

casar to marry, marry off; *reflex.* to get married, marry
  casar con to marry someone to
  casarse con to marry someone

el **cascabel** small bell; sleigh bell

el **cascabeleo** jingle, jingling

el **caserío** group of houses, hamlet, settlement

el **caso** case
  en caso (de) que in case
  en todo caso in any case, at all events
  hacer caso de to pay attention to

la **castaña** chestnut

la **castañuela** castanet

el **castellano** Castilian; Castilian (*dialect*); Spanish (*language*)
  el **castellano viejo** *native or inhabitant of Old Castile*

castellano, –a Castilian
  castellano, –a viejo –a, *of, or pertaining to, Old Castile*

el **casticismo** purism; authenticity

el **castigo** punishment

Castilla (*f.*) Castile, *former kingdom in central Spain*
  Castilla la Nueva New Castile, *region comprising the provinces of Madrid, Ciudad Real, Cuenca, Toledo and Guadalajara, in central Spain*
  Castilla la Vieja Old Castile, *region comprising the provinces of Burgos, Santander, Logroño, Soria,*

Segovia and Ávila, in north central Spain

el **catalán** Catalan, Catalonian; Catalan (*language*)

catalán, –ana Catalan, Catalonian

catalogar (**gu**) to catalogue

el **catálogo** catalogue

Cataluña (*f.*) Catalonia, *region in northeastern Spain, comprising the provinces of Barcelona, Tarragona, Lérida and Gerona*

la **cátedra** chair, professorship

el **catedrático** (university) professor

la **categoría** category

categórico, –a categorical

la **cauchería** rubber plantation

caudaloso, –a abundant; wealthy; of great volume

el **caudillo** military leader

la **causa** cause
  a causa de because of, on account of
  a causa de que because, because of the fact that

causar to cause

la **cautela** caution, precaution

cauteloso, –a cautious; crafty, cunning

Cavite *city in Luzón, on Manila Bay, Philippine Islands, where the Spanish fleet was defeated by the United States fleet in 1898*

la **caza** hunting

el **cazador** hunter

la **cazadora** huntress

cazar (**c**) to hunt

la **cebada** barley

el **ceceo** lisping; *pronunciation of Spanish s like c and z (i.e., like English "th" in "thin")*

la **cecina** dried beef

ceder to yield; give way

cegador, –ora blinding

la **ceguera** blindness

la **ceja** brow; eyebrow

celebrar to celebrate; hold (*a meeting*); praise
  son de celebrar they are to be praised

celeste celestial; sky-blue

el **celtíbero** Celtiberian

el **cementerio** cemetery

el **cemento** cement

la **cena** supper

el **cenáculo** literary group

cenar to have for supper; sup, have supper

la **ceniza** ash, ashes

censurar to censure

el **centavo** cent

el **centenario** centennial

la **centésima** hundredth

centésimo, –a hundredth

la **central** station, power plant
  la **central térmica** thermoelectric plant

central central; basic, dominant

Centro América Central America

ceñir (**i, i**) to gird, fasten around; encircle, encompass, surround

la **cera** wax

la **cerámica** ceramics

cerca near
  cerca de near, close to; about, approximately

las **cercanías** neighborhood, vicinity

el **cerdo** pig; pork
cerealífero, –a grain producing
el **cerebro** brain; mind
la **cereza** cherry
cerrar (ie) to close, shut; terminate; *reflex.* to enclose oneself; close up, become constricted
  cerrar un trato to close a deal
el **cerro** hill
certero, –a certain, sure; accurate
la **certeza** certainty
la **certidumbre** certainty
  con certidumbre for sure
Cervantes, Miguel de *(1547–1616), Spanish novelist, author of Don Quijote*
cesar to stop, cease, end
  cesar de + inf. to stop + *pres. part.*
  sin cesar ceaselessly, without pause
el **césped** grass, lawn
el **cetro** scepter
Ceuta *Spanish city (province of Cádiz) on the coast of Morocco*
el **ciclo** cycle
Cid: Rodrigo Díaz de Vivar *(1026?–1099), Spanish hero, called by the Moslems* **Cid** *(sidi "my lord," in Arabic)*
ciego, –a blind, blinded
el **cielo** sky, heaven
la **ciencia** science
  la **ciencia política** political science
científico, –a scientific
cien(to) a or one hundred
  por ciento per cent
ciertamente certainly; that's right
cierto, –a certain; right, true
  un hecho cierto an actual fact, a reality
la **cifra** cipher, figure, number
la **cigarra** locust
el **cilindro** cylinder
la **cima** top, summit
cimbrador, –ora swaying, swinging
el **cimiento** foundation
cínico, –a cynical
la **cinta** tape; ribbon
la **cintura** waist
el **cinturón** belt
el **circo** circus
circundado, –a surrounded
el **cisne** swan
cisoria: el arte cisoria art of carving
citado, –a cited, quoted
citar to cite, mention; summon to appear
cítrico, –a citrus (*adj.*)
  los **cítricos** citrus products
la **ciudad Condal** Barcelona
civilizador, –ora civilizing
la **claraboya** skylight
las **Claras** Clares, *nuns of the Order of St. Clare*
el **claro** clearing, gap; space
claro, –a clear; light-colored; bright
  ¡claro! (*interj.*) of course!
  claro que . . . of course, naturally
  ¡claro que sí! of course!
el **clasificador** classifier
clasificar (qu) to classify
la **cláusula** clause; provision
  la **cláusula de cajón** usual provision
el **clavado** high dive (*performed by divers off a cliff in Acapulco*)

clavar to nail; fix (*eyes, attention*)
  clavar los ojos en uno to stare at one
la **clave** clavicord
la **clave** key
el **clavel** carnation
el **clima** climate; zone, country
cobarde cowardly
cobrar to collect, gain; achieve; charge
el **cobre** copper
cocear to kick
cocer (ue; z) to cook
el **cocido** Spanish boiled dinner
el **cocimiento** boiling, cooking
la **cocina** cooking; kitchen
  hace cocina does the cooking
la **cocinera** cook (*f.*)
Cochabamba *department, and capital of the same, in central Bolivia*
el **coche** car
la **codicia** covetousness, greed, inordinate desire
codiciar to covet
el **código** code of laws
el **cofrade** member of a brotherhood
la **cofradía** brotherhood
coger (j) to seize, take hold of; catch
el **cohete** rocket
coincidente coincident, coinciding
coincidir to coincide
  coincidir en que to agree that
cojear to limp, be lame; (*fig.*) be imperfect
la **cola** tail
  de cola tensa with tail extended
colaborar to collaborate
  colaborar a (*more commonly,* **en**) to collaborate in
  colaborar con to collaborate with
colarse (ue) to filter, seep
el **colchón** mattress
la **colectividad** group, or mass, of people
colérico, –a angry
la **colmena** beehive
el **colmo** height, limit
  para colmo for the finishing touch
la **colocación** placing, placement, position
colocar (qu) to place, put; locate; arrange; hang up
colombiano, –a Colombian
Colombina Columbine (*saucy sweetheart of Harlequin in early Italian comedy*)
colonizar (c) to colonize
el **colono** colonist, settler; tenant, tenant farmer
color: de colores brightly colored
colorado, –a red
  lo **colorado** redness, what is red
colorar to color
columbrar to glimpse; perceive
la **columna** column
el **columnista** (*Angl.*) columnist
la **comarca** region
la **comba** crest
la **combinación** combination
combinados, –as para in collusion to, in partnership to
combinar to combine
  combinarse con to blend with, combine (*intrans.*) with
la **comedia** comedy; play; theater

la **comedia del Arte** early Italian popular comedy
comentar to explain, expound; tell of
el **comentario** comment, commentary, remark
comenzar (ie; c) to begin, start
  comenzar + pres. part. to begin by + *pres. part.*
  comenzar a + inf. to begin to + *inf.*
comer to eat; dine, have dinner (*generally around two o'clock*): *reflex.* to eat up, finish eating (*something*)
  convidar a comer to invite to dinner
  pedir (i, i) de comer to ask for food, order dinner
  se come bien they serve good meals
comestible edible
el **comestible** food, foodstuff
cometer to commit
la **comida** meal; dinner; food
  La Comida de las fieras Banquet of the Beasts
el **comienzo** beginning
  en comienzo de at the beginning of
el **comisario** (*Amer.*) police inspector
la **comitiva** group, party; retinue, suite
como as; like; how; as if; since; **como + subj.** if, provided that
  así como just as
  como si as if, as though
  tan luego como as soon as
  tanto . . . como both . . . and
¿cómo? how? what? what do you mean?
  ¿Cómo es el clima? What is the climate like?
  ¿cómo no? why not?
  ¡cómo! how!
  ¡cómo no! of course! why not!
cómodamente comfortably
la **comodidad** comfort
el **compadre** father and godfather (*with respect to each other*); friend
la **compañía** company; society
la **comparación** comparison; simile
comparar to compare
compartido, –a shared
compartir to divide; share
el **compás** beat, time,
la **compasión** compassion, pity
complacer (zc) to please
la **complejidad** complexity
el **complejo** complex
complejo, –a complex, complicated
complementar to complement
el **complemento** complement; object
  el **complemento directo** direct object
completar to complete
completo, –a complete, full
  por completo completely
complicado, –a complicated
complicar (qu) to complicate
el **cómplice** accomplice, accessory (*m.*)
la **cómplice** accomplice, accessory (*f.*)
el **componente** component
componer (irr.) to compose; constitute; arrange, settle
  componerse con to settle with, come to terms with
  componerse de to be composed of
el **compositor** composer

compostelano, –a *of, or pertaining to,
Santiago de Compostela*
comprender to understand; comprise,
be made up of
comprendido, –a enclosed
la **comprobación** proof
compuesto, –a compound
el **computador** computer
común common
  de común in common
  por lo común generally
la **comunicación fluvial** waterway
comunicar (qu) to communicate
la **comunidad** community; common-
ality, likeness
con with
  con aparatos de under cover of
  con certidumbre for sure
  con locura madly
  con pena with difficulty, with hardship
  con tal (de) que provided that
  con todo however, nevertheless
concebir (i, i) to conceive; devise,
imagine
conceder to give; award
la **concentración** concentration; consolidation
  la **concentración parcelaria** *consolidation of small parcels of land
into one larger piece*
concentrar to concentrate
la **concepción** conception; idea, project
concertar (ie) to arrange; conclude (*a
treaty*)
concesivo, –a concessive
la **conciencia** conscience; conscious-
ness; awareness, sense
el **concierto** concert
conciliar to conciliate, reconcile
concluir (y) to conclude, end
la **concordancia** agreement
concordar (ue) to agree
concretarse to confine oneself
concreto, –a concrete
concurrir to concur
el **concurso** contest, competition
condal of a count
  la **ciudad Condal** Barcelona
el **conde** count
condenar to condemn; sentence
la **condición** condition; status, standing
el **condicional** (*gram.*) conditional
el **condimento** condiment, seasoning
conducir (irr.) to conduct, lead; drive;
reflex. to conduct oneself, behave
la **conducta** behavior
el **conductor** driver
la **conferencia** conference; interview;
lecture
el **conferenciante** lecturer
conferir (ie, i) to confer, award
la **confianza** confidence, trust
  tener (irr.) confianza en to trust
in
confiar to confide
  confiar en to trust, have confidence
in; rely on
confirmar to confirm
la **confitura** confection
conformarse con to resign oneself to
conforme agreed; O.K.

la **conformidad** conformity; patience,
resignation
confundido, –a confused
confundir to confuse; *reflex.* become
confused; fuse
confuso, –a confused; in confusion
congénito, –a congenital, inborn
conjugar (gu) to conjugate
la **conjunción** conjunction
el **conjunto** entirety, whole; aggregate, sum total; over-all effect;
group, section
  el **conjunto de la historia** the over-
all history
  en conjunto as a whole
conjunto, –a over-all
conjurado, –a in league, in conspiracy
conmigo with me (myself)
la **conminación** commination, threat
la **conmoción** commotion, disturbance
conmover (ue) to move (*emotionally*);
reflex. be moved (*emotionally*)
conocedor, –ora (de) expert (in), familiar (with)
conocer (zc) to know, be acquainted
with; meet, become acquainted
with; recognize
  a medio conocer half known
  darse (irr.) a conocer to make oneself known
conocido, –a known, well-known
  mal, *or* **poco, conocido, –a** little
known
el **conocimiento** knowledge, understanding; acquaintance
conque so, so then
consagrar to dedicate, devote
  consagrarse a + *inf.* devote oneself
to + *inf.*
consciente conscious; deliberate; con-
scientious
la **consecuencia** consequence, result
conseguir (i, i; g) to get, obtain; bring
about
  conseguir + *inf.* to succeed in +
pres. part.
el **consejo** advice; council
  el **Consejo de Indias** Council of the
Indies (*established in Spain, in
1511, for the administration of
the Spanish American colonies*)
el **consentimiento** consent
consentir (ie, i) to permit
  consentir en + *inf.* to consent to
+ *inf.*
la **conservación** preservation
conservar to preserve; retain
consigo with oneself; with himself
(herself, themselves)
la **consistencia** consistency; stability
consistir (en) to consist (*in* or *of*)
consolidar to consolidate; strengthen
la **consonancia** consonance
la **consonante** consonant
el **consorcio** company, society
la **conspiración** conspiracy
conspirar to conspire
constar to be clear, be evident; be
entered, be recorded
  constar de to consist of, be made up
of
constituir (y) to constitute, form,
make up; *reflex.* to constitute (establish) oneself

la **construcción** construction
  la **construcción naval** naval ship-
building
construir (y) to build, construct
el **consuelo** consolation
consultar to consult
consumar to consummate, complete
el **consumidor** consumer
el **consumo** consumption
contagiado, –a de affected by, infected
with
el **contagio** contagion
contar (ue) to count; tell, tell about,
relate; have (*number of inhabitants, speakers, years*)
  contar con to count on, depend on,
rely on
  contarse entre to be considered
among
la **contemplación** contemplation,
meditation; observation
contemplar to contemplate, think;
study; gaze at
el **contemplativo** contemplative person
contemporáneo, –a contemporary
el **contendiente** contestant
contener (irr.) to contain; curb, restrain; *reflex.* restrain oneself
contentar to content; pacify, quiet,
satisfy
el **contertulio** *one present at the same
social gathering*
contigo with you (yourself)
contiguo, –a contiguous
la **contingencia** contingency
la **continuación** continuation
  a continuación next, immediately
following
continuado, –a continuous
continuar to continue
  continuará to be continued
la **continuidad** continuity
continuo, –a continuous
el **contorno** contour; edge, side, vicinity
  los **contornos** surroundings, vicinity
contra against
  en contra (de) against
contradictorio, –a contradictory
contraer (irr.) to contract; *reflex.* to
contract (*intrans.*), twinge
  contraer matrimonio to marry, get
married
la **contrapartida** counter tendency
contrario, –a contrary, opposite
  al contrario on the contrary
  lo contrario the contrary
la **Contrarreforma** Counter Reformation
contrastar to contrast
  contrastar con (*Amer.* **contrastar
de**) to contrast with
el **contraste** contrast, comparison
la **contratación** trade, commerce
  la **Casa de Contratación** Board of
Trade (*see under* **casa**)
contratar to contract, hire
contribuir (y) to contribute
  contribuir a + *inf.* to contribute to
+ *inf.*
contrito, –a contrite; repentant
controlar (*Gal.*) to control
convencer (z) to convince

convenible fair, reasonable

convenido, –a agreed upon

conveniente convenient; proper, suitable

convenir (*irr.*) to be advantageous, fitting, proper; agree; correspond

    convenir + *inf.* to be important to + *inf.*

el **convento** convent; monastery

conversar to converse

la **conversión** conversion, transformation

convertir (**ie, i**) (**en**) to convert (into), change (into)

    convertirse en to be converted into, become

convidar to invite

    convidar a + *inf.* to invite to + *inf.*

el **coñac** cognac

cooperativista cooperative

la **copa** goblet, wineglass; cup; treetop

Copérnico Copernicus

copiar to copy

copioso, –a copious

la **copla** *words of a folksong, generally in the form of a ballad quatrain (four eight-syllable verses in assonance) or a redondilla (four eight-syllable verses with rime abba or abab)*

el **coraje** anger

el **corazón** heart

el **cordel** rope

el **cordelillo** cord, string

el **cordero** lamb

cordial cordial; encouraging

la **cordillera** mountain range

Córdoba *province, and capital of the same, in south central Spain*

la **cordura** judgment, prudence, wisdom

Corea Korea

la **corneja** crow

la **corneta** cornet, bugle

el **cornetín** cornet

el **coro** chorus; choir

la **corona** crown; wreath

coronado, –a crowned

el **corpiño** bodice, waist

el **corral** corral, yard, barnyard

el **corralón** large corral, large barnyard

el **corredor** corridor, hall; waiting-room

corregir (**i, i; j**) to correct

correr to run; travel over; flow; circulate, extend, spread

    correr a + *inf.* to run to + *inf.*

    correr peligro to be in danger, be exposed to danger

corresponder to correspond

    corresponder a to correspond to, belong to, concern

correspondiente corresponding

el **corresponsal** correspondent

corriente common, current, ordinary

la **corriente** current, stream

    la **corriente general** general way of life

corruptor, –ora corrupting

la **cortadura** cut

cortar to cut, cut down

la **corte** court

el **cortejo** escort, retinue

cortés courteous

cortesano, –a courtly, courteous

la **cortesía** courtesy

el **cortijero** farmer, landowner

la **cosa** thing, matter, affair

la **cosecha** harvest, crop

Costa, Joaquín (1846–1911), *Spanish sociologist and historian*

la **costa** coast; expense

    a costa mía at my expense

el **costado** side

costanero, –a coastal

costar (**ue**) to cost

    costar trabajo to be difficult

el **coste** cost

la **costilla** rib; frame

costoso, –a costly, expensive

la **costumbre** custom; habit

cotidiano, –a daily

la **covacha** small cave

la **coyuntura** chance, opportunity

coyuntural timely

la **creación** creation; establishment

creador, –ora creative

crear to create; *reflex.* create for oneself

crecer (**zc**) to grow, increase

crecido, –a grown; swollen, marked-up (*of prices*)

creciente increasing

el **crecimiento** growth; increase

el **crédito** credit

    quitarle a uno crédito to discredit one

el **credo** creed

creer (**y**) to believe; think

    ¡ya lo creo! I should say so! of course!

el **crepúsculo** twilight

el **crespón** crape, crepe

el **cretino** idiot, fool, cretin

la **criada** maid, servant

    la **criada de servir** maid-servant

el **criadero** plant nursery

criar to bring up, raise; grow; produce

la **crin** mane

criollo, –a native

la **crisis** (*pl.* **crisis**) crisis

el **cristal** crystal; glass, glassware

criticar (**qu**) to criticize

cromático, –a chromatic; multihued

crudo, –a crude, raw; brutal

la **crueldad** cruelty

la **cruz** cross

    la **Santa Cruz** Holy Cross

el **cruzamiento** crossing; cross-breeding

cruzar (**c**) to cross, traverse

la **cuaderna** (*naut.*) frame, rib

cuadrado, –a square

el **cuadrante** quadrant

cuadrilongo, –a oblong, rectangular

la **cuadrilla** gang, crew, group

el **cuadro** painting, picture; patch; (*theater*) scene

cuajado, –a (**de**) thick (with)

cual as, such as

    el **cual** (**la cual,** etc.) which, who, the one which

    lo **cual** which, that which, which thing

    por lo cual for which reason

¿cuál? which? which one? what?

cualquier(a) (*adj.*) any, any what(so)-ever

    de cualquier modo que sea in whatever manner, however it may be

cualquiera (*pron.*) anybody, any one

cuando when, whenever

    cuando menos at least

    cuando quieras when (whenever) you like

    de cuando el semillero (*coll.*) of the time of the seedbed

    de cuando en cuando from time to time

¿cuándo? when?

la **cuantía** quantity; importance, distinction

cuanto, –a all that, as much (as), whatever; **cuantos, –as** as many . . . as

    en cuanto as soon as

    en cuanto a as for, in regard to, with respect to

    unos cuantos, unas cuantas several, some few

¿cuánto, –a? how much? **¿cuántos, –as?** how many?

    ¿a cuánto? for how much?

    ¿cuánto tiempo? how long? for how long?

el **cuarterón** panel (*of a door*)

el **cuarto** fourth, quarter; room

    el **cuarto de hora** quarter of an hour

cuarto, –a fourth

cuatrocientos, –as four hundred

cubano, –a Cuban

la **cubeta** pail

la **cubierta** deck (*of a ship*)

cubierto, –a (*p. p. of* **cubrir**) covered

    cubierta la cabeza with one's hat on

cubrir to cover

el **cuchillo** knife

la **cuenta** account; calculation; bill; obligation; bead

    darse (*irr.*) **cuenta** (**de**) to realize

    es cuenta mía it is my obligation

    por cuenta de charged against

    sacar (**qu**) **la cuenta** to add up the bill, reckon the account

    tener (*irr.*) **en cuenta** to bear in mind, take into account

el **cuentista** short story writer

el **cuento** story, tale; short story

la **cuerda** cord, rope

cuerdo, –a prudent, wise; sane

el **cuerpo** body; substance

    cuerpo a cuerpo hand to hand, in single combat

    de cuerpo physical

    echar cuerpo to grow up, put on weight

la **cuesta** hill

    a cuestas on one's back or shoulders

la **cuestión** matter, problem, question (*for argument or dispute*)

el **cuidado** care, attention; concern, worry; **¡cuidado!** look out! careful!

    los **cuidados que tiene con** the way he takes care of

    haber (*irr.*) **cuidado** (*arch.*) to worry

    tener (*irr.*) **cuidado** to be careful; worry

cuidadoso, –a careful
cuidar to care for, take care of
  cuidar de to take care of
cuitado, –a unfortunate, wretched
la **culebra** snake
culminante culminating, supreme
culminar to culminate
  culminar en to reach a climax with
la **culpa** blame, guilt, fault
  tener (*irr.*) **la culpa** to be to blame
culpable guilty, be to blame
cultivable fit for cultivation
cultivar to cultivate
el **cultivo** cultivation; farming; crop
el **culto** cult; cultivation; worship
culto, –a educated, well-bred; learned
la **cumbre** peak, summit
el **cumplimiento** fulfillment
cumplir to fulfill, perform; keep one's
  word; *reflex.* be fulfilled
  se cumple con it works out with
la **cuna** cradle
cundir to spread
el **cuplé** (*Gal.*) cabaret song
el **cura** priest
curado, –a dry
curar to cure
la **curia** (*law*) bar
  el **protocolo de curia** legal document
currutaco, –a (*coll.*) dapper, smart
cursar to study; follow, take (*a course
  of study*)
el **curso** course, current; process
la **cúspide** peak
la **cutacha** (*Central America*) large
  knife
cuyo, –a whose, of whom, of which

CH

el **chacolí** chacolí (*sour wine of Vizcaya, Spain*)
el **chachal** (*Central America*) necklace
  (*of large beads of one color*)
chamarrudo, –a (*Amer.*) one who
  wears a poncho (*of coarse cotton
  cloth*)
la **chanfaina** stew of chopped livers
  and lungs
la **chanza** joke, jest
  entrar en chanzas con to joke with
el **chaparro** evergreen oak; chaparral
  (*thicket*)
la **chaquetilla** short jacket
la **charla** chatting; talk
charlar to chat, talk
el **charlatán** prattler; charlatan
ché *interj.* (*Amer.*) hey! say!
el **cheque** check
Chiapas *southernmost state of Mexico,
  bordering on Guatemala*
chico, –a small, little
el **chicuelo** (*dim. of* **chico**) youngster
¡**chihuahua**! goodness! wow!
chileno, –a Chilean
el **chiquilín** (*Amer.*) tot, little youngster
el **chiquillo** (*dim. of* **chico**) youngster
chiquito, –a (*dim. of* **chico**) tiny, very
  small
la **chispa** spark
el **chiste** joke
chocante shocking; striking
chocar (**qu**) to shock; surprise

chocar con to have a collision with
el **choque** clash; collision
el **chorizo** sausage; pork sausage
chorreante dripping water
chorrear to drip, gush, spout
el **chumbo** prickly pear

D

la **dactilógrafa** typist (*f.*)
el **dactilógrafo** typist (*m.*)
la **dalia** dahlia
la **dama** lady
la **danza** dance
  la **danza de espadas** sword dance
  la **danza prima** *slow dance, and its
  tune, of Asturias*
  la **Danza ritual del fuego** Ritual
  Fire Dance
danzar (**c**) to dance
dañar to harm, hurt
dañino, –a harmful; evil
el **daño** damage, harm
dar (*irr.*) to give, grant; strike; *reflex.*
  occur; be found
  dar a to face, open on (to)
  dar a (**algo**) ... **de** *or* **con** to give or
  put on (*a coat of paint, white-
  wash*); **con la que se da al suelo**
  with which the floor is whitewashed
  dar alaridos to cry out, scream,
  shout
  dar con to meet, encounter
  dar con uno en galeras to condemn
  one to the galleys
  dar el paso to take the step
  dar en to persist in; fall into (*as an
  error*)
  dar fe to attest, certify, witness
  dar la batalla to fight in the battle
  dar la mano de prometida to
  pledge oneself in marriage (*said of
  the woman*)
  dar las gracias (**a**) to thank ...
  dar las tres to strike three
  dar la vuelta a to turn, go around
  dar lugar a que + *subj.* to permit
  that + *subj.*, permit to + *inf.*
  dar luz sobre to throw light on
  dar miedo a to frighten, intimidate
  dar origen a to give rise to
  dar paso a to lead to; give way to
  dar por to consider as
  dar por sabido to consider as
  known
  dar su parte a to give (something)
  its due, recognize the importance
  of
  dar un pataleo to give a few kicks
  dar un rodeo to circle about
  dar un salto to jump, make a leap
  dar un vuelco el corazón to have
  a presentiment, or sudden feeling
  of surprise or fright
  darse a to give oneself over to
  darse a + *inf.* to give oneself over
  to + *inf.*; start to + *inf.*
  darse a conocer to make oneself
  known, establish one's identity
  darse cuenta (**de**) to realize
  darse por vencido, –a to give up
  darse prisa to hurry
el **dativo** dative (*case*)
el **dato** datum, fact

de of; from; by; with; than (*before a
  numeral*); about, concerning
de ... a from ... to
de entre through, out of
de fijo surely
de hecho in fact; (*law*) de facto
de improviso unexpectedly
de inmediato (*Amer.*) immediately
de manera que so that
de memoria by memory, by heart
de modo que so that
de nada you are welcome
de ninguna manera by no means,
  not at all
de nuevo again
de otro modo otherwise
de par en par wide open
de pie standing
de por medio intervening, as an intermediary
de prisa quickly
de pronto suddenly
de raíz by the root; completely
de repente suddenly
de suerte que so that; and so
de todo punto completely, entirely
de todos modos at any rate
de un golpe at one stroke, at one
  time
de verdad in truth; real
el **deber** duty, obligation
deber to owe; ought, should, must
  deber + *inf.* to have to, ought to,
  should + *inf.* (*to express obligation*)
  deber de + *inf.* must + *inf.*, probably + *verb* (*to express conjecture*)
deberse a to be due to
debidamente duly
debido, –a due
  debido a due to, because of
débil weak
la **debilidad** weakness
la **década** decade
decidir to decide
  decidir + *inf.* to decide to + *inf.*
décimo, –a tenth
decir (*irr.*) to say, tell; speak
  cabe decir it is fair, fitting, or possible to say
  decir bien to be right
  decir que + *subj.* to tell to + *inf.*
  decir que sí to say yes
  ¡**diga**! hello! (*on answering telephone*)
  digo I mean (*in correcting oneself*)
  es decir that is to say
  querer (*irr.*) **decir** to mean
  se dice one says
la **decisión** decision, determination
declarar to declare, state
decorar to adorn, garnish
dedicado, –a a devoted to, intended
  for
dedicar (**qu**) to dedicate; devote
  dedicarse a to be engaged in, devote oneself to
el **dedo** finger
deducir(se) to infer (be inferred)
el **defecto** defect, failing
defender (**ie**) to defend; *reflex.* to defend oneself
defensor, –ora defending

la **deficiencia** deficiency, defect
deficiente deficient, defective, faulty, incorrect
deficitariamente showing a deficit
definido, –a definite; defined
definir to define
definitivamente definitely; permanently
definitivo, –a definite, definitive
  en definitiva in short
defraudar to defraud; disappoint, be disappointing
la **defunción** death
degenerante degenerating
dejar to leave; allow, let, permit
  dejar + *inf.* to permit to + *inf.*
  dejar a un lado, (*Amer.*) **dejar de lado** to omit, disregard
  dejar de + *inf.* to cease or stop + *pres. part.*, fail to + *inf.*
  dejar suelto, –a to let loose
  dejarse + *inf.* to allow oneself to + *inf.*, allow oneself to be + *p. p.*
el **delantal** apron
delante (de) in front (of)
delantero, –a front
delgado, –a slender
deliberado, –a deliberate
la **delicadeza** delicacy
delicado, –a delicate
delicioso, –a delicious
delimitado, –a delimited, separated
el **delincuente** delinquent, criminal
el **delito** crime; offense
la **demanda** demand; order for merchandise; complaint
  poner (*irr.*) **la demanda** to sue, take to court
demás: los (las) demás the rest, the others; the other
  por lo demás as for the rest, apart from this
demasiado, –a too much; **demasiados, –as** too many; **demasiado** (*adv.*) too, too much
demográfico, –a demographic, of the population
demostrar (ue) to demonstrate, prove; illustrate, show
denegrido, –a blackened, or darkened, with age
el **denominador** denominator
  el **común denominador** common denominator
denotar to denote
la **densidad** density
la **dentadura** teeth
dentro inside, within
  dentro de inside, within
  por dentro inside
la **denuncia** denunciation
denunciar to proclaim; betray
departir to chat, converse
la **dependencia (de)** dependency (on), relationship (with)
depender to depend
  depender de to depend on, or upon; result from
dependiente dependent
el **dependiente** clerk, employee
el **deporte** sport
  el **campo de deportes** athletic field
deportivo, –a *of, or pertaining to, sports*

depositar to deposit
el **depósito** depot, warehouse; tank
depurado, –a purified, refined
el **derecho** right; law
  los **derechos** duties, taxes
  los **derechos de justicia** court fees
derecho, –a right
  a la derecha at the right
derivado, –a derived
derivar to derive, come from
  derivarse de to derive, be derived from
derramar to shed, spill
el **derredor** circumference
  en derredor around, round about
derretirse (i, i) to melt, blend, fuse
derribar to knock down
derrocar (qu) to overthrow, oust
la **derrota** defeat
  en derrota defeated
derrotar to defeat
el **derrotero** course, route
desacreditar to discredit
el **desafío** challenge
el **desagravio** amends, reparation
desalentar (ie) to discourage; *reflex.* become discouraged
el **desaliento** discouragement
desamparar to abandon
desaparecer (zc) to disappear
la **desaparición** disappearance
desarrollar to develop, expound; *reflex.* develop (*intrans.*)
el **desarrollo** development
la **desarticulación** disarticulation
el **desastre** disaster
desastroso, –a disastrous
desatar to unleash; start; *reflex.* to break loose, burst forth
la **desatención** disregard, inattention
el **desatino** folly, madness
la **desazón** annoyance, displeasure
desbarrancar (qu) (*Amer.*) to throw over a precipice; *reflex.* (*Amer.*) fall over a precipice
descansar to rest
el **descanso** rest
descargar (gu) to unload; release; strike
el **descargo** unloading; justification
  en descargo suyo as their justification
descender (ie) to go down; proceed
el **descenso** decline, descent
descolorar to discolor
el **descombro** clearing
descompuesto, –a (*p. p. of* **descomponer**) out of order; distorted, distraught
desconocer (zc) to be ignorant of, not to know
desconocido, –a unknown
descorrer to draw (*a curtain*)
descosido, –a ripped, unstitched
descrito, –a described
descubierto, –a (*p. p. of* **descubrir**) discovered; bared, uncovered
el **descubrimiento** discovery
descubrir to discover; find out
descuidado, –a careless, inadvertent
descuidar to neglect; not to worry; *reflex.* to be forgetful or negligent
desde from, since; after
  desde entonces since then

desde hace millones de años millions of years ago
desde . . . hasta from . . . to, from . . . until
desde luego of course; at once, right away
desde que since
el **desdén** disdain, contempt
  con desdén disdainfully, scornfully
desdeñar to disdain, scorn
desdeñoso, –a (con) disdainful (toward)
desdichado, –a unfortunate, wretched; unhappy
desear to desire, want, wish
  desear con vehemencia to have an urgent desire for, long for
desecado, –a dried, dehydrated
desechar to cast aside, throw away
la **desembocadura** mouth (*of a river*)
desembocar (qu) (en) to flow (into), empty (into)
desempeñar to redeem; accomplish, carry out, perform
  desempeñar un papel to play a rôle
desenfrenado, –a unbridled, wild
el **desengaño** disillusionment; disappointment
el **desenlace** ending, outcome; denouement (*of drama*)
desenmascarar to unmask, expose
el **desenvolvimiento** development
el **deseo** desire, wish
  tener (*irr.*) **deseos de** + *inf.* to be anxious to + *inf.*
el **desequilibrio** disequilibrium, imbalance
desesperado, –a desperate
desesperador, –ora causing despair, maddening
el **desfiladero** defile, mountain pass
desfilar to parade, pass in a parade
el **desfile** parade, procession
la **desgana** indifference; boredom, disgust
el **desgaste** attrition, erosion, wear and tear
la **desgracia** misfortune
desgraciado, –a unfortunate; unhappy
desgranar to remove the grain from; (*fig.*) to discharge
desgreñado, –a disheveled
deshacer (*irr.*) to undo; right (*wrongs*); *reflex.* disappear, vanish
deshecho, –a (*p. p. of* **deshacer**) undone, untied; distorted, distraught
desheredado, –a disinherited
la **deshumanización** dehumanization
desierto, –a desert, waste
designar to designate; assign
el **designio** design, plan
desigual unequal; irregular, rough, uneven
desilusionado, –a disillusioned, disappointed
desinflar to deflate
desligado, –a untied; independent, separate
deslumbrador, –ora dazzling
deslumbrar to dazzle
desmayarse to faint, swoon; languish, wither
el **desmayo** faint; weakness

sin desmayo unfalteringly, without weakening
desmesurado, –a extremely vast
desmontar to dismount
desnudo, –a bare, naked
desolado, –a desolate
despacio slowly
despacioso, –a deliberate, taking one's time
desparramado, –a dispersed
desparramar to spread; *reflex.* spread (*intrans.*)
despedirse (i, i) to say goodby, take leave
despegado, –a detached
despejado, –a free, clear, unobstructed
despertar (ie) to awaken (*someone*); arouse; *reflex.* wake up
desplazar (c) to displace; shift; *reflex.* move, shift (*intrans.*); travel
desplegar (ie; gu) to spread, unfold; *reflex.* unfold (*intrans.*)
desplomarse to topple over, fall over in a faint
despojado, –a despoiled, stripped
el **despojo** despoilment; robbery
despreciable contemptible; insignificant, negligible
desprendido, –a detached; loosened
la **despreocupación** unconcern, unconcernedness
desprovisto, –a de devoid of, lacking
después afterwards, later
  después de after; next to
  después (de) que after
despuntar to begin to sprout; dawn
la **desruralización** deruralization
destacado, –a outstanding; distinguished
destacar (qu) to point up; stand out; *reflex.* stand out
desteñido, –a discolored; faded
desterrado, –a exiled
desterrar (ie) to exile; banish
el **destierro** exile
destilar to distill
destinado, –a a destined for
la **destreza** skill
destrozar (c) to destroy, ruin
destructor, –ora destructive
destruir (y) to destroy
la **desunión** disunion, separation
desvelar to keep awake
la **desventaja** disadvantage
desvergonzado, –a impudent, shameless
el **desvergonzado** shameless wretch
desviar to move away
desvivirse por to long for
  desvivirse por + *inf.* to be anxious to + *inf.*
el **detalle** detail
detener (*irr.*) to stop; arrest; *reflex.* stop (*intrans.*)
la **determinación** determination; decision, act (*of the will*)
determinado, –a determined, fixed; definite
determinar to determine; fix
  determinar + *inf.* to determine + *inf.*
detrás de behind
  por detrás de from behind
el **detritus (el detrito)** humus, mold

los **detritus vegetales** *partially decomposed vegetable matter*
la **deuda** debt
el **deudor** debtor
devolver (ue) to give back, return
devorar to devour
devoto, –a devout; religious
D.F. (Distrito Federal) Federal District
el **día** day
  al día siguiente on the following day
  el **día del Patrón** day of the Patron Saint
  el **día de su santo** on his (her, etc.) saint's day
  hoy día at present
  ser (*irr.*) de día to be day
  todos los días every day
el **diablo** devil; **¡diablos!** the devil!
la **diafanidad** transparency; clarity
el **diario** diary; daily newspaper
Díaz, Porfirio (*1830–1915*), *Mexican general; president of Mexico (1877–80; 1884–1911*)
el **dictado** dictation
dictar to dictate; pronounce
el **dicho** saying
dicho, –a (*p. p. of* **decir**) said; aforementioned
el **diente** tooth
la **dieta** diet
  ponerle (*irr.*) a uno una dieta to put one on a diet
el **(la) dietista** dietician
diferenciar to differentiate
  diferenciarse de to differ from
diferir (ie, i) to differ
dificultoso, –a difficult, troublesome
difundir to disseminate
la **difusión** diffusion, dissemination; spreading out, distribution
la **dignidad** dignity
digno, –a worthy
la **diligencia** diligence; errand
  hacer (*irr.*) la diligencia to take the step
  hacer (*irr.*) una diligencia to do an errand
diligente diligent, industrious
la **dimensión** dimension; magnitude, scope
diminuto, –a small
dionisíaco, –a Dionysiac
Dios God; **¡Dios Santo!** Good Lord!
la **dirección** direction, guidance; address; administration; bureau, office
  la **Dirección General** Central (or Head) Office
  que ejercen una dirección who exercise an administrative control
  sin dirección without leadership
directo, –a direct
el **director** director; leader; president
  el **director-gerente** managing director
dirigente directing, guiding
dirigir (j) to direct; govern; address
  dirigirse a *or* **hacia** to go to or toward; come to or toward; address (*a person*)
discernible (a) discernible (in), perceptible (in)

la **disciplina** discipline
la **discordia** disagreement, discord
discreto, –a discreet
discurrir to reason; invent, contrive; wander about
el **discurso** discourse, speech
discutible debatable, disputable
discutir to discuss; argue
la **disección** dissection
diseminarse to scatter (*intrans.*)
disfrazar (c) to disguise
disfrutar (de) to enjoy
el **disfrute** enjoyment, benefit, use
disminuir (y) to decrease, diminish, lessen
disparar to fire
disparatado, –a absurd, nonsensical
el **disparate** nonsensical act; crazy idea
dispensar to excuse
dispersar to disperse; *reflex.* disperse (*intrans.*)
disperso, –a scattered
disponer (*irr.*) to dispose, prepare; direct, order; *reflex.* get ready
  disponer de to have at one's disposal
la **disposición** arrangement; disposal; provision; directive, regulation
dispuesto, –a (*p. p. of* **disponer**) arranged, prepared
disputar to dispute; argue
la **distancia** distance
  a distancia at a distance
  a la distancia in the distance
distar de to be distant or far from
distender (ie) to distend; swell, puff up
distinguido, –a distinguished
distinguir (g) to distinguish; *reflex.* to distinguish oneself; be distinguished; excel, stand out
distintivo, –a distinctive
distinto, –a different; distinct
distraído, –a absent-minded
distribuir (y) to distribute
el **ditirambo** dithyramb
la **diversidad** diversity, variety
diversificar (qu) to diversify
la **diversión** amusement, entertainment
diverso, –a diverse, different; varied; **diversos, –as** various
divertirse (ie, i) to have a good time, enjoy oneself
dividido, –a divided
divisar to make out, discern
el **divorcio** divorce
divulgador, –ora *suitable to the general public*
doblar to double; dub (*a film in another language*)
doble double
el **dodecasílabo** *verse of twelve syllables*
doler (ue) to hurt, ache
el **dolor** pain; sorrow, suffering
doloroso, –a painful
domar to tame
domeñar to tame; master, subdue
doméstico, –a domestic; homemade
la **dominación** domination, rule
dominar to dominate
el **domingo** Sunday; on Sunday
  el **domingo del Espíritu Santo** Pentecost Sunday

el **dominio** dominion; domain; command, mastery

la **donación** donation, gift

el **donaire** gracefulness

donde where, in which

por donde through which

¿ **dónde** ? where?

dorado, –a golden

dormido, –a asleep

dormir (ue, u) to sleep; *reflex.* fall asleep

dormitar to doze

Dortmundo Dortmund, *city in West Germany, in the Ruhr*

doscientos, –as two hundred

dotado, –a endowed

dotar to endow

la **dote** dowry; talent, gift

dramático, –a dramatic

el **dramaturgo** dramatist

la **duda** doubt; difficulty

sin duda no doubt

sin duda alguna beyond any doubt

dudar to doubt

la **dueña** duenna, governess

el **dueño** master, owner

ser (irr.) dueño de to be master of, own

el **Duero** *river in central Spain and Portugal*

el **dulce** sweet, candy

dulce sweet

dulcemente gently, softly, sweetly

la **dulzaina** *(coll.)* mess of sweets; sweet smell; *(mus.)* flageolet

una agria dulzaina a sourish-sweet reek or odor

el **dulzor** sweetness

la **dulzura** sweetness; softness

duplicar (qu) to duplicate; double

la **duquesa** duchess

durante during

durar to last

la **dureza** harshness

duro, –a hard; harsh, cruel, arduous

« s » dura retroflex *s* ("*s*" *pronounced with the tip of the tongue raised and bent back*)

E

el **Ebro** *river in the northeastern part of Spain*

eclipsar to eclipse

el **eco** echo

la **economía** economy; economics

económico, –a economic

echado, –a stretched out

echar to throw, cast; sow

echar a + inf. to begin to + *inf.*

echar al campo to turn loose in the country

echar cuerpo to grow up

echar en falta to miss

echarle encima to throw on top of it

echar raíces to grow, or put down, roots

la **edad** age; epoch, era

la **Edad Media** Middle Ages

editado, –a edited

educar (qu) to educate; to rear, bring up

el **efecto** effect

a efecto de que in order that, so that

en efecto indeed; in effect, in fact

efectuar to carry out, effect, produce

la **eficacia** efficacy; efficiency

eficaz effective

egoísta egoistic, selfish

egregio, –a distinguished, eminent, select

el **eje** axle

la **ejecución** execution, accomplishment

ejecutar to execute, carry out, perform; *(coll.)* to murder

el **ejemplar** copy

el **ejemplo** example

ejercer (z) to practice, exercise; exert; perform

el **ejercicio** exercise, drill; practice

ejercitarse en to practice; devote oneself to

elaborar to elaborate, prepare

elástico, –a elastic, resilient

Elcano : Juan Sebastián de El Cano, *Spanish navigator (died in 1526); first circumnavigator of the world (1512), commanding one of Magellan's ships*

Elche *city in the province of Alicante, in southeastern Spain*

la **elección** choice; election

la **elegancia** elegance

elegir (i, i; j) to choose, select; elect

elemental elementary

la **elevación** elevation, height; rise

elevado, –a high; lofty, sublime

elevar to elevate; raise; *reflex.* rise

eliminado, –a eliminated

la **élite** *(Gal.)* elite, select group

el **elogio** praise

eludir to elude, evade

el **embajador** ambassador

la **embarcación** boat, ship

embargado, –a (por) impeded (by), restrained (by)

embargar (gu) to attach, seize

el **embargo** seizure

sin embargo nevertheless, however

el **embellecimiento** embellishment, beautifying

el **emblema** emblem

la **emboscada** ambush

embotarse (en) to blunt itself (against)

el **embrujamiento** bewitchment

el **embuchado** *a kind of pork sausage (like salami)*

el **embuste** lie

el **embutido** *a kind of sausage (like salami)*

el **emigrante** emigrant

emigrar to emigrate

eminente eminent

la **emoción** emotion, feeling

emocionado, –a excited, thrilled

emocionante exciting, thrilling

emocionarse to be moved

emotivo, –a emotive

la **empanada** meat pie, vegetable pie

empedrado, –a paved *(with stones)*

empedrar (ie) to pave *(with stones)*

empenachar to adorn with plumes, plume

empeñado, –a (en) persistent (in), determined (to), bent (on)

empeñar to pawn; begin *(a battle)*; *reflex.* begin *(said of a battle)*

empeñarse en to insist on

empero but; however

empezar (ie; c) to begin

empezar a + inf. to begin to + *inf.*

el **empleado** employee, clerk

emplear to use, employ

el **empleo** use, employment

emplumar to adorn with feathers; *(fig.)* to give wings to

emprender to undertake; begin

la **empresa** enterprise, undertaking; commercial undertaking, firm

empujar to push

en, in, into; at; on; within

en cuanto as soon as

en cuanto a as for, in regard to

en efecto indeed; in effect, in fact

en lugar de in place of

en pendiente sloping

en razón de according to

en redondo all around

en rigor as a matter of fact, to be precise

en seguida at once, immediately

en son de by way of, on the score of

en torno around

en trance de in the act of

en vez de instead of

en voz baja in a low tone

enaltecido, –a exalted

enamorado, –a (de) in love (with)

estar (irr.) enamorado, –a de to be in love with

el **enamorado** lover *(m.)*

enamorarse to fall in love; fall in love with each other

enamorarse de to fall in love with

encadenar to put in chains; captivate

encaminar to set on the way; direct

encaminarse hacia to go toward, set out toward

encamisar to put a shirt on; wrap

encantado, –a charmed, delighted, pleased; bewitched

encantar to charm, enchant, delight

el **encanto** charm, delight; spell, *words with magic power*

encañar to form stalks *(said of cereals)*

encapillar *(naut.)* to rig the yards

encapillar agua *(naut.)* to ship (fill up with) water

encapotado, –a overcast

encaramarse to raise oneself, rise; climb

encargarse (gu) de to take charge of

el **encargo** order; request

por encargo de at the request of, on the order of

encarrilar to put on the right track; guide

encender (ie) to light; set fire to

encendido, –a inflamed; flushed

encerrar (ie) to enclose, contain

encima above, on top

echarle encima to throw on top of it

encima de above, over

por encima de above, over

encontrar (ue) to find; encounter, meet; *reflex.* be found, be located, happen to be, be; meet

encontrarse con to meet, run into

encuadrado, –a framed

el **encuentro** encounter, meeting

ende : por ende therefore

endeble frail, weak

el **endecasílabo** *verse of eleven syllables*

el **eneasílabo** *verse of nine syllables*

enérgico, –a energetic, strong; outstanding

enervante enervating

el **énfasis** (*pl.* **énfasis**) emphasis

enfático, –a emphatic

la **enfermedad** illness, sickness

enfermo, –a sick

enfrentar to confront; face

   enfrentarse con to confront; face

enfrente in front

   enfrente de in front of, opposite

enfurruñado, –a (*coll.*) in a bad humor; (*coll.*) overcast

engañar to deceive; *reflex.* to be mistaken

la **engañifa** (*coll.*) trick; (*coll.*) deceit, falsehood

el **engaño** deceit, fraud, deception

engendrador, –ora engendering, begetting, generating

engendrar to beget

engordar to become fat, fill out

engrosar (**ue**) to enlarge; increase

engullir to devour; swallow

la **enhorabuena** congratulations

enhoramala in an evil hour

   cásense enhoramala let them marry and bad luck to them

enlazar (**c**) to lasso; catch

enloquecer (**zc**) to drive crazy; *reflex.* go crazy, become insane

enlutarse to dress in mourning

enmendarse (**ie**) to mend one's ways

la **enmienda** amendment, reparation

enojado, –a angry

enojarse to get angry

el **enojo** anger

enorme enormous, vast

la **enormidad** enormity, grievousness; terrible thing

la **enredadera** climbing plant

Enrique de Villena (*1384–1434?*), *early Spanish humanist, grandson of Enrique II, devoted to letters and sciences and author of treatises on many themes*

enrojecido, –a reddened

la **ensalada** salad

ensanchar to widen, expand; *reflex.* to enlarge, expand (*intrans.*)

ensayar to practice; test; attempt

el **ensayista** essayist

el **ensayo** essay; attempt

la **enseñanza** teaching; education

   la **segunda enseñanza** high-school education

enseñar to teach; show

   enseñar a + *inf.* to teach (how) to + *inf.*

ensombrecer (**zc**) to darken, cloud; *reflex.* become clouded; become sad

el **ensueño** dream, daydream

entender (**ie**) to understand

   entendiéndose tú como sujeto "*tú*" being understood as subject

entendido, –a understood

   bien entendido que although it should be understood that

   tengo entendido I understand

enterarse (**de**) to find out (about), learn (about), become aware (of)

entero, –a entire, whole

la **entidad** entity; consequence, importance

el **entierro** burial, funeral

   el **entierro de tercera** third-class funeral

entoldar to cover

la **entonación** intonation

entonar to intone, strike up

entonces well then, well; at or during that time; in that case

entornado, –a half-closed

entornar to half-close (*door; eyes*)

entorpecer (**zc**) to obstruct, make difficult

la **entrada** entrance

la **entraña** entrail; heart, depth

entrañado, –a united, interwoven

entrar to enter, come in, go in; *reflex.* to enter, introduce oneself into (*some place*) (*often by stealth or cunning*)

   entrar en (*Amer.* **entrar a**) to enter, come into, go into

   entrar en chanzas con to joke with

entre among; between; in the course of; in the midst of

   entre mí to myself

   por entre among; between; in the midst of

el **entreacto** intermission

entrecortado, –a broken, choppy

entregado, –a abandoned; devoted

entregar (**gu**) to hand over; *reflex.* to surrender

el **entrenador** coach

entrenar to train; *reflex.* train (*intrans.*), practice

entretanto in the meantime, meanwhile

entretener (*irr.*) to entertain; delay, keep, keep occupied

el **entusiasmo** enthusiasm

enumerar to enumerate, list

enunciar to state

envainar to sheathe

envejecido, –a aged, grown old

envenenar to poison; envenom

enviar to send

la **envidia** envy

el **envío** shipment

el **envolvedor** wrapper

envolver (**ue**) to wrap, envelop

la **epidemia** epidemic

la **epopeya** epic, epic poem

la **equidad** equity

el **equilibrio** equilibrium, balance

el **equipaje** baggage

el **equipo** equipment; team

   los **bienes de equipo** capital goods

equivaler (*irr.*) (**a**) to equal, be the equivalent (of)

equivocado, –a mistaken, wrong

equivocarse (**qu**) to err, be mistaken, make a mistake

el **equívoco** equivocation, ambiguity; pun

la **era** era, age

erizado, –a de bristling with

   está erizado de bristles with

ermitaño, –a of, or pertaining to, a hermit; austere

errante wandering, errant; nomadic

errar (*with initial* **ye** *for* **ie**) to err; miss (*a target*)

erróneo, –a erroneous

erudito, –a learned

el **erudito** scholar

la **erupción** eruption, rash

esbelto, –a slender, graceful

la **escala** scale, ladder

la **escalera** ladder; stairway

la **escalerilla** narrow stairway

escapar(se) to escape, flee

   escapársele a uno de las manos to slip from one's hands

la **escapatoria** escape

el **escape** escape, flight

   a escape at full speed

el **escarabajo** black beetle; scarab

escarbar to scrape or scratch up (*the ground*)

la **escarcha** frost

escarlata scarlet

escasear to be scarce, be infrequent

la **escasez** (*pl.* **escaseces**) scarcity

escaso, –a limited, scant

la **escena** scene; stage

   llevar a escena to present, bring to the stage

el **escenario** stage

el **escepticismo** scepticism

escéptico, –a sceptical

la **esclavitud** slavery

el **escobén** (*naut.*) hawsehole

escoger (**j**) to select, choose

escogido, –a select

escolar school (*adj.*)

escoltar to escort

el **escollo** reef; difficulty

esconder to hide, conceal; *reflex.* hide (*intrans.*)

escondido, –a hidden; secret

la **escopeta** gun

escotero, –a unburdened (*i.e., without baggage*)

escribir to write

escrito, –a (*p. p. of* **escribir**) written

   por escrito in writing

el **escritor** writer (*m.*)

la **escritura** contract, agreement; (*law*) instrument

el **escrúpulo** scruple

escuchar to listen, listen to; hear

el **escudo** shield; coat of arms; *any of several former gold or silver coins of Spanish countries*

esculpido, –a sculptured, carved

escultórico, –a sculptural

la **esencia** essence

la **esfera** sphere

esforzado, –a vigorous, valiant, enterprising

esforzarse (**ue; c**) to exert oneself, strive

   esforzarse por + *inf.* to strive to + *inf.*

el **esfuerzo** effort, exertion

eso that (*neuter pron.*); ¡**eso, eso**! yes, indeed! exactly so!

   a eso de at about (*time*)

   eso es that's right

   eso mismo that very thing

   ¡**eso no**! not that!

   por eso therefore, for that reason, that is why

el **espacio** space

espacioso, –a spacious

la **espada** sword

la **espalda** back, shoulders

el **espanto** horror
esparcir (z) to scatter, spread
la **especialidad** specialty
especializarse (c) to specialize
la **especie** species; kind, sort, type
específico, –a specific
el **espectáculo** spectacle, pageant, public exhibition
el **espectro** ghost, apparition, specter
el **espejo** mirror
la **espera** wait, waiting; delay
  en espera de waiting for; in expectation of
esperado, –a hoped for
la **esperanza** hope
esperar to hope for; to hope; expect; wait; wait for, await
  esperar + *inf.* to hope to + *inf.*
espeso, –a thick, dense
la **espesura** dense growth
la **espía** (*naut.*) rope, warp
espiar to spy
la **espiga** spike, ear of grain; journal (*of a shaft or axle*)
la **espina** thorn
el **espíritu** spirit
  el **Espíritu Santo** Holy Spirit
la **espiritualidad** spirituality; intellectual nature
la **espuma** foam, froth
espumar to skim, skim off; foam; gather, pick up
la **espumilla** (*dim. of* **espuma**) light foam or froth
espumoso, –a foamy, frothy
la **esquela** note; announcement
  la **esquela mortuoria** death notice
esquematizado, –a in outline form
la **esquina** corner (*outside*)
esquiveño, –a of, or pertaining to, *Esquivias*
Esquivias *town in the province of Toledo, in central Spain*
estabilizador, –ora stabilizing
establecer (zc) to establish
el **establecimiento** establishment
el **establo** stable
la **estaca** stake
  sembrar (ie) en estaca to use already grown plants in planting
la **estación** season; station
estacionado, –a parked
el **estacionamiento** parking
estacionar to park; *reflex.* park (*intrans.*); remain in one place
el **estadista** statesman
la **estadística** statistics
el **estado** state, nation; government; condition
estallar to burst; break out
la **estampa** engraving; sketch
estancado, –a stagnant
la **estancia** room; stay; day one stays in a place; (*Amer.*) farm, ranch
el **estandarte** banner, standard
el **estaño** tin
estar (*irr.*) to be, be in; remain
  estar de acuerdo to be in agreement, agree
  estar de par en par to be wide open
  estar de su parte to be on his (her, etc.) side
  estar de uniforme to be in uniform
  estar equivocado, –a to be mistaken

estar oprimido, –a to feel crowded
  estar seguro, –a (de que) to be certain or sure (that)
el **este** east
  al este on the east
Estepa *town in the province of Sevilla in southwestern Spain*
la **estera** mat, matting
la **estética** aesthetics
estético, –a aesthetic
el **estilista** stylist
estilizado, –a stylized
el **estilo** style
  por el estilo like that, of that type
el **estímulo** stimulus
el **estipendio** stipend
estirar to stretch; lengthen; *reflex.* stretch out
estival summer (*adj.*)
esto this (*neuter pron.*)
  en esto in this matter
la **estocada** thrust, stab wound
estoico, –a stoic
estorbar to hamper, hinder, obstruct; put obstacles in one's way
el **estorbo** hindrance, obstruction
estrangular to strangle
estrechar to narrow; tighten
  estrecharse la mano to shake hands
estrecho, –a narrow
el **estrecho** strait; channel
  el **Estrecho de Gibraltar** Strait of Gibraltar
la **estrella** star
estrellarse to be dashed to pieces
el **estrelleo** twinkle, twinkling
estrenar to perform for the first time
estribar en to rest on, lie in; be based on
el **estribor** (*naut.*) starboard
la **estrofa** stanza
estrófico, –a strophic
estropear to damage, ruin
la **estructura** structure
el **estruendo** clamor, crash, great noise
estrujar to squeeze; (*coll.*) drain
  estrujar el pensamiento to rack one's brains, ponder
estupendo, –a wonderful
la **etapa** stage
el **éter** ether; sky
la **eternidad** eternity
eternizar (c) to make eternal, perpetuate
eterno, –a eternal
  lo eterno the eternal, eternal part
ético, –a ethical
evadir to avoid; evade; *reflex.* to escape
evaluar to evaluate
la **evasión** escape, evasion
eventual eventual; uncertain
la **evidencia** evidence
  hasta la evidencia beyond any doubt
  ponerse (irr.) en evidencia to become evident, appear
evitar to avoid
evocar (qu) to evoke
la **evolución** evolution, development; movement
la **exaltación** exaltation, glorification
el **examen** (*pl.* **exámenes**) examination
  el **libre examen** the right of private interpretation (*i.e.*, of the Sacred

Scriptures)
examinar to examine
excedente in excess, surplus
  los **excedentes de la población** the excess population
exceder to exceed, go beyond
excepción: a excepción de with the exception of
excitar to excite; *reflex.* to get excited
excluido, –a excluded; omitted
exclusivo, –a exclusive
exhalar to exhale, breathe forth; give off
la **exigencia** demand, requirement
exigir (j) to require, demand
el **éxito** success
  con éxito solamente mediano with only average or moderate success
  salir (irr.) con éxito en to succeed in, pass
  tener (irr.) éxito to be successful
exótico, –a exotic
el **exotismo** exoticism
la **expansión** expansion; recreation, amusement
experimentar to experience; experiment
la **explicación** explanation
explicar (qu) to explain
la **explotación** exploitation
explotado, –a exploited
explotar to exploit
  a medio explotar half exploited
el **expoliador** despoiler
exponer (*irr.*) to expound; interpret
la **exportación** exportation; exports
exportador, –ora exporting
la **exposición** exposition; exhibition
la **expresión** expression; statement
expresivo, –a expressive
ex profeso (*Latin*) on purpose
expuesto, –a (*p. p. of* **exponer**) exposed
exquisito, –a exquisite
extasiado, –a enraptured, blissful
extender (ie) to extend; *reflex.* extend, spread (*intrans.*)
la **extensión** extension; area, space; magnitude, scope; lengthening
extenso, –a extensive, vast
exterior exterior; foreign
el **exterior** exterior; other countries
  del exterior from abroad
el **exterminio** extermination
externo, –a external, outside
  lo externo the external
extinguido, –a extinct
extinguirse (g) to go out, die out, disappear
la **extirpación** extirpation, eradication
extraer (*irr.*) to extract
extranjero, a foreign
el **extranjero** foreigner; foreign land
  desde el extranjero from abroad
extrañar to surprise; be surprised at
  ni extrañe que let it not be surprising that
  no es de extrañar it's no wonder
la **extrañeza** surprise, wonder
extraño, –a strange, odd
extraviado, –a astray, lost
el **extraviado** person who has lost his way
el **extravío** getting lost, losing one's way

extremado, –a extreme; *which goes from one extreme to the other*
Extremadura *region of west central Spain, comprising the provinces of Cáceres and Badajoz; formerly, borderlands between Moorish and Christian Spain (in the eleventh century, Soria was part of such borderlands)*
extremar to carry to an extreme, exaggerate
extremeño, –a Estremenian, *of, or from,* **Extremadura**
el **extremeño** Estremenian, *native or inhabitant of* **Extremadura**; Estremenian *(dialect)*
el **extremo** extreme, end, tip; last part *(of something)*
extremo, –a extreme, ultimate

F

la **fabada** *Asturian stew made of pork and beans*
la **fábrica** factory
el **fabricante** manufacturer; producer
fabricar (qu) to manufacture, make, produce
la **facción** faction, band; *(pl.)* facial features
la **faceta** facet
facilitar to facilitate, provide
la **factoría** factory; commercial establishment *(usually in a colony)*
la **facultad** faculty; ability, power *(of the mind)*
la **fachada** facade; *(coll.)* front
la **faena** task, job; work
la **faja** sash
el **falange** phalanx; finger
  retorcerse (ue; z) las falanges to wring one's fingers
la **falda** skirt
falseado, –a dissonant, strident
falsificar (qu) to falsify, forge
falso, –a false; fraudulent
la **falta** lack; defect, failing, fault; mistake
  echar en falta to miss
  hacer (irr.) falta to be necessary
  hacerle (irr.) falta a uno to need
faltar to be lacking
  faltar a clase to be absent from class
  faltarle a uno algo to lack or need something
falto, –a de lacking
el **falucho** small ship, tender
la **falla** bonfire *(on eve of St. Joseph's Day, in Valencia)*
fallar to fail
fallecer (zc) to die
fallido, –a unsuccessful; shattered
el **fallo** sentence, verdict
la **fama** fame; reputation
  tener (irr.) fama to be famous
famélico, –a famished, starving
familiar family *(adj.)*; familiar, colloquial
famoso, –a famous
la **fanega** fanega *(grain measure: 1.58 bushels in Spain)*
  la **fanega de tierra** fanega *(land measure: 1.59 acres in Spain)*
la **fantasía** fantasy; fancy, imagination
el **fantasma** ghost, phantom, specter

fantástico, –a fantastic; imaginary
la **farsa** farce
fascinar to fascinate
la **fase** phase
fatal deadly, fatal; unfavorable, unfortunate; predestined, unavoidable
la **fatalidad** fatality; inexorability, necessity
fatalmente unavoidably
fatídico, –a fateful, ominous
la **fatiga** fatigue
el **favor** favor
  a favor (de) in favor (of)
  me hace el favor please
  por favor please
favorecer (zc) to favor
la **faz** *(pl. faces)* face, countenance
la **fe** faith
  dar (irr.) fe de to attest to, certify
febrilmente feverishly
fecundo, –a fertile, fruitful
la **fecha** date; present time
el **federal** federal soldier; *(pl.)* federal troops
la **felicidad** happiness
la **felicitación** congratulation
felicitar to congratulate
Felipe IV Philip IV *(1605–1665), reigned 1621–65*
feliz *(pl. felices)* happy; favorable
fenecer (zc) to die, die out
el **fenicio** Phoenician
el **fenómeno** phenomenon
la **feria** fair, market
fermentar to ferment
Fernández, Gregorio *Spanish sculptor (1576?–1636), noted for his religious images, carved in wood*
Fernández de Lizardi, José Joaquín *Mexican novelist (1774–1827)*
Fernando Póo *island in Bight of Biafra, Gulf of Guinea*
feroz *(pl. feroces)* ferocious
férreo, –a iron *(adj.)*
fértil fertile; abundant
fervoroso, –a fervent
el **fieltro** felt
la **fiera** beast, wild beast
fiero, –a fierce; fiery, bold, spirited
la **fiesta** holiday; festival; ball, party, celebration
la **figura** figure
figurado, –a figurative
figurar to figure; appear, be or stand *(at the head or among a number of persons or things)*; *reflex.* imagine
  figurársele a uno to seem to one (to be)
la **figurilla** little figure
fijar to fix; *reflex.* notice
  fijarse en to notice, take notice of, pay attention to
  fíjate que notice that
fijo, –a fixed, steady
  de fijo surely
  los ojos fijos para siempre lifeless eyes
la **fila** row, line; file
filipino, –a Philippine, from the Philippine Islands
  las Islas Filipinas Philippine Islands

el **filo** edge, sharp edge; *(fig.)* direct ray *(of sun)*
la **filología** philology
filológico, –a philological
el **filólogo** philologist
la **filosofía** philosophy
filosófico, –a philosophical
el **filósofo** philosopher
el **fin** end; purpose
  a fin de que in order that, so that
  al fin after all; finally
  al fin de at the end of
  en fin in short; well
  hacia fines de toward the end of
  por fin finally
el **final** climax, end
  al final de at the end of
final final
  « s » final de sílaba "s" at the end of a syllable
la **financiación** financing
financiero, –a financial
la **finca** property, piece of real estate; *(Amer.)* farm, ranch, plantation
fingir (j) to pretend
  fingir + inf. to pretend to + inf.
fino, –a fine, delicate; thin; polite, refined
el **finquero** planter, land-owner
la **finura** fineness, delicacy
la **firma** signature
firmar to sign
la **firmeza** constancy; firmness
físicamente physically
físico, –a physical
el **físico** physicist
la **fisiología** physiology
fisiológico, –a physiological
la **fisonomía** physiognomy; character
flaco, –a thin
flamante burning, fiery
flanquear to flank
la **flauta** flute
la **flecha** arrow
flojo, –a loose; lazy
la **flor** flower; blossom
  a flor de agua at water level
la **floración** flowering
florecer (zc) to flower; flourish
la **florecilla** tiny flower
la **floresta** forest, woods
La Florida *department of Uruguay*
fluir (y) to flow
fluvial fluvial, *of, or pertaining to, rivers*
  la **comunicación fluvial** waterway
  el **sistema fluvial** *main river with its tributaries*
el **folklorista** folklorist
el **follaje** foliage
fomentar to foster, promote
el **fomento** warmth; protection; development, improvement, support
el **fondo** bottom, depth; lower part; rear: background; base, basis; essence, substance
  en el fondo at bottom, in substance
  sin fondo bottomless
fónico, –a phonic
  el **grupo fónico** phonic group *(word or group of words pronounced between pauses)*
la **fontana** spring
el **forajido** bandit

el **forastero** stranger

forestalmente: repoblar (ue) forestalmente to reforest

forjar to forge; form, invent

la **forma** form, shape; manner, method

formar to form; *reflex.* to develop, grow

  formar parte de to form a part of, belong to

formular to formulate; form

el **foro** back, rear (*of stage*)

la **fortaleza** fortress

fortuito, –a fortuitous, accidental

la **fortuna** fortune, destiny, fate

  por fortuna fortunately

forzoso, –a necessary

el **fósforo** phosphorus

fracasar to fail

el **fracaso** failure

la **fracción** fraction

la **fragancia** fragrance

fragante fragrant

fragmentado, –a fragmented, divided

el **fragmentarismo** fragmentarism

el **fraile** friar

francés, –esa French

el **francés** Frenchman; French (*language*)

franco, –a frank

la **frase** phrase; sentence

  la **frase hecha** fixed, or set, phrase

la **fraseología** phraseology

el **fraude** fraud

la **frecuencia** frequency

  con frecuencia frequently

frecuente frequent

la **frente** forehead

el **frente** (*mil., pol.*) front

  frente a in front of, in the face of

  hacer (*irr.*) **frente a** to face

la **fresa** strawberry

fresco, –a fresh, cool

fresquísimo, –a very cool

frío, –a cold; colorless

  la **tierra fría** uplands

el **frío** cold, coldness

  tener (*irr.*) **frío** to be cold

frisar en to approach

frito, –a (*p. p. of* **freír**) fried

la **fronda** frond, leaf

  las **frondas** foliage

la **frontera** frontier

frotar to rub

la **fruición** fruition, enjoyment

la **fruta** fruit

el **fruto** fruit; product

el **fuego** fire

  al fuego over the fire

  ¡ **fuego** ! (*mil.*) fire !

Fuenlabrada *town in the province of Madrid, in central Spain*

la **fuente** fountain, spring; source

Fuenterrabía *town in the province of Guipúzcoa, in northern Spain*

Fuentesaúco *town in the province of Zamora, in northwestern Spain*

fuera outside

  fuera de outside of, besides

  fuera la coma away with the comma

  por fuera on the outside

fuerte strong; hard; (*adv.*) strongly

la **fuerza** force, power, strength; meaning; coercion, constraint

  a fuerza de by dint of, by force of

  a viva fuerza by main strength, with great resolution

  con fuerza forcefully, intensely

la **fuga** flight

fugarse (gu) to run away

fugaz (*pl.* **fugaces**) fleeting, transitory

  lo fugaz the transitory

el **fugitivo** fugitive

fúlgido, –a bright, resplendent

fulgurar to flash

fumar to smoke

la **función** function; duty; operation

funcionar to function; operate

el **funcionario** official; public employee

el **fundador** founder

el **fundamento** basis

fundar to found

la **fundición** foundry, smelter

la **fundidora** foundry, smelter

fundir to fuse, merge

furioso, –a furious, raging, violent

el **fusil** rifle

la **fusilería** gunfire

futuro, –a future

G

el **gabán** cloak, overcoat

las **gachas** porridge

la **gaita** bagpipe

la **gala** festive array; splendor

  de gala in festive array

galán, galano, –a elegant

galantear to court, woo

el **galardón** reward

la **galera** galley

  dar (*irr.*) **con uno en galeras** to condemn one to the galleys

la **galería** gallery

el **galgo** greyhound

Galicia *region, and former kingdom, in northwestern Spain*

el **galicismo** Gallicism (*word taken from the French*)

el **galimatías** (*coll.*) gibberish; obscure language

la **gallardía** elegance; arrogance

gallardo, –a elegant; arrogant

gallego, –a Galician

el **gallego** Galician; Galician (*language*)

el **gallego-portugués** Galician-Portuguese (*language*)

la **gallina** hen

el **gallo** rooster

  a los gallos cantar at cockcrow, early in the morning

la **ganadería** livestock

el **ganado** cattle, livestock

ganador, –ora winning

la **ganancia** gain, profit

  pérdidas y ganancias profit and loss

ganar to win; earn, gain; *reflex.* win over

la **ganga** bargain; gangue, vein matter

el **ganglio** ganglion

  el **ganglio nervioso** nervous tissue

el **gangsterismo** (*Angl.*) gangsterism

el **ganso** goose

la **garantía** guarantee

garantizar (c) to guarantee

el **garbanzo** chickpea

el **garduño** (*coll.*) petty thief

la **garganta** throat; gorge, ravine

la **gargantilla** necklace

la **garra** claw

garzo, –a blue

la **gasa** gauze; haze, mist

el **gasto** expense, expenditure

gastronómico, –a gastronomical

el **gastrónomo** gourmet (*person fond of good food*)

gauchesco, –a of, or pertaining to, the gaucho

el **gazpacho** gazpacho (*cold vegetable soup*)

gemir (i, i) to groan, moan, whine; grieve

genealógico, –a genealogical

le **generalización** generalization

el **género** kind, sort; manner, way; gender; genre

la **generosidad** generosity, unselfishness

generoso, –a generous; noble

genético, –a genetic

genial of genius; brilliant, outstanding

el **genio** genius; character, force; genie

gentil graceful; polite, well-bred

gentilicio, –a national

  el **adjetivo gentilicio** adjective denoting nationality

genuino, –a genuine, authentic

geográfico, –a geographic, geographical

el **germen** germ, seed

gesta: la canción de gesta epic, epic poem

gesticular to gesticulate

el **gesto** face; appearance; gesture

  con el gesto radiante beaming

la **gestoría** consulting firm

el **gigante** giant

gigantesco, –a gigantic, huge

Gijón *city in the province of Oviedo, on the northern coast of Spain*

Ginebra Geneva (*in Switzerland*)

la **ginebra** gin (*drink*)

girar to turn

la **gitana** gypsy girl or woman

la **gitanería** gypsyism, gypsy element

gitano, –a gypsy (*adj.*); ingratiating, insinuating

la **gloria** glory

glorificado, –a glorified

glorioso, –a glorious

gobernar (ie) to govern, rule; control, steer

el **gobierno** government

el **goce** enjoyment, pleasure

Golconda *ancient city of India, of fabulous wealth*

el **golfo** gulf

  el **Golfo de Guinea** Gulf of Guinea, *in the South Atlantic Ocean*

  el **Golfo de México** Gulf of Mexico

la **golondrina** swallow

la **golosina** sweet, tidbit

el **golpe** blow, stroke

  de un golpe at one stroke, at one time

golpear to beat, strike

Góngora y Argote, Luis de (*1561–1627*), *Spanish lyric poet, foremost representative of the* culterano (*learned, affected*) *style*

el **gorrión** sparrow

el **gorrón** pivot, journal

la **gota** drop
el **goterón** large drop
la **gotita** little drop
gozar (c) de to enjoy
el **gozo** joy
la **grabación** recording
el **grabado** print, illustration
la **gracia** grace, gracefulness, elegance; appeal, charm; joke, witticism
  la **acción de gracias** thanksgiving
  gracias a thanks to
  gracias, muchas gracias thank you
  gracioso, –a graceful; gratious
el **gracioso** comedian, clown
la **gradación** gradation
el **grado** step; grade, degree
la **gramática parda** (*coll.*) astuteness
la **granada** pomegranate
Granada *province, and capital of the same, in southern Spain*
granadino, –a *of, or pertaining to, Granada*
el **granate** garnet
la **Gran Bretaña** Great Britain
gran(de) big, large; vast; great
la **grandeza** grandeur, greatness; nobility
el **granero** grain dealer; granary
el **granito** grain; small bean, berry, seed
la **granizada** hailstorm
el **grano** grain, bean, berry
grato, –a pleasing
grave grave, serious
la **gravitación** gravitation
  la **fuerza de gravitación** gravitational force
graznar to caw, croak
Gredos: la Sierra de Gredos *mountain range in west central Spain*
el **grelo** tender turnip greens
la **greña** entangled or matted hair
  mesarse la greña to tear one's hair
griego, –a Greek
el **griego** Greek; Greek (*language*)
gris gray
gritar to cry out, shout
el **grito** cry, shout; scream
  llorar a gritos to weep wildly
grosero, –a coarse, rough
grotesco, –a grotesque
la **grúa** crane, derrick
grueso, –a thick, heavy, big
la **grupa** croup, rump (*of horse*)
  volver (ue) grupas to turn back, turn tail
el **grupo** group
  el **grupo fónico** phonic group (*word or group of words pronounced between pauses*)
Guadalajara *province, and capital of the same, in central Spain; capital of state of Jalisco, in central Mexico*
el **Guadalquivir** *river in southern Spain, flowing into the Gulf of Cádiz*
el **Guadiana** *river in southwestern Spain, flowing into the Atlantic*
gualdo, –a yellow
el **guante** glove
guardado, –a guarded, kept
guardar to guard, protect; hold, keep
  guardar silencio to keep quiet

la **guardia** guard
  la **guardia civil** rural police
el **guardia** policeman
  el **guardia civil** civil guard
el **guarismo** figure, number
guarnecer (zc) to garnish
el **guarnicionero** harness maker
el **guatemalteco** Guatemalan
las **Guayanas** Guianas (*British, Dutch and French Guiana, in South America*)
la **guerra** war
guerrear to wage war
guerrero, –a warlike
el **güeso** *popular form of* **hueso**
la **guía** guide (*f.*); guidance; guidebook
el **guía** guide (*m.*)
la **guindola** (*naut.*) life preserver
el **guisado** stew
la **guitarra** guitar
el **gusano** worm
gustar to be pleasing; like
  gustar a to like
  gustar de to like
  me gustaría + *inf.* I should like to + *inf.*
el **gusto** pleasure; taste
  con mucho gusto gladly, with pleasure
gutural guttural
Guzmán, Martín Luis (1887–   ), *Mexican novelist of the revolutionary period*

H

haber (*irr.*) to have (*auxiliary*); be; take place; have, possess (*arch.*)
  haber cuidado (*arch.*) to worry
  haber de + *inf.* to be (expected) to + *inf.*, will or should + *inf.*
  haber menester de to need
  han de proceder they should come from
  hay there is, there are
  hay que it is necessary to, one (you, we, they) must
  quien hubiese tal ventura . . . would that I had such good fortune . . .
hábil clever, skillful
la **habilidad** ability, talent
el **habilitador** (*Guatemala*) labor agent (*one who advances money to laborers, to be repaid from their wages*)
habilitar to finance; negotiate
la **habitación** house, dwelling; room
el **habitante** inhabitant
habitar to inhabit, live in; to live
el **hábito** habit
habitual habitual; regular, usual
el **habla** speech
  de habla española Spanish-speaking
hablador, –ora talkative
el **hablante** speaker
hacendoso, –a diligent, industrious
hacer (*irr.*) to make, produce; do; cause; arrange, carry out; pack (*a bag*); (*impers.*) be (*weather*); *reflex.* become
  hacer + *inf.* to have or make (*one*) + *inf.*, enable (*one*) to + *inf.*
  hacer buen tiempo to be good weather

hacer calor (frío, etc.) to be hot (cold, etc.)
hacer caso de to pay attention to
hacer el papel (de) to play the rôle (of)
hacer frente a to face
hacer las veces de to serve as, act as
hacer pedazos to tear to pieces
hacer que + *subj.* to cause to + *inf.*
hacer silencio to be silent
hacer tiros to fire shots
hacer una pregunta to ask a question
hacer un viaje to take a trip
hacer vida propia to live one's own life
hacerle falta a uno to need
hacerse entender to make oneself understood
hacérsele a uno agua la boca to make one's mouth water
hace poco a little while ago, recently
hace que España sea makes Spain
hace sol it is sunny
hace tiempo some time ago
no hace más que does nothing but
sin hacer undone
hacia toward, about
  hacia arriba up, upward
la **hacienda** farm; estate, property; (*Amer.*) ranch
el **hacha** (*f.*) axe
el **hachón** large torch
el **hada** (*f.*) fairy
halagar (gu) to flatter
halar (*naut. and Amer.*) to haul, pull
el **halcón** falcon
hallar to find; *reflex.* to find oneself, be found, be located, be
el **hallazgo** finding
el **hambre** (*f.*) hunger
hambrón, –ona starving
el **hampa** (*f.*) underworld
el **hartazgo** satiety, surfeit
harto enough; very much
hasta to, up to, down to, as far as, to the point of, until; even
  hasta hace poco until a short time ago
  hasta la vista see you later
  hasta luego so long
  hasta pronto see you soon
  hasta que until
el **hastío** disgust, surfeit; annoyance, boredom
el **haza** (*f.*) field, *piece of tillable land*
la **hazaña** deed, exploit
he: he aquí here is, here are
  he aquí que lo, lo and behold
  hétenos here we are
la **hectárea** hectare (*2.471 acres*)
hecho, –a (*p. p. of* **hacer**) made; ¡**hecho!** (*interj.*) O.K.! all right!
  estar (*irr.*) **hecho, –a** to be turned into, be
  la **frase hecha** fixed, or set, phrase
el **hecho** fact; event
  de hecho in fact; (*law*) de facto
  el **hecho de armas** feat of arms
  poner (*irr.*) **en hecho** to begin, undertake
  un hecho cierto an actual fact, a reality
helado, –a frozen

el **helecho** fern
el **hemisferio** hemisphere
el **hemistiquio** hemistich, half a verse
el **heno** hay
el **heraldo** herald
heredar to inherit
el **heredero** heir; follower
la **herencia** inheritance
la **herida** wound
herido, –a wounded
la **hermandad** brotherhood
hermano, –a (*adj.*) sister (*language, nation*)
el **hermano** brother
hermoso, –a beautiful
la **hermosura** beauty
Herodes Herod
  de Herodes a Pilatos from pillar to post
la **heroicidad** heroism
heroico, –a heroic
el **herrero** blacksmith
el **hidalgo** nobleman
hidalgo, –a noble, illustrious
la **hiel** gall, bile
el **hielo** ice
la **hierba** grass; herb
el **hierro** iron
el **hígado** liver
el **higo** fig
la **higuera** fig tree
la **hija** daughter; (*fig.*) fruit, result
la **hijita** little daughter, dear daughter
el **hijo** son, child; (*fig.*) fruit, result
la **hilera** row, line
el **hilo** thread; thin stream
hincar (qu) to drive (in), sink, thrust
la **hipocresía** hypocrisy
hipotético, –a hypothetical
hispánico, –a Hispanic
hispano, –a Hispanic
Hispano América, Hispanoamérica Spanish America
hispanoamericano, –a Spanish American
hispanófilo, –a Hispanophile
hispanohablante Spanish-speaking
la **historia** history; tale, story
historiado, –a celebrated (*in song and story*)
el **historiador** historian
histórico, –a historical, historic
el **hito** landmark, milestone
el **hocico** snout, muzzle
la **hociquera** (*Amer.*) muzzle
el **hogar** hearth, home
la **hoguera** bonfire
la **hoja** leaf
hojear to leaf through
la **hojita** little leaf
¡ **hola** ! hello !
holandés, –esa Dutch
el **holandés** Dutchman, Hollander
holgar (ue) to be unnecessary
  holgar + *inf.* to be needless to + *inf.*
la **holgura** ease, enjoyment, comfort
el **hombre** man; ¡ **hombre** ! man alive ! my word !
  el hombre de campo country man
el **hombro** shoulder
  a hombros on the shoulders
el **homenaje** homage
  en homenaje a in honor of

hondo, –a deep, profound
  lo **hondo** the back part, rear
la **hondura** depth
la **honestidad** honesty; modesty
el **honorario** fee
la **honra** honor
honradamente honestly; with honest labor
honrado, –a honest
la **hora** hour; time
  ¿ **a qué hora** ? at what time ?
  Es la hora. The time is up.
hora (*short form of* **ahora**) (*Amer.*) now, at this time
  ¡ **hora sí** ! now, at last !
la **horca** gallows; pitchfork
el **horizonte** horizon
el **horror** horror
  ¡ **Qué horror** ! How terrible !
la **hortaliza** vegetable
el **hostelero** innkeeper
la **hostería** inn
hostil hostile
hoy today; nowadays
  hoy día at present, nowadays
  hoy mismo this very day
la **hoz** sickle
el **hueco** hole, hollow
Huelva *province, and capital of the same, in southwestern Spain*
la **huella** mark; trace
la **huerta** garden; orchard; irrigated region
  de huerta of irrigated land
  las huertas de Levante *irrigated regions in eastern Spain*
el **huertano** *native, or inhabitant of,* **las huertas**
el **hueso** bone
el **huésped** guest
el **huevo** egg
la **huida** flight; escape
huir (y) to flee, run away
el **hule** oilcloth; rubber
la **humanidad** humanity, mankind
humano, –a human
la **humareda** cloud of smoke
Humboldt, Baron Alexander von (*1769–1859*), *German naturalist, traveler, and statesman*
húmedo, –a moist, damp
humilde humble, modest
el **humo** smoke
hundir to sink, pull down; *reflex.* sink (*intrans.*)
huraño, –a retiring, shy
hurtar to steal

I

ibérico, –a Iberian
el **ibero** Iberian
iberoamericano, –a Ibero-American
Ibsen, Henrik (*1828–1906*), *Norwegian poet and dramatist*
ideal ideal; imaginary
la **idealidad** ideality, ideal
la **identidad** identity
identificar (qu) to identify
ideológicamente ideologically
idílico, –a idyllic
idiota idiotic
el **idiota** idiot
Ifni *Spanish territory, and town of*

same name, in southwestern Morocco
ignorado, –a unknown
ignorante ignorant; ¡ **ignorante** ! ignoramus !
ignorar to be ignorant of
igual equal
  igual que just like, the same as
  sin igual unequaled
la **igualdad** equality
igualmente equally; likewise
ilegalmente illegally
ilimitado, –a limitless, unlimited
iluminado, –a illuminated
la **ilusión** illusion, hope
ilustrar to illustrate
ilustre illustrious
la **imagen** (*pl.* **imágenes**) image; (*gram.*) metaphor, simile
imaginar to imagine
imitar to imitate
la **impaciencia** impatience
impacientarse to become impatient
impaciente impatient
el **impacto** impact
  el **impacto recesivo** recession
impar unequal; odd (*number*)
impasible impassive
impedir (i, i) to hinder, prevent
  impedir + *inf.* or **impedir que** + *subj.* to prevent, or keep, from + *pres. part.*
imperioso, –a imperative, necessary
la **implacabilidad** implacability
implicar (qu) to imply
implícito, –a implicit
implorar to implore, beg
imponente imposing
imponer (*irr.*) to impose
la **importación** importation; imports
importador, –ora de importing, which import(s)
el **importador** importer (*m.*)
la **importadora** importer (*f.*)
importante important; considerable
importar to import; be important, matter
  ¿ **Qué importa** ? What difference does it make ?
la **impotencia** helplessness, weakness
impreciso, –a vague; inaccurate
impregnar to impregnate, permeate
impresionante impressive
impresionar to impress, make an impression
impresionista impressionistic
imprevisto, –a unexpected, unforeseen
improvisado, –a improvised; (*Amer.*) improvising
improvisador, –ora improvising
improviso, –a unexpected
  de improviso unexpectedly
improvisto, –a unexpected, unforeseen
el **impulso** impulse
  dar (*irr.*) **impulso a** to foster, promote
inacabable endless, interminable; eternal
inacentuado, –a unaccented, unstressed
inadecuado, –a inadequate
inadvertido, –a unnoticed
inagotable inexhaustible

inaudito, –a unheard-of; astounding, extraordinary
inaugurar to inaugurate
incansable untiring
incapaz (*pl.* **incapaces**) incapable
la **incertidumbre** uncertainty
la **incidencia** incident, accident
inclinar to incline, bend, bow; *reflex.* incline (*intrans.*), lean, tend; bow
incluido, –a included
incluir (y) to include
   incluyendo including
inclusive including
incluso including; even
incomprendido, –a misunderstood
inconciliable irreconcilable
inconcluso, –a unfinished
inconexo, –a disconnected; irrelevant
inconfundible unmistakable
la **inconsciencia** unconsciousness
la **inconstancia** inconstancy; irregularity
el **inconveniente** obstacle; objection
la **incorporación** incorporation, introduction
incorporar (a) to incorporate (in or into)
increíble incredible
incrementado, –a increased
el **incremento** increase
la **inculpación** accusation
inculto, –a uncultivated
el **indagador** investigator
indagar (gu) to investigate
   indagarse de to check
indeciso, –a hesitant, irresolute
indefectible unfailing; indispensable
indefenso, –a undefended, defenseless
indefinido, –a indefinite
indeterminado, –a indefinite
el **indiano** *person back from America with great wealth*
indicado, –a indicated; suitable
   estar (*irr.*) **indicado, –a para** to be appropriate for, be suited to
indicar (qu) to indicate, point out
el **índice** index; index finger
   el **índice general de precios** general price index
el **indiecito** little Indian, Indian boy
indígena indigenous, native
el **indigenismo** native word
indignado, –a indignant
indignarse (de) to become indignant (at), become angry
indio, –a Indian
la **indirecta** hint, innuendo
indiscutible indisputable, unquestionable
la **indología** (*neol.*) *study, or culture, of Indians*
indómito, –a untamed, wild
indudable indubitable, unquestionable
indudablemente doubtless, without doubt
la **indumentaria** clothing; typical costumes
ineluctable inescapable, unavoidable
inesperado, –a unexpected
inexplotado, –a unexploited
la **infancia** infancy
inferior (a) inferior (to), lower (than)

el **inferior** *person of the lower classes*
inferir (ie, i) to infer; cause, inflict
influir (y) to influence; have (great) weight
   influir en *or* **sobre** to influence, exert or have influence on
el **influjo** influence
influyente influential
el **informe** report; item of information
los **informes** information, reports
infundir to infuse; instil
el **ingenio** talent, creative faculty; engine, machine; (*Amer.*) sugar mill
ingenioso, –a ingenious
ingenuo, –a ingenuous, simple
Inglaterra (*f.*) England
inglés, –esa English
el **inglés** Englishman; English (*language*)
el **ingrediente** ingredient
el **ingreso** entrance; income; (*pl.*) income, revenue
inhumano, –a inhuman
la **iniciación** initiation
iniciar to initiate, start
la **iniciativa** initiative
ininterrumpido, –a uninterrupted
injusto, –a unjust
inmediato, –a immediate; pressing
   de inmediato (*Amer.*) immediately
la **inmensidad** immensity
inmenso, –a immense, vast
inmóvil motionless
innegable undeniable
inolvidable unforgettable
inopinadamente unexpectedly
inquietarse to become disturbed, get upset
la **inquietud** uneasiness; anxiety, concern
insatisfactorio, –a unsatisfactory
el **insecticida** insecticide
insidioso, –a insidious
insistir (en) to insist (on)
   insistir en + *inf.* to insist on + *pres. part.*
insolente insolent; ¡**insolente**! insolent wretch!
el **insomnio** insomnia
insospechado, –a unsuspected, unthought-of
inspirado, –a inspired
inspirar to inspire
   inspirarse en to be inspired by, find inspiration in
la **instalación** installation; facility
instalar to install; *reflex.* settle, take up lodging
el **instituto** institute; high school
   el **instituto de segunda enseñanza** high school
instruir (y) to instruct; train
íntegro, –a complete, whole
la **inteligencia** (*spelled* **intelijencia** *by* J. R. Jiménez) intelligence, understanding
la **intención** intention, purpose
   de primera intención at first; temporarily; generally speaking
la **intensidad** intensity
intensificar (qu) to intensify
intentar to attempt, try
   intentar + *inf.* to attempt to + *inf.*
el **intento** attempt

el **intercambio** interchange, exchange
el **interés** interest
   los **intereses creados** vested interests
   por interés de todos for the benefit of all
   tener (*irr.*) **interés** to be of interest
interesar to interest, be interesting
   interesarse en *or* **por** to be interested in, take interest in
interior inner, internal; domestic
el **interior** interior
el **intermediario** intermediary
intermedio, –a intermediate
interno, –a internal; domestic
interpretar to interpret
el **intervalo** interval
intervencionista interventionist
intervenir (*irr.*) to intervene; occur, be found, be present
íntimo, –a intimate
intransigente intransigent, irreconcilable
intrigar (gu) to intrigue; excite one's curiosity
el **intríngulis** (*pl.* **intríngulis**) (*coll.*) enigma, secret
introducir (*irr.*) to introduce (*not a person*)
intuir (y) to intuit, know
inútil useless
la **invención** invention; composition, work; contrivance, trick
el **inventario** inventory
inverso, –a inverse, opposite
invertebrado, –a invertebrate
el **invierno** winter
   en el rigor del invierno in the dead of winter
el **invitado** guest
invitar to invite
   invitar a + *inf.* to invite to + *inf.*
ir (*irr.*) to go; go along; ride, be carried; *reflex.* go away or off, leave
   ir + *pres. part.* to go on or keep + *pres. part.*; begin to + *inf.*; to (do something) gradually; **se fueron formando** there were gradually formed
   ir a + *inf.* to go, or be going, to + *inf.*
   ir a caballo to ride horseback
   ir a medias share equally
   ir en aumento to be on the increase
   ir en coche to go by automobile
   ir parejo, –a a to go together with, match
   irse por to go out into
   van unidos, –as a are combined with
   ¡**vaya**! all right!
la **ironía** irony
el **ironista** ironical writer
irreal unreal
Isabel Isabella (1451–1504), *wife of Ferdinand II of Aragón, queen of Castile* (1474–1504)
la **isla** isle, island
   la **Isla (de León)**, *or* San Fernando *seaport and naval base in province of Cádiz, in southwestern Spain*
   las **Islas Baleares** Balearic Islands
   las **Islas Canarias** Canary Islands
   las **Islas Filipinas** Philippine Islands

el **istmo** isthmus
italiano, –a Italian
el **italiano** Italian; Italian (*language*)
izar (c) (*naut.*) to hoist, raise

J

el **jabalí** wild boar
jactarse de to boast of, brag of
el **jadeo** panting; heaving
el **jaez** (*pl.* **jaeces**) harness; manner
  de este jaez in this manner
Jalisco *state in central Mexico*
jalonado, –a (de) staked out (with),
  studded (with)
jamás never, ever
el **jamón** ham
la **jarra** jar, pitcher
el **jazmín** jasmine
el **jefe** chief, head, leader; boss
  el **jefe de producción** producer
la **jerarquía** hierarchy
Jerez (de la Frontera) *city in province*
  of Cádiz, in southwestern Spain,
  famous for its wines
la **jerga** jargon, gibberish
Jesucristo Jesus Christ
Jijona *city in province of Alicante in*
  east central Spain
la **jornada** day's work
el **jornal** wage; day's wages
la **jota** jota (*Spanish song and dance*)
joven (*pl.* **jóvenes**) young
la **joya** jewel
el **joyel** small jewel
el **jubón** waist, fitted jacket
la **judía** bean; string bean
judicial judicial, legal
el **juego** game; play
  el **tono de juego** playful tone
el **jueves** (*pl.* **jueves**) Thursday; on
  Thursday
el **juez** (*pl.* **jueces**) judge
jugar (ue; gu) to play (*a game*)
  jugar a los naipes to play cards
jugoso, –a juicy, succulent
el **juicio** judgment; opinion; sanity;
  (*law*) trial
  a juicio mío in my judgment
  perder (ie) el juicio to lose one's
  mind
Juni, Juan de (*1507?–1577*), *noted*
  Spanish sculptor, of French origin
  (*School of Valladolid*)
la **junta** committee; faction
juntar to join, unite; blend; *reflex.*
  gather, gather together
junto, –a joined, united; **juntos, –as**
  together, close together
junto (*adv.*) near, at hand
  junto a by the side of, close to; along
  with
  junto con along with, together with
el **juramento** oath
jurídico, –a juridical, legal
el **jurisconsulto** jurisconsult
la **jurisprudencia** jurisprudence
el **jurista** jurist
la **justicia** justice; law; officers of the
  law, authorities
justificar (qu) to justify
justo, –a just; exact, correct
la **juventud** youth
el **juzgado** court of justice, court
juzgar (gu) to judge

K

Kepler, Johannes (*1571–1630*), *Ger-*
  man astronomer
el **kilómetro** kilometer

L

el **laberinto** labyrinth, maze
el **labio** lip
la **labor** labor, task, work
  la **tierra de labor** cultivated land
laboral (*pertaining to*) labor or work
laborar to labor, work
labrado, –a worked; carved
labrar to work; carve
Labraz *town in Basque province of*
  Álava, in northern Spain
ladino, –a sly, cunning, crafty
  un redomado ladino very clever
  trickster
el **lado** side; direction
  al lado de by, or on, the side of
  al lado mismo de at the very side of
  dejar a un lado, (*Amer.*) **dejar de**
  lado to omit, disregard
  del lado de from, or on, the side of
  del otro lado de on the other side
  of; beyond
  por otro lado on the other hand
  por su lado for, or on, its part
el **ladrido** bark, barking
el **ladrillo** brick
el **ladrón** thief
Lagartera *town in province of Toledo,*
  in central Spain
el **lago** lake
Lagos de Moreno *city in state of Ja-*
  lisco, in central Mexico
la **lágrima** tear
la **lámpara** lamp, lantern
la **lamprea** lamprey (*eel-like fish*)
la **lana** wool
el **lance** incident; affair, delicate moment
la **lancha** barge, boat, launch
el **lanchón** barge, flatboat
lánguido, –a languid
la **lanza** lance
la **lanzada** lance thrust
  a lanzadas with lance thrusts
lanzar (c) to throw; let loose, utter
  lanzarse a to throw oneself into,
  rush into
  lanzarse a + *inf.* to rush to + *inf.*
largarse (gu) (*coll.*) to leave, sneak
  away
largo, –a long
  a la larga in the long run
  a largo plazo long term
larguísimo, –a very long
la **lástima** pity
lastimar to hurt, damage
el **latido** beat
el **latín** Latin (*language*)
  el **latín vulgar** spoken Latin
la **latinidad** Latinity; Latin way of life
latino, –a Latin
latir to beat, palpitate
la **latitud** latitude; (*fig.*) region
el **laudo** (*law*) decision; papal bull
Lausana Lausanne, *city of Switzerland*
lavar to wash
  lavarse la cara to wash one's face
el **lazo** bond, tie

la **lección** lesson; (*eccl.*) reading, selection
el **lector** reader
la **lectura** reading
la **leche** milk
  la **leche frita** sweetmeat made from
  simmered milk
el **lechón** suckling pig
leer (y) to read
la **legalidad** legality; law
legítimo, –a legitimate
la **legumbre** vegetable
la **lejanía** distance; distant place
lejano, –a distant
lejos far, in the distance
  lejos de far from
el **lema** motto; device
la **lengua** tongue, language
el **lenguaje** language
lento, –a slow
el **leñador** woodcutter, woodsman
León *region, and former kingdom, in*
  west central Spain; province, and
  capital of the same, in northwest-
  ern Spain
leonés, –esa Leonese
el **leonés** Leonese; Leonese (*dialect*)
lerdo, –a slow, stupid
Lesaca *town in Basque province of*
  Navarra, in northern Spain
la **letanía** litany
el **letargo** lethargy
la **letra** letter (*of alphabet*)
  la **letra minúscula** small letter
  las **letras** letters (*literature*)
la **levadura** leaven, leavening
levantar to raise; *reflex.* to get up; rise;
  stand up
  levantar el vuelo to take flight
  levantarse sobre to be built on, rest
  on
el **Levante** Levant; *Mediterranean*
  shores of Spain
levantino, –a Levantine, *of the Medi-*
  terranean shores of Spain
leve light, slight
la **ley** law
  la **ley del talión** law of retaliation
  el **oro de ley** standard gold
  por ley de according to the law of
la **leyenda** legend
la **libélula** dragonfly
libertar to liberate, set free, free
librar to free; deliver, save, spare; join
  (*battle*); *reflex.* free oneself
libre free
el **libreto** (*mus.*) libretto; script
el **libro de caballerías** book of chiv-
  alry
la **licencia** license
  la **licencia poética** poetic license
licenciado, –a (*mil.*) discharged (*from*
  military service)
la **lición** *archaic form of* **lección**
la **liebre** hare
el **lienzo** linen; canvas, painting
ligado, –a linked to, connected with
la **ligadura** bond, tie
ligar (gu) to tie, bind
ligero, –a light, slight
la **lija** dogfish; sandpaper
limitar to limit
  limitarse a + *inf.* to limit oneself to
  + *inf.*

el **límite** limit, boundary
el **limoncillo** sweet lemon candy
la **limpia** weeding
limpiar to clean, wipe; weed, clear
limpio, –a clean
  vestido, –a de limpio in clean clothing
el **linaje** lineage; stock, strain
la **lindeza** neatness, prettiness; (*pl.*) (*coll.*) insults
lindo, –a pretty
la **línea** line
el **lío** (*coll.*) mess, row
la **liquidación** liquidation; casting-up of accounts
lírico, –a lyrical, poetic
el **lirio** iris, lily
el **lirismo** lyricism
Lisboa Lisbon
liso, –a smooth; plain, cloudless
la **lista** list
listo, –a smart; ready
el **literato** literary person; writer
litúrgico, –a liturgical
la **localidad** locality
la **localización** localization; location
localizar (c) to locate
loco, –a crazy, mad, insane
  loco, –a de alegría mad with joy
la **locura** madness
  con locura madly
el **lodo** mud
la **lógica** logic
lógico, –a logical
lograr to obtain; gain; achieve, attain
  lograr + *inf.* to manage to + *inf.*, succeed in + *pres. part.*
el **lomo** back; ridge; top
  a lomo on one's back
  el lomo de cerdo pork loin
la **lona** fine canvas, sail cloth
la **longaniza** *kind of pork sausage*
López y Fuentes, Gregorio (*1895–1966*), *Mexican novelist; author of novels on the Mexican Revolution*
la **lotería** lottery
el **lucero** Venus; bright star
lúcido, –a lucid, clear
la **luciérnaga** firefly
lucir (zc) to shine; show off
el **lucro** gain, profit
la **lucha** battle, struggle
luchar to struggle, fight
luego soon; then, next
  desde luego of course; at once, right away
  hasta luego so long
  luego que as soon as
  muy luego very soon
el **lugar** place; village
  dar (*irr.*) **lugar a que** + *subj.* to permit that + *subj.*, permit to + *inf.*
  en lugar de instead of, in place of
  tener (*irr.*) **lugar** to occur, take place
Lugo *province, and capital of the same, in northwestern Spain*
el **lujo** luxury
  de lujo de luxe, of high quality, magnificent
lujoso, –a luxurious
luminoso, –a luminous; bright, glowing

la **luna** moon; moonlight
  a la luz de la luna in the moonlight
  de luna moonlight (*adj.*)
  la luna de miel honeymoon
el **lunes** (*pl.* **lunes**) Monday; on Monday
el **luto** mourning
  llevar luto to wear mourning
la **luz** (*pl.* **luces**) light; sunlight
  a la luz de la luna in the moonlight
  dar (*irr.*) **luz sobre** to throw light on
  la luz de luna moonlight
  la luz de sol sunlight
  sacar (qu) a la luz del sol to bring forth into the light of day

Ll

la **llama** flame
la **llamada** call
  la llamada telefónica telephone call
llamado, –a so-called
llamar to call; summon; *reflex.* be called, be named
  llamar la atención to attract attention
  llamar por teléfono to telephone
la **llaneza** plainness, simplicity
  un estilo general de llaneza a generally simple style
llano, –a common, plain, simple
el **llano** plain
la **llanta** tire
el **llanto** weeping, wailing; lamentation
la **llanura** plain
la **llave** key
el **llavero** key ring
la **llegada** arrival
llegar (gu) to arrive
  llegar a *or* **hasta** to arrive at, attain, reach; extend to
  llegar a + *inf.* to succeed in + *pres. part.*, come to or manage to + *inf.*
  llegar a ser to become
  llegar hasta + *inf.* to go so far as + *inf.*
  llegar tarde to arrive late, be late
  no llego a saber I can't make out
llenar to fill; *reflex.* become full, fill up
  llenarse de to become full of
lleno, –a full
llevar to carry, take, transport; lead; bear; wear; have, have with one; contain; *reflex.* carry (take) away
  llevan dos semanas aquí they have been here for two weeks
  llevar a cabo to carry out, effect
  llevar a uno a + *inf.* to lead one to + *inf.*
  llevar de la mano to lead by the hand
  no lleva huesos he has no bones
llorar to cry, weep, wail; weep over, mourn
  llorar a gritos to weep wildly
llovedizo, –a rain (*adj.*)
llover (ue) to rain
la **llovizna** drizzle
la **lluvia** rain
lluvioso, –a rainy

M

la **maceta** flowerpot
Macías Picavea, Ricardo (*1847–1899*), *Spanish sociologist and regional novelist*
macilento, –a drooping, withered
Machado y Álvarez, Antonio (*1848–1892*), *Spanish folklorist and bibliophile, father of Manuel and Antonio Machado y Ruiz.*
el **machete** machete, large knife
  el machete del máuser bayonet
el **machote** (*Amer.*) model, rough draft
Madariaga, Salvador de (*1886– *), *Spanish essayist, historian and diplomat*
la **madera** wood
el **madero** log, beam
la **madre** mother; dregs, lees; ¡ **madre mía** ! gracious me !
la **madrecita** dear little mother
madrileño, –a Madrid (*adj.*), Madrilenian
la **madrugada** dawn, early morning
madrugar (gu) to get up early
la **maduración** ripening
madurar to ripen; prepare carefully
la **madurez** maturity
el **maese** (*arch.*) master
el **maestro** master, teacher; past master
Maeterlinck, Count Maurice (*1862–1949*), *Belgian poet and dramatist*
Magallanes, Fernando de Ferdinand Magellan (*1480?–1521*), *Portuguese navigator in the service of Spain; died in the Philippine Islands while attempting to sail around the world*
el **Magdalena** *river in Colombia, South America, emptying into the Caribbean Sea*
mágico, –a magic, magical
el **maíz** corn
el **majado** (Andalusia) salad
el **mal** evil; harm; wrong; misfortune
mal badly, poorly; wrong, wrongly
  mal conocido, –a little known
Málaga *province, and capital of the same, in southern Spain*
malagueño, –a of, or pertaining, to *Málaga*
malcomer to eat poorly
la **maldición** curse; ¡ **maldición** ! damn it !
maleante evil, wicked, delinquent
el **malecón** mole, pier
maléfico, –a evil, harmful
la **maleta** bag, valise
  hacer (*irr.*) **la maleta** to pack one's suitcase
la **maleza** weeds; thicket, underbrush
el **malhechor** wrongdoer, criminal
malherido, –a badly wounded
el **malinchismo** *excessive admiration of, or preference for, what is foreign*
mal(o), –a bad, evil, poor; sick; of bad taste
la **malquerida** *woman illicitly loved* (*Benavente's play is known in English as The Passion Flower*)
el **malsín** (*coll.*) evildoer, troublemaker

Mallorca Majorca, *largest of the Balearic Islands*
mallorquín, –ina Majorcan
la **mampara** screen
el **manantial** source, spring
la **mancha** blemish, stain; patch
    la **mancha de arbolado** wooded patch
La Mancha *large part of the province of Ciudad Real, in south central Spain*
manchego, –a *of, or pertaining to La Mancha*
el **manchego** *native, or inhabitant of, La Mancha*
mandar to order, ask; send
    mandar + inf. to ask or order to + inf.; order or have + p. p.
mandarín, –ina mandarin
    la **naranja mandarina** mandarin orange, tangerine
el **mandato** command
    la **forma de mandato** command form
la **mandíbula** jaw
el **mando** command
manejar to manage; drive
el **manejo** handling; employment
la **manera** manner, way
    a manera de in the manner of
    de esa manera in that way
    de la misma manera que in the same way that
    de manera que so that
    de ninguna manera by no means, not at all
la **manifestación** manifestation; public demonstration
manifestar (ie) to manifest, show; *reflex.* make oneself manifest, appear
manifiesto, –a manifest
    poner (*irr.*) de manifiesto to make manifest, expose
la **maniobra** maneuver
la **mano** hand
    a la mano at hand; within reach; easy to understand
    a mano derecha at the right
    dar (*irr.*) la mano de prometida to become engaged, pledge oneself in marriage (*said of the woman*)
    llevar de la mano to lead by the hand
    ¡ manos a la obra ! let's get to work !
el **manojo** handful, bunch, bundle
manso, –a gentle; tame
la **manta** blanket; (*Amer.*) *coarse cotton cloth*
la **mantecada** *kind of butter cake*
el **mantecado** *kind of butter cookie*
el **mantellín** head scarf
mantener (*irr.*) to maintain, keep; support; *reflex.* maintain oneself; remain
el **manto** mantle, cloak
la **manzana** apple
la **manzanilla** pale dry sherry
la **maña** act of cunning, trick
la **mañana** morning; **mañana** (*adv.*) tomorrow
    por la mañana in the morning
mañanero, –a early morning (*adj.*)

la **mañanita** break of day, early morning
mañero, –a manageable, easy to manage
mañoso, –a skillful; crafty
la **máquina** machine, engine
    escribir a *or* **con máquina** to typewrite
maquinalmente mechanically, automatically
la **maquinaria** machinery
el **maquinista** machinist
el (la) **mar** sea, ocean
    la **alta mar** high seas
    el **Mar Cantábrico** Bay of Biscay
    el **Mar Mediterráneo** Mediterranean Sea
maravilloso, –a marvellous
marcado, –a marked, pronounced
marcar (qu) to mark; to mark time; dial
el **marco** frame; framework, structure
la **marcha** march, course, passage
marcharse to leave, go away
marchitar to wither, wilt
marearse to get seasick
el **mareo** seasickness
el **marido** husband
la **mariposa** butterfly
la **marisma** marsh
marítimo, –a maritime; marine, sea (*adj.*)
el **marqués** marquis
marroquí (*pl.* **marroquíes**) Moroccan
Marruecos Morocco
marrullero, –a (*coll.*) astute, clever
el **martes** (*pl.* **martes**) (on) Tuesday
martillar to pound
mas but
más more; most, the most; longer; other; rather; (*prep.*) plus
    lo más de the principal part of
    los (las) más de most of, the majority of
    más bien rather
    más de (*followed by a number*) more than
    no hace más que does nothing but
    no . . . más que only
    ¿ qué más ? what else ?
    ¡ qué . . . más . . . ! how, what a . . . !
la **masa** mass, masses
la **mata** plant, bush, shrub
el **matador** *bullfighter who kills the bull*
matar to kill
matemático, –a mathematical
la **materia** matter; material; subject
    la **materia prima** raw material
materno, –a maternal
    la **lengua materna** mother tongue
la **matita** young plant
el **matiz** (*pl.* **matices**) shade, shade of difference, subtle variation; gradation; aspect
matizar (c) to blend; shade; adorn (*a speech*); (*fig.*) characterize
el **matrimonio** marriage
el **Maule** *province in central Chile*
el **máuser** Mauser (*kind of firearm*)
    el **machete del máuser** bayonet
la **máxima** maxim
máximo, –a maximum
el **máximo**, el **máximum** maximum

la **maya** May queen
el **maya** Maya, Mayan; Mayan (*language*)
el **mayo** Maypole; (*pl.*) *serenading on the eve of May day*
mayor greater, greatest; wider, widest; older, oldest; main
    al por mayor wholesale
    cada vez mayores greater and greater
    el **altar mayor** the main altar
    la **mayor parte de** most of
    nuestros mayores our forefathers
el **mayorazgo** estate descending by primogeniture; heir to an entailed estate
la **mayoría** majority, majority of the people
el **mazapán** marchpane
el **mecánico** mechanic, machinist
el **mecanismo** mechanism
la **mecanógrafa** typist (*f.*)
el **mecanógrafo** (*m.*)
mecer (z) to shake, stir; *reflex.* swing, rock, sway
el **mechón** lock (*of hair*)
Medellín *capital of the Department of Antioquia, in Colombia*
mediano, –a average, fair
la **medianoche** midnight
    a la medianoche at midnight
mediante by means of
mediar to be in the middle; intervene
la **medicina** medicine
el **médico** doctor
la **medida** measure; gauge, measuring stick
    a medida que according as, as, in proportion as
    tomar una medida to take a measure
Medina Sidonia *city in the province of Cádiz, in southwestern Spain*
el **medio** means; middle, mean, average; environment, medium
    de por medio intervening, as an intermediary
    en medio de in the midst of
    por medio de by means of; down the middle of
medio, –a half, a half, one half; average
    a las siete y media at seven thirty
    a medias half-and-half
    a medio conocer half known
    a medio explotar half exploited
    la **Edad Media** Middle Ages
el **mediodía** noon
    al mediodía at noon
la **meditación** meditation, thought
mediterráneo, –a *of, or pertaining to, the Mediterranean area*
el **Mediterráneo** Mediterranean Sea
medroso, –a dreadful, terrible; fearful
mejor better, best; rather
    mejor que rather than
la **mejora** improvement
mejorar to be, or make, better; improve
la **melancolía** melancholy
melancólico, –a melancholy (*adj.*)
Melilla *Spanish city (province of Málaga) on the northern coast of Morocco*

la **melodía** melody
melodioso, –a melodious
el **melón** melon
mellar to dent, nick
Membrives, Lola *noted Spanish actress, of Argentine birth, of the 1920's*
la **memoria** memory; mind; (*pl.*) memoirs
de memoria by memory, by heart
mencionar to mention
menester: haber (*irr.*) **menester** to need
menor less, lesser; least; smaller, smallest
menos less; least; except
al menos at least
a menos que unless
cuando menos at least
lo menos the smallest piece
no poder (*irr.*) **menos de** + *inf.* not to be able to help + *pres. part.*, cannot fail to + *inf.*
por lo menos at least
el **menosprecio** scorn
la **menta** mint
la **mente** mind
mentir (ie, i) to lie, tell a lie
la **mentira** lie
menudo, –a little, small
a menudo often
lo menudo the minute, the trivial
meramente merely
el **mercado** market
el **mercado mundial** world market
la **mercancía** merchandise, goods
la **merced** favor, grace, mercy
merced a thanks to
vuestra merced your grace, your worship
el **mercurio** mercury, quicksilver
merecer (zc) to deserve
merecer + *inf.* to deserve to + *inf.*
meridional southern
el **mérito** merit; worth, worthy deeds
mermar to decrease, lessen, reduce; decrease (*intrans.*)
mero, –a mere
el **mero** giant perch
la **mesa** table; food, fare
mesar to tear, pull out (*hair*)
mesarse la greña to tear one's hair
la **meseta** plateau; landing (*of a stairway*)
el **mestizaje** crossbreeding, mixing of races
mestizo, –a mixed, of mixed blood
la **meta** goal
la **metafísica** metaphysics
la **metáfora** metaphor
metafórico, –a metaphorical
meter to put, place; insert, thrust; *reflex.* move in
meterse en to get into, enter; meddle
meterse en aguas to be, or become, rainy
metido, –a en aguas abounding with rain
el **método** method
métrico, –a metrical
el **metro** meter
la **metrópoli** city; capital
la **mezcla** mixture

el **miedo** fear
tener (*irr.*) **miedo** to be afraid
la **miel** honey
la **luna de miel** honeymoon
el **miembro** member
mientras while, whereas
mientras que while, whereas
mientras tanto meanwhile
el **miércoles** (*pl.* **miércoles**) Wednesday, on Wednesday
mil (a, one) thousand
mil millones one billion
el **milagro** miracle
milenario, –a (*neol.*) very ancient
la **milésima** thousandth part
milésimo, –a thousandth
militar military
el **militar** soldier
el **millar** thousand
a millares by the thousand
la **millarada** thousand
a millaradas by the thousand
mimético, –a mimetic, apt to imitate
mimoso, –a pampered, spoiled
la **mina** mine
la **minería** mining industry
minero, –a mining
el **minero** miner
mínimo, –a minimal; least; smallest
más mínimo, –a slightest
el **mínimo,** el **mínimum** minimum
el **ministerio** ministry, department
el **Ministerio de Agricultura** Department of Agriculture
el **ministro** minister; officer
la **minoría** minority
minoritario, –a minority (*adj.*)
minucioso, –a minute
minúsculo, –a small (*letter*)
el **minuto** minute
la **mirada** glance, look
mirar to look, look at, watch; consider
quedarse mirando to stop and stare at
la **misa** Mass
la **misa mayor** high Mass
el **miserable** wretch
la **miseria** wretchedness; poverty; trifle, mean matter
mísero, –a miserable, wretched
la **misión** mission; purpose
mismísimo, –a very same
mismo, –a same; very; self
ahora mismo right now
al mismo tiempo at the same time
aquí mismo right here
el **mismo** (la **misma**) . . . **que** the same . . . as
hoy mismo this very day
por lo mismo for the same reason
el **misterio** mystery; mystery play
misterioso, –a mysterious
la **mitad** half; halfway point
M.N.R., *or* **Movimiento Nacionalista Revolucionario** Nationalist Revolutionary Movement
el **mocito** (*dim. of* **mozo**) lad, youngster
la **moda** fashion, style
la **modalidad** kind, form, variation
modificar (qu) to modify, change
el **modismo** idiom
el **modo** manner, way; mood
a modo de as, like; in the manner of, on the order of

de cualquier modo que sea however it may be
de otro modo otherwise
de (tal) modo que so that
de todos modos at any rate
el **modo de ser** disposition, nature
Moguer *city in the province of Huelva, in southwestern Spain*
mojado, –a wet, moist
moldear to mold
molestar to bother
molesto, –a annoyed, bothered
molido, –a ground
Molière: *pseudonym of Jean Baptiste Poquelin, French dramatist*
el **monacillo** altar boy
el **monaguillo** altar boy
la **moneda** money; coin
Monforte (de Lemus) *city in the province of Lugo, in northwestern Spain*
la **monja** nun
el **monólogo** monologue
el **monstruo** monster
Montánchez *town in province of Cáceres, in west central Spain*
la **montaña** mountain; la **Montaña** *popular name of the province of Santander, in northern Spain*
montañés, –esa highland (*adj.*); of, or pertaining to, the province of Santander
montañoso, –a mountainous
montar to mount; climb; go up, rise
montar a caballo to ride horseback
el **monte** mountain; forest, jungle, woods; brush, growth, weeds
los **Montes Cantábricos** Cantabrian Mountains
la **montera** skylight
Montevideo *capital of Uruguay*
la **montura** saddle
morado, –a purple
vestir (i, i) de morado to wear purple
el **morador** resident (*m.*)
la **moradora** resident (*f.*)
la **moralidad** morality
moralmente morally
morar to dwell, reside
la **morcilla** blood pudding
el **morcón** large blood pudding
morder (ue) to bite
el **mordisco** bite
moreno, –a dark; brunet, brunette
morir(se) (ue, u) to die
moro, –a Moorish
el **moro** Moor
mortuorio, –a funeral (*adj.*)
la **esquela mortuoria** death notice
moscatel muscatel (*grape or wine*)
mostrar (ue) to show, point out; *reflex.* show oneself (to be)
el **mote** emblem, motto
motivar to motivate
el **motivo** motive, reason, determining cause
el **motor** engine; motivating force
mover (ue) to move; stir (up); *reflex.* move (*intrans.*), be moved; get a move on
el **móvil** motive, reason, determining cause

el **movimiento** movement, motion; traffic, trade
el **mozalbete** lad, young fellow
el **mozo** lad, youth; servant, waiter
mucho, –a much, a lot of; **muchos, –as** many; **mucho** (*adv.*) much, a great deal
  muchas gracias thanks a lot
  muchas veces very often
mudar to move, move away; *reflex.* move (away) (*intrans.*)
mudéjar Mudejar (Spanish Moorish)
mudo, –a silent
el **mueble** piece of furniture
la **mueca** face, grimace
la **muela** back tooth
muelle soft
el **muelle** spring; dock, pier
la **muerte** death
  en muerte after one's death
  la **pena de muerte** death penalty
  la **sentencia de muerte** death sentence
muerto, –a (*p. p. of* **morir**) dead
  muerto, –a de angustia dying of anguish
la **muestra** sample
la **mujer** woman; wife
la **multa** fine, penalty
la **multiplicidad** multiplicity
la **multitud** multitude, host
mullido, –a soft, fluffy
mundial world (*adj.*), world-wide
el **mundo** world; everybody
  todo el mundo everybody, everyone
el **municipio** municipality
el **muñeco** puppet
la **muñeira** *Galician dance*
la **muralla** wall
Murcia *province, and capital of the same, in southeastern Spain*
murciano, –a *of, or pertaining to, Murcia*
el **murciano** *native, or inhabitant of, Murcia; dialect of Murcia*
el **murciélago** bat
murmurar to murmur, gossip, whisper
el **murmurio** murmur, murmuring; rustle
el **muro** wall
el **músculo** muscle
el **musicólogo** musicologist
musulmán, –ana Moslem (*adj.*)
el **musulmán** Moslem
mutuo, –a mutual
muy very; very much, frequently; too

N

la **nabiza** turnip rootlet; (*pl.*) turnip greens, turnip leaves
el **nabo** turnip
nacarado, –a mother-of-pearl (*adj.*)
nacer (zc) to be born; grow, rise, spring up
nacido, –a born; originated, started
naciente budding; incipient
el **nacimiento** birth; creche (*Nativity scene*)
la **Nacional Financiera** National Development Bank (*in Mexico*)
nacionalizar (c) to nationalize
nada nothing; anything (*after a negative*); (*adv.*) not at all; ¡ **nada, nada!** not at all! don't worry!

  de nada you are welcome
el **nadador** swimmer
nadar to swim
nadie no one; anyone (*after a negative*)
el **nahuatl** *language of the Aztecs and other Indian tribes of central Mexico and parts of Central America*
el **naipe** cards (*playing*)
la **naranja mandarina** mandarin orange, tangerine
el **nardo** nard; tuberose
la **narración** narrative, story
el **narrador** narrator
narrar to narrate, relate
natal native
la **natilla** custard
la **naturaleza** nature
naturalmente naturally
el **naufragio** shipwreck
náufrago, –a shipwrecked
el **náufrago** shipwrecked person
Navarra Navarre, *province, and former kingdom, in northern Spain*
navarro, –a Navarrese
la **nave** nave, aisle; ship, vessel
navegable navigable
navegar (gu) to navigate
la **nebulosa** nebula; (*fig.*) beginning of time
nebuloso, –a nebulous, hazy; nebular
necesitar to need
  necesitar + *inf.* to have to + *inf.*, need to + *inf.*
el **necio** fool
nefasto, –a ominous, fatal, tragic
negar (ie; gu) to deny
  negarse a + *inf.* to refuse to + *inf.*
el **negocio** business; affair, deal; enterprise
negro, –a black; gloomy
negruzco, –a blackish, dark
Neiva *capital of the department of Huila, in central Colombia*
el **nelumbo** (*also*, el **nelumbio**) nelumbo (*flower resembling the lotus*)
el **nene** baby
el **neologismo** neologism, new word
la **nerviosidad** nervousness
nervioso, –a nervous
neto, –a clean, neat
neutro, –a neuter
la **nevada** snow, snowfall
nevado, –a covered with snow
el **nexo** connection, interrelationship
ni neither, nor; not even
  ni . . . ni neither . . . nor
  ni siquiera not even, not . . . even
nicaragüense Nicaraguan
el **nido** nest
la **niebla** fog, mist
el **nieto** grandson; grandchild; (*pl.*) grandchildren
Nietzsche, Friedrich Wilhelm (*1844–1900*), *German philosopher*
la **nieve** snow
ningún, ninguno, –a no (*adj.*); any (*after a negative*)
  de ninguna manera by no means, not at all
la **niñez** childhood
el **nivel** level
  al nivel de at the level of

el **nivel común** the general run
el **nivel de vida** standard of living
el **nivel medio** average level
nivelador, –ora leveling
la **nobleza** nobility
la **noción** notion, idea
nocivo, –a harmful
nocturno, –a nocturnal
la **noche** night
  a la medianoche at midnight
  de noche at night, in the nighttime
  esta noche this evening, tonight
  la **medianoche** midnight
  la **noche viene** night falls
  por la noche in the evening
nómada nomadic
nombrado, –a famous
el **nombramiento** appointment
nombrar to name, appoint
el **nombre** name; fame, reputation
  en nombre de in behalf of
el **nordeste** northeast
  al nordeste on, or to, the northeast
la **norma** norm, standard
el **noroeste** northwest
el **norte** north; North Star; guiding principle
  al norte on the north
  al norte de north of
Norteamérica (*f.*) North America; United States
el **norteamericano** North American; American (*i.e., of the U.S.A.*)
norteño, –a northern, of the north
la **nostalgia** (*spelled* **nostaljia** *by J. R. Jiménez*) nostalgia
la **nota** note; grade
notable noteworthy; marked
notar to note, notice, observe
la **noticia** notice; (piece of) news
noticiar to notify
la **notoriedad** fame, notoriety
  tener (*irr.*) **notoriedad** to be well-known
la **novedad** novelty; innovation
la **novia** fiancée; bride; sweetheart
el **novio** suitor; fiancé; bridegroom
la **nube** cloud
nublado, –a cloudy
el **nudo** knot
la **nueva** news
nuevamente again, anew
nuevo, –a new
  de nuevo again, anew
  ¿ **Qué hay de nuevo?** What's new?
la **nuez** (*pl.* **nueces**) walnut
nulo, –a null, void, worthless
numérico, –a numerical
nunca never; ever (*after a negative or comparative*)
las **nupcias** nuptials, wedding
nutrir (de) to nourish (with), feed
nutritivo, –a nutritive, nutricious

O

o or
  o bien or else
  o . . . o either . . . or
  o sea that is to say
obedecer (zc) to obey
  obedecer a to be in keeping with, follow
objetar to object
objetivo, –a objective

el **objeto** purpose, object
  con objeto de que so that
oblicuo, –a oblique
obligar (gu) to oblige
  obligar a + *inf.*, to force, or oblige,
    to + *inf.*
la **obra** work, labor
  la **obra maestra** masterpiece
  ¡ **manos a la obra** ! let's get to work !
  poner (*irr.*) **por obra** to undertake
obrar to act, operate
el **obrero** worker, laborer
obscurecer (zc) to darken; (*impers.*) to
  grow dark
  al obscurecer when it grows or grew
    dark
la **observación** observation; note, remark
observar to observe, watch; comply
  with
obsesionado, –a obsessed
obstaculizar (c) to prevent
obstante: no obstante however; despite
la **obstinación** obstinacy
obstruir (y) to obstruct
la **obtención** attainment; procurement
obtener (*irr.*) to obtain
  el **producto a obtener** product to be
    obtained
obtuso, –a obtuse
obvio, –a obvious
la **ocasión** time, occasion
  con ocasión de on the occasion of
  en ocasiones at times, occasionally
occidental western
la **ociosidad** idleness
ocioso, –a idle
octosílabo, –a octosyllabic (*of eight
  syllables*)
el **octosílabo** *verse of eight syllables*
ocultar to hide
oculto, –a hidden
la **ocupación** occupation; work, employment
ocupado, –a (en) engaged (in)
ocupar to occupy
  ocuparse con, de, *or* **en** to be en-
    gaged in, be occupied in, concern
    oneself with, occupy oneself in
ocurrir to occur, happen
  ocurrírsele a uno to occur to one,
    come to mind
ochocientos, –as eight hundred
odiar to hate
el **odio** hatred
odioso, –a hateful
el **oeste** west
  al oeste on, or to, the west
ofender to offend, insult
ofendido, –a offended
la **ofensa** offense, injury, harm
la **oferta** offer
la **oficina** office
el **oficio** occupation, profession
ofrecer (zc) to offer; present
  ofrecerse a + *inf.* to offer oneself
    to + *inf.*
el **oído** ear (*inner*)
oír (*irr.*) to hear
  oír decir que to hear (it said) that
¡ **ojalá** ! I hope so ! if only ! I hope ! I
  wish ! would that . . . !
ojear to rouse (by beating)

el **ojo** eye
  con los ojos bajos with her eyes
    lowered
el **ojuelo** (*dim. of* ojo) sparkling eye
la **ola** wave
la **oleada** big wave; surge, swell, billow
el **oleaje** succession of waves, rough
  sea
oler (*with initial* hue) to smell
  oler a to smell of
el **olivo** olive tree
el **olor** smell, odor
oloroso, –a fragrant
olvidado, –a forgotten
olvidar to forget
  olvidarse (de) to forget
  olvidársele a uno to forget
el **olvido** oblivion, forgetfulness
la **olla** pot; stew
  la **olla podrida** Spanish stew
omitir to omit
la **onda** wave
la **ondulación** wave
opaco, –a opaque; sad
la **operación** operation; transaction
el **operador** operator
operar to operate, function; *reflex.*
  take place
opinar (de) to think (about or of)
oponer (*irr.*) to oppose; *reflex.* object
  oponerse a to oppose, be opposed
    to; resist
la **oposición** opposition; contrast
oprimido, –a oppressed; squeezed
  estar (*irr.*) **oprimido, –a** to feel
    crowded
oprimir to oppress; squeeze
optimista optimistic; favorable
óptimo, –a optimum, best
opuesto, –a opposite, contrary
la **oración** sentence; prayer
el **oráculo** oracle
oralmente orally
orar (por) to pray (for)
el **orbe** sphere, world
el **orden** order (*in series*); class, category
  de otro orden of another class
la **orden** command, order; religious
  order
ordinario, –a ordinary
la **oreja** ear (*outer*)
Orellana, Francisco *Spanish explorer
  of the sixteenth century (died in
  1541); first to explore the Amazon
  river (1539)*
el **organismo** agency, organization
organizar (c) to organize
el **orgullo** pride
orgulloso, –a proud
orientar to orient, orientate; *reflex.*
  find one's bearings
el **oriente** east
el **origen** origin
  dar (*irr.*) **origen a** to give rise to,
    originate
originar to originate; *reflex.* originate,
  begin
originario, –a native, originating
la **orilla** bank, shore
  a orillas de on the shore of
el **Orinoco** *river in Venezuela, South
  America, emptying into the Atlantic Ocean*

la **oriundez** (*neol.*) origin; ancestry
orlar to border, trim with a border
Ormuz Hormuz *or* Ōrmuz, *island at
  the entrance of the Persian Gulf,
  famous for its pearls*
el **oro** gold
  el **oro de ley** standard gold
la **orografía** orography
orquestar to orchestrate
la **ortografía** orthography, spelling
la **oscilación** fluctuation
oscilar to fluctuate
la **oscuridad** darkness
oscuro, –a obscure, dark
el **otoño** autumn
otro, –a other; another
  otra vez again
  otros, –as tales the same kind of
  otro tanto as much, the same thing
  otros (–as) tantos (–as) just as many
la **oveja** sheep
  cada oveja con su pareja birds of
    a feather flock together
Oyarzún *town in Basque province of
  Guipúzcoa, in northern Spain*

P

pa *popular pronunciation of* **para**
la **paciencia** patience
padecer (zc) to suffer, be a victim of
el **padre** father; (*pl.*) parents
la **paga** pay
pagar (gu) to pay, pay for; cash (*a
  check*)
la **página** page
el **pago** pay, payment
  en pago in payment
el **país** country, land
el **paisaje** countryside, landscape
el **pájaro** bird
la **palabra** word; promise
  la **palabra de casamiento** promise
    of marriage
  tomar la palabra to take the floor
el **paladín** paladin, champion
palatalizado, –a palatalized
la **palidez** paleness, pallor
pálido, –a pale
la **palma** palm; palm tree
el **palo** stake, stick; stem or stalk (*of
  fruit*)
la **paloma** dove
palpar to feel, touch
Pamplona *capital of the province of
  Navarra, in northern Spain*
las **Pandectas** Pandects, *name given to
  the compendium or digest of the
  "corpus juris civilis" (body of the
  civil law) compiled by order of
  Justinian (483–565)*
la **pandereta** tambourine
el **pandero** tambourine
panorámico, –a panoramic
el **pantalón** trousers, pants
  el **señor Pantalón** Pantaloon (*char-
    acter in early Italian comedy, usu-
    ally a foolish old person*)
la **pantalonera** pants maker
el **pantano** marsh, swamp
el **pañuelo** handkerchief; scarf
la **papa** potato
el **papa** Pope
el **papacito** (*dim. of* papá) daddy

el **papel** paper; role, part
  el **papel de lija** sandpaper
el **paquete** package
par equal; even (*number*)
  los **versos pares** even verses
el **par** peer; couple, pair
  de **par en par** wide-open
para to; toward; for; in order to; by (*a certain time*)
  para con towards
  para mí in my opinion
  para que in order that, so that
  ¿ **para qué** ? for what reason ?
el **parabién** congratulation
el **paradero** whereabouts
el **paraíso** paradise
el **paraje** place, spot
  en **estos parajes** in this area
paralelo, –a parallel
paralizar (c) to paralyze
el **páramo** high barren plain; (*Colombia, Ecuador*) cold drizzle
el **Paraná** *river in South America, flowing from the junction of the Rio Grande and Paranaíba rivers in southwestern Brazil to the Río de la Plata in Argentina*
el **parapeto** parapet
parar(se) to stop
  pararse a + *inf.* to stop to + *inf.*
la **parcela** plot, parcel of land
parcelario, –a *of, or pertaining to, parcels of land*
  la **concentración parcelaria** *consolidation of small parcels of land into one larger piece*
parcial partial
pardear to appear grayish; (*fig.*) appear unclear or ambiguous
parecer (zc) to seem
  al parecer apparently
  parece que sí it seems so
  parecerse a to resemble
  ¿ **qué tal te (le) pareció . . .** ? how did you like . . . ?
  ¿ **qué te (le) parece . . .** ? what do you think of . . . ?
parecido, –a like, similar
la **pared** wall
la **pareja** pair, couple; match, partner
  cada oveja con su pareja birds of a feather flock together
parejamente a parallel to
el **parejero** (*Argentine*) race horse
parejo, –a equal, like
  ir (*irr.*) parejo, –a a to go together with, match
el **parentesco** relationship
el **pariente** relative
parlanchín, –**ina** (*coll.*) chattering
el **párpado** eyelid
la **parquedad** frugality; moderation
la **parra** grapevine
el **párrafo** paragraph
la **parte** part; share; place, side; (*law*) party
  dar (*irr.*) su parte a to give (*something*) its due, recognize the importance of (*something*)
  de mi parte on my part; on my side
  de parte a parte from one side to the other
  de parte de on the side of; on behalf of

¿ **de parte de quién** ? who is calling ?
de una parte . . . y de otra on the one hand . . . and on the other
en algunas partes in some places
formar parte de to form a part of; be a member of
por otra parte on the other hand
por una parte . . . y por otra on the one hand . . . and on the other
participar (en) to participate (in)
el **participio** participle
la **partícula** particle
particular particular; private
la **partida** departure
partido, –a opened
el **partido** game, match; (*pol.*) party
partir to divide; split open; depart, leave
  a partir de beginning with, starting from, since
  partir de to start from
pasado, –a past
  el **año pasado** last year
el **pasaje** passage; passage money
pasajero, –a fleeting, transitory
pasar to pass; come in; go on, keep on; spend; suffer, undergo; happen
  pasar a ser to become
  pasar de to exceed
  pasar por to pass by, or through
  pasarlo bien to get along well; have a good time
  ¿ **qué te (le) pasa** ? what is the matter ?
pasear(se) to take a walk, go for a ride
  pasear del brazo de to stroll arm in arm with
el **paseo** walk, promenade
pasiego, –a *of, or pertaining to, the Valley of Pas, in the province of Santander*
el **pasillo** corridor
la **pasión** passion
la **pasioncilla** (*dim. of* **pasión**) trivial or fleeting passion
pasmado, –a astounded, stunned
pasmoso, –a astounding
el **paso** step, pace; advance, progress; pass; passing; float; *image or sculptured group carried through the streets during Holy Week*
  al paso que according as, while
  dar (*irr.*) el paso to take the step
  dar (*irr.*) paso a to lead to
  paso a paso step by step
la **pasta** pastry, piece of pastry; (*Amer.*) cookie
el **pasto** pasture, grass
el **pastor** shepherd
la **pata** leg (*of an animal*)
el **pataleo** kick, kicking
  dar (*irr.*) un pataleo to give a few kicks
la **patata** potato
patente evident
patinar to skate
la **patria** native land, fatherland
el **patrón** patron; owner, master; boss, foreman; (*naut.*) skipper
  el **(Santo) Patrón** Patron Saint
paulatinamente slowly, gradually
la **pausa** pause
  sin pausa without interruption
pautar to pace, regulate

Pavía Pavia, *city in northern Italy where the Spanish army defeated the French in 1525, capturing Francis I of France*
el **pavo** turkey
  el **pavo real** peacock
el **pavor** fear, terror
la **paz** peace
  La Paz *capital of Bolivia*
el **peatón** pedestrian
el **peculio** personal belongings or possessions
pecuniario, –a pecuniary, monetary
el **pecho** breast, chest
  pecho a tierra lying face downward
el **pedazo** piece
  hacer (*irr.*) pedazos to tear to pieces
pedir (i, i) to order, request, ask for (*something*); desire, wish
  pedir a alguien que + *subj.* to ask someone to + *inf.*
  pedir comida, pedir de comer to order dinner
pegar (gu) to hit, beat
peinar to comb; *reflex.* comb oneself
el **peleador** fighter
pelear to fight
la **película** film
  el **jefe de producción de películas** movie producer
el **peligro** danger
  correr peligro to be in danger
peligroso, –a dangerous
el **pelo** hair
la **pelota** ball
peludo, –a hairy, furry
el **pellejo** skin, hide
la **pena** punishment; penalty; hardship, toil; sorrow, grief
  con pena with difficulty or hardship
  la **pena de muerte** death penalty
penar to grieve
  penar por to pine for
pender to hang
la **pendiente** slope
  en pendiente sloping
penetrar (en) to penetrate (into)
penoso, –a difficult; distressing
el **pensador** thinker
el **pensamiento** thought
  estrujar el pensamiento to rack one's brains, ponder
pensar (ie) to think; think over, consider
  pensar + *inf.* to intend to, plan to + *inf.*
  pensar en to think about, or of; consider
  pensar en + *inf.* to think of + *pres. part.*
pensativo, –a pensive, thoughtful
el **Pentecostés** Pentecost
la **penuria** penury; lack, need
la **peña** rock, boulder
el **peñascal** rocky mountain
el **peñasco** rock; cliff
el **peón** laborer; (*Amer.*) farm hand
peor worse, worst
la **pepa** (*Amer.*) seed
la **pepitoria** *giblet fricassee with egg sauce*
pequeñito, –a tiny, very small
pequeño, –a little, small
la **pera** pear

el **percance** mischance, misfortune

percibir to perceive, notice; comprehend; *reflex.* be noticeable

perder (ie) to lose; *reflex.* be or get lost; lose one's way; be ruined; lose one's place

 perder el ánimo to become disheartened

 perder el juicio to lose one's sanity

la **pérdida** loss

perdido, –a lost; ruined

la **perdiz** (*pl.* **perdices**) partridge

el **perdón** pardon; ¡ **perdón** ! pardon me !

perdonar to excuse; excuse from

perecer (zc) to perish

la **peregrinación** pilgrimage

peregrino, –a wandering; rare, strange

el **peregrino** pilgrim

el **perejil** parsley

 estar (*irr.*) **muy perejil** (*coll.*) to look very smart, be all decked out

perentorio, –a urgent

perescrutar to scrutinize thoroughly

la **pereza** laziness

perfeccionar to perfect

perfecto, –a perfect

el **perfecto** perfect (*tense*)

 el **futuro perfecto** future perfect

 el **presente perfecto** present perfect

la **perfidia** perfidy, treachery

el **perfil** profile

perforado, –a perforated

el **periódico** newspaper

el **período** period

el **periquillo** parakeet

el **perito** expert; *one with a state degree in a subject*

 el **perito agrónomo** *expert in crop production and soil management*

la **perla** pearl

permanecer (zc) to remain

la **permanencia** permanence; stay

permitir to permit

 permitir que + *subj. or* **permitir** + *inf.* to allow to + *inf.*

pero but

perpetuar to perpetuate

perpetuo, –a perpetual

el **perro** dog

 el **perro de lujo** pedigreed dog

perro, –a (*coll.*) hard, bitter

perseguir (i, i; g) to pursue; prosecute

perseverar to persevere

la **persistencia** persistence

la **persona** person

 la **persona de calidad** noble person

el **personaje** personage; character (*in a play*)

la **personalidad** personality; person

el **perspectivismo** perspectivism

pertenecer (zc) **a** to belong to

pertrechado, –a equipped, supplied

perturbador, –ora disturbing

perturbar to perturb, disturb

peruano, –a Peruvian

pesado, –a heavy

la **pesadumbre** sorrow, grief, distress

el **pesar** sorrow, regret

 a pesar de in spite of

 a pesar de que in spite of the fact that

pesar to weigh; cause regret or sorrow

 pese a in spite of

 pese a que in spite of the fact that

el **pescado** fish (*caught*)

Pescara: Fernando de Ávalos, marqués de Pescara, *Spanish general, in command of the Spanish army that defeated and captured Francis I of France at Pavia (1525)*

pesimista pessimistic

el **peso** weight; peso (*monetary unit in parts of Spanish America*)

 bajar de peso to lose weight

pesquero, –a fishing

la **petición** request; order

la **petulancia** insolence, impudence

petulante pert, bold

el **pez** fish; monster

el **picacho** peak

el **picadillo** minced pork

el **picador** *mounted bullfighter armed with a goad*

picante biting, pungent; sharp

picaresco, –a picaresque

picar (qu) to cut; mince, chop up

 picar la boza to cut the towline

el **pícaro** rascal, scoundrel

el **pico** beak; corner; tip, point, peak

 de tres picos three-cornered (*hat*)

el **pie** foot

 a pie on foot

 al pie de at the foot of

 de pie standing

 ponerse (*irr.*) **de pie** to stand up

la **piedra** stone

la **piedrecilla** pebble, small stone

la **piedrecita** pebble, small stone

la **piel** skin

 la **piel de la lija** dogfish skin; sandpaper

la **pierna** leg

la **pieza** piece, part; room; play

la **pila** basin; trough; sink; holy-water font

el **pilar** basin, bowl; pillar

 el **Pilar,** *or* la **Basílica de Nuestra Señora del Pilar** Basilica of Our Lady of the Pillar, in Zaragoza, Spain

Pilatos Pilate

 de Herodes a Pilatos from pillar to post

el **pilón** portion of earth (*in the form of a truncated cone*); drinking trough

el **pilonero** (*Guatemala*) transplanter, *farm laborer who takes out the plant which is to be transplanted*

el **pilote** pile (*for building*)

el **piloto** mate; pilot

el **pimiento** pepper

el **pinar** pine grove

la **pincelada** touch, finish

pingüe greasy; rich, plentiful

 fama de poco pingüe *a reputation of showing little interest in good eating*

pintado, –a painted; drawn

 ni pintado, –a just right

pintar to paint; picture, depict; begin to ripen

el **pintor** painter

pintoresco, –a picturesque

la **pintura** painting

el **piñón** pine kernel, pine-nut

la **piragua** dugout

pirenaico, –a Pyrenean, *of the Pyrenees*

los **Pirineos** Pyrenees Mountains

la **pirita** pyrites

piruetear to pirouette

pisar to step on or onto

el **piso** floor, ground

 el **piso principal** main floor

pisotear to stamp on, step on

la **pita** agave, pita plant

el **pitahayo** (*Amer.*) species of cactus

el **pivote** (*Gal.*) pivot

el **placer** pleasure

placer (*irr.*) to please

plácido, –a placid, calm

la **plaga** plague

la **planchadora** ironing girl or woman

la **planicie** plain, level ground

la **planta** plant; floor

 la **planta baja** ground floor

la **plantación** planting; plantation

plantar to plant

plantear to set up, pose

la **plantita** young plant

plañir to grieve, lament

la **plástica** art of modelling, sculpture

la **plasticidad** plasticity

el **Plata,** *or* **Río de la Plata** estuary *between Argentina and Uruguay*

la **plata** silver

el **plátano** banana (*plant and fruit*)

plateado, –a silver-colored

platero, –a of silver gray color

el **plato** dish

Platón Plato (*427?–347 B.C.*), *Greek philosopher*

platónico, –a Platonic, *of Plato*

el **plazo** term, time limit; date of payment

 a largo plazo long term

 el **plazo vencido** payment that has fallen due

la **plazuela** small square

plebeyo, –a plebeian

la **plegaria** prayer

la **plenitud** fullness, peak, plenitude

pleno, –a full, complete

 el **sol pleno del día** noonday sun

el **pliegue** fold, pleat, crease

el **plomo** lead; bullet

la **pluma** feather; pen

la **pluralidad** plurality, multitude

el **pluralismo** pluralism

el **pluscuamperfecto** pluperfect

la **población** population; town, city

el **poblado** town, village, settlement

el **poblador** settler

poblar (ue) to populate; colonize, settle; plant, stock

pobre poor

 pobre de ambiciones lacking in ambition

la **pobreza** poverty; poor quality

poco, –a little; **pocos, –as** few; **poco** (*adv.*) little, but a little

 hace poco a little while ago, recently

 poco antes de a short time before

 poco a poco little by little

 un poco a little, a bit

la **poda** pruning

el **poder** power

poder (*irr.*) to be able (to), can, may; have power or influence

no poder más to be able to bear it no longer

no poder menos de + *inf.* not to be able to help + *pres. part.*, cannot fail to + *inf.*

poder tanto to have so much power or influence

puede haber there may be

el **poderío** power; wealth

poderoso, –a powerful

podrido, –a rotting; powerful

el **poema** poem

la **poesía** poetry; poem

el **poeta** poet

poético, –a poetic

polaco, –a Polish

polémico, –a controversial

el **policía** policeman, cop

policromado, –a polychrome

Polichinela Punchinello, Punch (*grotesque, vulgar bourgeois in early Italian comedy*)

la **política** policy; politics

el **político** politician

político, –a political

la **polonesa** (*mus.*) polonaise

el **pollito** chick

el **pollo** chicken

el **poncho** (*Amer.*) poncho (*cloak, like a blanket with a slit in the middle for the head*)

ponderar to ponder, think over; marvel at; praise highly

poner (*irr.*) to put, put in, place; *reflex.* put on (*hat, coat,* etc.); set (*of sun, stars*); (*with certain adjectives*) become, turn

poner en hecho to undertake, begin

poner en relación con to relate to

poner en riego to put under irrigation

poner en vigor to put into effect

poner por obra to undertake, begin

ponerle a uno (la) demanda to bring an action against one, sue one

ponerle a uno una cuenta to make out a bill for one

ponerle a uno una dieta to put one on a diet

ponerse a + *inf.* to begin to + *inf.*

ponerse de pie to stand up

ponerse en evidencia to become evident, appear

ponerse rojo, –a to blush, turn red

poniente setting

la **ponzoña** poison

la **popa** (*naut.*) stern

por la popa astern

popular traditional, of the people

lo popular what is traditional

lo más popular the most traditional part

la **popularidad** popularity

popularizar (c) to popularize, make popular; *reflex.* become popular

populoso, –a populous

poquito (*dim. of* **poco**) a little bit

por for, by; over, through, along, by way of; in; for the sake of; on account of, out of; according to; per; in exchange for; in place of; times

por ciento, por 100 per cent

por completo completely

por dentro inside

por el Corpus at Corpus Christi time

por ende therefore

por entre among, between, in the midst of; through

por escrito in writing

por eso therefore, for that reason, that is why

por favor please

por fin finally

por lo mismo for the same reason

por lo tanto therefore

por medio de by means of

por pequeño, –a because it is small

¿ por qué ? why ?

por si in case

por último finally, at last

el **porcentaje** percentage

la **porción** part, piece

una porción de some, a number of

porque because; so that

el **portal** doorway; entrance hall

portarse to behave

el **porte** bearing

portentoso, –a extraordinary, marvellous

el **porteño** of, or pertaining to, Buenos Aires

el **pórtico** portico, porch

portugués, –esa Portuguese

el **portugués** Portuguese; Portuguese (*language*)

el **porvenir** future

la **posada** inn

el **posadero** innkeeper

el **poseedor** possessor

poseer to possess, own

la **posesión** possession; holdings

la **pos(t)guerra** postwar period

la **posibilidad** possibility

posible possible

todo lo posible everything possible

la **posición** position, place

postergar (gu) to delay, postpone

posterior later, subsequent

postrarse to prostrate oneself, throw oneself down

postrarse de rodillas to kneel down

el **postre** dessert

a los postres during dessert

la **potasa** potash

el **pote** *Asturian stew*

la **potencia** power

el **potrillo** young colt

el **potro** colt

el **pozo** well; pit

la **práctica** practice; drill, exercise

practicar (qu) to practice

práctico, –a practical; skillful

el **práctico** expert

el **prado** meadow, pasture

precedente preceding

preceder to precede

precedido, –a preceded

el **precio** price

precipitado, –a hasty, rushing

preciso, –a necessary; precise

el **preconsulado** *period preceding the consulship*

predicho, –a (*p. p. of* **predecir**) foretold

predominar to predominate

el **predominio** predominance, superiority

preestablecido, –a preestablished

la **preferencia** preference

preferible preferable; choice

preferir (ie, i) to prefer

el **prefijo** prefix

la **pregunta** question

hacer (*irr.*) **una pregunta** to ask a question

preguntar to ask (*a question*)

preguntar por to ask about

preguntar si to ask whether

el **prejuicio** prejudice

el **preludio** prelude; introduction

el **premio** prize

la **prenda** garment, article of clothing; jewel

prender to arrest

prendido, –a pinned, fastened

la **prensa** press

la **preocupación (por)** preoccupation (with), concern (about)

preocupado, –a preoccupied, concerned, worried

preocupar to preoccupy, worry; *reflex.* worry (*intrans.*)

preocuparse con, *or* **por** to be concerned about

preparar to prepare; *reflex.* get ready

la **prepotencia** preponderance, superiority

la **presa** prey, quarry, the hunted

el **presbítero** priest

la **presencia** presence; build, figure

la **presentación** presentation; introduction

presentar to present; introduce; provide; *reflex.* present oneself; appear

el **presente** present (*time, tense*)

el **presente perfecto** present perfect

preservar to preserve

presidir to preside over; rule over; watch over

la **prestancia** excellence; efficiency

prestar to lend; give, render, pay (*attention*)

prestarse a to lend itself to

el **prestigio** prestige

presto right away

la **presunción** presumption

pretenciosamente pretentiously

pretender to pretend; seek

pretender + *inf.* to try to + *inf.*

el **pretendiente** suitor

el **pretérito** preterite

prevalecer (zc) to prevail, be prevalent

prevenir (*irr.*) to warn; *reflex.* prepare oneself, be on guard

prever (*irr.*) to foresee

previo, –a previous

previo, –a a prior to

la **previsión** foresight

prieto, –a very dark, black

la **primavera** spring

primaveral spring, of spring

primer(o), –a first; primary; early; **primero** (*adv.*) first

el **primero que habla** the first to speak

primo, –a first; prime

la **materia prima** raw material
el **primor** care, skill; beauty; exquisite work
la **princesa** princess
el **príncipe** prince
el **principio** beginning; principle
desde un principio from the outset
la **prisa** haste, hurry
darse (*irr.*) **prisa** to hurry
de prisa quickly
tener (*irr.*) **prisa** to be in a hurry
la **prisión** prison
privado, –a private
privar to deprive
privativo, –a de peculiar to; limited to
privilegiado, –a privileged; gifted; superior, of genius
el **privilegio** privilege, special right
la **proa** prow, bow
la **probabilidad** probability, likelihood
probar (**ue**) to try; prove; test; taste
la **procedencia** source, origin, place of origin
procedente coming, originating
proceder to proceed; be proper
proceder de to proceed from
el **procedimiento** procedure, method; process
proceloso, –a stormy, tempestuous
el **proceso** process; lawsuit
proclamar to proclaim, declare
procurar to get, procure; endeavor
procurar + *inf.* to try to + *inf.*
prodigioso, –a prodigious
la **producción** production; product, crop, yield
el **jefe de producción** producer
la **producción en serie** mass production
producir (*irr.*) to produce; *reflex.* occur, take place
la **productividad** productivity
el **producto** product; production; yield, proceeds
el **producto a obtener** product to be obtained
el **productor** producer; generator
la **proeza** prowess; feat
profano, –a profane; secular, worldly
la **profecía** prophecy
la **profundidad** depth, profundity
la **profundización** going deeply into a subject
progresar to progress, improve, advance
el **proletariado** proletariat
proliferar (*neol.*) to multiply
prolijamente at length
prolijo, –a tedious
la **prolongación** continuation, extension
prolongado, –a prolonged, continued
prolongar (**gu**) to prolong, extend, continue; *reflex.* prolong oneself, extend (*intrans.*)
promediar to average; be half over
Promedia el año. It is the middle of the year
el **promedio** average
prometedor, –ora promising
prometer to promise
prometido, –a betrothed, engaged

dar (*irr.*) **la mano de prometida** to pledge oneself in marriage, become engaged (*said of the woman*)
la **promisión** promise
la **tierra de promisión** promised land
promisorio, –a promissory
promover (**ue**) to promote, advance; arouse, incite
el **pronombre** pronoun
pronto right away, soon; promptly
al pronto right off
de pronto suddenly
pronunciar to pronounce; utter; deliver, make (*a speech*)
propagar (**gu**) to propagate, spread
propicio, –a favorable, propitious
la **propiedad** property; ownership
propio, –a (one's) own; self (himself, herself, etc.); same; characteristic, peculiar, private
al propio tiempo at the same time
el **amor propio** love of self, self-esteem
un tesoro propio a treasure house of their own
proponer (*irr.*) to propose
proporcional proportionate
proporcional a in proportion to
proporcionar to furnish, provide
el **propósito** purpose; intention, aim
a propósito by the way; apropos, fitting
la **prosa** prose
el **proscenio** proscenium, front stage
bajar al proscenio to go toward the front of the stage
el **prosista** prose writer
próspero, –a prosperous
el **protectorado** protectorate
proteger (**j**) to protect
proteico, –a a protean
el **protocolo** record, document
el **protocolo de curia** judicial record
el **provecho** advantage, benefit; profit, gain
el **proveedor** supplier
proveniente de coming from, proceeding from, originating from
provenir (*irr.*) to come, originate, arise, result
el **proverbio** proverb
la **provincia** province
las **Provincias Vascongadas** Basque Provinces
provinciano, –a provincial
provisionalmente provisionally
provocar (**qu**) to provoke
la **proximidad** proximity
próximo, –a next; near, neighboring; close
la **proyección** projection; effect
proyectar to plan
el **proyecto** plan
la **prueba** test
publicar (**qu**) to publish
la **publicidad** publicity
el **pueblecito** small town
el **pueblo** town; people, common people; populace, nation
de pueblo typical of small towns
el **puente** bridge

Puente Genil *town in the province of Córdoba, in south central Spain*
pueril childish
la **puertecilla** small door
el **puerto** port, harbor; mountain pass
pues well, then; since, as, for
puesto, –a (*p. p. of* **poner**) placed; laid, set
al sol puesto at dusk
el **puesto** post, position, job; vendor's stand
el **puesto de trabajo** job
la **pugna** struggle, fight, conflict
el **pujo** eagerness, zeal
la **pulgada** inch
pulido, –a polished; neat
pulir to polish
el **pulmón** lung
el **pulpo** octopus
la **pululación** teeming
pulular to pullulate, swarm
la **punta** point, tip, end
puntear to dot over, mark with dots; pluck (*the strings of a guitar*)
el **punteo** mass of dots
la **puntería** aim, marksmanship
el **punto** point; moment; *point or state of excellence*; (*gram.*) period
al punto at once, immediately
de todo punto completely, entirely
el **punto de vista** point of view
el **punto y coma** semicolon
puntuar to punctuate
punzante agonizing, anxious
punzar (**c**) to prick
el **puñal** dagger
el **puño** fist
la **pureza** purity
el **purista** purist
puro, –a pure, sheer; unblemished, unsullied
a *or* **en puro** + *inf.* because of, or by dint of + *pres. part.*

Q

que (*rel. pron.*) that, which; who, whom
el que (**la que,** etc.) who, which, the one who, the one which
lo que which, that which, which thing
que (*adv.*) than; (*conj.*) that; for, because; let
claro que sí of course
es que it's that, the fact is that
¿qué? what? which?
¿el qué? (*coll.*) what?
¿Qué hay? Hi? What's new?
¿qué más? what else?
¿qué tal? how are you? Hi? how?
¡qué! what! what a . . .! how!
¡qué horror! how terrible!
¡qué . . . más . . .!, ¡qué . . . tan . . .! (*before an adjective*) how, what a . . .!
¡qué va! I should say not! what an idea!
quedar to remain, be left, stay, stay behind; turn out; be; *reflex.* remain, be left, stay
quedar por + *inf.* to remain to be + *p. p.*
quedarse dormido, –a to fall asleep
quedarse mirando to stop and stare at

la **queja** complaint
quejarse (de) to complain (about, of), make a complaint
quemado, –a burned, scorched
quemar to burn; *reflex.* burn (*intrans.*), burn up, get burned
querer (*irr.*) to want, wish, desire; love, be fond of
  querer + *inf.* to wish, want, desire to + *inf.*; will + *inf.*; mean, try to + *inf.*
  querer decir to mean
  cuando quieras when (whenever) you like
  ¿ No quiere usted oírme ? Won't you listen to me ?
  querido, –a beloved, dear
el **queso** cheese
quimérico, –a chimerical, visionary
el **químico** chemist
la **quina** cinchona
quinientos, –as five hundred
quinto, –a fifth
la **quinua** (*also* la **quínoa**) (*Amer.*) *pigweed whose seeds are a staple food*
Quiroga, Horacio (*1878–1937*), *one of the greatest of Spanish American short-story writers, born in Uruguay*
quitar to remove; take away; *reflex.* take off, remove (*hat, coat,* etc.)
  quitar a to take away from, deprive of
  quitar a uno crédito to discredit one
quizá, quizás perhaps

R

la **rabia** anger, rage; heat
rabiar to rage, rave
  a las horas en que rabia when it is hottest
el **raciocinio** reasoning
la **racha** (*coll.*) streak, streak of luck
radiante radiant
  con el gesto radiante beaming
radicalmente radically
la **radio** radio (*broadcasting; set*)
radioso, –a (*Gal.*) radiant
la **raicecita** (*dim. of* raíz) rootlet
la **raíz** (*pl.* raíces) root
  de raíz by the root; completely
  echar raíces to grow, or put down, roots
ralo, –a thin, sparse
la **rama** branch
el **ramaje** foliage, branches
la **ramilla** twig
la **ramita** twig
el **ramo** branch; bunch (*of flowers*)
ramonear to browse, nibble (*twigs, leaves*)
Ramos, Samuel (*1897–1960*), *Mexican educator and essayist*
rápido, –a fast, rapid, swift
raro, –a rare, scarce; strange, unusual
rasante sweeping, overwhelming
el **rasero** strike, strickle (*for leveling*)
el **rasgo** trait, characteristic, feature
rasguñar to scratch
raso, –a plain
  al raso in the open air, or country
el **rastro** trace

ratificar (qu) to ratify, approve
el **rato** moment
  al poco rato after a short while
  a ratos from time to time
  hace un rato a little while ago
  los más ratos del año most of the year
el **ratón** mouse, rat
el **rayo** ray
la **raza** race
la **razón** reason; mainspring; ratio
  con razón correctly, rightly
  en razón de according to
  en razón inversa de in inverse relation to
  la razón de ser reason, or justification, for existence
  tener (*irr.*) **razón** to be right
el **razonamiento** reasoning
el **reaccionario** reactionary
real real; royal
la **realidad** reality, fact, truth
  en realidad really, actually
realizable attainable
la **realización** output, performance
realizar (c) to accomplish; carry out
rebasado, –a exceeded
rebasar to exceed; overflow
el **rebelde** rebel
la **rebelión** revolt
rebosar to overflow with
rebozado, –a (de) covered (with)
rebullir to stir, seethe
rebuscado, –a elaborate, unnatural
el **recado** message; errand; daily marketing
  hacer (*irr.*) **un recado** to do an errand
recamar to embroider (*with raised work*)
el **recaudo** supply, provision; care
recesivo, –a recessive
la **receta** prescription
recién (*used only before p. p.*) recently, just, newly
  recién casado, –a newly married
  recién nacido, –a newly born; recently hatched
reciente recent
el **recinto** enclosure, area
recíprocamente reciprocally
el **recluta** recruit
recoger (j) to pick up, catch; gather, gather together, collect; store, confine, lock up; *reflex.* take shelter
recomendar (ie) to recommend; urge
la **recompensa** reward, recompense
reconciliar to reconcile; *reflex.* become reconciled
reconocer (zc) to recognize, admit
reconocido, –a recognized
la **reconquista** reconquest
reconstruir (y) to reconstruct
recordar (ue) to recall, remember; remind (*one of*)
  recordar algo a uno to remind someone of something
recorrer to traverse; travel over
recostar (ue) to lean; *reflex.* recline; go to one's rest
recrear to recreate
rectificar (qu) to rectify, correct
la **rectitud** fair dealing
recto, –a straight

el **rector** president of a university, rector
el **recuadro** square, panel
el **recuerdo** memory, remembrance; reminiscence, survival
la **recuperación** recuperation, recovery
el **recurso** resource
rechazar (c) to reject, turn down
la **red** net; network, system
el **redactor** editor
redentor, –ora redeeming
redomado, –a very clever or sly
  un redomado ladino very clever trickster
Redondela *city in the province of Pontevedra, in northwestern Spain*
la **redondez** roundness
la **redondilla** *verse of four eight-syllable lines, with rhyme abba or abab*
redondo, –a a round
  en redondo all around
reducido, –a reduced, limited, small
reducir (*irr.*) to reduce
  reducirse a to be limited to
reelegido, –a re-elected
reemplazar (c) to replace
el **refajo** skirt; underskirt, slip
la **referencia** reference
referir (ie, i) to refer
  referirse a to refer to
refinado, –a refined
reflejado, –a reflected
reflejar to reflect
el **reflejo** reflection
la **reflexión** reflection
reflexionar to reflect
reflexivo, –a reflexive; reflective, thoughtful
la **reforma** reform; la **Reforma** Reformation
reformar to reform
reforzar (ue; c) to reinforce, intensify
el **refrán** proverb, saying
refrenar to curb, check, restrain
refugiarse to take refuge
regadío, –a irrigable
el **regadío** irrigable (irrigated) land
regalar to give, present
el **regalo** gift; pleasure; comfort(s), luxury
  el **regalo de cuerpo** physical comforts
regar (ie; gu) to irrigate
regatear to bargain
el **regazo** lap; skirts
el **régimen** (*pl.* regímenes) system; regulations
regio, –a royal, regal
regir (i, i; j) to rule, govern; be in force
registrado, –a recorded; noted
la **regla** rule, regulation
el **regocijo** cheer, joy, merriment
regresar to return
el **regreso** return, return journey
rehabilitado, –a rehabilitated
rehuir (y) to flee; shrink from
la **reina** queen
reinflar to reinflate
el **reino** kingdom
  el **Reino Unido** United Kingdom

reír(se) (i, i) to laugh
la **reja** grated window, iron grating
la **relación** relation, relationship; account, report
  con relación a in relation to
  en relación de . . . a in the proportion (or ratio) of . . . to
  poner (irr.) en relación con to relate to, bring into relation with
relacionar to relate
  relacionarse con to be related to
el **relato** report, account; story
el **relieve** relief; raised part
religioso, –a religious
el **religioso** religious; monk
relinchar to neigh
el **reloj** (*spelled* **reló** *by J. R. Jiménez*) watch
relucir (zc) to shine
  salir (irr.) a relucir to come to light
relumbrar to shine brightly
remalo, –a very bad, wicked
remar to row
rematado, –a finished, totally lost
rematar to finish off, kill off
remedar to imitate, mimic
remediar to remedy; prevent
el **remedio** remedy
la **remesa** remittance; shipment
remitir to remit, send
el **remo** oar
el **remolcador** tug, tugboat
remolcar (qu) to tow
el **remolino** eddy; whirlwind
el **remolque** ship (or ships) being towed, towage
  el **camión de remolque** tow truck
remoto, –a remote
el **rendimiento** yield
rendir (i, i) to render; yield
la **renovación** renovation; reform
renovador, –ora renovating, *capable of inducing changes or reforms*
la **renta** income; rent
  la **renta nacional** gross national product
renunciar to renounce
  renunciar a to give up
  renunciar a + inf. to refuse to + inf., desist from + pres. part.
reñir (i, i) to fight; scold
el **reo** criminal
la **reparación** reparation, compensation
reparar to indemnify, make amends for
  reparar en to notice, observe
repartir to distribute
el **reparto** distribution, assignment
repasar to review, go over
repente: de repente suddenly
repentino, –a sudden
repercutir to cause, or have, repercussions
repetir (i, i) to repeat
replantar to replant
repleto, –a full, stuffed
replicar (qu) to reply
repoblar (ue) to repopulate
  repoblar forestalmente to reforest
el **repollo** cabbage
el **reposo** rest, peace
la **representación** performance; scene
el **representante** representative

representar to represent; perform, play; *reflex.* imagine
  representar el papel to play the part or rôle
reprochar to reproach, censure
reproducir (irr.) to reproduce
repugnar to be repugnant
requerir (ie, i) to require
la **res** head of cattle
  la **carne de res** beef
resbalar to slip, slide
rescatar to save; salvage
el **resentimiento** resentment
la **reseña** sketch; review; (*newspaper*) account
el **resfriado** cold
la **residencia** residence, dormitory
  la **residencia de señoritas** girls' dormitory
residir to reside
el **residuo** scraps, remnants
resignar to resign
  resignarse a to resign oneself to
  resignarse con to resign oneself to, make up one's mind to endure
la **resistencia** resistance
resistir to resist, stand, endure
resolver (ue) to resolve, solve
  resolver + inf. to resolve to + inf.
resonar (ue) to resound
el **resorte** spring; motive, incentive; (*Amer.*) means
respectivamente respectively
el **respecto** respect, reference
  a este respecto with respect to this
  con respecto a with respect to
  respecto a, *or* **de** with respect to, in regard to
el **respeto** respect, consideration
la **respiración** breathing
el **resplandor** brilliance, radiance
responder to answer, respond
la **responsabilidad** responsibility
la **respuesta** answer
la **resquebrajadura** crevice
la **resta** substraction
restaurar to restore
el **resto** rest, remainder; (*pl.*) remains, survivals
resuelto, –a (*p. p. of* **resolver**) resolved
el **resultado** result; yield
resultar to result; turn out, turn out to be; follow; end up
el **resumen** résumé, summary, summing up
resumir to sum up, summarize
el **retablo** altarpiece; puppet show
el **retazo** piece, remnant; fragment, portion
retirado, –a retired; reserved, withdrawn
retorcer (ue; z) to twist, wring
  retorcerse las falanges to wring one's fingers
retratar to portray
el **retrato** portrait
la **reunión** gathering, meeting
reunir to collect, bring together; present; *reflex.* assemble, meet, come or get together
  reunirse con to meet with; join
revelar to reveal

revestir (i, i) to be invested with, display; assume, take on
la **revista** review
revivir to revive
revolotear to flutter, fly about
el **rey** king
Reyes, Alfonso (*1889–1959*), *Mexican scholar, critic, translator and poet*
el **rezagado** straggler
rezar (c) to pray
rico, –a rich
el **riego** irrigation
  poner (irr.) en riego to put under irrigation
el **riesgo** risk; danger
  a riesgo de at the risk of
rígido, –a rigid, strict
el **rigor** rigor, severity
  en el rigor del invierno in the dead of winter
  en rigor as a matter of fact, to be precise
la **rima** rhyme
la **rinconada** corner
la **riña** fight, quarrel
  la **riña de gallos** cockfight
el **río** river
  el **Río de la Plata** estuary of Paraná and Uruguay rivers, South America, between Uruguay and Argentina
  Río de Oro southern zone of Spanish Sahara
  el **Río Duero** river in central Spain and Portugal
  el **Río Guadiana** river in southwestern Spain, flowing into the Atlantic
  el **Río Tajo** river in central Spain and Portugal
la **Rioja** part of the province of Logroño, in northeastern Spain
la **riqueza** wealth, richness; (*pl.*) riches
riquísimo, –a very rich
la **risa** laughter
el **ristre** rest or socket (*for a lance*)
risueño, –a smiling; pleasing, agreeable
rítmico, –a rhythmic
el **ritmo** rhythm; rate
el **rito** rite
la **rivalidad** rivalry; enmity
roano, –a roan (*chestnut-colored, mixed with white, applied to a horse*)
robar (a) to steal (from)
robusto, –a strong, robust
la **roca** rock
la **rocalla** pebbles; stone chips
rocalloso, –a pebbly, stony
el **roce** rubbing
el **rocío** dew, mist; **El Rocío** village of the municipality of Almonte, in the province of Huelva, in southwestern Spain
rodar (ue) to roll down
rodear to go around; surround; encircle
el **rodeo** roundabout course; roundup
  dar (irr.) un rodeo to take a roundabout way, move in a circle
la **rodilla** knee

postrarse de rodillas to kneel down

Rodó, José Enrique *(1871–1917),
Uruguayan essayist and philosopher*

roer *(irr.)* to gnaw

rogar (ue; gu) to ask, beg

roído, –a eroded, worn away

Rojas, Ricardo *(1882–1957), Argentine poet, professor, literary historian and critic*

rojo, –a red

el romance ballad *(narrative poem in octosyllabic verse, with even lines in assonance)*

romance *(adj.)* Romance, Romanic

el romancero balladry, *collection of ballads*

romancesco, –a romantic; *fond of reading novels*

románico, –a Romance, Romanic

romano, –a Roman

romántico, –a romantic; *of the romantic movement*

el romaxe *(Galician)* pilgrimage

la romería pilgrimage; *gathering at a shrine on a saint's day*

romper to break; cut through; *reflex.* break *(intrans.)*

romper en to crash against

ronco, –a hoarse

el ronquido snore; harsh, raucous sound

la ropa clothing

la ropa vieja *stew made from leftover meat*

rosa pink

el rosa pink color

el rosario rosary

el rostro face

roto, –a *(p. p. of romper)* broken; tattered, torn

nunca falta un roto para un descosido birds of a feather flock together

rozar (c) to scrape; graze, nibble; rub

el rubí *(pl. rubíes)* ruby

color rubí deep red in color

rubio, –a blond, blonde

rubito, –a *(dim. of rubio, –a)* blond, blonde

el rubor blush; embarrassment

rudo, –a rough, rude

la rueca distaff *(for spinning)*

la rueda wheel

el rufián ruffian

rugir (j) to roar

el ruidillo faint sound

el ruido noise, sound

ruidoso, –a noisy

ruin base, vile

el ruiseñor nightingale

el rumbero *(Amer.)* guide

el rumbo route, direction

cambiar de rumbo to change direction

sin rumbo without a fixed destination

el rumor rumor; murmur, buzz, sound; rumble

ruso, –a Russian

el ruso Russian; Russian *(language)*

rústico, –a rural, rustic

la ruta route

S

el sábado Saturday; on Saturday

saber *(irr.)* to know *(a fact)*, know how; find out, learn

a saber namely, to wit

llegar (gu) a saber to find out

saber + *inf.* to know how to + *inf.*, be able to + *inf.*

saber a to taste of, savor of

(un) no sé qué a certain, a sort of

un no se sabe qué de a certain indefinable air of

la sabiduría wisdom

sabiendas: a sabiendas de que knowing that

sabio, –a wise, learned

el sabio sage, wise man; scholar

el sabor taste, flavor; tone, touch

sabroso, –a tasty, savory, delicious

sacar (qu) to draw, get out, scoop out, bring forth, extract; get, obtain; deduce; produce

sacar la cuenta to make out the bill

saciar to satiate

sacrificarse (qu) to sacrifice oneself

el sacristán sexton

sacudir to shake; shake off

la saeta arrow; *song addressed to the Virgin in Holy Week processions*

sagrado, –a sacred

el sahumerio incense

sajón, –ona Saxon, Anglo-Saxon

sajónico, –a Saxon, Anglo-Saxon

el sajonismo Saxon, or Anglo-Saxon, way of life

la sala room; sitting room

la sala de clase classroom

Salamanca *province, and capital of the same, in west central Spain*

salarial of, or pertaining to, salaries or wages

Salcillo, Francisco *(1707–1783), noted Spanish sculptor (School of Murcia)*

el salchichón large sausage

saldar to settle, liquidate *(a debt or account)*

saldarse deficitariamente to show a deficit

la salida exit; escape; loophole

taparle salidas a uno to prevent one from finding an escape

saliente salient, noticeable, outstanding

la saliente projection, projecting part

salir *(irr.)* to leave; come or go out; appear, turn up; rise *(sun)*

salir a to resemble, take after

salir adelante to get ahead

salir bien to do well on, pass *(an examination)*

salir de to leave; free oneself of *(doubt)*

la salita small sitting room

el salón hall, lounge, lobby, sitting room

el salón de belleza beauty parlor

el salón de lectura reading room

salpicado, –a dotted

el salpiconcillo salmagundi

saltar to jump, leap; skip over; jump out; appear; come out with *(a remark)*

saltar a la vista *or* **a los ojos** to become immediately evident

el salto jump, leap

dar *(irr.)* **un salto** to make a leap

la salud health; **¡salud!** greetings! to your health!

saludable healthy

saludar to greet

el salvador deliverer, rescuer

salvar to save, rescue; overcome *(a difficulty)*

sálvese quien pueda everyone for himself

el salvavidas *(pl. salvavidas)* life preserver

San Andrés de Teixido *shrine and image of St. Andrew, in Teixido (Spanish Teijido), town in the province of Lugo, in northwestern Spain*

la sandía watermelon

San Francisco St. Francis

la sangre blood

sanguíneo, –a blood-red

sanguinolento, –a bloody, blood-tinged

San José St. Joseph

San Juan St. John

San Leandro St. Leander *(534?–600?), Archbishop of Seville*

Sanlúcar (de Barrameda) *town in the province of Cádiz, in southwestern Spain*

sanluqueño, –a of, or pertaining to, Sanlúcar

sano, –a healthy

San Sebastián *resort city on northern coast of Basque province of Guipúzcoa, in northern Spain*

Santa Cruz Holy Cross; *department, and capital of the same, in central Bolivia*

Santander *province, and capital of the same, in northern Spain*

el santanderino, –a *native, or inhabitant, of Santander*

Santa Teresa: Teresa Sánchez de Cepeda y Ahumada *(1515–1582), religious reformer, one of the greatest of the Spanish mystics*

Santiago (de Compostela) *city in the province of La Coruña, in northwestern Spain; in the Middle Ages, one of the great shrines of Christendom*

Santiago de Cuba *seaport on the southeastern shore of Cuba, site of a great naval defeat of the Spanish in the Spanish-American War*

la santidad saintliness

santificar (qu) to sanctify, make holy

santísimo, –a very holy

el Santísimo Sacramento Blessed Sacrament

santo, –a holy, saint

la Semana Santa Holy Week

el santo saint

Santo Domingo Dominican Republic

el santuario sanctuary

la sardana sardana *(Catalonian dance and music)*

la sardina sardine

sarniento, –a itchy, mangy

el sastre tailor

satírico, –a satirical
satirizar (c) satirize
satisfacer (*irr.*) to satisfy; pay
satisfecho, –a (*p. p. of* **satisfacer**) satisfied
saturado, –a saturated, teeming
la **savia** sap
la **saya** petticoat; skirt
sazonado, –a seasoned
sazonar to season; ripen, mature
Schopenhauer, Arthur (*1788–1860*), *German philosopher*
el **secano** unirrigated land
secar (qu) to dry; *reflex.* dry up, dry oneself
la **sección** section
    la **sección de sucesos** news section
la **secesión** secession
    la **Guerra de Secesión** (American) Civil War
seco, –a dry; lean; cold, indifferent; hard; rude, unsociable
la **secretaria** secretary (*f.*)
el **secretario** secretary (*m.*)
el **secreto** secret
secular secular; agelong, centuries-old
secundario, –a secondary
la **sed** thirst
    tener (*irr.*) **sed** to be thirsty
seducir (*irr.*) to seduce
Segovia *province, and capital of the same, in central Spain*
seguida: en seguida immediately, at once
la **seguidilla** *stanza of four or seven lines;* (*pl.*) *Spanish air and dance*
seguido, –a followed, continued
seguir (i, i; g) to follow; continue, go on
    seguir + *pres. part.* to continue + *pres. part.* or continue to + *inf.*
según according to; as, according as
segundo, –a second
    el **segundo en hablar,** el **segundo que habla** the second one to speak
el **segundo** second; (*naut.*) first mate
seguro, –a certain, sure
    estar (*irr.*) **seguro, –a (de que)** to be certain or sure (that)
seiscientos, –as six hundred
los **seises** *singing and dancing choir boys* (*six in all*) *who perform in Seville cathedral on certain feast days*
la **selección** choice, selection
seleccionado, –a selected
selectivo, –a selective (*denoting that certain select groups or individuals are in power*)
selecto, –a elite; select
la **selva** forest, jungle
el **sello** stamp, mark
la **semana** week
    la **Semana Santa** Holy Week
la **sembradura** seeding, sowing; (*arch.*) arable land (*in modern usage, el* **sembrado**)
sembrar (ie) to sow, seed; plant
    sembrar en estaca *to use already grown plants in planting*
semejante similar
semejar to resemble
semiborrado, –a half blotted out

la **semilla** seed
el **semillero** seedbed
la **sencillez** simplicity
sencillo, –a simple; guileless
sendos, –as one each, one to each, respective
Séneca, Lucius Annaeus (*4 B.C.?– 65 A.D.*), *Roman statesman and philosopher, born in Córdoba, Spain*
el **senequismo** *Stoic doctrines of Seneca; adherence to the doctrines of Seneca*
el **seno** bosom, breast
la **sensación** sensation, emotion
la **sensibilidad** sensitivity; sensibility
sensible sensitive; marked
sentado, –a seated
sentar (ie) to seat; *reflex.* sit down
la **sentencia** maxim, saying; (*law*) sentence, judgment
    la **sentencia de muerte** death sentence
el **sentido** sense, meaning; feeling
    sin sentido meaningless, senseless
el **sentimiento** sense, sentiment; emotion, feeling
el **sentir** feeling; opinion, judgment
sentir (ie, i) to feel; hear; regret, be sorry for; *reflex.* feel (*intrans.*), feel oneself, feel oneself to be
la **seña** sign, mark
la **señal** sign, signal
señalar to point out, indicate; determine, fix
el **señor** sir, Mr.; gentleman; master; lord, feudal lord
señor, –ora (*adj.*) (*coll.*) lordly; big
la **señora** lady, madam, Mrs.; wife
el **señorito** young gentleman
separado, –a separate; separated
separar to separate; *reflex.* separate (*intrans.*)
    separarse de to be separated from
septentrional northern
séptimo, –a seventh
la **sequía** drought
el **ser** being; essence; life
    el **ser humano** human being
ser (*irr.*) to be; exist; take place
    a no ser por if it were not for
    a no ser que unless
    el **modo de ser** nature, disposition
    es decir that is to say
    es que the fact is that
    llegar (gu) a ser to become
    o sea that is to say
    ser amigo, –a de to be fond of, have a liking for
    ser de to belong to; be of, or from
    ser de + *inf.* to be + *p. p.*
    ser de día to be day
    son de celebrar they are to be praised
    venir (*irr.*) **a ser** to result in, turn out to be
la **serenidad** serenity, calm
sereno, –a calm
la **serie** series
    la **producción en serie** mass production
serio, –a serious
    en serio seriously
la **serpiente** serpent

la **serranía** mountainous country, ridge of mountains
el **servicio** service
la **servidumbre** serfdom
servir (i, i) to serve
    servir de to serve as, act as; be used as, be of use
    servir para to be used (good) for, or to
    servirse de to make use of
el **sesgo** turn, twist
    un feliz sesgo a turn for the better
sesudo, –a wise, judicious
setecientos, –as seven hundred
el **seudónimo** pseudonym
severo, –a severe
Sevilla *Seville, province, and capital of the same, in southern Spain*
las **sevillanas** sevillanas (*song and dance of Seville*)
sevillano, –a Sevillian
el **sexteto** sextet (*six-line stanza*)
sexto, –a sixth
si if; whether
    por si in case
    ¡si . . . ! why . . . ! but . . . !
    si bien although
    si no . . . sí siquiera if not . . . at least
sí yes, indeed
    parece que sí it seems so
    pues sí representan well, they do represent
la **sidra** cider
la **siembra** seedtime; planting; sown or planted field
siempre always
    para siempre forever
la **sierra** mountain range
    la **Sierra de Gredos** *mountain range in west central Spain, extension of the Sierra de Guadarrama*
    la **Sierra de Guadarrama** *mountain range in central Spain*
    la **Sierra Morena** *mountain range in southwestern Spain, between the Guadiana and Guadalquivir rivers*
    la **Sierra Nevada** *mountain range in southern Spain*
el **sifón** siphon; siphon water
el **siglo** century
la **significación** meaning
el **significado** meaning; significance
significar (qu) to signify, mean
siguiente following, next
la **siguiriya** *Andalusian pronunciation of seguidilla*
la **sílaba** syllable
el **silencio** silence; period of silence
    guardar silencio to keep quiet
    hacer (*irr.*) **silencio** to be silent
silencioso, –a silent, noiseless
la **silla** chair; saddle
la **sillería** set of chairs
el **sillero** chairmaker
el **sillón** armchair, easy chair
simbólico, –a symbolic, that symbolizes
simbolizar (c) to symbolize
la **simetría** symmetry
simétrico, –a symmetrical
la **simpatía** sympathy

simpático, –a pleasant, attractive
la simplicidad simplicity, naturalness
sin without
  sin desmayo unfalteringly, without weakening
  sin dirección without leadership
  sin embargo nevertheless, however
  sin igual unequaled
  sin pausa without interruption
  sin que + *subj.* without + *pres. part.*
el sindicato labor union
singular singular, extraordinary, unusual
singularizar (c) to distinguish
sino but, but rather; except
  no . . . sino only
la síntesis (*pl.* **síntesis**) synthesis
sintetizar (c) synthesize
el síntoma symptom; sign
siquiera even; at least
  ni siquiera not even
la sirena siren
  la sirena de (la) mar mermaid
la sirenita little mermaid
el sistema system
sistemático, –a systematic
el sitio place, location
la situación situation, conditions
situar to locate, place, situate; *reflex.* to station oneself
el sobado butter cake
la soberanía sovereignty; rule
soberano, –a sovereign
el soberano sovereign
la sobra surplus, excess
sobrar to exceed; be over and above
sobre on, upon; over, above; about, concerning; against; out of
  sobre todo above all, especially
la sobreasada *highly seasoned Majorcan sausage*
sobrenatural supernatural
sobreponerse (irr.) to master oneself, triumph over oneself
  sobreponerse a to overcome, subdue
sobresaliente outstanding
sobresalir (irr.) to stand out, be outstanding, excel
sobresaltar to startle, frighten; *reflex.* be startled
el sobresalto start, surprise
sobrevenir (irr.) to happen, take place
la sobriedad frugality; moderation
sobrio, –a frugal
la sociedad society
sociológico, –a sociological
el sociólogo sociologist
el sofá (*pl.* **sofás**) sofa
sofocar (qu) to suffocate, smother, stifle; *reflex.* suffocate, stifle (*intrans.*)
la soga rope
el sol sun; sunlight
  al sol in the sun
  al sol puesto at dusk
  el sol pleno del día noonday sun
  hace sol it is sunny
  tomar el sol to sunbathe
solamente only, solely
  no solamente . . . sino que not only . . . but
el soldadito little, or tiny, soldier

el soldado soldier
  el soldado de Artillería artilleryman
la soledad solitude; solitariness
solemne solemn
la solemnidad solemnity
soler (ue) to be accustomed to, be in the habit of, to . . . usually
  suele designarse it is generally designated
la solicitación solicitation; temptation
la solicitada *woman being courted*
solicitar to solicit; apply for; court
sólido, –a solid
solitario, –a solitary, alone, single; desolate, lonely
solo, –a single; alone, sole
sólo only, merely
  no sólo . . . sino también not only . . . but also
  tan sólo only, merely
soltar (ue) to let loose, let go; untie; *reflex.* get loose
la solución solution; resolution, outcome
solucionar to solve; overcome
el sollozo sob, sobbing
la sombra shadow; shade; darkness
el sombrero hat
sombrío, –a gloomy, dark
someter to subject, subdue; *reflex.* submit, surrender, yield
el son tune
  al son de to the accompaniment of
  en son de as, by way of, on the score of
sonámbulo, –a *of, or pertaining to, a sleepwalker*
  como sonámbulo, –a as though he (I, etc.) were sleepwalking
sonar (ue) to sound, ring
el soneto sonnet
el sonido sound
sonoro, –a sonorous, resonant
sonreír(se) (í, i) to smile
la sonrisa smile
soñado, –a long-dreamed-of
soñador, –ora dreamy; visionary
soñar (ue) to dream, dream of; conceive of, imagine
  soñar con *or* **en** to dream of; long for, yearn for, have an urgent desire for
  soñar con que + *subj.* to dream that
la sopa soup
el soplo gust; blowing, blast
soportar to support; endure
sorber to sip
sórdido, –a sordid
la sordina (*mus.*) mute
  a la sordina in a low voice, quietly
sordo, –a deaf; muffled
Soria *province, and capital of the same, in north central Spain*
sorprendente surprising
sorprender to surprise, cause surprise, be surprising; discover; *reflex.* to be surprised
la sorpresa surprise
sortear to evade
soslayar to evade
  soslayar el ataque to avert the attack awaiting a favorable moment

sospechar to suspect
sostener (irr.) to support, hold up, maintain
el sótano basement
suave soft; smooth; delicate, faint, gentle
suavizar (c) to soften
subido, –a high, great, superior
subir to climb, climb up; go up, ascend; raise
súbito, –a sudden, unexpected
  de súbito suddenly
subjetivo, –a subjective
el subjuntivo subjunctive
subrayar to underline; emphasize
el substantivo noun
substantivo, –a substantive
substituir (y) to substitute
el subsuelo subsoil
subterráneo, –a subterranean, underground
suceder to happen; follow; *reflex.* follow one another
la sucesión succession
el suceso event, happening
  la sección de sucesos news section
  el suceso de actualidad current event
el sucesor successor
sucinto, –a succinct
sucio, –a dirty
suculento, –a succulent; savory, tasty
Sud América South America
sudamericano, –a South American
el sudor sweat
sudoroso, –a perspiring, sweating, covered with sweat
la suegra mother-in-law
el sueldo salary
el suelo ground, soil, land; terrain; floor
suelto, –a loose; hanging down (*of hair*)
el sueño sleep; dream
la suerte luck, lot; way
  de suerte que so that, with the result that; and so
  de tal suerte que to such a degree that
suficiente sufficient; competent, capable
el sufijo suffix
el sufrimiento suffering
sufrir to suffer
sugerir (ie, i) to suggest; pose
sui generis (*Latin*) of its own kind
Suiza Switzerland
sujetar to subdue; fasten
el sujeto subject
sujeto, –a a subject to; holding fast to, fastened to
la suma sum, aggregate, amount
sumamente extremely, exceedingly
sumar to add
el suministro provision, supply
suntuoso, –a sumptuous
supeditar to subject, subordinate
superar to overcome; surpass, exceed
la superficie surface, area
el superhombre superman
superior superior, higher, upper
  superior a superior to; greater than, larger than

el **superior** person of the upper classes
supersticioso, –a superstitious
supletorio, –a supplemental; supplementary
la **súplica** entreaty, supplication
suplicar (qu) to beg, implore
el **suplicio** torment
suplir to supply; (*gram.*) understand
suponer (*irr.*) to suppose; imply, presuppose
la **suposición** supposition
supremo, –a supreme, highest
suprimir to suppress, abolish
supuesto, –a (*p. p. of* **suponer**) supposed
  por supuesto of course
el **sur** south
  al sur on, or to, the south
  al sur de south of
el **surazo** (*Santander; Chile, Argentina*) strong south wind
el **surco** furrow; (*Amer.*) ridge (*between furrows*)
surgir (j) to arise, appear, come forth; break out
el **suroeste** southwest
surrealista surrealist, surrealistic
suscitado, –a aroused, prompted
suspenso, –a suspended; bewildered
  quedar suspenso, –a to be taken aback
el **suspiro** sigh
sustancialmente in substance, really
sustantivamente substantially, really
la **sustitución** substitution; replacement
el **susto** fright
sustraerse (*irr.*) **a** to avoid, escape
susurrar to murmur, whisper
sutil subtle; fine, slender
suyo: de suyo on his (her, etc.) own, by its own nature, naturally

T

el **tablero** board
el **tablón** (*Amer.*) patch of land for seeding, seedbed
la **táctica** tactics
la **tagua** (*Colombia, Ecuador*) tagua, ivory palm; nut of the ivory palm
taimado, –a sly, crafty
el **tajo** gash, trench; el **Tajo** Tagus, *river in central Spain, emptying into the Atlantic at Lisbon*
tal such, such a
  con tal (de) que provided that
  otros (–as) tales the same kind of
  ¿ qué tal ? how are you ? Hi ? how ?
  ¿ qué tal te (le) pareció . . . ? how did you like . . . ? what did you think of . . ?
  tal como just as, such as
  tal vez perhaps
el **talabarte** sword belt
el **talabartero** harness maker
talar to cut (*trees*)
  los **campos talados** fields stripped of trees
Talavera (de la Reina) *town in the province of Toledo, in central Spain*
el **talento** talent, ability

el **talión** talion, retaliation
  la **ley del talión** law of retaliation
tallar to carve, cut
el **taller** shop
el **tallo** stalk, stem, trunk
el **talluelo** (*dim. of* **tallo**) tender stalk
el **tamaño** size
también also, too
el **tamboril** small drum
tampoco neither; either (*after a negative*)
tan so, as
  ¡ qué . . . tan . . . ! (*before an adj.*) how, what a . . . !
  tan . . . como as . . . as
  tan sólo only
tanto, –a so much; **tantos, –as** so many
  otros tantos, otras tantas just as many
  tanto sueño so many dreams
  tantos, –as . . . cuantos, –as (*or* **como**) as many . . . as
  uno de tantos días one day like any other, one fine day
  y tantos, –as . . . odd, or . . . more
tanto (*adv.*) as much, so much
  en tanto in the meantime
  en tanto que whereas
  otro tanto as much, the same thing
  poder (*irr.*) **tanto . . . que** to have so much power (or influence) that
  por lo tanto therefore
  por tanto therefore
  tanto . . . como both . . . and, as well as
la **tapa** cover, lid
tapar to cover, cover up; stop up
la **tapia** mud wall, adobe wall
el **tapiz** (*pl.* **tapices**) tapestry
tardar (en) to be long (in), take (time)
la **tarde** afternoon
  por la tarde in the afternoon
tarde late
la **tarea** task; assignment
Tarija *department, and capital of the same, in southern Bolivia*
la **tarjeta** card
la **tasa** rate
  la **tasa demográfica** rate of growth of the population
  la **tasa media** average rate
el **tasajo** jerked beef
teatral theatrical, dramatic
el **teatro** theater
la **tecla** key (*of typewriter, piano*)
el **teclado** keyboard
la **técnica** technique
técnico, –a technical
el **técnico** technician
tecnológico, –a technological
el **techo** ceiling; roof
la **techumbre** ceiling; roof
Tegucigalpa *capital of the Republic of Honduras*
la **tejedora** weaver
tejer to weave
el **tejido** fabric, textile
el **tejuelo** small tile
la **tela** cloth
el **telégrafo** telegraph; **Telégrafos** Telegraph Office
el **tema** topic, theme

temblar (ie) to tremble, quiver
temer to fear, be afraid of
el **temperamento** temperament, character
la **tempestad** storm, tempest
tempestuoso, –a stormy, of storms
templado, –a temperate, mild
la **temporada** period; season
temprano early
la **tenacidad** tenacity, stubbornness
tenaz (*pl.* **tenaces**) tenacious
la **tendencia** tendency, trend
tender (ie) to spread; extend; reach out; tend; *reflex.* spread, extend (*intrans.*); lie down, stretch out
  tender a + *inf.* to tend to + *inf.*
tendido, –a a lying down; stretched out
el **tenedor** fork
tener (*irr.*) to have, own, possess; hold, keep; consider
  qué tiene el parque what the park looks like
  tener . . . años to be . . . years old
  tener apetito to have an appetite, be hungry
  tener calor (frío, sed, sueño) to be warm (cold, thirsty, sleepy)
  tener cuidado to be careful
  tener en cuenta to take into account, bear in mind
  tener entendido que to understand that
  tener éxito to be successful
  tener interés to be of interest
  tener lugar to take place, occur
  tener miedo to be afraid
  tener por to consider as
  tener que + *inf.* to have to + *inf.*
  tener que ver con to have to do with
  tener razón to be right
el **tenis** tennis
  jugar (ue; gu) al tenis to play tennis
la **tensión** tension, strain, stress
tenso, –a tense; extended
  de cola tensa with tail extended
la **tentación** temptation
el **tentáculo** tentacle
la **tentativa** attempt
teñir (i, i) to dye, tinge
  teñir de blanco to dye white
el **teólogo** theologian
la **teoría** theory
tercer(o), –a third
  de tercera third class
el **tercio** third
el **terciopelo** velvet
térmico, –a thermic, thermal
  la **central térmica** thermoelectric plant
la **terminación** termination, ending
terminar to end, end up, terminate, finish
  terminar de + *inf.* to finish + *pres. part.*
el **término** end, limit; boundary; manner, bearing; term, word, place name
  el **primer término** foreground
  el **segundo término** middle distance
  el **término medio** average, compromise, middle ground
  el **último término** background
  en otros términos in other words

en primer término in the first place

sin términos medios intransigent, uncompromising

la **ternura** tenderness

el **terreno** land, ground, terrain; piece of land

terrible terrible; awesome, extraordinary

el **terrón** clod

el **terruño** soil; country, territory, native soil

la **tersura** smoothness, evenness

la **tertulia** social gathering, party

la **tesis** (*pl.* **tesis**) thesis

el **tesoro** treasure; storehouse

el **testamento** will, testament

el **testigo** witness (*m.*)

la **testigo** witness (*f.*)

el **texto** text, passage

la **tez** complexion

la **tibieza** lukewarmness, coolness

sin tibiezas dulces without warmth

tibio, –a lukewarm, tepid

el **tiempo** time; weather; tense

al mismo (propio) tiempo at the same time

a tan mal tiempo at such an inopportune time

a tiempo in, or on, time, at the right time

a tiempo que (*Amer.*) at the same time that, while

hace tiempo some time ago

hace tiempo que some time ago; for a long time

llegar (**gu**) **a tiempo** to arrive on time

mucho tiempo long time

la **tienda** store

tierno, –a tender, delicate, soft; affectionate

la **tierra** land, country; earth, ground, soil

la **Tierra de Campos** *central and southern part of the province of Palencia, in north central Spain*

la **tierra de labor** cultivated land

la **tierra de promisión** promised land

pecho a tierra lying face downward

el **tigre** tiger; (*Amer.*) jaguar

el **timbre** bell, electric bell

tímido, –a timid

el **timo** swindle

el **timón** rudder

el **timonel** helmsman

Tineo *city in the province of Oviedo, in northern Spain*

las **tinieblas** darkness

el **tino** judgment, knack

el **tintineo** tinkling

el **tío** uncle; (*pl.*) uncle and aunt, uncles

el **tipo** type; mode, way

tiránico, –a tyrannical

tirar to draw, pull, pull on; throw

tirar de to pull by

el **tiro** shot, bullet; throw

hacer (*irr.*) **tiros** to fire shots, shoot

el **tirón** pull, tug

el **tiroteo** firing, shooting

el **títere** puppet

titubear to hesitate

titulado, –a titled

el **título** title, degree

tiznado, –a soiled with soot, stained

tiznado, –a de carbón coal-blackened

tocar (**qu**) to touch; play (*music*)

el **tocino** bacon, salt pork

todavía still, yet

todo, –a all, whole, every; any; full, entire

de todo punto entirely, completely

de todos modos at any rate

todo el mundo everybody

todo (*neuter pron.*) everything, all

lo . . . todo everything (*as object of a verb*)

el **todo** whole

del todo completely, entirely

Toledo *province, and capital of the same, in central Spain*

tolerar to tolerate

tomar to take, pick up; assume; eat, have, drink; *reflex.* take upon oneself

tomar el sol to sunbathe

tomar la palabra to take the floor

tomar un café to have a cup of coffee

el **tomo** volume

el **tonel** barrel, cask

la **tonelada** ton

el **tonelero** barrelmaker

el **tono** tone

la **tontería** foolishness, foolish thing

tonto, –a foolish, silly

a tontas y a locas foolishly, without rhyme or reason

el **tonto** fool

topar (**con**) to run into, encounter

toparse con to encounter; brush against

el **tope** bumping, pushing

el **tópico** commonplace; trite, hackneyed expression

el **torbellino** whirlwind; vortex

torcer (**ue; z**) to twist; change

la **tormenta** storm; turmoil

tornarse en to turn into, become

el **tornasol** iridescence; ˙iridescent fabric

el **torno** turn; turnstile

en torno around

en torno a about, concerning

el **toro** bull; (*pl.*) bullfight

torpe slow, heavy, awkward; dull, stupid; base, shameful

la **torre** tower

la **torrija** *bread dipped in eggs and milk and fried*

la **tortilla** Spanish omelet; (*Amer.*) **tortilla** (*corn-meal cake*)

la **tortuga** turtle

tortuoso, –a winding; devious

la **tortura** torture

tosco, –a rough, coarse, uncouth

el **total** total; **total** (*adv.*) in a word

trabajado, –a tilled, cultivated

trabajar to work, labor, till (*the soil*)

el **trabajo** work, job, labor; hardship

costar (**ue**) **trabajo** to be difficult

la **tradición** tradition, custom

tradicionalista traditionalist

la **traducción** translation

traducir (*irr.*) to translate

traducir a to translate into; change or adapt to

traducirse en to change into, result in

traer (*irr.*) to bring, carry; bring on, cause, produce

trafagar (**gu**) to wander

Trafalgar *cape northwest of the Strait of Gibraltar; site of Nelson's victory over the combined fleets of France and Spain in 1805*

la **tragedia** tragedy

el **traje** dress, costume

el **traje regional** regional costume

la **trama** warp, fabric; plot (*of play or novel*)

el **trance** critical moment

en trance de in the act of; at the point of

la **tranquera** (*Amer.*) fence; gate

tranquilo, –a tranquil, calm

transcurrido, –a elapsed

transcurrir to pass, elapse (*of time*)

la **transición** transition; change

sin transiciones inflexible

el **tránsito** traffic

transitorio, –a transitory, fleeting

el **transporte** transportation

el **trapo** rag

tras after, behind

la **trascendencia** importance

trascendental highly important, very serious

trasegar (**gu**) to transfer (*wine*); drink, swallow

trasfundir to transfuse; transmit

trasladar to transfer, shift; *reflex.* to be shifted; move, shift (*intrans.*)

el **traslado** transfer, shift

trasmutar to transmute

el **trasplantador** transplanter

trasponer (*irr.*) to cross; disappear behind

trastornar to upset; disturb

el **trastorno** upset; upheaval, disturbance

el **tratado** treatise; treaty

el **tratado de mesa** treatise on food

el **tratamiento** treatment; title; address

la **forma de tratamiento** form of address

tratar to handle; deal with; treat

tratar con to have dealings with

tratar de to deal with

tratar de + *inf.* to try to + *inf.*

tratarse de to be a question of

el **trato** deal; treatment

cerrar (**ie**) **un trato** to close a deal

el **través** bias; turn

a, *or* **de, través** crosswise, sidewise

a través de through, throughout, across

la **travesura** prank, mischief

el **trayecto** journey

la **traza** plan, design, scheme; appearance, looks

trazar (**c**) to plan; outline; trace; plot

tremendo, –a tremendous, terrible; (*coll.*) enormous, very great

trémulo, –a trembling, flickering

el **tren** train

trepar to climb

trepar(se) por to climb up

Trevélez *town in the province of Granada, in southern Spain*

Triana *southwestern quarter of Seville, on the left bank of the Guadalquivir, with a large gypsy population*

Triboniano Tribonian, *jurist of the time of Justinian (483–565), and one of the compilers of the "Corpus juris civilis"*

el **tribunal** court

el **trigo** wheat

la **trilogía** trilogy

el **trino** trill, warbling

triplicar (qu) to triple

el **tripulante** crew member

triste sad

la **tristeza** sadness, sorrow

triunfar to triumph, win out

el **triunfo** triumph, victory; pomp, spread (*of peacock's tail*)

la **triza** shred, fragment

   volver (ue) trizas to tear to pieces

trocar (qu) to exchange; confuse; change

   trocar la lición (*for* **lección**) to read the wrong selection

la **trocha** trail, narrow path

el **tronco** trunk

la **tropa** troop

el **tropel** jumble; host

la **tropilla** small band, group

trotar to trot

el **trote** trot

el **trotecillo** little trot

el **trueno** thunder, thunderclap

truncado, –a truncated

el **tubo** tube; barrel

tudesco, –a German

tuerto, –a twisted; one-eyed

Túnez Tunis, *capital of Tunisia*

la **turbación** disturbance, confusion

turbio, –a confused; obscure; hazy, indistinct

la **túrdiga** strip (*of hide*)

el **Turia** (*or* el **Guadalaviar**) *river of eastern Spain, flowing southeast from the province of Teruel and emptying in the Mediterranean at Valencia*

turístico, –a *of, or pertaining to, tourists or tourism,* tourist (*adj.*)

el **turno** shift, turn

   por su turno in his (its, etc.) turn

el **turrón** almond paste, nougat

tutelar tutelary, protecting

U

u (*used for* **o** *before a word beginning with* **o** *or* **ho**) or

ufanarse de to take pride in

Ugarte, Manuel (*1874–1951*) *Argentine political propagandist, novelist, critic and short-story writer*

último, –a last, latest; excellent, superior; final

   en los últimos años in the last few years, in recent years

   por último at last, finally

ulular to howl

el **umbral** threshold

   trasponer (*irr.*), *or* **atravesar (ie), los umbrales** to cross the threshold

unánime unanimous; of one appearance

undoso, –a wavy

el **ungüento** unguent, ointment

únicamente only, solely

único, –a only, sole

   lo único the only thing

la **unidad** unity

unido, –a united, joined

   los **Estados Unidos** United States (of America)

el **uniforme** uniform

   estar (*irr.*) **de uniforme** to be in uniform

unir to unite, join; *reflex.* to unite (*intrans.*)

universalista of world government

universitario, –a university (*adj.*)

el **universitario** university student; university professor

un(o), –a one; **unos, –as** some, several

   uno de tantos días (*coll.*) one day like any other, one fine day

   uno y otro both

   unos cuantos, unas cuantas several

   unos y otros all

el **unto** grease, fat

untuoso, –a greasy

urbano, –a urban; *of the city*

la **urgencia** urgency; obligation

uruguayo, –a Uruguayan

usar to use, employ

   usar de to make use of

usía (*contraction of* **vuestra señoría**) your excellency

el **uso** use; usage, practice

útil useful

   los **útiles** tools, equipment

la **utilidad** use, usefulness, utility; profit, earning

utilizable usable

utilizar (c) to use

la **uva** grape

V

la **vaca** cow; beef, veal

las **vacaciones** vacation

   las **vacaciones escolares** school vacation

   las **vacaciones laborales** vacation from work

vaciar to empty; *reflex.* to empty (*intrans.*)

vacilar to hesitate; waver

vacío, –a empty

el **vagabundo** tramp, vagabond

vago, –a vague; vaporous

el **vaho** vapor; wave

el **vaivén** sway; swinging movement

Valdepeñas *city in province of Ciudad Real, in central Spain*

Valencia *region, and former kingdom, in east central Spain; province, and capital of the same, in east central Spain*

valenciano, –a Valencian

el **valenciano** Valencian

la **valentía** valor, courage

valer (*irr.*) to be worth; be valuable, bring a good price

   ¿cuánto vale? how much?

   vale más it is better

la **validez** validity

válido, –a valid; true

el **valor** value, worth; meaning, importance; courage

la **valoración** valuation, appraisal

la **valuación** evaluation

la **válvula** valve

la **valla** fence

el **valladar** barricade; obstacle

Valladolid *province, and capital of the same, in north central Spain*

el **valle** valley

la **vanguardia** vanguard

la **vanidad** vanity

vano, –a vain, frivolous, futile; haughty

   en vano in vain

el **vapor** ship, boat

el **vaporcito** small ship

la **vara** stick, twig

variable changeable, variable

variado, –a varied

la **variante** variant; variation

variar to vary

la **variedad** variety

la **varieté** (*French; used ordinarily in the plural,* las **varietés**) vaudeville number

el **varillaje** ribbing, ribs (*of fan, umbrella*)

varios, –as different (*normally after the noun*); several, various (*before the noun*)

el **varón** male, man; man of worth

el **vasallaje** vassalage; subjection

el **vasallo** vassal

el **vasco** Basque; Basque (*language*)

vascongado, –a Basque

Vasconia Basque country

el **vascuence** Basque (*language*)

el **vaso** glass; vase; hoof

El Vaupés *district in southeastern part of Colombia*

el **vecino** neighbor

vegetal vegetable (*adj.*)

el **vegetariano** vegetarian

la **vehemencia** vehemence

   con vehemencia urgently

la **vela** sail

velar por to watch over

el **velo** veil

veloz (*pl.* **veloces**) rapid, quick

la **vena** vein

el **vencedor** victor

vencer (z) to conquer, overcome

vencido, –a conquered, overcome; (*com.*) due, payable

   darse (*irr.*) **por vencido, –a** to give up

   el **plazo vencido** payment that has fallen due

el **vendedor** seller

vender to sell

venido, –a come, arrived

   bien venido, –a welcome

venir (*irr.*) to come; arrive; follow; (*followed by pres. part.*) to (*verb*) gradually, be

   venir a + *inf.* to come to + *inf.,* to end by + *pres. part.*

   venir a ser to come to be, turn out to be

la **venta** sale

la **ventaja** advantage

la **ventana** window

la **ventanilla** window (*in a railway car, cabin of a ship*)

la **ventura** chance; happiness, (good) fortune

por ventura (*Amer.*) perhaps

ver to see; to find; to consider; *reflex.* to see oneself, find oneself, be

a ver let's see

a ver si let's see whether

se ve que it is evident that

tener (*irr.*) **que ver con** to have to do with

véase see

ved lo que consider what

ved que bear in mind that

veraneo summer *adj.*

veraniego, –a summer (*adj.*), for spending the summer

el **verano** summer

el **verano pasado** last summer

la **verbena** *night celebration on eve of a saint's day*

la **verdad** truth

de verdad real, true; really

ser (*irr.*) **verdad** to be true

¿ verdad ? isn't that so ?

verdadero, –a true; real; veritable

la **verdasca** green branch or stalk

el **verdegay** light green color

el **verdugo** hangman, executioner

la **verdura** vegetables

la **vereda** path; (*Amer.*) sidewalk

la **vergüenza** shame

tener (*irr.*) **vergüenza** to be ashamed

verídico, –a truthful

la **verificación** verification, checking

la **verja** grating

versar sobre to deal with

la **versificación** versification

el **verso** line of poetry; verse

los **versos impares** odd verses

los **versos pares** even verses

verter (**ie**) to spill, drip

la **vertiente** slope

el **vértigo** vertigo, dizziness

vespertino, –a evening

el **vestíbulo** hall, vestibule

vestido, –a dressed

vestido, –a de limpio in clean clothing

vestido, –a de negro (rojo) dressed in black (red)

vestir (**i, i**) to dress; wear; clothe oneself; *reflex.* to dress oneself

se visten algo they are worn somewhat

vestir de morado to wear purple

vestirse de verde to dress oneself in green

la **vez** (*pl.* **veces**) time, occasion; turn

a la vez at the same time

a la vez que at the same time as, as well as

alguna vez occasionally

a su vez in its (his, etc.) turn

a veces on occasion, sometimes

cada vez + *comp.* more and more

de una vez all at once, at one time

de vez en cuando once in a while

en vez de instead of

hacer (*irr.*) **las veces de** to serve as, act as

muchísimas veces very often

otra vez again

por última vez for the last time

rara vez rarely, seldom

repetidas veces repeatedly

tal vez perhaps

la **vía** means; way

la **vía férrea** railway; railroad line

viajar to travel

el **viaje** trip; travel

hacer (*irr.*) **el viaje** to make or take the trip

el **viajero** traveler

vibrátil quivering, waving

el **vicio** vice; bad habit

vicioso, –a vicious

Vich *city in province of Barcelona, in northeastern Spain*

la **vid** grapevine

la **vida** life; existence

en vida during one's lifetime

en mi vida never in my life

hacer (*irr.*) **vida propia** to live one's own life

el **vidrio** glass; window

viejo, –a old, ancient

el **viento** wind

el **vientre** belly

el **viernes** (*pl.* **viernes**) Friday; on Friday

la **vigilia** watch, vigil

el **vigor** vigor

poner (*irr.*) **en vigor** to put into effect

vigoroso, –a vigorous

la **villa** town

Villa, Francisco (Pancho) (*1877–1923*), *Mexican revolutionary general of Army of the North; later guerrilla chieftain*

Villaconejos *town in the province of Madrid, in central Spain*

Villalba *town in the province of Lugo, in northwestern Spain*

Villena *city in the province of Alicante, in southeastern Spain;* **Enrique de** (*1384–1434?*), *early Spanish humanist, grandson of Enrique II, devoted to letters and sciences and author of treatises on many themes*

vincular to tie, link

el **vino** wine

la **viña** vineyard

el **viñedo** vineyard

la **violencia** violence

violento, –a violent; impolite; improper

la **violeta** violet

violeta (*adj.*) violet, purple

la **violineta** *kind of violin*

virar to change direction; (*naut.*) to veer, swing about

la **virgen** virgin; la **Virgen** the Virgin (Mary)

la **virtud** virtue

las **virtudes** efficacy, properties

en cuya virtud (*Amer.*) by virtue of which

en virtud de by virtue of

la **visión** vision, view; specter, apparition

el **visitante** visitor

la **víspera** eve, day before

la **vista** view; sight

hasta la vista see you later, so long

el **punto de vista** point of view

visto, –a (*p. p. of* **ver**) seen

vistoso, –a showy, colorful

vital vital, *belonging to life*

la **vitalidad** vitality

la **viuda** widow

vivaz (*pl.* **vivaces**) active, vigorous

vivir to live; be alive

vivo, –a living; lively; vivid, intense, bright; expressive

a viva fuerza by main strength; with great resolution

vizcaíno, –a Biscayan, *of, or pertaining to, Vizcaya*

a la vizcaína in the Biscayan style

Vizcaya Biscay; *Basque province in northern Spain*

la **vocal** vowel

volar (**ue**) to fly

el **volumen** (*pl.* **volúmenes**) volume

la **voluntad** will, volition

volver (**ue**) to turn ; to return, come back

volver a + *inf.* to (*do something*) again

volver grupas to turn back, turn tail

volver trizas to tear to pieces

volverse loco, –a to become mad

vomitar to vomit

el **vómito** vomit

la **vorágine** vortex, whirlpool

el **vórtice** vortex, whirlpool

votar to vow, vote

¡ voto a (tal) ! confound it ! heavens !

la **voz** (*pl.* **voces**) voice; word

a media voz in a whisper

en voz baja in a low voice, softly

la **voz pasiva** passive voice

el **vuelco** upset; jump, start

dar (*irr.*) **un vuelco el corazón, darle a uno un vuelco el corazón** to have a sudden feeling of surprise or fright

el **vuelo** flight

levantar el vuelo to take flight

la **vuelta** turn

dar (*irr.*) **la vuelta a** to turn, round

vulgar vulgar, ordinary, common, of the common people; popular

el **latín vulgar** spoken Latin

el **vulgo** common people

Y

y and

ya already; now; presently; finally; I see

ya . . . ya whether . . . or; now . . . again, now . . . now, sometimes . . . sometimes

¡ Ya (eso) es otra cosa ! That's a horse of a different color !

¡ ya lo creo ! of course ! I should say so !

ya no *or* **no . . . ya** no longer

ya que since

yacer (*irr.*) to lie

la **yarda** (*Angl.*) yard

el **yelmo** helmet

la **yema** bud; candied egg yolk

Yepes *town in province of Toledo, in central Spain*

la **yerba (hierba)** grass

yermo, –a uncultivated, waste; barren
el **yerno** son-in-law
Yucatán *state in southeastern Mexico*
yuxtaponer (*irr.*) to juxtapose

Z

zafado, –a (*coll.*) untied
zafarse (*coll.*) to slip off, come off; get loose

el **zafir** sapphire; blue sky
la **zaga** rear
　a la **zaga** behind, in the rear
el **zaguán** vestibule
Zamora *province, and capital of the same, in northwestern Spain*
el **zancajo** heel; (*coll.*) leg (*especially long and thin*)

con el **zancajo calzado** with his shoes on
la **zapatilla** slipper; bootee
Zaragoza *province, and capital of the same, in northeastern Spain*
la **zona** zone, district, area
el **zorro** fox
zumbar to buzz, hum, ring
zurdo, –a left; left-handed

VOCABULARY

English-Spanish

A

ability la capacidad, la facultad
able capaz (*pl.* capaces)
  to **be able to** + *inf.* poder (*irr.*) + *inf.*; (*know how*) saber (*irr.*) + *inf.*
about acerca de, sobre; (*approximately*) unos, –as, alrededor de, cerca de
  about which I (you, he, we, they) know little mal conocido, –a
absence la ausencia
absorption la absorción
to **accept** aceptar
accident el accidente
to **accompany** acompañar
to **accomplish** hacer (*irr.*), llevar a cabo, realizar (c)
according to según
account la relación
  on account of a causa de, por
to **accumulate** (*trans.*) acumular; (*intrans.*) acumularse
accustomed acostumbrado, –a
  to **be accustomed** estar acostumbrado, –a
  to **be accustomed to** + *inf.* soler (ue) + *inf.*
to **achieve** cobrar; llegar (gu) a, lograr
acquainted: to be acquainted with conocer (zc)
to **acquire** adquirir (*irr.*)
action la acción
  there has been effective action se ha actuado eficazmente
active activo, –a
  active population la población activa, la población que trabaja
activity la actividad
adaptation la adaptación
address la dirección
to **administer** administrar
admirable admirable
to **admit** reconocer (zc)
to **adopt** adoptar
advantage la ventaja
  to **take advantage of** aprovechar, aprovecharse de
adventure la aventura
advice el consejo
to **advise** aconsejar; advertir (ie, i)
  to **advise to** + *inf.* aconsejar + *inf.* *or* aconsejar que + *subj.*
to **affect** afectar
to **affirm** afirmar
after (*prep.*) a partir de, después de: (*conj.*) después que, después de que
  after all al fin, al fin y al cabo
afternoon la tarde
again de nuevo, otra vez
  (*to do something*) + **again** volver (ue) a + *inf.*; **he looked back again** él volvió a mirar hacia atrás
against contra, en contra de
  to **be against sports** ser (*irr.*) antideportivo, –a

to go against conspirar contra *or* en contra de
age la edad
ago: about twenty-one months ago hace unos veintiún meses
  four years ago hace cuatro años
  long ago hace mucho tiempo
  of twenty years ago de hace veinte años
to **agree** estar (*irr.*) de acuerdo; ponerse (*irr.*) de acuerdo
  to **agree on** *or* **to** consentir (ie, i) en
agricultural agrícola
agriculture la agricultura
ahead adelante
  to **get ahead** salir (*irr.*) adelante
to **aim** apuntar, poner (*irr.*) el ojo
air el aire
  in the open air al raso
Alcázar de Toledo *palacio, fortaleza y escuela militar en Toledo*
Alhambra La Alhambra (*colina, fortaleza y palacio moro en Granada*)
alike iguales, semejantes
alive vivo, –a
all todo, –a, todos, –as; todo el, toda la, etc.
  after all al fin, al fin y al cabo
  all around en redondo por
  all that todo lo que
allegory la alegoría
alley la calleja; la calle pequeña
to **allow** permitir
  to **allow to** + *inf.* permitir + *inf.* *or* permitir que + *subj.*
almond paste el turrón
almost casi
aloud en voz alta
already ya
also también
although aunque
always siempre
amends: to make amends enmendarse (ie)
America América
American americano, –a, norteamericano, –a
among entre
amount la cantidad
  total amount el total
amusement la diversión
analysis el (la) análisis (*pl.* análisis)
  in the final analysis en último análisis
and y, e, (*before words beginning with* i, hi, *but not* hie)
Andalusian andaluz, –uza
anew nuevamente
Anglicism el anglicismo (*palabra tomada del inglés*)
Anglo-Saxon anglosajón, –ona
animal el animal
anonymous anónimo, –a
  anonymous character la anonimidad

another otro, –a
anxious inquieto, –a; punzante
anxiously con inquietud
any (**any whatsoever**) cualquier, cualquiera (*pl.* cualesquier, cualesquiera); (*after a negative*) ningún, ninguno, –a
anyone alguien; (**anyone whatsoever**) cualquiera; (*after a negative*) nadie
anything cualquier cosa, todo; (*after a negative*) nada
to **appear** aparecer (zc), presentarse, surgir (j)
to **appreciate** apreciar
to **approach** acercarse (qu) a; (*age*) frisar en
aptitude la aptitud
Aragonese aragonés, –esa
Argentine argentino, –a
around (*adv.*) alrededor, en redondo; (*prep.*) alrededor de
  all around those plains en redondo por aquellas llanuras
  to **look around** observar hacia todos lados
to **arrest** detener (*irr.*)
arrival la llegada
to **arrive** llegar (gu)
  to **arrive at** llegar (gu) a
art el arte (*but* las bellas artes, las artes mecánicas)
  art for art's sake el arte por el arte
artilleryman el soldado de Artillería
artistic artístico, –a
as como; a medida que, mientras
  as . . . as tan . . . como
  as if como si (+ *imperf. subj.*)
  as many . . . as tantos, –as . . . como; (*before a verb*) cuantos, –as
  as the centuries pass con el andar de los siglos
to **ask** pedir (i, i); preguntar
  to **ask for** pedir (i, i)
  to **ask someone to** + *inf.* pedir (i, i) a alguien que + *subj.*
  to **ask whether** preguntar si
  to **ask why** preguntar por qué
asleep dormido, –a
  to **fall asleep** dormirse (ue, u)
aspect el aspecto
to **aspire** aspirar
  to **aspire to** aspirar a
assignment la tarea
astonishment el asombro; (*confusion*) el azoramiento, el azoro (*Amer.*)
Atlantic Ocean el Océano Atlántico
atmosphere el ambiente
to **attach** embargar (gu)
to **attain** conseguir (i, i), lograr
to **attempt** ensayar
  to **attempt to** + *inf.* tratar de + *inf.*
to **attend** asistir a
attention la atención
  to **pay attention to** acatar, prestar atención a
attraction el atractivo

author el autor
authority: authorities las autoridades
to **avoid** evitar
   to **avoid the waves** capear las olas
aware enterado, –a
   to **become aware of** enterarse de

B

back atrás
   to **look back** mirar hacia atrás
bad mal, malo, –a
balance (*weighing instrument*) la balanza: (*commercial*) el balance, el saldo, la balanza (*Mexico*)
   balance of trade la balanza de comercio exterior
Balboa: Vasco Núñez de *explorador español (1475–1517); descubrió el Pacífico en 1513*
balcony el balcón
balladry el romancero
to **bargain** regatear
barnyard: large barnyard el corralón, el corral grande
barrel (*of a weapon*) el cañón
to **base** basar
   based on basado, –a sobre; suscitado, –a por
   to **be based on** estribar en
basement el sótano, *pieza subterránea de una casa*
basic fundamental
basically fundamentalmente
Basque vasco, –a, vascongado, –a; (*language*) el vascuence
to **bathe** bañar
battleground el campo de batalla
B.C. antes de Jesucristo
to **be** ser (*irr.*); estar (*irr.*); haber (*irr.*)
   there is, there are hay
   to **be able** (**can**) poder (*irr.*)
   to **be accustomed to** + *inf.* soler (ue) + *inf.*
   to **be a question of** tratarse de
   to **be based on** estribar en
   to **be disappointing** defraudar
   to **be enough to** alcanzar (c) a, bastar para
   to **be expected to** haber (*irr.*) de
   to **be fond of** querer (*irr.*)
   to **be glad that** alegrarse de que + *subj.*
   to **be happy with** alegrarse de
   to **be in love with** estar (*irr.*) enamorado, –a de
   to **be left** quedar, quedarse
   to **be lost** andar (*irr.*) perdido, –a, estar (*irr.*) perdido, –a
   to **be noticeable** percibirse
   to **be on her (his, their) side** estar (*irr.*) de su parte
   to **be scarce** escasear
   to **be shattered** estrellarse
   to **be successful** tener (*irr.*) éxito
   to **be suited to** estar (*irr.*) indicado, –a para
   to **be to** + *inf.* haber (*irr.*) de + *inf.*
to **bear** llevar, soportar
   to **bear in mind** tener (*irr.*) en cuenta
beautiful bello, –a, hermoso, –a
beauty la belleza
because porque
   because of a causa de, por

to **become** (*before an adjective*) ponerse (*irr.*); (*before a noun*) convertirse (ie, i) en, llegar (gu) a ser
   to **become aware of** enterarse de
   to **become bored** aburrirse
   to **become entangled in** enlazarse (c) con
   to **become filled with** llenarse de
   to **become loose** aflojarse
   to **become rough** agitarse
before (*prep.*) antes de; (*conj.*) antes (de) que
to **beg for** implorar
to **begin** comenzar (ie; c); empezar (ie; c)
behalf: on behalf of en nombre de
behind detrás de
beehive la colmena, *sitio donde viven las abejas*
being el ser
to **believe** creer (y)
below abajo
   the life below la vida de abajo
to **bend** (*trans.*) inclinar; (*intrans.*) inclinarse
berry (**coffee**) el grano (de café)
   berry crop la cosecha de café
best (*adj.*) el, la mejor; (*adv.*) mejor
   to **like best** gustarle a uno más
to **betray** denunciar
better mejor; preferible
   Anything is better than her daughter marrying . . . Todo es preferible a que su hija se case con . . .
between entre
beyond del otro lado de
bird el pájaro
to **bite** morder (ue)
black negro, –a
blinding cegador, –ora
blissful extasiado, –a
blond, blonde rubio, –a
blood: blood pudding la morcilla (*embutido hecho de sangre cocida*)
boat el barco, la lancha
   boat being towed or **in tow** el barco remolcado, el remolque
body el cuerpo
Bolivian boliviano, –a
bond la ligadura
book el libro
bookstore la librería
bored: to become bored aburrirse
both ambos, –as; los, las dos
   both . . . and tanto . . . como
bow (**of a ship**) la proa
boy el muchacho
Brahe, Tycho *astrónomo danés (1546–1601)*
branch la rama
brave valiente
Brazil el Brasil
breeches los calzones
   knee breeches el calzón corto
bridge el puente
brief breve
to **bring** traer (*irr.*)
brother el hermano
brotherhood la cofradía
brunet, brunette moreno, –a
to **build** construir (y); crear
building el edificio
bull: papal bull el laudo papal

bullet la bala
bullfight la corrida de toros
to **burn** quemar
   to **get burned** quemarse
burning ardiente
to **bury** enterrar (ie)
but pero; (*on the contrary, after a negative*) sino
to **buy** comprar
buyer el comprador
by de, por

C

to **calculate** calcular
calculation el cálculo
to **call** llamar
to **calm** aplacar (qu)
to **camp** acampar
can (**to be able**) poder (*irr.*); (**to know how**) saber (*irr.*); lograr
   Can there be . . . ? ¿ Habrá . . . ?
   Can it be that . . . ? ¿ Es que . . . ?
   I can't make out . . . No llego a saber . . .
   I can't understand . . . No atino a comprender . . .
   We can't help + *pres. part.* No podemos menos de + *inf.*
   She could endure it no longer Ya no pudo más
Canary Islands las Islas Canarias
Cantar de Mío Cid *poema épico español que narra las hazañas del Cid*
canyon el barranco, el cañón (*Amer.*)
capable capaz (*pl.* capaces)
capital (*city*) la capital; (*commercial*) el capital
   capital goods los bienes de equipo
career la carrera
carefully cuidadosamente, con cuidado, con primor
careless descuidado, –a, negligente
to **carry** llevar
   to **carry away** llevarse
   to **carry out** llevar a cabo, realizar (c)
cart la carreta
case el caso
   in case por si
   in case of en caso de
Castile Castilla
   New Castile Castilla la Nueva
   Old Castile Castilla la Vieja
Catalonia Cataluña
cathedral la catedral
caution la cautela, la precaución, el cuidado
to **cease** cesar
   to **cease** + *pres. part.* dejar de + *inf.*
to **celebrate** celebrar
cemetery el cementerio (*terreno destinado a enterrar cadáveres*)
to **censure** reprochar
central central
   central part el centro
century el siglo
certain cierto, –a
certainly: You certainly are not going to do that ! ¡ Eso sí que no hará Ud. !
chair la silla

chairmaker el sillero (*persona que hace o vende sillas*)
change la modificación, el cambio
changeable variable
character el carácter (*pl.* caracteres), el temperamento
characteristic el rasgo
to **chatter** (*of a machine gun*) estallar
to **check** indagarse (gu) de
chicken la gallina
child el niño; el hijo
circumstance la circunstancia
circus el circo
cistern el aljibe, la cisterna
city la ciudad; la metrópoli
civil civil
civilization la civilización
class la clase; (*category*) el orden (*pl.* órdenes)
  in a different class (*category*) en orden distinto
  in class en clase
el clavado *zambullida que hace un zambullidor nativo desde un peñasco en Acapulco*
to **clean** limpiar
clear claro, –a
clearly claramente
to **clench one's fists** apretar (ie) los puños
climate el clima
climax el punto culminante
to **climb up** subir, trepar a *or* por
close próximo, –a
to **close** cerrar (ie)
  to **close in** acercarse (qu)
closed cerrado, –a
coach la carroza
coal el carbón
  coal-blackened tiznado, –a de carbón
coast la costa
coffee el café
coffee field el cafetal
coffee-grower el cultivador de café, el finquero
cold frío, –a
  to **get cold** enfriarse
to **collect** (*a debt*) cobrar
colonization la colonización
colony la colonia
colt el potrillo
combat la lucha
to **come** venir (*irr.*), llegar (gu)
  to **come close to** acercarse (qu) a
  to **come from** proceder de
  to **come in** *or* **into** entrar (en)
  to **come out** salir (*irr.*)
  to **come toward** dirigirse (j) hacia
  With the night there came upon them . . . La noche les echó encima . . .
comma la coma
commerce el comercio
common común
  common people el pueblo
communication la comunicación
  communications las vías de comunicación
to **compare** comparar
to **complain** quejarse
complete completo, –a
complicated complejo, –a, complicado, –a

component el componente
composer el compositor
composition la composición
conceive: Can one conceive of . . . ? ¿ Se podrá soñar . . . ?
concern el cuidado
to **concern oneself with** ocuparse en
concert el concierto
condition la condición
confection la confitura
to **confide** confiar
confusion la confusión
  in confusion confuso, –a
conquest la conquista
consent el consentimiento
to **consider** considerar, pensar (ie)
consideration la consideración
to **consist of** componerse (*irr.*) de, constar de
constantly constantemente
to **contain** contener (*irr.*), llevar
contemporary contemporáneo, –a
to **contest** disputar
continent el continente
continually continuamente
to **continue** continuar
  to **continue to** + *inf.* continuar + *pres. part.*, seguir (i, i; g) + *pres. part.*
continued prolongado, –a
contract el contrato
to **contribute** contribuir (y)
conversion la conversión
to **convince** convencer (z)
convulsive convulsivo, –a
Copernicus Copérnico (*astrónomo polaco que demostró el movimiento de los planetas alrededor del sol*)
copy la copia; (*book*) el ejemplar
to **copy** copiar
corner (*outside*) la esquina; (*inside*) el rincón
correct correcto, –a
to **correspond** corresponder
corridor el pasillo
Costa, Joaquín (1846–1911) *sociólogo e historiador español*
costume el traje
Council: Council of the Indies el Consejo de Indias (*establecido en España en 1511 para administrar las colonias hispanoamericanas*)
countless innumerable, miles de
country el país, la nación; (*not city*) el campo
  of other countries del exterior
countryside la campiña
couple: a couple of un par de
course la ruta
to **cover** cubrir
to **crash against** romper en
to **crawl along** arrastrarse por
to **create** crear
  Jobs must be created. Hay que crear puestos de trabajo.
creation la creación
to **creep** arrastrarse
  to **creep in** entrar arrastrándose, entrar furtivamente
crisis la crisis (*pl.* crisis)
cretin (*Gal.*) el cretino, el idiota
crop la cosecha
to **cross** atravesar (ie), cruzar (c)

crossword puzzle el crucigrama
to **crowd** appretar (ie) mucho
cruelty la crueldad
to **cry** llorar
  to **cry out** gritar
custom la costumbre
to **cut** cortar
  to **cut the towline** picar (qu) la boza

D

daily diariamente
damage el daño
dance el baile
to **dance** bailar
danger el peligro
dangerous peligroso, –a
to **dare** atreverse
  to **dare to** + *inf.* atreverse a + *inf.*
dark oscuro, –a; sombrío, –a
darkness la oscuridad, la sombra
daughter la hija
day el día
dead muerto, –a
  dead weight el peso muerto
to **deal with** tratar de
death la muerte
  death sentence la sentencia de muerte
decadence la decadencia
deception el engaño
to **decide** decidir
  to **decide to** + *inf.* acordar (ue) + *inf.*, decidir + *inf.*
declaration la declaración
to **declare** afirmar, declarar
deep profundo, –a
defect el defecto
deficit el déficit
deliberate despacioso, –a, *que emplea o se toma mucho tiempo*
delight el encanto
to **deliver** (*a lecture*) pronunciar
to **demand** exigir (j), pedir (i, i)
denominator el denominador
density la densidad
to **depend on** depender de
to **deprive of** quitar
to **describe** describir
desert el desierto
desired deseado, –a
dessert el postre
destined for destinado, –a a
to **destroy,** destrozar (c), destruir (y)
to **develop** (*trans.*) desarrollar; (*intrans.*) desarrollarse
development el desarrollo, la expansión
to **devote** dedicar (qu)
dialect el dialecto
to **die** morir (ue, u)
to **differ** diferir (ie, i)
difference la diferencia
  What difference does it make? ¿ Qué importa ?
different diferente, distinto, –a
  in a different class (*category*) en orden distinto
difficult difícil
to **dine** cenar
to **disappear** desaparecer (zc)
  to **disappear gradually** ir (*irr.*) desapareciendo
disappointing: to be disappointing defraudar

discipline la disciplina
to discover descubrir; (*find out*) saber (*irr.*)
discovery el descubrimiento
discredit desacreditar, quitarle crédito a uno
to discuss discutir
dish el plato
distant lejano, –a
distinctive distintivo, –a
distinguish distinguir (g)
distribution la distribución
disturbing perturbador, –ora
to diversify diversificar (qu)
    to diversify the economy *hacer que la economía de un país conste de industrias diferentes*
diversity la diversidad
dive la zambullida
diver el buzo; el zambullidor
to divide dividir
divine divino, –a
to do hacer (*irr.*)
    to do nothing but no hacer (*irr.*) más que
    to have to do with tener (*irr.*) que ver con
    That will do! ¡Bueno!
doctor el médico
dominion el dominio
donation la donación
door la puerta
dormitory la residencia
to double (*trans.*) doblar; (*intrans.*) duplicarse (qu)
doubt la duda
    no doubt sin duda
down abajo; hacia abajo
    to toss down into arrojar al fondo de
to draw up acercar (qu); (*a document*) redactar
dream el sueño
to dream soñar (ue)
    to dream about soñar (ue) con
    to dream about + *pres. part.* soñar (ue) con + *inf.*
    to dream that soñar (ue) con que, soñar que
dress el traje
to dress vestir (i, i)
    dressed in black vestido, –a de negro
driver (*of a wagon*) el carretero
drop la gota
    little-drop la gotita
to drop (*intrans.*) caer (*irr.*)
during durante

E

each (*adj.*) cada; (*pron.*) cada uno, –a
ear (*inner*) el oído; (*outer*) la oreja
early temprano
earth la tierra
ease la facilidad
eastern del oriente
to eat comer; (*before a definite direct object*) comerse
economic económico, –a
economy la economía
effective eficaz
eight ocho
either o; (*after a negative*) tampoco

Elcano, Juan Sebastián de *navegante español, el primero en dar la vuelta al mundo (1512) al mando de uno de los barcos de Magallanes*
elderly anciano, –a
element el elemento
elite minority la minoría selecta
to embrace abrazar (c)
emotion la emoción
to employ emplear
    to be employed estar (*irr.*) ocupado, –a
to empty (*trans.*) vaciar; (*intrans.*) desembocar (qu); vaciarse
encouraged alentado, –a
to end cesar
ending el desenlace
endless interminable
endlessly sin pararse
to endure soportar
    She could endure it no longer Ya no pudo más.
enemy el enemigo; (*adj.*) enemigo, –a
energy la energía
England Inglaterra
English inglés, –esa; (*language*) el inglés
    English-speaking de habla inglesa
enormous enorme
enough bastante, suficiente
    enough . . . to bastante . . . para
    to be enough bastar
entangled: to become entangled in enlazarse (c) con
to enter (*trans.*) entrar en; (*intrans.*) entrar
enterprise la empresa, el negocio
enthusiasm el entusiasmo
entire entero, –a
equally igualmente
to erase borrar
to erupt with erizarse (c) de
to escort escoltar
especially particularmente
essay el ensayo
essential esencial
estate la hacienda
to estimate calcular
eternal eterno, –a
    the eternal lo eterno
Europe Europa
European europeo, –a
eve la víspera
even aún; (*after a negative*) siquiera
    even though aunque
event el acontecimiento, el suceso
ever jamás
every todo, –a
    every year todos los años
everybody todos, todo el mundo
    like everybody else como cualquier otro
everything todo, lo . . . todo
    everything that cuanto, todo lo que
everywhere por todas partes
evident evidente, obvio, –a
evil el mal
to evoke evocar (qu)
exact exacto, –a
example el ejemplo
    for example por ejemplo
exception: with the exception of a excepción de

excited: to get excited excitarse
to exert ejercer (z)
to exist existir
existence la existencia, la vida
to expect esperar
    to be expected to haber (*irr.*) de
expenditure el gasto
experienced experimentado, –a
to explain explicar (qu)
exporting exportador, –ora
exports las exportaciones
exposed: to be exposed (*to a risk or danger*) correr
to express expresar
to extend (*trans.*) extender (ie); (*intrans.*) extenderse (ie)
eye el ojo

F

fabric la trama; el tejido
face la cara
    face downward pecho a tierra
fact el hecho; la verdad
    a fact that lo que
    the most extraordinary fact lo más extraordinario
factor el factor
to fail fracasar
    to fail to + *inf.* dejar de + *inf.*
fair: It is fair to say Cabe decir
to fall caer (*irr.*), caerse (*irr.*)
    to fall asleep dormirse (ue, u)
    to fall down caerse (*irr.*)
    to fall gradually ir (*irr.*) cayendo
    to fall to the ground caer(se) (*irr.*) al suelo, desplomarse sobre el suelo
false falso, –a
fame la fama
family la familia
far lejos
    as far as Spain is concerned en cuanto a España
    far from lejos de
farmer el campesino; el finquero
fast rápido, –a; precipitado, –a
    faster and faster cada vez más rápido, –a
father el padre
fault la culpa
    It's the old man's fault. El viejo es el responsable.
to favor favorecer (zc)
fear el temor
to fear temer
feature: features (*facial*) las facciones
feeling el sentir, el sentimiento
fence la cerca, la tranquera (*Amer.*)
ferocious feroz (*pl.* feroces)
fertile fértil
fertilizer el abono
festival la fiesta
few algunos, –as; (*but (only) a few*) pocos, –as
fierce feroz (*pl.* feroces)
fifty cincuenta
fig el higo
to fight luchar con
figure la figura; (*arith.*) la cifra
film la película
    film production la producción de películas
final último, –a

finally por fin
to find encontrar (ue), hallar
    to be found hallarse, darse (*irr.*)
fine fino, –a, primoroso, –a
    one fine day uno de tantos días
to fire disparar
    to fire on cañonear
firing la fusilería
first primer, primero, –a; (*adv.*) en primer lugar, primero
fist el puño
to fix clavar
flag (*small*) la banderola
to flee huir (y)
to flower florecer (zc)
fly la mosca
to fly volar (ue)
foam la espuma
folklore el folklore
to follow seguir (i, i; g)
    to follow one after the other sucederse
following siguiente
    the following lo siguiente
fond: to be fond of querer (*irr.*)
fondness la afición
    fondness for la afición a
food la comida
    food products los productos alimenticios
foot el pie
for (*destination*) para; (*on account of, on behalf of*) por
force la violencia
foreigner el extranjero, la extranjera
forest el bosque
to forget olvidar, olvidarse de, olvidársele a uno
to form formar
formidable formidable
to foster fomentar
to found fundar
foundry la fundición
    iron foundry la fundición de hierro
frame (*of a ship*) la cuaderna
fraud el fraude
free libre
freedom la libertad
French francés, –esa
frequent frecuente
from de, desde
    from . . . to desde . . . hasta
front el frente
    in front of ante, enfrente de
frugality la moderación
fugitive el fugitivo
fury la furia
future el porvenir; (*adj.*) futuro, –a

G

gain la ganancia, el provecho
Galicia Galicia
Gallicism el galicismo (*palabra tomada del francés*)
game el juego
generally generalmente
generation la generación
genius el genio
    of genius genial; privilegiado, –a
gentleman el caballero
geographic geográfico, –a
geography la geografía
gesture el gesto

to get obtener (*irr.*)
    to get ahead salir (*irr.*) adelante
    to get burned quemarse
    to get cold enfriarse
    to get excited excitarse
    to get married casarse
    to get out salir (*irr.*)
    to get up levantarse
girl la muchacha
to give dar (*irr.*)
glad alegre, contento, –a
    to be glad that alegrarse de que + *subj.*
to go ir (*irr.*)
    to go against conspirar contra *or* en contra de
    to go by (*of time*) pasar, transcurrir
    to go from . . . to discurrir entre, ir (*irr.*) de . . . a
    to go on + *pres. part.* seguir (ı, i; g) + *pres. part.*
    to go out salir (*irr.*)
    to go out for a walk salir (*irr.*) a pasearse
    to go up (*of prices*) alzar (c), subir
goad la aguijada, la aijada (*vara larga que se usa para picar a los bueyes*)
Góngora y Argote, Luis de (*1561–1627*) *poeta lírico español, principal representante del estilo culto*
good el bien
good (*adj.*) buen, bueno, –a
to govern gobernar (ie), dirigir (j)
government el gobierno; el estado
gradually: to fall gradually ir (*irr.*) cayendo
grandchild el nieto, la nieta
    grandchildren los nietos
grandeur la grandeza
grated window la reja
grating la verja, *reja que sirve de puerta, ventana o cerca*
great gran, grande; grave
greater más grande, mayor
greatest el, la más grande; el, la mayor
green verde
ground el suelo
group el grupo; (*of literary persons*) el cenáculo
to grow crecer (zc)
    to grow tired cansarse
growth el crecimiento, el desarrollo, la expansión; (*shrubbery*) el monte
    rate of growth el ritmo de crecimiento
guidance la dirección
guide el guía, el rumbero (*Amer.*)
Guianas las Guayanas
gypsyism la gitanería

H

hairy peludo, –a (*que tiene mucho pelo*)
half la mitad
half (*adj.*) medio, –a
    half an hour media hora
    thirty and a half million treinta millones y medio
hall el pasillo; (*assembly room*) la sala
    large hall el salón
ham el jamón
to hamper entorpecer (zc), estorbar

hand la mano
    on the other hand en cambio
to happen pasar, suceder
happy alegre, feliz
    to be happy with alegrarse de
hard difícil, duro, –a; (*adv.*) mucho
    a little harder un poco más
harsh duro, –a
harvest la cosecha (*conjunto de frutos que se recogen de la tierra, temporada en que se recogen los frutos*)
harvesting crew la cuadrilla
hat el sombrero
to have tener (*irr.*), poseer (y); (*number of inhabitants, speakers, years*) contar (ue)
    Have him sign . . . Que firme . . .
    Have them enter. Que entren.
    to have just + *p. p.* acabar de + *inf.*
    to have someone do something hacer (*irr.*) + *inf.*, mandar + *inf.*
    to have to + *inf.* tener (*irr.*) que + *inf.*
    to have to do with tener (*irr.*) que ver con
    we (you, they) have to + *inf.* hay que + *inf.*
to head for dirigirse (j) a
to hear escuchar, oír (*irr.*)
heart el corazón —
heat el calor
heaving el jadeo
heir el heredero
helmsman el timonel
help la ayuda
to help ayudar
    not to be able to help + *pres. part.* no poder (*irr.*) menos de + *inf.*
hemisphere el hemisferio
here aquí
    here we are hétenos
    right here aquí mismo
to hide esconder
high alto, –a; elevado, –a
    high point el punto culminante
higher superior
Highlands (*in Bolivia*) el Altiplano
himself: he himself él mismo
historical histórico, –a
history la historia
hoarse ronco, –a
honey la miel
hope la esperanza, la probabilidad
    There is hope of raising . . . Hay posibilidades de aumento . . .
to hope esperar
horizon el horizonte
horse el caballo
    on horseback a caballo
host (*multitude*) el tropel
house la casa
how? ¿cómo?
    how long? ¿desde cuándo? ¿cuánto tiempo? ¿cuánto tiempo (hace que) . . . ?
    how many? ¿cuántos, –as?
how! ¡qué! ¡cómo!
    How silly he is! ¡Qué tonto es!
    How time flies! ¡Cómo vuela el tiempo!
however sin embargo; por muy (mucho) . . . que
    however + *adj.* por + *adj.* + que

however it may be (i.e., *in some way or other)* de cualquier modo que sea
to **hug** abrazar (c)
huge enorme, gigantesco, –a
human humano, –a
humanity la humanidad
hundred cien (*before a noun),* ciento
to **hunt** cazar (c)
hunter el cazador
hunting la caza
husband el esposo, el marido

I

Iberian ibérico, –a
idea la idea
ideal ideal
idle ocioso, –a
if si
illusion la ilusión
to **illustrate** ilustrar
image la imagen
imaginary imaginario, –a
imagination la imaginación, la fantasía
to **imagine** imaginar, figurársele a uno
to **imitate** imitar
immediately al punto, inmediatamente
immortality la inmortalidad
impact el ataque
implication la implicación
importance la importancia; la entidad
important importante
import: imports las importaciones
importation la importación
impose imponer (*irr.)*
impossible imposible
improvement el fomento, el mejoramiento
improvisation la improvisación
inch la pulgada
to **include** incluir (y)
  including the Canary Islands incluidas las Canarias
income el ingreso
  the income of the farmer el ingreso para el campesino
to **incorporate into** incorporar a
increase el aumento, el incremento
to **increase** aumentar
index el índice
  general price index el índice general de precios
to **indicate** indicar (qu)
individual el individuo
industrial industrial
industry la industria
influence la influencia
to **influence** influir (y) en
inhabitant el habitante
initiative la iniciativa
inner interior
insecticide el insecticida
to **insist** insistir
  to insist on insistir en
    to insist on + *pres. part.* dar (*irr.)* en + *inf.,* empeñarse en + *inf.,* insistir en + *inf.*
instruction la instrucción
instructor el profesor
instrument el instrumento
  percussion instruments la batería
to **intensify** aumentar, intensificar (qu)

interest el interés
interesting interesante
interpretation la interpretación
interrelationship el nexo
  the interrelationship between . . . and el nexo de . . . con
interruption: without interruption sin pausa
to **intervene** intervenir (*irr.)*
to **invite** invitar
  to invite to + *inf.* invitar a + *inf.*
iron el hierro
irregular irregular
to **irritate** irritar
Isabella *(1451–1504) esposa de Fernando II de Aragón, reina de Castilla (1474–1504)*
island la isla

J

jacket la chaqueta
  short jacket la chaquetilla
jingling el cascabeleo (*sonido de cascabeles)*
job el empleo, el puesto de trabajo
John Juan
journey el trayecto, el viaje; el camino
to **journey** caminar, viajar
joy la alegría
judgment la cordura; el juicio
jungle el monte, la selva
  in the jungle entre los montes, en la selva

K

to **keep** conservar, quedarse con
  to keep + *pres. part.* ir (*irr.)* + *pres. part.*
  to keep looking for ir (*irr.)* buscando
Kepler, Johannes *(1571–1630) astrónomo alemán*
key la clave
to **kick** cocear
to **kill** matar
kind la clase
to **know** (*a fact*) saber (*irr.);* (*be acquainted with)* conocer (zc)
  about which I (you, he, we, they) know little mal conocido, –a
  to know how to + *inf.* saber (*irr.)* + *inf.*
known: well-known bien conocido, –a

L

lack la ausencia, la falta
to **lack** carecer (zc) de
lad el muchacho
lady la señora
  young lady la señorita
land la tierra
landscape el paisaje
lane la calleja (*calle pequeña)*
language el lenguaje; (*of a people or nation)* la lengua, el idioma
large grande; considerable
last último, –a
  at last por fin
  the last few years estos últimos años

to **last** durar
later más tarde, después
Latin latino, –a
law la ley; la justicia
  law of retaliation la ley del talión, *ley que exigía que la pena fuese igual a la ofensa*
lawsuit el proceso
lead el plomo
to **lead** conducir (*irr.)*
to **lean** inclinarse
to **learn** aprender; (*find out)* saber (*irr.)*
least menos
  at least al menos, por lo menos
  if not . . . at least si no . . . sí siquiera
leave: to take leave of despedirse (i, i) de
to **leave** (*trans.)* dejar; (*to go away)* irse (*irr.),* marcharse
  to **leave a place** salir (*irr.)* de
lecture la conferencia
less menos
level el nivel
  at the desired level en el nivel deseado
liberalization la liberalización
library la biblioteca
lie la mentira
life la vida
lifeless muerto, –a, sin vida
  with lifeless eyes con los ojos fijos para siempre
light la luz (*pl.* luces)
like (*prep.)* como
  What is she like? ¿Cómo es ella?
to **like** gustarle a uno
  to like better or **best** preferir (ie, i), gustarle a uno más
  we would like quisiéramos
Lilliputian de Liliput
limit el límite
to **limit** reducir (*irr.)*
limited limitado, –a
limitless ilimitado, –a
to **link** conectar
liquidation la liquidación, *venta con gran rebaja de precios*
to **listen** escuchar, oír (*irr.)*
literary literario, –a
  literary person el literato
literature la literatura
little (*size)* pequeño, –a; (*quantity)* poco, –a
  a little un poco
  tiny-little pequeñito, –a
to **live** vivir
lively bullicioso, –a
livestock la ganadería
locality la localidad
locust la cigarra
long (*adj.)* largo, –a; (*adv.)* mucho tiempo
  how long? ¿desde cuándo? ¿cuánto tiempo?
  long ago hace mucho tiempo
  longer than is necessary más allá de lo necesario
  no longer ya no
to **look** mirar, ver (*irr.)*
  to look around observar hacia todos lados
  to look at mirar

to **look back** mirar hacia atrás
to **look for** buscar (qu)
to **look out** asomarse
loose suelto, –a
to **become loose** aflojarse
to **turn loose** (i.e., *in the country*) echar al campo
to **lose** perder (ie)
to **be lost** andar (*irr.*) perdido, –a, estar (*irr.*) perdido, –a
to **lose one's way** extraviarse
loss la pérdida
lost perdido, –a
lot: a lot of muchos, –as
love el amor
to **be in love with** estar (*irr.*) enamorado, –a de
low bajo, –a
high and low (*of the people*) altos y bajos
the lower part el fondo
lowland la tierra baja

M

machine gun la ametralladora
machinery la maquinaria
machinist el maquinista
mad loco, –a
mad with joy loco, –a de alegría
madness la locura
Magellan: Ferdinand Fernando de Magallanes, *navegante portugués al servicio de España; murió en las Filipinas mientras trataba de dar la vuelta al mundo*
to **maintain** mantener (*irr.*), sostener (*irr.*)
majority la mayoría
to **make** hacer (*irr.*), producir (*irr.*)
to **make amends** enmendarse (ie)
to **make good use of** aprovechar bien
to **make out** entender (ie); saber (*irr.*)
I can't make out. No llego a saber.
What difference does it make? ¿ Qué importa ?
man el hombre
old man el viejo
manager el jefe
many muchos, –as
as many . . . as tantos, –as . . . como
map el mapa
marchpane el mazapán (*pasta de almendras molidas y azúcar*)
to **mark** marcar (qu)
marked notable, sensible
markedly notablemente
marksmanship la puntería
marriage la boda
married: to be married to estar (*irr.*) casado, –a con
to **marry** (*to get married to*) casarse con; (*to marry a person to someone*) casar con
mass: the masses las masas
master el amo; el señor
material material
matter el asunto
this matter of esto de
to **mature** madurar, sazonar bien
maxim la sentencia
may (*as auxiliary*) poder (*irr.*)

He may be considered . . . Puede ser considerado como . . .
meadow el prado
meal la comida
to **mean** querer (*irr.*) decir, significar (qu)
measure la medida
to **meet** encontrar (ue); (*in preterit*) conocer (zc)
member el miembro
member of the brotherhood el cofrade
memory la memoria; el recuerdo
to **mention** mencionar
Mexican mejicano, –a, mexicano, –a
Mexico México
Middle Ages La Edad Media, *época entre el siglo* v *y el* xv *de la era cristiana*
mid-point: at the mid-point of a la mitad de
million el millón; (*before a noun*) un millón de, millones de
thirty million treinta millones
mind la mente
His mind seethed with emotions. En su alma rebullían las emociones.
minority la minoría
mistake el error
mistaken equivocado, –a
to **be mistaken** engañarse, estar (*irr.*) equivocado, –a
model el modelo
modern moderno, –a
modest humilde
moment el momento
at that moment entonces
for the moment por el momento
money el dinero
month el mes
moral ideal, moral
more más
morning la mañana
most la mayor parte de; (*adv.*) más
most of the year los más ratos del año
mother la madre
mother tongue la lengua materna
motive el motivo, el móvil
mountain la montaña
mountain range la cordillera
mountainous montañoso, –a
to **move** (*trans.*) mover (ue); (*emotionally*) conmover (ue); (*intrans.*) moverse (ue); (*to another house*) mudarse
to **move away something** mudar
to **move in** entrar, meterse
movement el movimiento
much mucho
multiplicity la multiplicidad
music la música
must (*as auxiliary*) deber; tener (*irr.*) que; (*probability*) deber de
one (you, we they) must hay que
to **mutiny** amotinarse
mysterious misterioso, –a
mystery el misterio

N

name el nombre
namely a saber

nation la nación
national nacional
nationalism el nacionalismo
natural natural
necessary necesario, –a, preciso, –a
it is necessary es necesario, es preciso, hay que
need la necesidad, la carencia
to **need** necesitar
neighbor el vecino, la vecina
neighboring vecino, –a
nervous nervioso, –a
nest el nido
never nunca
nevertheless sin embargo, no obstante
new nuevo –a
news: piece of news la noticia; (*fresh news*) la nueva
good news buenas nuevas
newspaper el periódico
next próximo, –a
next year el año próximo, el año que viene
the next day al día siguiente
nickname el apodo
night la noche
at night por las noches
With the night there came upon them . . . La noche les echó encima . . .
no (*adj.*) ningún, ninguno, –a
noise el ruido, el rumor
no longer ya no
no one nadie
nor ni
normal normal
normally normalmente
north el norte
North American norteamericano, –a
on the north al norte
northeast el nordeste
to **swing northeast** virar al nordeste
northern septentrional
nostalgia la nostalgia (*pena de verse ausente de los seres queridos*)
nothing nada
to **do nothing but** no hacer (*irr.*) más que
to **notice** advertir (ie, i), observar
noticeable: to be noticeable percibirse
notion: to have a notion antojársele a uno
to **have a notion to** + *inf.* antojársele a uno + *inf.*
when the notion struck him cuando se le antojaba
nougat el turrón (*pasta de almendras u otras nueces tostadas y mezcladas con miel*)
novel la novela
novelist el novelista
now ahora
number el número

O

obstacle el inconveniente, el obstáculo
to **obtain** obtener (*irr.*)
obvious obvio, –a
occasion la ocasión
on occasion algunas veces, de vez en cuando

on that occasion entonces
on the occasion of con ocasión de
occasionally alguna vez, algunas veces
occupied ocupado, –a
occur ocurrir; darse (*irr.*), presentarse;
(*in preterit*) haber (*irr.*)
ocean el océano
of de
official oficial
often a menudo, muchas veces
old viejo, –a; antiguo, –a
old man el viejo
on sobre
on account of a causa de, por
once una vez
at once en seguida
once again otra vez
one un, uno, –a
How does one say ? ¿ Cómo se dice ?
one heard se oía, se oían
one hundred ciento; (*before a noun*)
cien
only (*adj.*) único, –a; (*adv.*) solamente,
sólo, únicamente; no . . . más que
not only . . . but also no sólo . . .
sino (también)
open abierto, –a
to open abrir
opened wide abierto, –a de par en
par
opinion la opinión
in my opinion para mí
opposed: as opposed to en oposición
a
or o, u (*before words beginning with*
o *or* ho)
orchestra la orquesta
order el orden; (*command*) la orden;
(*business*) el pedido; (*threat*) la
conminación
to order mandar; pedir (i, i)
to order to + *inf.* mandar + *inf. or*
mandar que + *subj.*
Orellana, Francisco *explorador español, el primero en explorar el río
Amazonas*
to organize organizar (c)
origin el origen
original original
originality la originalidad
other otro, –a
all the other todos los (todas las)
demás
of other countries del exterior
on the other hand en cambio
outside afuera
outside of fuera de
to overcome sobreponerse (*irr.*) a,
superar, vencer (z)
to overlook dejar a un lado
own propio, –a
to own poseer (y)

P

page la página
pampa la pampa (*llanura extensa, sin
árboles, de la América del Sur*)
papal papal
paragraph el párrafo
parapet el parapeto
parent: parents los padres
part la parte
on its part por su lado

on the part of de parte de
the important part lo importante
the lower part el fondo
the principal part of lo más de
the smallest part lo menos
particularly particularmente
party la fiesta; (*political*) el partido
el paso *grupo de imágenes que se
lleva en procesión por las calles
durante la Semana Santa*
to pass pasar
As the centuries pass Con el andar
de los siglos
past el pasado
pastry: piece of pastry la pasta
patron el patrón, el patrono
Patron Saint el Patrón, el Patrono,
el Santo Patrón, la Santa Patrona
Pavia *ciudad de Italia en que el ejér-
cito español derrotó al francés
tomando prisionero a Francisco I*
pay la paga
to pay pagar (gu)
to pay attention to acatar, prestar
atención a
to pay out desembolsar
payment el pago
in payment en pago
peasant el campesino
peninsula la península
people el pueblo
per cent por ciento
percussion instruments la batería
perhaps acaso, quizá(s), tal vez
to permit permitir
to permit to + *inf.* permitir + *inf.
or* permitir que + *subj.*
to persist persistir
to persist in + *pres. part.* dar (*irr.*)
en + *inf.*, persistir en + *inf.*
person la persona
philosophical filosófico, –a
philosophy la filosofía
Phoenician fenicio, –a
phosphorus el fósforo
piano el piano
to pick escoger (j)
to pick off ir (*irr.*) matando
piece el pedazo
piece of pastry la pasta
pilgrimage la romería
pilot el piloto
place el lugar
to place poner (*irr.*)
to place . . . ahead of anteponer
(*irr.*) . . . a
to plague perseguir (i, i; g)
plain la llanura
plan el plan
to plan planear, proyectar
to plan to + *inf.* pensar (ie) + *inf.*
plant la planta
plateau la meseta
to play (*game*) jugar (ue; gu); (*music*)
tocar (qu)
pleasure el placer
plot el argumento
poem el poema, la poesía
epic poem la canción de gesta, la
epopeya
poet el poeta
poetic poético, –a
poetry la poesía
point el punto

high point el apogeo, el punto culminante
point of view el punto de vista
to point apuntar
to point the barrel (*of a gun*) apuntar con el cañón
to point out indicar (qu), señalar
police la policía
policeman el agente de policía, el
policía, el guardia
policy la política
political político, –a
to ponder meditar, pensar (ie) con
cuidado
to ponder over estrujar el pensamiento sobre
populace el pueblo
popular popular, tradicional
population la población
of the population demográfico, –a
port el puerto
Portugal Portugal
Portuguese portugués, –esa; (*language*) el portugués
to pose plantear, sugerir (ie, i)
to possess poseer (y)
possible posible
potash la potasa
potato la papa, la patata
power el poder; el poderío
powerful poderoso, –a
precept el precepto
predominantly predominantemente
premature prematuro, –a
preoccupied preocupado, –a
preoccupied with preocupado, –a
con
to prepare preparar
to prepare for aprestarse a *or* para
present (*time*) la actualidad, el presente
present (*adj.*) actual, presente
at the present time actualmente, en
la actualidad
of the present time de hoy
present-day (*as adj.*) actual
to present ofrecer (zc)
to preserve conservar
to prevail prevalecer (zc)
to prevent impedir (i, i)
to prevent from + *pres. part.* impedir (i, i) + *inf. or* impedir que
+ *subj.*
price el precio
pride el orgullo
primitive primitivo, –a
princess la princesa
principal principal
the principal part of lo más de
principle el principio
privileged privilegiado, –a
problem el problema
process el proceso
procession la procesión
to produce producir (*irr.*)
product el producto
production la producción, el rendimiento
film production la producción de
películas
profession el oficio
professor el profesor
program el programa
progressive progresivo, –a

project el proyecto
to **prolong** prolongar (gu)
promise la promesa
to **promise** prometer
promising prometedor, –ora
protean proteico, –a
to **protect** proteger (j)
protectionism el proteccionismo
proverb el refrán
to **provide** presentar; proporcionar
province la provincia
to **publish** publicar (qu)
to **pull** tirar de
    to **pull down into** hundir en
purple morado, –a
to **pursue** perseguir (i, i; g)
to **put** poner (*irr.*)
    to **put forth** brotarle a uno
    to **put in** poner (*irr.*)
Pyrenees los Pirineos

Q

quality la cualidad
question la pregunta; el problema
    it is a question of se trata de
    to **ask a question** hacer (*irr.*) una
        pregunta
    to **be a question of** tratarse de

R

race la raza
racial racial
radically radicalmente
rage la rabia
    in rage furioso, –a
raging alborotado, –a
railroad el ferrocarril
    railroad line la vía férrea
rain la lluvia
to **rain** llover (ue)
to **raise** aumentar
range: mountain range la cordillera
rascal el bellaco
    great rascal el bellacón
rather than más bien que; (*sooner
        than*) antes que
to **rave** desvariar
ravine el barranco, el cañón (*Amer.*)
raw crudo, –a
    raw material la materia prima
ray el rayo
to **reach** llegar (gu) a *or* hasta
    to **reach for** estirar los brazos hacia
to **read** leer (y)
reading la lectura
real verdadero, –a
    real work el trabajo de verdad
reality la realidad
to **realize** darse (*irr.*) cuenta de
rear: at the rear del foro
reason la razón
    for the same reason that por lo
        mismo que
to **rebuild** reconstruir (y)
to **recall** recordar (ue)
to **receive** recibir; (*in preterit*) tener
        (*irr.*)
recorded: what is recorded lo que
        consta
recovery la recuperación
red rojo, –a
to **reduce** reducir (*irr.*)

to **refer** referir (ie, i)
    to **refer to** referirse (ie, i) a
reform la reforma
to **refuse** rehusar
    to **refuse to** + *inf.* negarse (ie; gu)
        a + *inf.*, no querer (*irr.*) + *inf.*,
        rehusar + *inf.*
regardless of independientemente de
region la comarca, la región, la zona
regional regional
to **reject** rechazar (c)
to **relate** contar (ue)
to **release** soltar (ue); (*discharge from
        military service*) licenciar
    released from military service
        licenciado, –a
relentlessly implacablemente
to **remain** permanecer (zc): (*in pret-
        erit*) estar (*irr.*)
to **remit** remitir
remote apartado, –a, remoto, –a
to **remove** quitar
    to **remove one's hat** quitarse el
        sombrero
to **repeat** repetir (i, i)
repeatedly repetidas veces
report el informe
to **represent** representar
representative el representante
to **request** pedir (i, i)
to **resist** resistir
to **resolve** resolver (ue)
    to **resolve to** + *inf.* acordar (ue) +
        inf., determinar + *inf.*
resource el recurso
respect: with respect to en cuanto a
respectable respetable; noble
respective sendos, –as
result la consecuencia, el resultado
    as a result of como consecuencia de,
        en virtud de
to **review** repasar
reward la recompensa
rhythm el ritmo
rich rico, –a
richness la riqueza
right correcto, –a; (*direction*) derecho,
        –a
    right here aquí mismo
    right now ahora mismo
to **ring** resonar (ue)
rise la elevación
to **rise** subir, montar, elevarse
    to **rise up on** encaramarse en
risk el riesgo, el peligro
    to **take a risk** correr riesgo
river el río
    river system el sistema fluvial (*río
        principal y sus tributarios*)
road el camino
to **roar** bramar
roast (*adj.*) asado, –a
rock la roca
Roman romano, –a
Romance romance, románico, –a
roof: flat roof la azotea (*tejado llano
        de una casa*)
room el cuarto
rough áspero, –a
    to **become rough** agitarse
rubber el caucho
    rubber plantation la cauchería, la
        plantación de caucho
ruby el rubí (*pl.* rubíes)

rumor el rumor
to **run** correr
    to **run about** andar (*irr.*)
    to **run away** huir (y)
to **rush** (*intrans.*) lanzarse (c)
    to **rush into** lanzarse (c) a
    to **rush on** lanzarse (c) sobre

S

sad triste
la saeta *canción dirigida a la Virgen
        en las procesiones de Semana
        Santa*
sailor el marinero, el marino
saint el santo, la santa; (*adj.*) san,
        santo, –a
    Patron Saint el Santo Patrón
salvation la salvación
same mismo, –a
    for the same reason that por lo
        mismo que
sash la faja
to **satisfy** satisfacer (*irr.*) atender (ie) a
sausage el chorizo; el embutido; la
        butifarra catalana (*embutido
        hecho de carne*)
to **save** salvar
to **say** decir (*irr.*)
scarce escaso, –a
    to **be scarce** escasear
school la escuela
scientific científico, –a
los seises *coro de niños (seis en total)
        que cantan y bailan en la Catedral
        de Sevilla en algunas fiestas re-
        ligiosas*
sea el (la) mar
search la busca, la búsqueda
    in search of en busca de
to **search** buscar (qu)
    to **search for** buscar (qu)
to **see** ver (*irr.*); (*espy*) divisar
seed la semilla
seedbed la almáciga, el almácigo, el
        semillero, el tablón (*Amer.*)
to **seek** buscar (qu)
to **seem** parecer (zc)
to **seethe** rebullir
    His mind seethed with emotions.
        En su alma rebullían las emo-
        ciones.
select selecto, –a
to **select** seleccionar
selection la selección; (*literary*) la se-
        lección, el trozo
selfish egoísta
self-sufficiency la autosuficiencia
to **sell** vender
seller el vendedor
to **send** enviar, mandar
    to **send for** mandar llamar
sense el sentimiento
sentence la oración (*conjunto de pala-
        bras con que se expresa un pensa-
        miento completo*)
    death sentence la sentencia de
        muerte
to **separate** separar
series la serie
serious grave
to **serve** servir (i, i)
    They serve good meals. Se come
        bien.
service el servicio

in his service a su servicio
to **set** colocar (qu), poner (*irr.*)
  to **set to** + *inf.* ponerse (*irr.*) a + *inf.*
seventh séptimo, –a
  the seventh one to + *inf.* el séptimo en + *inf. or* el séptimo que + *inflected verb*
several unos, –as, varios, –as
shade la sombra
to **shatter** destrozar (c), hacer (*irr.*) pedazos
  to **be shattered** estrellarse
shepherd el pastor
to **shift** (*trans.*) desplazar (c) llevar; (*intrans.*) desplazarse (c)
ship el barco
shipwreck el naufragio
short corto, –a
should (*as auxiliary*) deber
shoulder el hombro (*parte del cuerpo de donde nace el brazo*)
  shoulders las espaldas
to **shout** dar (*irr.*) alaridos, gritar; dictar a voces
to **show** demostrar (ue), manifestar (ie), mostrar (ue), ofrecer (zc)
  to **show up** presentarse
side el contorno; el lado
  from all sides de todos los contornos
  to **be on her (our,** etc.**) side** estar (*irr.*) de su (nuestra, etc.) parte
sign la señal; el síntoma
to **sign** firmar
  Have him sign Que firme
  Have them enter Que entren
significance el significado, la significación
silent silencioso, –a
silly tonto, –a
  How silly he is ! ¡ Qué tonto es !
similar semejante
simple sencillo, –a
since (*cause*) como, puesto que; (*time*) desde
singing el canto
to **sink** (*trans.*) hundir; (*intrans.*) hundirse
sister la hermana
to **situate** situar
  to **be situated** estar (*irr.*) situado, –a, hallarse colocado, –a
situation la situación
sixteenth: in the sixteenth century en el siglo dieciséis
sixty sesenta
skillfully hábilmente
sky el cielo
skylight la montera de cristales
to **slacken** aflojar
  without slackening sin desmayo
small pequeño, –a; diminuto, –a
  the smallest part lo menos
so así; (*before an adj. or adv.*) tan
  so . . . as tan . . . como
  so as to + *inf.* para + inf.
  so that para que
  to **say so** decirlo
to **soak** remojar
  to **soak up** beberse
social social
soft blando, –a, suave
  softly en voz baja

soil el suelo, la tierra
soldier el militar, el soldado
  little or tiny soldier el soldadito
las Soledades *obra maestra de don Luis de Góngora*
to **solve** resolver (ue)
some algún, alguno, –a; unos, –as; (*approximately*) unos, –as, alrededor de, cerca de
somebody alguien
someone alguien
something algo
son el hijo
song la canción
soon pronto
soul el alma
sound el rumor, el sonido, el ruido
soup la sopa
source la fuente; el móvil
south el sur
  South America la América del Sur
  to the south al sur
southwestern sudoeste, suroeste
to **sow** sembrar (ie)
spacious espacioso, –a
Spain España
Spaniard el español
Spanish español, –ola; (*language*) el español
  in Spanish en español
  Spanish America la América española, Hispanoamérica, Hispano América
  Spanish-speaking de habla española
sparrow el gorrión
to **speak** hablar
  when spoken al pronunciarse
speaker el hablante
special especial
  very special especialísimo, –a
spectacular maravilloso, –a; de gloria
spell el embrujamiento, el hechizo
spite: in spite of a pesar de
splendid espléndido, –a, magnífico, –a
spontaneous espontáneo, –a
sport el deporte
  to **be against sports** ser (*irr.*) antideportivo, –a
to **spread** (*trans.*) difundir, desparramar; (*intrans.*) desparramarse
sprout el brote
stability la estabilidad; la consistencia
stairway la escalera
  narrow stairway la escalerilla
to **stand** estar (*irr.*) de pie; pararse
  to **stand up** levantarse, ponerse (*irr.*) de pie
standard: standard of living el nivel de vida
star: bright star el lucero, la estrella brillante
to **start** comenzar (ie; c), empezar (ie; c), iniciar; (*of a battle, dispute,* etc.) empeñar
  starting with a partir de
  to **start from** partir de
  to **start** + *pres. part.* comenzar (ie; c) a + *inf.*
  to **start to** + *inf.* comenzar (ie; c) a + *inf.*, darse (*irr.*) a + *inf.*
to **startle** sobresaltar
  to **be startled** sobresaltarse
state el estado

stay la estancia
to **steal** robar
steamboat el vapor
  small steamboat el vaporcito
  to **steer** gobernar (ie)
stern la popa (*parte posterior de los barcos*)
still aún, todavía
St. Joseph San José
stoically estoicamente
stone la piedra
to **stop** (*trans.*) parar, detener (*irr.*); (*intrans.*) pararse, detenerse (*irr.*)
  to **stop** + *pres. part.* cesar de + *inf.*, dejar de + *inf.*
store la tienda
storm la tormenta
stormy agitado, –a; tempestuoso, –a
story el cuento, la historia
strange extraño, –a
  the strange thing lo extraño
to **strangle** estrangular
streak: streak of luck racha (*período corto de buena suerte*)
street la calle
strength la fuerza
to **stretch** estirar; extender (ie)
  stretched out tendido, –a
to **strike** golpear; (*of a clock*) dar (*irr.*)
  to **strike terror** hacer (*irr.*) estallar el pavor
strong fuerte, enérgico, –a; firme
struggle la lucha
to **struggle** luchar
stubborn tenaz (*pl.* tenaces)
study el estudio
to **study** estudiar
  on studying al estudiar
to **subdue** conquistar, sobreponerse (*irr.*) a, vencer (z)
submarine el submarino
to **succeed** tener (*irr.*) éxito
  to **succeed in** + *pres. part.* conseguir (i, i; g) + *inf.*, lograr + *inf.*
success el éxito, *resultado feliz de un negocio*
successful: to be successful tener (*irr.*) éxito
such tal
  such a semejante, tal
  such as cual
suckling pig el lechón
suddenly de pronto, de repente
to **suffice** bastar
  Let it suffice to say . . . Baste decir . . .
sufficient suficiente
sufficiently suficientemente
to **suggest** aconsejar, sugerir (ie, i)
suit (*law*) el proceso
to **suit** convenir (*irr.*); (*fit well*) sentarle (ie) bien a uno
  to **be suited to** estar (*irr.*) indicado, –a para
sun el sol
superb maravilloso, –a
to **suppose** suponer (*irr.*)
  Why do you suppose he asked us to . . . ? ¿ Por qué nos pediría que . . . ?
sure seguro, –a
  to **be sure** estar (*irr.*) seguro, –a
  to **be sure that** estar (*irr.*) seguro, –a de que

to **surpass** superar

surplus: the surplus population los excedentes de la población

surprising sorprendente

to **survey** examinar

to **survive** sobrevivir

to **suspect** sospechar

to **sustain** mantener (*irr.*), sostener (*irr.*)

to **swear** jurar, maldecir (*irr.*)

sweat el sudor

sweet el dulce; (*adj.*) dulce

to **swing** columpiar, mecer (z); hacer (*irr.*) girar

to **swing about** virar

to **symbolize** querer (*irr.*) representar, simbolizar (c)

T

table la mesa

to **take** coger (j), llevar, tomar

to **take advantage of** aprovechar, aprovecharse de

to **take after** salir (*irr.*) a

to **take a risk** correr (el) riesgo

to **take away** quitar

to **take away from** quitarle a uno

to **take leave (of)** despedirse (i, i) (de)

to **take measures** tomar medidas

to **take on** revestir (i, i)

to **take possession of** apoderarse de

teacher el maestro, la maestra, el profesor, la profesora

technical técnico, –a

technique la técnica

to **tell** decir (*irr.*); contar (ue)

to **tell someone to** + *inf.* decir (*irr.*) a alguien que + *subj.*

temptation la tentación, la solicitación

tenacious tenaz (*pl.* tenaces)

to **tend** (*take care of*) cuidar, atender (ie) a

to **tend to** + *inf.* tender (ie) a + *inf.*

tender tierno, –a

terrace la azotea (*tejado llano de una casa*)

terrible terrible

territory el territorio

terror el pavor, el terror

filled with terror aterrado, –a

text el texto

than que; (*before a numeral*) de; (*before a verb*) de lo que; (*before a verb with direct object understood*) del (de la, de los, de las) que

thanks gracias

thanks to gracias a, merced a

theatre el teatro

themselves: the things themselves las cosas mismas

then (*at that time, in that case*) entonces; (*next*) luego; (*later*) después; (*well*) pues

theory la teoría

there allí

there is, there are hay

there has been effective action se ha actuado eficazmente

thesis la tesis (*pl.* tesis)

thicket la maleza

thief el ladrón

thing la cosa

a terrible thing una enormidad

the one great thing lo único grande

the strange thing lo extraño

to **think** pensar (ie); creer (y)

to **think about** pensar (ie) en

thinking el pensar

thirty treinta

though: even though aunque

threat la amenaza, la conminación

three-cornered de tres picos

through por

throughout por

to **tie** atar

to **tie up** atar, amarrar

tile la teja

small tile el tejuelo

time el tiempo; la vez (*pl.* veces)

at Corpus Christi time por el Corpus

at one time de una vez

at that time entonces

at the present time actualmente, en la actualidad

at times a ratos

in the time of en los tiempos de

of the present time de hoy

tiny pequeñito, –a

tip el extremo

tired cansado, –a

to **grow tired** cansarse

today hoy, hoy día

tomorrow mañana

tongue la lengua

top la cima

topography la topografía (*configuración de la superficie de un terreno*)

to **toss** arrojar

total amount el total

tourist el turista

tow: the boats which were in tow los barcos remolcados, el remolque

to **tow** remolcar (qu)

boat being towed el remolque

towage el remolque

toward hacia

towline la boza

town el pueblo, la población

small town el pueblecito

trade el comercio

traditional tradicional

trait el rasgo, el carácter (*pl.* caracteres)

transitory pasajero, –a

to **translate** traducir (*irr.*)

to **transmute** transmutar

to **travel** viajar

traveler el viajero

treacherous alevoso, –a

treatise el tratado

tree el árbol

trend la tendencia

trend to la tendencia a

troop: troops las tropas

the federal troops los federales

tropical tropical

trot el trote

little trot el trotecillo (*paso corto del caballo*)

truly verdaderamente

to **trust** confiar en

truth la verdad

truthful verídico, –a

to **try** (*test*) probar (ue)

to **try to** + *inf.* tratar de + *inf.*, intentar + *inf.*, querer (*irr.*) + *inf.*

tugboat el remolcador

to **turn** volver (ue); dar (*irr.*) vuelta a; doblar

to **turn down** rechazar (c)

to **turn loose** (*in the country*) echar al campo

to **turn out** resultar

to **turn out to be** venir (*irr.*) a ser

to **turn the corner** dar (*irr.*) la vuelta a la esquina, doblar la esquina

turn el sesgo, el curso, el rumbo

twelve doce

twenty veinte

twenty-one veintiún, veintiuno, –a

type el tipo

typical típico, –a

typist el mecanógrafo, la mecanógrafa

U

unable: to be unable no poder (*irr.*)

under bajo

to **understand** comprender, entender (ie)

to **undertake** emprender, poner (*irr.*) en hecho

undertaking la empresa

undone sin hacer

unfavorable desfavorable

unfortunately desafortunadamente, desgraciadamente

to **unite** unir

United States los Estados Unidos

from the United States norteamericano, –a

unity la unidad

universal universal

university la universidad

unnoticed inadvertido, –a, no advertido, –a

unobstructed despejado, –a

unselfishness la generosidad

unsuccessfully en vano, sin éxito

It unsuccessfully fought the waves. Se defendía mal de las olas.

until (*prep.*) hasta; (*conj.*) hasta que

use el empleo, el uso

to **make good use of** aprovechar bien

to **use** usar

usefulness la utilidad

V

valley el valle

variable variable

variation la modalidad, el matiz (*pl.* matices)

various diferentes, distintos, –as

vast inmenso, –a; vasto, –a

veal la vaca, la carne de ternera

vegetable la legumbre, la verdura, la hortaliza

very muy

vicinity la vecindad

in this vicinity en estos parajes

view la visión, la vista

to **view** ver (*irr.*)

vigor el vigor

village la aldea

vine el bejuco

vineyard el viñedo

violence la violencia
violet la violeta; (*adj.*) violeta
virtue la virtud
  by virtue of en virtud de
visible visible
  to be visible divisarse
vision la visión
  fearful vision la alucinación
to visit visitar
visitor el visitante
vital circumstance la circunstancia vital
voice la voz (*pl.* voces)
vortex el vórtice

W

to wait esperar
  to wait for esperar
waiting la espera
to wake up (*intrans.*) despertarse (ie)
walk el paseo
  to go out for a walk salir (*irr.*) a pasearse
to walk andar (*irr.*), caminar
to want querer (*irr.*), desear
war la guerra
to warn advertir (ie, i)
  to warn someone about something advertírselo (ie, i) a alguien
warning la advertencia
to waste desperdiciar
  to waste time perder (ie) tiempo
to watch mirar, observar, vigilar
water el agua
wave la ola
way el camino; la manera; el sistema
  that's the way así
  to lose one's way extraviarse
weapon (*gun*) el fusil
weary cansado, –a, fatigado, –a
weather el tiempo

week la semana
weight el peso
  dead weight el peso muerto
well bien
well-dressed bien vestido, –a
well-known bien conocido, –a
western occidental
  Western Hemisphere el hemisferio occidental
what lo que
  what is recorded lo que consta
what? ¿ qué ? ¿ cuál ?
  What is she like? ¿ Cómo es ella ?
whatever lo que
when cuando
when? ¿ cuándo ?
whenever cuando, cuandoquiera que, siempre que
where donde
where? ¿ dónde ?
whereas mientras que
wherever donde, dondequiera que
whether si
which? (*pron.*) ¿ cuál ?; (*adj.*) ¿ qué ?
while mientras, mientras que
to whine gemir (i, i)
  Bullets were whining by. Las balas zumbaban en sus oídos.
whiteness el blanco, la blancura, lo blanco
whole entero, –a
why? ¿ por qué ?
wide ancho, –a
  opened wide abierto, –a de par en par
wife la esposa, la mujer
to will (*wish*) querer (*irr.*)
  Will you take me? ¿ Quiere Ud. llevarme ?
window la ventana
  grated window la reja

wing el ala (*f.*)
to wish desear, querer (*irr.*)
  I wish I had studied! ¡ Ojalá yo hubiese estudiado !
with con
within dentro de
without sin
  without rime or reason a tontas y a locas
woman la mujer
wonder: It is no wonder. No es de extrañar.
wonderful maravilloso, –a
wood la madera
word la palabra
work el trabajo; (*artistic*) la obra
to work trabajar
worker el obrero
world la tierra, el mundo
worst peor
wretched mísero, –a
to write escribir
writer el escritor

Y

yard el corral, el patio
year el año
  every year todos los años
  next year el año próximo, el año siguiente
yearning el anhelo
  yearning for el anhelo de
yet todavía
you (*second person pl. informal used in Spain*) vosotros, –as; (*in Spanish America*) ustedes
young joven (*pl.* jóvenes)

Z

zone la zona

INDEX

INDEX

(References are to page numbers.)

dormir: review of, 64

ejercer: review of, 93
el cual, la cual, los cuales, las cuales, 184
elegir: review of, 76
empezar: review of, 6
emphasis, 118 (7), 212, 220
en: plus infinitive, 259
en cuanto: with the indicative, 220; with the subjunctive, 64, 220
entonces, 59
era posible que : use of, 152
errar: review of, 178
ese: use of, 168
ése: use of, 168
es evidente : with the indicative, 84
espero que: with the future indicative, 178; with the subjunctive, 178
es posible que : with the subjunctive, 124, 152
estar: review of, 6; uses of, 133; with adjectives, 5, 22; with **lo,** 78; with the past participle, 5, 34; with the present participle, 113
este: use of, 168
éste: use of, 168
exigir: review of, 93
expressions of time: the present with **hacer, llevar, ¿ desde cuándo ?,** etc., in place of the English present perfect, 221, 222, 238; the imperfect with **hacer, llevar, ¿ desde cuándo ?,** etc., in place of the English pluperfect, 222, 238
extenderse: review of, 14

favorecer: review of, 114
fractions, 96, 245
future indicative: of probability, 62 *fn. 3,* 231 and *fn.*; uses of, 6, 15, 42, 49, 177–178
future perfect indicative: uses of, 62, *fn. 3,* 65

Gallicisms, 164, 208, 210
gemir: review of, 196
gender: of adjectives, 13, 48; of articles, 13–14; of nouns, 1, 8, 13–14, 71, 88, 109
gustar: use of, 23, 35

« h » : aspirate, 196
haber: review of, 49; and **tener,** 118 (B–2); uses of, 133
hace: meaning (*ago*) in expressions of time, 100; meaning (*for*) in expressions of time, 221–222, 236
hacer: review of, 42; in expressions of time, 221–222, 238; in weather expressions, 231 *fn. 3*
hasta que: with the indicative, 220; with the subjunctive, 220
« he » : with adverbs, 59; with **me, te, la, le, lo,** 59
historical present: with adverbs of time, 169
« hora » : for **ahora,** 176
hubiera: uses of, 161
huir: review of, 76

imperative: forms of, 30–31, 35, 41, 121, 144–145, 248; uses of, 6 *fn. 1,* 30–31, 35, 41, 121, 124, 144–145
imperfect indicative: and preterite, 54–55, 68, 177, 191; equivalent to English pluperfect, 222, 238; for the conditional, 138, *fn. 4*; uses of, 6, 23, 31, 54–55, 56, 68, 177, 191, 211
imperfect subjunctive: after **como si,** 161, 191; after **ojalá,** 232; in adverbial clauses, 106; in impersonal expressions, 152; in noun clauses, 84; in relative clauses, 107; to soften the expression, 48, 68; uses of, 132, 141, 152, 161, 162, 169, 185, 191, 198, 232

ditional sentences, 161; imperfect to soften the expression, 48, 68; in adverbial clauses, 64, 69, 190, 220; in concessive clauses, 220, 238; in impersonal expressions, 84–85, 101, 124, 152, 190, 198; in noun clauses, 84, 106, 114; in relative clauses, 92, 107, 211, 236; in temporal clauses, 220; *see:* present subjunctive, imperfect subjunctive, present perfect subjunctive, pluperfect subjunctive; to express doubt, 101, 106, 141, 169, 178; used for the imperative, 30–31; with **acaso, quizá,** 212; with **tal vez,** 212, 222, 236; with **antes de que, para que, a menos que, a no ser que, con tal (de) que,** 64, 221; with **sin que,** 221; with superlatives, 212

such, 205
sugerir: review of, 222, 236
surgir: review of, 132

tal vez: with the subjunctive, 212, 222, 236
tanto . . . como—*both . . . and,* 93
temporal clauses: with the subjunctive, 220
tener: review of, 14; and **haber,** 118 (B–2)
tener que, 51
tenses: *see* each separately
than: translation of, 75, 246
then: translation of (**entonces, luego,** etc.), 59
tocar: review of, 212
todo: with **lo,** 78
torcer: review of, 232
traer: review of, 55
tú, 117–118, 184

usted (ustedes), 117–118, 145, 164

vaciar: review of, 198
valer: review of, 212
variar: review of, 6
vencer: review of, 124
venir: review of, 23; with the present participle, 113 *fn.,* 114
« veniste »: for **viniste,** 173, *fn. 3,* 176
ver: review of, 31
verbs: irregular, 249–252; of perception used with the infinitive, 152; orthographic-changing, 255–258; radical-changing, 253–255; reflexive, 41, 249; that may take the indicative, 152 *fn.;* that may take the subjunctive, 152 *fn.;* with complementary infinitive, 258–259; with special meaning in the preterite, 177, 259
versification: Spanish, 18, 70–71
vestirse: review of, 42
volver: review of, 178
vos, 118, 164
vosotros, 118, 121, 124, 144
vuestra merced, 118

« y »: conjunction, 177; pronunciation of, 131, 196
yo dudaba que: use of, 141, 169

« z »: pronunciation of, 131, 196